AGENCIAMENTOS TERRORISTAS

 crocodilo

crocodilo edições
MARINA B. LAURENTIIS E LOU BARZAGHI

UNIVERSIDADE ESTADUAL DE CAMPINAS

Reitor
ANTONIO JOSÉ DE ALMEIDA MEIRELLES

Coordenadora Geral da Universidade
MARIA LUIZA MORETTI

Conselho Editorial

Presidente
EDWIGES MARIA MORATO

CARLOS RAUL ETULAIN – CICERO ROMÃO RESENDE DE ARAUJO
DIRCE DJANIRA PACHECO E ZAN – FREDERICO AUGUSTO GARCIA FERNANDES
IARA BELELI – MARCO AURÉLIO CREMASCO – PEDRO CUNHA DE HOLANDA
SÁVIO MACHADO CAVALCANTE – VERÓNICA ANDREA GONZÁLEZ-LÓPEZ

Jasbir K. Puar

Agenciamentos terroristas
Homonacionalismo em tempos queer

Tradução
Priscila Piazentini Vieira
Luiz Filipe da Silva Correia

FICHA CATALOGRÁFICA ELABORADA PELO
SISTEMA DE BIBLIOTECAS DA UNICAMP
DIRETORIA DE TRATAMENTO DA INFORMAÇÃO
Bibliotecária: Maria Lúcia Nery Dutra de Castro – CRB-8ª / 1724

P96a   Puar, Jasbir K.
         Agenciamentos terroristas : homonacionalismo em tempos queer / Jasbir
     K. Puar ; tradução : Priscila Piazentini Vieira e Luiz Felipe da Silva Correia. –
     São Paulo, SP : crocodilo edições ; Campinas, SP : Editora da Unicamp, 2024.

         Tradução de: *Terrorist assemblages : homonationalism in queer times*.

         1. Biopolítica. 2. Securitização. 3. Terrorismo. 4. Queer. I. Vieira, Priscila
     Piazentini. II. Correia, Luiz Felipe da Silva. III. Título.

                                                                           CDD – 320.1
                                                                                 – 332.7
                                                                                 – 303.625
                                                                                 – 306.76

ISBN 978-65-88301-28-9 (CROCODILO EDIÇÕES)
ISBN 978-85-268-1674-9 (EDITORA DA UNICAMP)

Copyright © Jasbir K. Puar
© Duke University Press, 2007 | Prefácio e posfácio, 2017
© desta edição, crocodilo edições e Editora da Unicamp, 2024

Opiniões, hipóteses e conclusões ou recomendações expressas
neste livro são de responsabilidade da autora e não necessariamente
refletem a visão da crocodilo edições e da Editora da Unicamp.

Direitos reservados e protegidos pela lei 9.610 de 19.2.1998.
É proibida a reprodução total ou parcial sem autorização,
por escrito, dos detentores dos direitos.

Foi feito o depósito legal.

Direitos reservados a

crocodilo edições	Editora da Unicamp
Avenida São Luis 192, cj 1607	Rua Sérgio Buarque de Holanda, 421 – 3º andar
São Paulo (SP)	Campus Unicamp
www.crocodilo.press	CEP 13083-859 – Campinas – SP – Brasil
instagram: crocodilo.edicoes	Tel.: (19) 3521-7718 / 7728
	www.editoraunicamp.com.br
	vendas@editora.unicamp.br

SUMÁRIO

PREFÁCIO À EDIÇÃO DE 2017 7

PREFÁCIO: TÁTICAS, ESTRATÉGIAS, LOGÍSTICAS 15

INTRODUÇÃO: HOMONACIONALISMO E BIOPOLÍTICA 45

1. A SEXUALIDADE DO TERRORISMO 103

2. ABU GHRAIB E O EXCEPCIONALISMO SEXUAL DOS EUA 177

3. CONTROLE ÍNTIMO, DETENÇÃO INFINITA:
   RELENDO O CASO LAWRENCE 233

4. "O TURBANTE NÃO É UM CHAPÉU": A DIÁSPORA QUEER
   E AS PRÁTICAS DE PERFILAMENTO 311

CONCLUSÃO – TEMPOS QUEER, AGENCIAMENTOS
   TERRORISTAS 375

POSFÁCIO – HOMONACIONALISMO EM TEMPOS DE TRUMP 405

AGRADECIMENTOS 429

REFERÊNCIAS BIBLIOGRÁFICAS 435

PREFÁCIO À EDIÇÃO DE 2017

Tavia Nyong'o

O que a teoria queer pode nos ensinar sobre a guerra global contra o terror? Após o massacre de 2016 na casa noturna Pulse, na Flórida, tal pergunta soa menos evidente do que era em 2007, quando a publicação de *Agenciamentos terroristas: homonacionalismo em tempos queer* a colocou pela primeira vez. Muita coisa mudou desde aquele ano; os homonacionalistas não precisaram ir além do discurso do bilionário gay Peter Thiel na Convenção Nacional Republicana, naquele mesmo verão de 2016, para evidenciar que sua ideologia alcançara um ponto de saturação política, na qual mesmo um candidato político xenófobo como Donald Trump sentia a necessidade de abraçar a contragosto os direitos dos homossexuais (embora de forma oportunista e temporária, como revelaram as traições posteriores). A teoria queer é precisamente o que precisamos para pensar através dos artifícios e das armadilhas de uma cultura política pronta para instrumentalizar queers em um momento e, no seguinte, tornar-nos cruelmente bodes expiatórios (como o infeliz *troll* queer de direita Milo Yiannopoulos aprendeu com pesar). O projeto de escrita intervencionista que culminou na pesquisa do livro *Agenciamentos terroristas*, como Puar apontou em seu posfácio, emergiu nos anos seguintes ao 11 de Setembro e à invasão do Iraque, e ganhou mais força após os crimes de guerra dos EUA na prisão de Abu Ghraib tornarem-se públicos, evento que obrigou um acerto de contas com o quanto o estigma queer tornou-se uma arma em um teatro de guerra. Os anos de intervenção desde esse momento – apesar da crescente esperança que surgiu brevemente com a presidência de Barack Obama – têm feito pouco para reduzir a urgência dessas perguntas. E, assim, o lançamento desta nova edição do impactante trabalho de Puar é um evento em si mesmo. Ele conclama para nada menos do que a restauração da ambição crítica da teoria queer em tempos sombrios.

Nenhum trabalho que intersecciona os estudos críticos sobre queerização, raça, religião e guerra pode esperar que a controvérsia seja evitada, ainda mais uma obra com o fervor militante e com a política obstinada de *Agenciamentos terroristas*. Mas, além de todo o som e a fúria projetados para obstruir uma leitura e avaliação séria do argumento de Puar, existe um texto cujas desafiadoras recompensas só crescem com uma reflexão fundamental. Se a era Obama não nos deixou mais perto de sermos capazes de confrontar a dinâmica imperial que alastra violência e espoliações, guerra e terror, degradação e xenofobia, tanto domésticos quanto internacionais, então as lições deste livro são as que ainda precisamos levar em consideração. Nós não estamos fora de perigo. Mas *Agenciamentos terroristas* é provavelmente a explicação mais vívida que receberemos de como chegamos até aqui.

O grande impacto do livro tem sido disseminar rapidamente dois conceitos ferozmente contestados em terrenos discursivos um tanto distintos, embora sobrepostos. Nenhum deles foi completamente inventado nestas páginas, mas sem *Agenciamentos terroristas* eles dificilmente teriam circulado da maneira como agora circulam tão frequentemente. Refiro-me, é evidente, aos conceitos de "homonacionalismo" e "agenciamento queer" – o primeiro, uma palavra-chave política que apareceu em uma sequência de variações teóricas de "heteronormatividade" (associada ao trabalho de Michael Warner) e "homonormatividade" (associada ao trabalho de Lisa Duggan); o segundo, uma extensão conceitual chave de trabalhos em teoria do afeto e, em particular, para a análise deleuziana das sociedades de controle. É útil ter em mente a trajetória recombinante dessas provocações conceituais, na medida em que registra o espírito polêmico, embora provisório, com que Puar escreve nestas páginas. Pensar além do terror requer pensar em movimento, e este texto executa essa mobilidade analítica belamente. Ele traz insistentemente à tona o pano de fundo político que as políticas assimilacionistas da igualdade matrimonial fizeram para mascarar nas políticas LGBT predominantes nestes anos: as guerras no Iraque e no Afeganistão; a instrumentalização dos direitos humanos pela política externa dos EUA; e as reações contra os protestos negros e organizações pró-imigrantes e refugiados, que culminaram na eleição de 2016. Com a exibição desastrosa do "O amor vence o ódio"* como uma estratégia eleitoral agora no espelho retrovisor (as mulheres brancas eleitoras estavam entre aquelas que optaram pelo teatro da segurança em vez da solidariedade feminista), é mais fácil de admitir exatamente quão longe *Agenciamentos terroristas* enxergava adiante. Na medida em que a visibilidade homonormativa e transnormativa na mídia encorajou uma narrativa sobre o amor e a tolerância, ao custo de entender como tal inclusão faz queers se dobrarem à vida do Estado-nação, como Puar mostra nestas páginas, essa visibilidade forja laços fortes de cumplicidade entre a vida queer e a guerra indefinida pelo bem da "pátria".

O conceito de "agenciamento" que aparece nestas páginas trabalha igualmente para ampliar o escopo e o alcance da teoria do afeto entre formações feministas e formações intelectuais de queers e mulheres não brancos.** Uma vez que é uma palavra que veio de fora dos léxicos

---

* No inglês, a campanha faz um trocadilho contra o ódio de Trump: "Love Trumps Hate". (N. da T.)
** No original, "*of color*"; o livro também utiliza a expressão "*people of color*". Essa categoria é problematizada nos EUA por suas continuidades com a expressão mais antiga "*colored people*", que foi criticada no século XX pelo movimento negro em favor de categorias como "*black*" [negro/preto] e "*afroamerican*" [afro-americano/afro-estadunidense]. Mais recentemente, "*people of color*" foi reapropriada em alguns debates e movimentos raciais para se referir conjuntamente às diversas categorias raciais estadunidenses excetuando-se a racialidade branca. No Brasil, sua correspondência mais próxima, "pessoas de cor", também foi problematizada por seu uso histórico de conotação racista. Atualmente, encontra-se no meio literário e acadêmico diferentes opções de tradução, incluindo "pessoas racializadas", "pessoas não brancas" e "pessoas de cor", bem como a manutenção da expressão original na língua inglesa. Nesta edição, optamos por utilizar "pessoas não brancas", embora essa expressão também receba críticas por reproduzir uma centralidade na branquidade. Essa opção foi escolhida procurando evitar "pessoas de cor", pela continuidade de sua conotação negativa; e "pessoas racializadas", que reitera o apagamento da branquidade enquanto uma forma de racialização – questão que é relevante para a argumentação de Jasbir Puar. (N. da E.)

políticos e ativistas anglo-estadunidenses, ela deve nos dar uma pausa produtiva. Uma tradução do francês *agencement*, agenciamento tem sido frequentemente considerado no uso anglo-estadunidense como sinônimo de "coleção", "agrupamento" ou "reunião". As imagens mais conhecidas de artes híbridas, instalações e colagens das vanguardas artísticas – para não mencionar as representações na mídia dos acumuladores e dos colecionadores – têm reforçado essa impressão um tanto literal de agenciamento como mera justaposição de coisas. Retraduzir *agencement* do francês como "ações arranjadas" pode nos aproximar do sentido de agenciamento que Puar desdobra nestas páginas. O agenciamento queer nos direciona não apenas para coisas, mas para velocidades; não apenas para objetos, mas para afetos; não apenas para detritos perceptíveis, mas para o jogo imperceptível de forças que os coloca em contato, fusão e fissão. A volatilidade explosiva de um conceito como "agenciamento terrorista" então, como é desdobrada aqui, reside precisamente em sua capacidade de recusar as categorias e os protocolos de um aparato de segurança cujas energias têm sido mobilizadas e sustentadas por uma imagem fóbica do terrorista como o Outro. A partir de sua descrição multifacetada e rigorosamente detalhada de como o afeto funciona biopoliticamente para tornar o corpo marrom,* ou o corpo *hijab*, ou o corpo turbante um alvo para a apreensão, interrogação, identificação e exclusão, Puar torna nítido que a versão da identidade mobilizada pela inclusão multicultural dificilmente é forte o suficiente para responder ao teor da política em nossos tempos.

A história horrorosa de Omar Mateen, o atirador afegão-estadunidense no massacre na casa noturna Pulse, que se tornou o garoto-propaganda para a masculinidade tóxica e torturada, expressa o poder analítico do conceito de Puar da queerização do agenciamento terrorista. Nascido nos Estados Unidos, filho de afegãos, incluindo um pai cuja melancolia pós-

---

* No original, "*brown*", categoria racial estadunidense que, referindo-se ao tom de pele, engloba grupos raciais como os de pessoas sul-asiáticas, pessoas árabes, pessoas negras de pele clara e pessoas latinas. (N. da E.)

-colonial levou-o a representar a si mesmo como um candidato à presidência para o Afeganistão, Mateen foi treinado e empregado pelo próprio aparato de segurança que surgiu para responder ao tipo de ameaça terrorista que ele supostamente se tornou. Suspenso de seu cargo de guardião de um tribunal da Flórida após ameaçar colegas de trabalho, orgulhando-se de uma falaciosa conexão com a Al-Qaeda, seu emprego abjeto de símbolos terroristas o levou a ser investigado várias vezes pelo FBI. Apesar dessa vigilância e investigação, Mateen ainda tinha permissão legal para portar uma arma de fogo no momento do seu tiroteio, acentuando o grau em que a lógica operativa do discurso do terrorismo é desvincular a violência armada do controle de armas e ligá-la, em vez disso, a projeções temerosas sobre os árabes, muçulmanos e corpos marrons. Em outras palavras, as ações arranjadas do estado de segurança interno estabelecem as próprias condições que tanto fortaleceriam quanto iriam contra Mateen, um homem cujas tendências dominadoras e violentas contra suas parceiras íntimas foram um tema para o registro legal, mesmo que seus encontros com pessoas do mesmo sexo nos aplicativos de namoro gay permaneçam tema de uma especulação não confirmada. A própria incapacidade de enquadrar Mateen nitidamente como nativo ou estrangeiro, homossexual ou homofóbico, por si só reflete o agenciamento entre as tendências queer e terrorista que se cruzaram em sua violência suicida. A própria característica inesperada daquela violência desmentiu todas as tentativas de reivindicar para ele a identidade estável de "terrorista islâmico radical" que Mateen, em um apelo final ilusório à mídia, tentou retrospectivamente se posicionar.

    A análise de Puar com certeza oferece ferramentas necessárias para rearticular as políticas queer democráticas e inclusivas fora da dupla chantagem da guerra contra o terror, uma guerra que procura forçar uma escolha entre um Ocidente "tolerante" (que vigia e torna corpos marrons bodes expiatórios) e um mundo islâmico intolerante, com a sua opressão monolítica contra mulheres e queers. As políticas de afeto do terror são cruciais para sustentar essa dupla chantagem, mesmo quando o risco real ao público é reconhecido abertamente por ser uma pauta engenhosa da direita reacionária. Como dois ex-membros do governo Obama observaram recentemente no *Times*, o medo estadunidense do terrorismo está fora de qualquer escala com os riscos reais:

> Desde o 11 de Setembro, uma média de menos de nove estadunidenses foram mortos por ano em ataques terroristas em solo estadunidense, em comparação, por exemplo, com uma média de cerca de 12.000 mortos a tiros por ano. O presidente Barack Obama foi ridicularizado por notar (corretamente) que mais estadunidenses morrem todos os anos ao cair na banheira do que pelo terrorismo. O fato que os estadunidenses são 1.333 vezes mais propensos a serem mortos por um criminoso do que por um terrorista não convenceu o Congresso a levar o primeiro tão a sério quanto o último. E embora cada ataque 'jihadista' letal nos Estados Unidos desde o 11 de Setembro tenha sido realizado por um cidadão ou residente permanente, os oficiais eleitos continuam a enfatizar a ameaça representada por aqueles que vêm do exterior.[1]

O valor heurístico do "homonacionalismo", então, vai além de compreender como a cultura pública pode sustentar o aparato de segurança do estado de "lei e ordem" na ausência de um crime real ou de uma epidemia terrorista (de fato, Finer & Malloy, no artigo para o *Times*, desmerecem os medos do terrorismo somente para renaturalizar o crime como o foco mais legítimo para o interesse público). Ele procede como uma ferramenta conceitual heurística e ativista por meio de uma escala ainda em expansão de lugares geopolíticos. O terreno do político está longe de ser aquele em que os direitos dos gays estejam estabelecidos no senso comum, é óbvio. Em todo o mundo, uma agressiva reação contra o casamento gay, os direitos transgêneros, o sexo e o comércio queer tem inevitavelmente ocasionado a lembrança de que ainda não estamos todos dobrados à nação! Mas mesmo que o homonacionalismo nunca tenha pretendido explicar tudo sobre os meios das formações políticas neoliberais (e agora neofascistas), que procuram capturar a questão da

---

[1] Finer & Malley, 2017.

diversidade sexual e da não conformidade de gênero, ele permanece como uma ferramenta indispensável para lutar contra o presente ambíguo.

O fato de *Agenciamentos terroristas* estar tão mergulhado em debates feministas – e nos debates *dentro* e *entre* o feminismo das mulheres não brancas e do feminismo negro em particular – talvez explique o peso da atenção que ele dá à teoria do agenciamento como uma nova contribuição para os acoplamentos entre os campos da política de identidade e da interseccionalidade. Enquanto Puar dedica-se a esclarecer que a intenção da teoria do agenciamento nunca foi a de deixar de lado a teoria da interseccionalidade, mas redirecionar um conjunto de interesses que ainda não se tornou visível, ela chama a atenção em seu posfácio para as maneiras como o livro presta menos atenção a essa questão – e suas teóricas feministas negras fundamentais – do que deveria prestar. Da minha própria perspectiva como uma pessoa negra que recentemente escutou "Espero que nós bombardeemos seu país" de um homem branco irado nas ruas da cidade de Nova York – em uma declaração que mistura raiva antinegros, anti-imigrantes e imperialista branca em uma verdadeira tempestade tóxica – estou convencida de que a teoria de esquerda vai precisar *igualmente* de políticas de identidade *e* de políticas de afeto ainda por um bom tempo, para nos ajudar a analisar completamente todo o espectro do ódio armado que nos confronta e para avaliar melhor os recursos correspondentes de resistência e de esperança que estão disponíveis para nós. Não é preciso acreditar na comensurabilidade automática das lutas políticas negras e marrons contra o racismo branco e o imperialismo – *Agenciamentos terroristas* certamente não faz confluências tão fáceis – para entender que devemos pensar, sentir e agir *para além* das lutas e movimentos que nos mobilizam em um antagonismo vibrante, e não apenas *dentro* deles. A esse respeito, a teoria do agenciamento é tanto um método transeccional quanto a interseccionalidade é; nós precisamos de ambas as abordagens em nossa caixa de ferramentas e ainda outras.

O próprio conteúdo desses debates sublinha que enquanto a linguagem de *Agenciamentos terroristas* é inflexivelmente teórica, sua urgência deixou seus argumentos se deslocarem para além dos círculos acadêmicos. Seu desvendar detalhado de toda a complexidade e da escala da nossa emergência atual faz do texto menos um repositório de respostas fáceis do que um campo imaginário para um engajamento adicional. Se isso colocou de ponta-cabeça um debate sobre a tese antirrelacional na teoria queer, que tinha se tornado um tanto mecânica e repetitiva, ele permanece incendiário mesmo que alguns tenham procurado deslocar o campo das questões da antirrelacionalidade para a antinormatividade. A nova edição de *Agenciamentos terroristas* é um lembrete cauteloso para qualquer um que possa ser tentado a adotar a normatividade e a biopolítica como novas questões que, de algum modo, estariam desprovidas de história profunda ou de largos horizontes imperialistas. Os conceitos de "homonacionalismo" e "tempos queer" que encontramos nestas páginas são precisamente aqueles mobilizados para problematizar posturas identitárias que colocariam o queer (ou o queer não branco) como intrinsecamente radical. Mas eles fazem isso de uma maneira que não concede nada àqueles que, por meio desse gesto, buscam esvaziar os estudos de sua política ou de suas consequências. E é aqui que o texto permanece exemplar e indispensável. Na ausência de um sujeito político inocente, *Agenciamentos terroristas* nos dá a figura abissal da "crítica sem sujeito", devolvendo-nos repetidamente para um queer desumanizado que se esforça para permanecer apaixonadamente sintonizado com um mundo em revolta.

REFERÊNCIA BIBLIOGRÁFICA

FINER, Jon & MALLEY, Robert. "How Our Strategy Against Terrorism Gave Us Trump". *New York Times*, March 4, 2017.

PREFÁCIO
TÁTICAS, ESTRATÉGIAS, LOGÍSTICAS

> Se pensarmos a tática como a arte de agenciar homens e armas para vencer batalhas e na estratégia como a arte de agenciar batalhas para vencer guerras, então a logística pode ser definida como a arte de agenciar a guerra e os recursos agrícolas, econômicos e industriais que a tornam possível. Se uma máquina de guerra pudesse ser considerada como tendo um corpo, então as táticas representariam os músculos e a estratégia o cérebro, enquanto a logística seria os sistemas digestivo e circulatório da máquina: as redes de aquisição e fornecimento que distribuem recursos por todo o corpo do exército.
> – Manuel DeLanda, *War in the Age of Intelligent Machines*, 1991, p. 105.

> Não construa nos bons velhos tempos, mas nos maus novos tempos.
> – Walter Benjamin, *Reflections*, 1986, p. 219.

> O que as vidas privilegiadas mostram no meio da guerra e da violência inevitável que acompanham a construção do império?
> – M. Jacqui Alexander, *Pedagogies of Crossing*, 2005, p. 2.

O dia 19 de julho de 2006 foi declarado o Dia Internacional de Ação contra a Perseguição Homofóbica no Irã por duas organizações de lésbicas, gays, bissexuais, transgêneros, intersexuais e queers (LGBTQI),* a autoproclamada militância britânica OutRage!, e o grupo parisiense

---

* A sigla no inglês é LGBTIQ, mas, na tradução para o português, utilizaremos a de uso corrente no Brasil: LGBTQI. (N. da T.)

PREFÁCIO

Idaho (uma sigla para Dia Internacional contra a Homofobia). Para marcar o aniversário de um ano dos enforcamentos públicos na cidade de Mashad de dois jovens iranianos, Mahmoud Asgari e Ayaz Marhoni, os dois grupos iniciaram uma convocação para protestos globais que resultaram em ações em dezenas de cidades nos Estados Unidos, Canadá e Europa. Manifestações em São Francisco, Nova York, Londres, Amsterdã, Moscou, Dublin e Estocolmo foram acompanhadas por locais menos previsíveis, como Salt Lake City, Sioux Falls, Tulsa, Varsóvia, Marselha, Cidade do México e Bogotá.[1] A convocação também foi endossada por várias organizações, incluindo a Associação Internacional de Gays e Lésbicas, a Organização Gay Holandesa, o Centro de Cultura e Lazer; dezenas de ativistas, artistas, acadêmicos, políticos e celebridades LGBTQI (por exemplo, o escritor-ativista Larry Kramer, o fundador do Centro de Estudos Gays e Lésbicos e professor da Cuny Martin Duberman, e o senador do estado de Nova York, Tom Duane); a Organização Gay e Lésbica Persa, um grupo gay iraniano com secretarias europeias e canadenses; o site *Egito Gay*; e os editores do *MAHA*, um "zine gay clandestino no Irã", que escreveu que "a pressão LGBT internacional sobre as autoridades iranianas, em solidariedade ao povo LGBT iraniano,

---

[1] A lista completa de cidades onde ocorreram protestos é Nova York, Washington, Provincetown, São Diego, São Francisco, Fort Lauderdale, Sioux Falls, Seattle, Chicago, Tulsa, Salt Lake City, Toronto, Vancouver, Dublin, Cidade do México, Bogotá, Milão, Varsóvia, Amsterdã, Haia, Londres, Estocolmo, Marselha, Moscou, Bruxelas, Viena e Gloucester (Ireland, 2006). Duncan Osborne relata que aproximadamente 50 pessoas se reuniram em 19 de julho em frente à Missão do Irã nas Nações Unidas em Nova York, e outras 50 pessoas participaram de um painel de discussão sobre "gays no Irã" no Centro Comunitário de Lésbicas, Gays, Bissexuais e Transgêneros também em Nova York, um evento patrocinado pelo IGLHRC. A comissão foi originalmente a patrocinadora da vigília na Missão do Irã na ONU, mas desistiu cinco dias antes do evento, optando pelo painel de discussão (Osborne, 2006). Além disso, em "Washington, Rob Anderson liderou um protesto no Dupont Circle. Em San Francisco, Michael Petrelis reuniu palestrantes no Harvey Milk Plaza. Em Provincetown, Andrew Sulliven conduziu uma vigília silenciosa em frente à prefeitura. Em Toronto, Arsham Parsi, secretário de Direitos Humanos da Organização Persa de Gays e Lésbicas (PGLO), falou em uma reunião comemorativa. No Irã, os membros do PGLO acenderam velas de forma privada" (Rosendall, 2006).

é vital e muito bem-vinda".[2] O ativista francês e fundador do Idaho Louis-
-George Tin saudou as manifestações como a gênese de um movimento
internacional de solidariedade gay, considerando o Dia Internacional de
Ação como "algo especial [que] acontece desde 19 de julho de 2005".[3]

Houve, no entanto, muita discórdia entre as organizações LGBTQI
em relação à convocação de protestos internacionais, após a discussão de
um ano sobre os detalhes da manifestação. Essas disputas envolveram o
OutRage!, de Peter Tatchell; a diretora da Comissão Internacional dos
Direitos Humanos Gays e Lésbicos (IGLHRC), Paula Ettelbrick; Scott
Long, diretor do projeto de direitos Lésbico, Gay, Bissexual e Transgênero
do Projeto Human Rights Watch (HRW); o escritor Doug Ireland, da *Gay
City News*; o fundador do Al-Fatiha, Faisal Alam, e os suspeitos de sempre
entre comentadores gay, tais como Andrew Sullivan.[4] Após os atentados a
bomba em Londres, fotos dos enforcamentos que circularam na internet
geraram indignação internacional. Uma postagem sobre isso e três fotos

---

[2] Uma lista mais extensa de apoios inclui Andy Humm e Ann Northrop, do canal de notícias de TV Gay USA, Walter Armstrong, da revista POZ, Sandy Rapp (uma cantora e escritora lésbica feminista), Rosario Dawson, Doric Wilson, Martin Duberman, Church Ladies for Choice, Allen Roskoff (presidente do Clube Democrático Liberal Jim Owles), Clube Democrático Stonewall, Igreja da Comunidade Metropolitana de Nova York, Darren Rosenblum (professor associado da Escola de Direito Pace), Larry Kramer, John Berendt (autor de Midnight in the Garden of Good and Evil), Lawrence D. Mass (cofundador da Gay Men's Health Crisis), Arnie Kantrowitz (professor emérito do College de Staten Island – Cuny), Sean Strub (fundador da revista POZ), Kenneth Sherill (professor no Hunter College – Cuny), a Associação Internacional Lésbica e Gay, o Centro de Cultura e Lazer, Tupilak (a associação de trabalhadores culturais lésbicas e gays na área nórdica), o Conselho Homo Nórdico, Humanistas do Arco-Íris Nórdico, o *site* GayRussia.ru, o grupo gay austríaco Iniciativa Homossexual de Viena, o Independent Gay News de Fort Lauderdale, o Seattle Gay News, a Campanha pela Paz e Democracia, a organização italiana Arcigay, a organização irlandesa BeLonG to Youth, a revista mexicana Enkidu e a organização colombiana Colômbia Diversa (Ireland, 2006). A citação do Maha vem de uma declaração divulgada pelos editores; ver Maha, 2006.

[3] Ireland, 2006.

[4] Tatchell, 2006. Tatchell reivindica que as execuções são parte de uma "limpeza étnica de árabes Ahwazi no sudoeste do Irã" que também é motivada pela homofobia. Long, 2006. Ver o *post* de Sullivan, 2005.

da execução foram inicialmente divulgadas no *site* da Agência de Notícias dos Estudantes Iranianos. Uma tradução desse artigo em um comunicado à imprensa do OutRage! qualificou os enforcamentos como "crimes de honra" de jovens gays, e a história se espalhou rapidamente em listas de discussão LGBTQI, *websites* e *blogs*. O acadêmico e ativista LGBTQI Richard Kim, contudo, em uma cronologia meticulosamente detalhada dos eventos, escreve no *The Nation* que não ficou nítido se os dois tinham tido sexo consensual (entre eles ou com outros) e foram vítimas de perseguição antigay ou se os adolescentes foram condenados por estupro coletivo de um menino de 13 anos.[5] Em 22 de julho de 2005, a Human Rights Campaign, a maior organização lésbica e gay dos Estados Unidos, emitiu uma declaração exigindo que a secretária de Estado Condoleezza Rice condenasse os assassinatos. A Suécia e a Holanda suspenderam temporariamente as deportações de iranianos gays e o OutRage! apelou à UE para instituir sanções comerciais contra o Irã, num momento em que, como observa Kim, "a UE estava envolvida em delicadas negociações com o Irã sobre sua capacidade nuclear".[6] Em 23 de julho, de acordo com Kim, tanto o IGLHRC quanto o HRW estavam preocupados que os "direitos dos gays" estivessem sendo cooptados às custas de uma questão mais ampla de justiça social: a execução de menores.

Quer o caso complexo em questão seja de "execução juvenil", perseguição de gays ou ambos, muitos comentaristas notam que os Estados Unidos continuam a resistir a um consenso crescente de que a pena de morte é desumana, tendo as execuções de menores de 18 anos sido proibidas apenas recentemente, em março de 2005. Como observa Faisal Alam, três homens "homossexuais" nigerianos foram condenados a ser apedrejados até a morte naquele verão e não geraram tal indignação

---

[5] Kim, 2005.

[6] Ver a Campanha da Fundação de Direitos Humanos, "Secretary Rice". Ver dois documentos da HRW em relação à moratória holandesa sobre as deportações de gays iranianos. O primeiro é um comunicado de imprensa ("Dutch Officials"); o segundo, uma carta ao ministro Verdonk escrita por Scott Long; Kim, 2005.

global.⁷ Nem esses abusos suscitaram tanta resposta de grupos LGBTQI anteriormente. Nesse sentido, não ocorreram protestos em maio de 2004, quando a circulação de fotos das práticas de tortura em Abu Ghraib desencavaram a revoltante homofobia dos militares dos EUA.* Como a diretora Paula Ettelbrick do IGLHRC questiona: "Por que agora? Por que apenas o Irã?".⁸

Denominado como um integrante do "eixo do mal" pelo governo Bush, e com evidências de ações militares planejadas dos EUA durante o verão de 2005, parece bastante nítido o porquê do agora e o porquê do Irã. Além disso, os protestos do aniversário de 2006 ocorreram durante o segundo mês da invasão israelense do Líbano, em meio ao aumento da pressão para levar em consideração o ataque militar à Síria e ao Irã por apoiarem o Hezbollah. A fixação frenética na homofobia do regime de Estado do Irã é, assim, perpetuada, em muitas instâncias, pelas mesmas facções que são responsáveis pela proliferação global de protestos contra uma futura invasão do Irã. Neste momento histórico, a bizarra conjuntura funciona como – nada menos do que – o racismo da esquerda gay global, com a aceitação indiscriminada da retórica islamofóbica que alimenta a guerra ao terror e as forças políticas que pressionam por uma invasão ao Irã, quando não uma aceitação tácita da própria ocupação pendente.

Agenciamentos terroristas: homonacionalismo em tempos queer é um convite para uma exploração mais profunda dessas conexões entre sexualidade, raça, gênero, nação, classe e etnia em relação às táticas, estratégias e logísticas das máquinas de guerra. Este projeto critica a promoção, gestão e valorização da vida e tudo o que a sustenta, descrevendo os mecanismos nos quais a queerização, como um processo de racialização, informa as próprias distinções entre vida e morte,

---

* As fotos liberadas em 2004 revelaram torturas realizadas por soldados estadunidenses em uma prisão na cidade iraquiana de Abu Ghraib. (N. da T.)

⁷ Alam, 2005.

⁸ Ettelbrick, 2005.

riqueza e pobreza, saúde e doença, fertilidade e morbidade, segurança e insegurança, viver e morrer. Raça, etnia, nação, gênero, classe e sexualidade desagregam sujeitos nacionais gays, homossexuais e queer que se alinham com os interesses imperiais dos EUA a partir de formas de queerização ilegítima que nomeiam e, em última análise, impulsionam populações à extinção.[9] *Agenciamentos terroristas* coloca em primeiro plano a proliferação, a ocupação e a supressão da queerização em relação ao patriotismo, à guerra, à tortura, à segurança, à morte, ao terror, ao terrorismo, à detenção e à deportação, temas geralmente imaginados como desprovidos de conexão com a política sexual em geral e a política queer em particular. Impelida não apenas por essa dobra do queer e de outros sujeitos sexuais nacionais à gestão biopolítica da vida, mas pelo desdobramento simultâneo da vida, em direção à morte, de "populações terroristas" racializadas queerizadamente, a biopolítica delineia não apenas quais queers vivem e quais queers morrem – uma demarcação variável e contestável – mas também *como* queers vivem e morrem. Resultado dos sucessos da incorporação queer nos domínios dos mercados de consumo e do reconhecimento social no final do século XX, pós-direitos civis, essas várias entradas de queers na otimização biopolítica da vida marcam uma mudança, já que os corpos homossexuais têm sido historicamente entendidos como infinitamente doutrinados para a morte. Em outras

---

[9] Uso os termos "gay" e "lésbica" em conjunto com "queer" para demarcar diferenças importantes na posicionalidade, mas também quero sugerir que alguns queers estão implicados em espaços e práticas homonormativas. Eu sinto que a noção de queeridade como uma identidade resistente às formações gays, embora historicamente ressaltada, é menos evidente no clima político contemporâneo dos Estados Unidos. No resto do texto uso "gay" como abreviação para incluir lésbicas; o termo "homossexual" quando é uma diferenciação apropriada do posicionamento do sujeito heterossexual; e a sigla LGBTQI (Lésbicas, Gays, Bissexuais, Transgêneros, Queer e Intersexuais) para sinalizar organizações, ativistas e outros contextos coletivos; essa sigla, no entanto, não inclui a identidade de dois-espíritos, entre outras formações. Ao aderir a esses usos contextuais dentro dos contextos em mutação, noto a inadequação de todos esses termos, porque são simultaneamente excessivos e muito específicos. A tentativa de mediar essa tensão é precisamente sintomática do problema. Gostaria de agradecer à Patricia Ticineto Clough pelas conversas cruciais e oportunas sobre o enquadramento deste projeto, que deve ao seu pensamento sobre a teoria social contemporânea.

palavras, há uma transição em curso na forma como os sujeitos queer estão se relacionando com os Estados-nação, particularmente os Estados Unidos, de serem figuras de morte (ou seja, a epidemia de Aids) para se tornarem atrelados a ideias de vida e produtividade (ou seja, casamento e famílias gays). As políticas de reconhecimento e incorporação implicam que certos – mas certamente não a maioria de – corpos homossexuais, gays e queer podem ser beneficiados temporariamente pelas "medidas de benevolência" que são oferecidas por discursos liberais de tolerância multicultural e diversidade.[10] Essa benevolência para com os outros sexuais depende de parâmetros cada vez mais restritos de privilégio racial branco, capacidade de consumo, normatividade de gênero e parentesco e integridade corporal. A emergência contemporânea de sujeitos homossexuais, gays e queer – normativizados por meio de seu desvio (à medida que se tornam vigiados, administrados, estudados) em vez de o serem apesar do desvio – é parte integrante da interação entre perversão e normatividade necessária para se sustentar em uma engrenagem completa a gestão da vida. Ao construir esse argumento, amplio a "racialização" como uma configuração para formações e processos sociais específicos que não estão necessariamente ou apenas vinculados ao que tem sido historicamente teorizado como "raça".

A emergência e a aprovação da subjetividade queer é uma mudança histórica tolerada apenas por meio de um processo simultâneo de demarcação de populações destinadas à segregação, eliminação ou morte, uma reintensificação da racialização por meio da queerização. O cultivo desses sujeitos homossexuais que se dobram à vida, capacitados pela "virilidade de mercado" e pela "reprodução regenerativa", é racialmente demarcado e, simultaneamente, marcado por um aumento na tomada de corpos queerizadamente racializados como alvo de morte. Se o "dobrar--se à vida" para sujeitos queer agora é possível, o modo como a queerização se dobra à racialização é um fator crucial para saber se, e como, esse dobrar-se à vida é experimentado, se é que é experimentado de alguma

---

[10] Chow, 2002, p. 11.

forma. Além disso, a ascensão desses sujeitos nacionais não normativos está ligada em termos inequívocos às populações racializadas que passam a existir por meio da atribuição da queerização, uma atribuição rejeitada pelo sujeito queer incluído pelo incitamento biopolítico à vida. *Agenciamentos terroristas*, portanto, explicita as conectividades que geram sujeitos disciplinares queer, homossexuais e gays, enquanto concomitantemente constitui a queerização como a perspectiva por meio da qual populações perversas são chamadas à nominalização para o controle. Ou seja, essa reformulação da queerização por essa perspectiva – e a tecnologia operativa – na produção, disciplinamento e manutenção das populações, orienta as análises neste livro. Essa disjunção entre os sujeitos disciplinares queer, homossexuais e gays reguladores e regulamentados e o obscurecimento queerizado dos terroristas marca o fluxo surpreendente, mas não totalmente inesperado, do florescimento de novas normatividades nestes tempos queer.

Em *Agenciamentos terroristas*, meu principal interesse está nesse processo de gestão da vida queer ao custo da morte sexual e racialmente perversa em relação à política contemporânea de securitização, orientalismo, terrorismo, tortura e a articulação das sexualidades muçulmana, árabe, sikh e do sul da Ásia. Argumento que, durante esta conjuntura histórica, há uma produção muito específica de corpos terroristas contra sujeitos adequadamente queer. As perguntas que nortearam este projeto incluem – mas não se limitam – o que se segue: quais são as ligações históricas entre vários períodos de crise nacional, a patologização da sexualidade e a proliferação das perversões sexuais? Quais são as premissas heteronormativas que ainda limitam os campos e disciplinas das análises de segurança e vigilância, estudos de paz e conflito, pesquisas de terrorismo, políticas públicas, redes financeiras transnacionais, direitos humanos e planos de segurança humana e organizações internacionais de manutenção da paz, tais como as Nações Unidas? Como conceitualizamos as sexualidades queer no Afeganistão, Iraque e outras partes do "Oriente Médio" – um termo que hesito em usar dadas as origens dos estudos da área – sem reproduzir as suposições neocolonialistas que são coniventes com os discursos salvacionistas e missionários dos EUA? Dada a mecânica de transformar em bode expiatório as minorias sexuais, bem como os sul-asiáticos, árabes estadunidenses e muçulmanos estadunidenses, que tipo de estratégias discursivas e materiais os muçulmanos queer e árabes queer usam para resistir à violência estatal e social?[11]

A importância dessas questões é sugerida pelas mudanças demográficas na transmissão, no financiamento da prevenção e na exploração da indústria farmacêutica do HIV; pela descriminalização da sodomia nos Estados Unidos; pela incorporação global (embora desigual) de várias versões legalizadas de casamento e união estável gay; pela ascensão de uma direita gay global ancorada na Europa e alcançando credibilidade por meio, de maneira muito marcante, da retórica islamofóbica; pelo florescimento da representação de gays e lésbicas (no *mainstream* dos EUA) como *The L Word* e *Queer Eye for the Straight Guy*; pelos enquadramentos normativos de direitos humanos de gays e lésbicas, que produzem (em conjunto com o turismo gay) nações amigáveis e não amigáveis aos gays; pela "virilidade de mercado" queer que pode simular a paternidade heteronormativa por meio da compra da tecnologia reprodutiva; pelo retorno às normas de parentesco e de família implícitas na nova "família global" lésbica, completada com bebês adotados transnacionalmente; e pela acomodação de mercado que fomentou indústrias multibilionárias em turismo gay, casamentos, oportunidades de investimento e aposentadoria. Em grande parte, a conversa que tem dominado os estudos de sexualidade da era pós-direitos civis é um debate desgastado sobre os avanços e méritos da legitimação civil – legalização da sodomia, casamento gay e adoção gay – em contraste com a política descompromissada e incrustada nas interpelações de mercado dos sujeitos LGBTQI, com a questão da resistência sempre no centro dessa polaridade. Em vez de enfatizar o resistente ou a oposição,

---

[11] Al-Fatiha, 2006.

procuro revelar as relações *amigáveis* entre queerização e militarismo, securitização, guerra, terrorismo, tecnologias de vigilância, império, tortura, nacionalismo, globalização, fundamentalismo, secularismo, encarceramento, detenção, deportação e neoliberalismo: as táticas, estratégias e logísticas de nossas máquinas de guerra contemporâneas.

TÁTICAS: UMA PALAVRA SOBRE O MÉTODO

A correspondência entre sexualidades não normativas, raça e nacionalidade patologizada tem sido examinada e interrogada por teóricos que trabalham com sexualidades transnacionais e identidades queer diaspóricas, cidadania sexual, práticas de consumo em relação a ganhos legislativos e liberdades civis, o funcionamento de organizações não governamentais LGBTQI globais, os direitos sexuais e a reprodução de parentesco e estruturas familiares normativas na globalização.[12] A importância deste trabalho permanece relativamente não abordada em diálogos políticos contemporâneos, refletindo um esforço corrente para articular teorias queer além de suas origens nos estudos literários, bem como um desafio aos pressupostos não investigados de branquitude e privilégio de cidadania. *Agenciamentos terroristas* continua essa tarefa crítica para fraturar determinados diálogos quando eles se recusam a levar em consideração as contribuições feministas, queer e transnacionas para essas conversações, ressaltando enquadramentos heteronormativos e análises inexistentes.

No espírito de tais rupturas, *Agenciamentos terroristas* utiliza um conjunto de diferentes paradigmas teóricos, materiais textuais

---

[12] Para uma amostra do trabalho desses autores, ver as seguintes coleções editadas: Puar, 2002; Nast, 2002; Cruz-Malave & Manalansan, 2002; Puar *et al.*, 2003; Eng, Halberstam & Muñoz, 2005; Cantú & Luibhéid, 2005; Patton & Sanchez-Eppler, 2000. Ver também as seguintes monografias: Luibhéid, 2002; Rodriguez, 2003; Ferguson, 2003; Manalansan, 2003; Gopinath, 2005; Brady, 2002; Barnard, 2004; Fiol-Matta, 2002.

e abordagens táticas que são reflexos de uma filosofia metodológica queer. A queerização desafia de maneira irreverente um modo linear de condução e transmissão: não há uma receita exata para um empreendimento queer, nenhum sistema *a priori* que sistematize as ligações, rupturas e contradições em uma forma organizada. Os textos que agenciei são textos governamentais sobre tecnologias de contraterrorismo; filmes, documentários e programas de televisão; mídia impressa (especialmente jornais e revistas LGBTQI regionais, nacionais e internacionais); comunicados de imprensa e manifestos de organizações; e dados etnográficos (incluindo observação participante em vários eventos políticos LGBTQI importantes e reuniões e entrevistas com proeminentes organizadores e ativistas da comunidade LGBTQI). Também examinei o que pode ser considerado como circuitos de imprensa alternativa (postagens de listas como professorsforpeace.org e portside. org, e vários *sites* e serviços de notícias como o *Pacifica News Service* e opendemocracy.net) e artefatos representacionais e culturais (fotos, bens consumíveis, representações visuais). Agenciar essas fontes primárias variadas e frequentemente disjuntivas é crucial para combater a retórica banal e jornalística que contamina os discursos públicos disponíveis prontamente para consumo. Considerando essas fontes no contexto deste estudo, espero contribuir para a construção de um registro histórico alternativo, um arquivo e uma documentação de nossos momentos contemporâneos. No entanto, eu me afasto do instintivo, do natural ou do senso comum como a base de uma sensibilidade queer. Pelo contrário, interesso-me pelo inesperado, as irrupções não planejadas, as linhas de fuga, a desnaturalização da expectativa por meio da justaposição do aparentemente não relacionado, trabalhando para desfazer roteiros sexuais naturalizados de terror que se tornam formações de conhecimento tidas como certas.

Minhas análises baseiam-se em mais de cinco anos de pesquisa conduzida em Nova York, Nova Jersey e Connecticut envolvendo organizações comunitárias, eventos de ativistas, reuniões, protestos, palestras e painéis, bem como panfletos, materiais educacionais, propaganda e comunicados de imprensa de ambos os meios de comunicação alternativos e de grande mídia. As metodologias empregadas neste trabalho envolvem entrevistas formais, observação participante em reuniões e eventos, análises discursivas da grande mídia e da mídia alternativa e leituras de decisões jurídicas. Também constitui o pano de fundo deste manuscrito e guia as minhas análises, um projeto de filme no qual estou trabalhando atualmente, sobre a participação, desde o início de 1990, de organizações sul-asiáticas progressistas no desfile anual do Dia da Índia em Nova York, intitulado "India Shining". Mais de 150 horas de filmagem para o filme, incluindo entrevistas com mais de 60 ativistas comunitários, membros da comunidade e artistas sul-asiáticos, retratam visualmente os enigmas políticos escritos aqui.

Este livro abrange as formações raciais sul-asiáticas, árabes estadunidenses e muçulmanas, centrando-se no que atualmente são denominadas formações da Ásia Ocidental, bem como identidades árabes estadunidenses e muçulmanas no estudo dos processos históricos e contemporâneos de racialização e sexualização asiático-estadunidenses e sul-asiático-estadunidenses, promovendo uma ligação dos estudos árabe--estadunidenses e asiático-estadunidenses. Embora exista uma atenção evidente para os excepcionalismos sexuais dos EUA, reúno projetos de Estado distintos que irradiam para o exterior, rastreando outros excepcionalismos sexuais nacionais – na Grã-Bretanha e, em menor grau, na Holanda – por meio da crescente coesão de uma islamofobia gay global. Nitidamente, as escalas de lugar e espaço neste projeto são indisciplinadas e talvez, em alguns momentos, muito específicas: a cidade de Nova York, por exemplo, e a área triestatal que vai além dela (Nova York, Nova Jersey, Connecticut), são o foco principal de parte da organização e cobertura de notícias LGBTQI. No entanto, a expansão das fronteiras geográficas deste projeto, tanto reais quanto imaginárias, reflete tanto uma interdisciplinaridade sem lugar, quanto tensões mediadas e deliberadamente borradas entre os estudos da área de formações de conhecimento e os estudos étnicos, diaspóricos e transnacionais. Na era do que Rey Chow aclama como "o mundo como alvo" – o mundo como um objeto a ser destruído – o comando para imaginar alternativas para os "campos-alvos" (a organização convencional das geografias de estudos da área militar do pós-guerra, que são "campos de recuperação e disseminação de informação [...] necessários para a perpetuação da hegemonia política e ideológica dos Estados Unidos") apenas se intensifica. Este projeto talvez falhe em deslocar totalmente o olho do eu autorreferencial que Chow argumenta ser o ponto crucial das práticas dos EUA de fazer do mundo um alvo. Ao não jogar de acordo com as regras disciplinares, no entanto, posso oferecer geografias alternativas e submersas – os Estados Unidos a partir de pontos de vantagem decididamente subfinanciados e não normativos – expondo os Estados Unidos não apenas como o que produz um alvo, mas também como um alvo, como aquele que se torna um alvo.[13]

ESTRATÉGIAS: NA VELOCIDADE – ASSOMBRAÇÕES, TEMPOS, TEMPORALIDADES

> O presente como uma experiência de um tempo é justamente o momento em que se misturam diferentes formas de ausência: ausência daquelas presenças que já não são mais presenças e que são lembranças (o passado) e a ausência daquelas outras que ainda estão por vir e são antecipadas (o futuro).
> – Achille Mbembe, *On the Postcolony*, 2001, p.16

> O estado acelerado tende a ser exuberante em invenção e imaginação, saltando rapidamente de uma associação para outra, levado pela força de seu próprio ímpeto. A lentidão, em contraste, tende a ir com cuidado e cautela, uma postura sóbria e crítica, que tem seus usos nada menos do que a "vitalidade" da efusão.
> – Oliver Sacks, "Speed: Aberrations of Time and Movement", 2004, p. 67.

---

[13] Chow, 2006, p. 39.

> *The time is out of joint*. O mundo vai mal. Está desgastado, mas seu desgaste não conta mais. Velhice ou juventude – não se conta mais com isso. O mundo tem mais de uma idade. Falta-nos a medida da medida. Do desgaste, não prestamos mais conta, não nos damos mais conta dele como de uma única idade na progressão de uma história. Nem maturação, nem crise, nem mesmo a agonia. Outra coisa. O que acontece, acontece à idade mesma, atingindo a ordem teleológica da história. O que vem, ou parece intempestivo, acontece ao tempo, mas não acontece a tempo. Contratempo. *The time is out of joint*.
> – Jacques Derrida, *Espectros de Marx*, 1994, p. 107.

O tempo do eterno devir é em parte o que Achille Mbembe, escrevendo sobre a África como um vazio anacrônico, elucida em seu uso de "tempo emergente", "tempo que está aparecendo", "tempo passando" e "o tempo do emanharanhamento". Em sua crítica do *telos*, de uma direcionalidade unilateral, e o padrão cíclico de estabilidade e ruptura, Mbembe quer não apenas reivindicar o tempo como não linear, um movimento já sempre apropriado, mas insuficiente, ele argumenta, uma vez que a não linearidade tem sido considerada o caos. Em última instância, ele busca desestabilizar a oposição entre estabilidade e caos, de forma que o caos seja descarregado de sua ressonância semiótica com violência, distúrbio, anarquia.[14] Não se trata de normativizar o caos em si, nem marcar sua produção como aberrante, mas permitir o que pode resultar dele, o que ele pode produzir, em vez de buscar o antídoto que pode suprimi-lo. É também desemaranhar o caos político e social dos termos de sua resposta convencional, aquela da urgência política.

Essa noção de urgência política, uma temporalidade que ressuscita problematicamente o estado de discursos de exceção, sugere uma relação particular com a temporalidade e a mudança, visto que atravessa ou vai contra a corrente do ideal de produção intelectual erudita, laboriosa, profunda e demorada que pode prosperar apenas nos confins estáveis de

---

[14] Mbembe, 2001, pp. 4, 8-9, 16.

um "teto todo seu" ou em um clima político que não seja perturbador ou tumultuado. Sem dúvida, esse é, ou era, um conceito ocidental de trabalho intelectual, atolado em anseios e fantasias modernistas sobre trabalho, lazer, temporalidade e espacialidade. Se dissermos que os eventos estão acontecendo rapidamente, o que devemos desacelerar para fazer tal afirmação? Se nós delineamos o tempo como tendo um ritmo constante, que disjunções devemos suavizar ou superar para chegar a essa conclusão? Se sentimos que as coisas estão calmas, o que devemos esquecer para habitar tal sentimento reconfortante?

Colocar em primeiro plano a urgência política deste projeto reifica certos eventos: neste caso, o 11 de Setembro de 2001, comumente o 11 de Setembro, como um ponto de inflexão particular ou um catalisador de desejos de eficiência, rapidez, inovação política, capturado em um debate binário de ruptura *versus* continuidade.[15] Como metáfora, o 11 de Setembro reflete narrativas espaciais e temporais particulares e também produz discursos espacializantes e temporalizantes.[16] O 11 de Setembro, quando

---

[15] Bill Brown escreve sobre ruptura e o 11 de Setembro: "O evento já atingiu uma força de periodização autônoma. Nos Estados Unidos, as pessoas falam da vida antes e depois do 11 de Setembro". Continuando, ele afirma: "A pós-modernidade parece ter encontrado uma brecha histórica apropriada. [...] E, no entanto, essa ruptura parece sinalizar algo diferente da pós-modernidade que imaginamos muito confortavelmente; é como se o hiper-real secasse nas areias do que Slavoj Žižek chamou de 'deserto do real'"; Brown, 2005, p. 735, citando Žižek, 2002.

[16] A multiplicidade de declarações que circularam na internet imediatamente após os ataques, muitas denunciando a guerra, foi um importante gênero e marcador de debate público e cada vez mais o único disponível para dissidência. Estes foram divulgados por teóricos pós-coloniais e intelectuais públicos como Roy, 2001; Said, 2001; e Sontag, 2001. Declarações de Suheir Hammad, Ayesha Khan, Medica Mondiale, Barbara Lee, Minoo Moallem, Madeleine Bunting e Sunera Thobani estão disponíveis em Basu *et al.*, 2002 – este também contém declarações sobre o pós-11 de Setembro da Associação Revolucionária de Mulheres no Afeganistão, Mulheres Vivendo sob Leis Muçulmanas, Mulheres de Preto, Coalizão de 100 Mulheres Negras e a declaração "Práticas Feministas Transnacionais contra a Guerra", de Paola Bacchetta, Tina Campt, Inderpal Grewal, Caren Kaplan, Minoo Moallem e Jennifer Terry. Outras declarações foram divulgadas pelo Congresso dos Radicais Negros, "Ataques Terroristas"; pela Seção para o Estudo do Islã, "Statement"; e uma coalizão de 48 organizações, incluindo Anistia Internacional dos EUA, Bahá'ís dos Estados Unidos, Comida para os que têm Fome, Humans Rights Watch, Serviços de Imigração e Refugiados da América, Sikh

invocado, é feito de maneira tão cautelosa, tal como um acontecimento no sentido deleuziano, que privilegia linhas de fuga, um agenciamento de intensidades espaciais e temporais, aproximando-se, dispersando-se, reconvertendo-se. A qualidade de acontecimento do 11 de Setembro recusa o binário do momento divisor de águas e o ponto de inflexão da mudança radical, contra a intensificação do mais do mesmo, amarrado entre seu *status* como um "momento em que a história está sendo feita" e um "momento em que a história está desaparecendo".[17] Em nome de sua conceitualização do 11 de Setembro como um "instantâneo'" – uma quebra e uma explosão – Nilüfer Göle argumenta que "entender o 11 de Setembro requer a construção de uma narrativa que parta do momento terrorista como uma iminência, trata-se de um incidente exemplar que, em um momento, permite a emergência de diferentes temporalidades e, com elas, uma gama de questões até então suprimidas". Para Göle, o instantâneo abarca as temporalidades do instante e da imagem, do avanço rápido, do retrocesso e do fechamento, em vez de ser estritamente ancorado no passado, presente e futuro.[18] Menos apegada à metáfora visual é a apropriação de David Kazanjian das reflexões de Walter Benjamin sobre memória e história em relação a flashes, *aufblitz*, "pontos de explosão", o que ele define como um "explodir [indo] em ação e existência, que não vem do nada, mas transformado de uma forma em outra; e [...] os efeitos poderosos dessa transformação ou emergência".[19] Os pontos de explosão sinalizam um processo de tempo-devir para Kazanjian, uma turbulência centrípeta de iluminação tão poderosa que pode cegar o passado ao mesmo tempo que clareia o presente e ilumina o futuro.

Dharma Internacional, Sikh Mediawatch and Resource Task Force, Estudantes para um Tibet Livre, Comitê para os Refugiados nos EUA, a Associação de Congregações de Universalistas Unitários, e a Organização Mundial contra a Tortura nos EUA, "Statement of Principles". Veja também o texto da palestra de Judith Butler em dezembro de 2001 na CLAGS Kessler intitulado "Global Violence, Sexual Politics".

[17] Göle, 2002.
[18] *Idem, ibidem*.
[19] Kazanjian, 2003, p. 27; ver Benjamin *apud* Löwy, 2005.

Agenciamentos Terroristas emerge como uma história sobre vários acontecimentos que operam tanto como instantâneos quanto como pontos de explosão: o 11 de Setembro, a tortura em Abu Ghraib, a descriminalização da sodomia nos Estados Unidos, a onda de crimes raciais contra os muçulmanos e sikhs, a detenção e a deportação de suspeitos de terrorismo e a organização pós-11 de Setembro. Mas ambos os quadros – *instantâneo*, por meio de sua relação com a criação e o desaparecimento da história, e o *ponto de explosão*, como um movimento concretizado de uma encarnação da existência para uma outra – dependem dos paradigmas de passado, presente e futuro, um antes e um depois, mesmo se suas periodizações inerentes transbordam, prenunciam e perseguem umas às outras, voltam repetidamente, retornam, retransmitem e embaralham seus efeitos de espacialização concomitantes. Tal como em todas as narrativas de *telos* e periodização, como aquelas incorporadas e endêmicas à modernidade, à heterossexualidade, à idade adulta, as qualificações temporais funcionam para determinar a esfera inteligível da legitimidade acadêmica. Como, então, reconsiderar a valorização da produção acadêmica emergente das noções aparentes de estabilidade, longevidade, intensidade? Repensar as formas e temporalidades que o trabalho de pensar e escrever pressupõe contribui para uma visão global mais ampla que não apaga materialidades de produção profundamente desiguais em suas múltiplas constelações. Não se trata de defender uma fetichização pós-moderna de algo rápido, fugaz e superficial, nem de negar que haja quietude nesta escrita. Lutei para situar o devir-tempo como um colapso do quadro binário de urgência, conveniência e politicidade *versus* estabilidade e calma, e passar a uma noção de devir-tempo que permite, pela força do presente, da maneira como Mbembe fala, abraçar a heteroglossia das modalidades de intelectual público e ativista intelectual.

Os futuros estão muito mais próximos de nós do que quaisquer passados aos quais possamos querer retornar ou revisitar. O que significa examinar, absorver, sentir, refletir e escrever sobre o arquivo enquanto ele está sendo produzido, correndo em nossa direção – para, literalmente, preencher um arquivo em expansão? Essa pergunta pode dar um imediatismo ao trabalho, ou pode emitir um toque de vazio ao passado que não parece mais pertinente; de modo ainda mais bizarro, pode significar que o presente ainda é irreconhecível para nós. Portanto, embora este não seja um projeto histórico, ele é na verdade uma historicização do momento contemporâneo, historicizando a biopolítica do agora. Em parte, isso significou menos ênfase na historicização ou na historicidade dos modos biopolíticos de vigilância, terror, guerra, securitização, tortura, império e violência examinados neste texto, e um movimento em direção à coleta, construção e interrogação de um arquivo que estará disponível para uma futura historicização.

Este projeto é, portanto, profundamente movido por uma temporalidade antecipatória, uma modalidade que busca manter um controle limitado de muitos futuros, para convidar para a futuridade mesmo quando ele se recusa a escrevê-la, distinguindo-se de uma "temporalidade paranóica" antecipatória, que Eve Kosofsky Sedgwick critica. Sedgwick escreve sobre a paranoia: "Nenhum tempo pode ser tão cedo para os que já-sabem que, para eles, tem-sido-ainda-inevitável, que algo ruim pode acontecer. E nenhuma perda poderia estar tão longe no futuro para precisar ser ignorada preventivamente".[20] A temporalidade paranoica está, portanto, inserida em uma economia de risco que tenta se garantir contra catástrofes futuras. É uma temporalidade de exuberância negativa – pois não estamos nunca seguros o suficiente, nunca saudáveis o suficiente, nunca preparados o suficiente –, impulsionada por imitação (a repetição do mesmo ou a serviço de manter o mesmo) mais do que por mudança (a abertura para a ruptura do mesmo, chamando para o novo).

Uma temporalidade paranoica, portanto, produz uma supressão das políticas criativas críticas; em contraste, as temporalidades antecipatórias que defendo refletem com mais precisão uma noção spivakiana de "política do fim aberto"[21] de atrair positivamente futuros políticos desconhecidos

---

[20] Sedgwick, 2003, p. 131.
[21] Ver Spivak, 1990, pp. 46, 95-112.

para nosso caminho, assumindo riscos em vez de nos proteger contra eles. Nesse sentido, a temporalidade paranoica também está situada em uma temporalidade anterior, um exemplo da qual é o seguinte: "A crença do corredor de que ele ouviu conscientemente a arma e então, imediatamente, impulsiona o bloco é uma ilusão tornada possível... porque a mente antecede o som da arma em quase meio segundo".[22] Este livro é uma tentativa de antecipar o som da arma, isto é, não apenas ou principalmente antecipar o futuro, mas também registrar o futuro que já está aqui, ainda desconhecido, mas por uma fração de segundo. Escrevendo que "a assombração é um elemento constituinte da vida social moderna", Avery Gordon nos pede para contemplar "o paradoxo de rastrear através do tempo e através de todas as forças que deixam sua marca por estarem e não estarem ao mesmo tempo, persuadindo-nos a reconsiderar [...] as próprias distinções entre estar e não estar, passado e presente, força e forma".[23]

Aqui, "assuntos fantasmagóricos" sinalizam a primazia do passado e nossa herança do passado: suas assombrações, suas demandas, suas ausências presentes e presenças ausentes. No entanto, em parte o que pretendo destacar por meio de uma temporalidade antecedente são os fantasmas do futuro que já podemos farejar, fantasmas que esperam por nós, que nos conduzem em direção às futuridades. Assombrar, nesse sentido, desarma um binarismo entre passado e presente – porque, em verdade, o devir-futuro está nos assombrando – enquanto sua dívida ontológica para com aquilo que uma vez aconteceu, no entanto, adverte contra um privilégio fácil do fetiche da inovação do que, por outro lado, poderia ser rebaixado como um alcance impensado daquilo que é tendência ou inovação. Assombrar, como sugere Gordon, é também uma abordagem metodológica que mantém um olho atento para sombras, efemeridades, energias, forças etéreas, texturas, espírito, sensações:

---

[22] Sacks, 2004, p. 63.
[23] Gordon, 2008, pp. 7-8.

Assombrar é uma forma muito particular de saber o que aconteceu ou está acontecendo. Ser assombrado nos atrai afetivamente, às vezes contra nossa vontade e sempre meio magicamente, para a estrutura de sentimento de uma realidade que passamos a experimentar, não como um conhecimento frio, mas como um reconhecimento transformador.[24]

Para entender como vivenciamos esse reconhecimento transformador, recorro ao neurologista Oliver Sacks, que escreveu de maneira brilhante sobre a "grande variedade de velocidades" experienciada pelo cérebro humano. Em sua exposição, ele detalha outras maneiras de medir o tempo fora da tríade passado-presente-futuro e seus embaralhamentos, como uma intensificação ou desintensificação da experiência do tempo, como um modo de "registrar grandes ou pequenos números de eventos em um determinado tempo." As relações entre velocidade (quão rápido ou lento o tempo parece), ritmo (o andamento, a estimativa ou intervalos de eventos registrados dentro do tempo) e duração (o período de tempo em que esses eventos são registrados) alteram e são alteradas. Sacks cita William James: "Nosso julgamento do tempo, nossa velocidade de percepção, depende de quantos 'eventos' podemos perceber em uma determinada unidade de tempo". A aceleração do tempo envolve "um encurtamento, uma telescopia do tempo", uma contração ou compressão de tempo na qual pouco é registrado em unidades mais curtas de tempo, mas o tempo é vivido mais rápido. A desaceleração do tempo permite uma "ampliação, uma microscopia do tempo", uma expansão do tempo durante a qual muito é registrado, mas o tempo é vivido como lento, ou desacelerado, "aumentando a velocidade de pensamento e uma aparente desaceleração de tempo" e resultando em uma "escala de tempo ampliada e espaçada". Como Sacks explica: "A aparente desaceleração do tempo em emergências [...] pode vir do poder de atenção intensa para reduzir a duração de estruturas individuais".[25] Então, em meio às velocidades

---

[24] *Idem*, p. 8.
[25] Sacks, 2004, pp. 60, 62, 63-64.

frenéticas de crise e urgência, ocorre uma desaceleração do tempo e, com ela, um escrutínio mais profundo de cada momento vivido. Como uma escala de tempo ampliada, este texto também é uma desaceleração de um momento histórico particular de crise, uma combinação de maior velocidade de pensamento que acompanha as respostas à crise com a desaceleração de estruturas individuais necessárias para realmente compreender e prestar atenção a essa crise. A história, pelo menos o que se pode convencionalmente pensar como história, é secundária em relação ao espaço (a escala) de tempo alargada – isto é, o tempo do emaranhamento – deste livro.

Ao propor o que Elizabeth Freeman chama de "cronopolítica desviante", que vislumbra "relações ao longo do tempo e entre os tempos" e que revira narrativas desenvolvimentistas da história,[26] eu acrescentaria que o tempo deve ser evocado não apenas como não linear, mas também como não métrico. Manuel de Landa descreve a temporalidade métrica como aquela que "pressupõe o fluxo do tempo já dividido em instantes idênticos que se assemelham tanto que o fluxo pode ser considerado essencialmente homogêneo". O tempo não métrico desconstrói a naturalização das unidades administrativas de medida do "tempo familiar, divisível e mensurável da experiência cotidiana" e desafia a hipótese de que a repetição dessas unidades, essas "estabilidades pendulares" em diferentes escalas, é "composta de instantes idênticos".[27] De maneira simples, um segundo não é o mesmo que o outro segundo. Seguindo De Landa e Sacks, a cronopolítica de qualquer texto também deve ser vista como ressonante com modalidades afetivas de velocidade, duração e ritmo. Escavando as cismas entre o tempo do relógio e o tempo pessoal, "não restringido pela percepção externa ou realidade",[28] Sacks sugere que velocidade, ritmo e duração são propriedades ontológicas em vez de qualificações temporais, levantando as seguintes questões:

---

[26] Freeman, 2010, pp. 58, 63.
[27] De Landa, 2003, pp. 106-107.
[28] Sacks, 2004, pp. 65-66.

quais tipos de tempos nós estamos vivendo? Como nós estamos vivendo o tempo nestes tempos? Ou seja, qual é a relação do tempo histórico com o tempo vivido, com as temporalidades do viver? Cada obra tem seu próprio tempo e tempos dentro de si: o tempo de sua escrita, o tempo de seu lançamento (tempos a que ela pertence) e o tempo do texto, das próprias palavras, dos tempos e das temporalidades que se cruzam com os tempos de sua recepção (tempos que ela impulsiona); isto é, temporalidades de produção e absorção. Há uma multiplicidade de tempos justapostos em qualquer enunciação, ato ou articulação. O tempo de qualquer texto permanece um mistério, um encontro casual com um momento, um leitor, um agenciamento de todas essas convergências; para tomar emprestado de Shakespeare (como faz Derrida), o tempo está desarticulado: algo está acontecendo *com o* tempo, não *no* tempo, renovando um encontro com o tempo. E, portanto, este livro é um agenciamento de temporalidades e movimentos – velocidade, ritmo, duração – que não está estritamente ligado ao *telos* desenvolvimentista ou histórico, nem a sua ruptura; e um agenciamento de interesses teóricos, o que significa que não há um ou vários fios principais que costuram este livro, mas sim ideias que convergem, divergem e se fundem. Por exemplo, o livro dá uma virada na metade: a introdução e os capítulos 1 e 2 enfocam principalmente a problemática representacional e a formação do sujeito, enquanto os dois últimos capítulos abordam complicações da eficácia da práxis representacional com as questões do afeto, da ontologia e do controle biopolítico, colocando em primeiro plano a construção populacional. Aqui estão proliferando temporalidades múltiplas e em camadas, múltiplas histórias e futuros e, dentro de tudo isso, instantâneos, pontos de explosão e agenciamentos.

LOGÍSTICAS: MAPEANDO O TEXTO

O texto de José Esteban Muñoz sobre a "drag terrorista", cuja representação é a artista performática de Los Angeles Vaginal Davis, remete bizarramente a uma outra era política, como se tivesse ocorrido há muito tempo, quando a noção de terrorista tinha uma qualidade vigorosa, mas distante. Muñoz argumenta que as *performances* drag de Davis, abrangendo "o menestrel cross-sexo, cross-raça", são terroristas em dois níveis. Esteticamente, Davis rejeita a garota-*glamour* feminina drag em favor de "estratégias de representação de guerrilha de nível básico", como milicianos da supremacia branca e prostitutas negras rainhas da seguridade social,* o que Muñoz chama de "os cidadãos mais perigosos da nação". Isso alude para o segundo plano do significado, a reconstituição dos "terrores internos da nação em torno da raça, do gênero e da sexualidade".[29] É imperativo notar que guerrilheiros e terroristas têm valores nacionais e raciais muito diferentes, o primeiro trazendo à mente as paisagens fantasmagóricas da América Central e do Sul e o último, o legado duradouro dos imaginários orientalistas. No contexto dessas geografias, é notável que Davis, como o miliciano branco, astutamente traz o terrorismo para casa – para Oklahoma City, na verdade – e ao fazer isso desaloja, pelo menos momentaneamente, o legado orientalista do terrorismo.

A descrição de Muñoz dessa drag terrorista aponta de forma apropriada para as convergências históricas entre queers e terror: homossexuais têm sido traidores da nação, figuras de espionagem e agentes duplos, associados a comunistas durante a era McCarthy e, como os homens-bomba, provocaram e trouxeram a morte por meio da pandemia da Aids (tanto o homem-bomba suicida quanto o homem gay sempre figuram como já mortos, uma masculinidade decadente ou corroída). Exortações mais recentes colocam o casamento gay como "a pior forma de terrorismo" e os casais gays como "terroristas

---

* No original, *"welfare queens"*, expressão pejorativa utilizada contra mulheres que dependem de programas de seguridade social; enunciado semelhante a, no caso do Brasil, discursos contrários ao programa Bolsa Família. (N. da E.)

[29] Muñoz, 1999, p. 108.

domésticos".³⁰ Nitidamente, já se pode perguntar: o que há de terrorista no queer? Mas a questão mais proeminente e urgente é: o que há de queer no terrorista? E o que há de queer nas corporalidades terroristas? As representações de masculinidade mais rapidamente disseminadas e globalizadas nesta conjuntura histórica são masculinidades terroristas: fracassados e perversos, esses corpos emasculados sempre têm a feminilidade como ponto de referência de mau funcionamento e estão metonimicamente ligados a todos os tipos de patologias da mente e do corpo – homossexualidade, incesto, pedofilia, loucura e doença. Vemos, por exemplo, a fisicalidade queer de monstros terroristas assombrando o *website* de contraterrorismo do Departamento de Estado dos EUA.³¹ Com a multiplicação, como um vírus, a massa explosiva da rede terrorista, os tentáculos sempre se regenerando apesar dos esforços para mutilá-los, o terrorista é simultaneamente uma monstruosidade impenetrável, incognoscível e histérica e, ainda, aquela que apenas as capacidades excepcionais da inteligência dos EUA e os sistemas de segurança podem reprimir. Essa monstruosidade incognoscível não é uma testemunha casual ou parasita; a nação assimila esse desconforto efusivo com a incognoscibilidade desses corpos, produzindo afetivamente novas normatividades e excepcionalismos por meio da catalogação dos incognoscíveis. Concomitantemente, as masculinidades do patriotismo atuam para distinguir e, assim, disciplinar ou incorporar e banir o terrorista do patriota. Não é que devemos nos envolver na prática de escavar o terrorista queer ou queerizar o terrorista; ao contrário, a queeridade já está sempre instalada no projeto de nomear o terrorista; o terrorista não aparece como tal sem a concomitante entrada da perversão, do desvio. A estratégia de encorajar os sujeitos de estudo a aparecerem em

---

[30] CNN, 1999. A frase "terroristas domésticos" vem do grupo Concerned Women of America. Veja o comunicado de imprensa da Força Tarefa Nacional Gay e Lésbica "'Anti-Gay Groups'".

[31] Ver U.S. Department of State, 2006. Para uma análise detalhada desse *website* ver Puar & Rai, 2004.

todas as suas queeridades, em vez de primariamente queerizar os sujeitos de estudo, fornece uma temporalidade dirigida pelo sujeito em conjunto com uma temporalidade dirigida pelo método. Jogar com essa diferença, entre o sujeito ser queerizado e a queeridade já existente no sujeito (e assim dissipando o sujeito como tal), permite tanto a temporalidade do ser (essência ontológica do sujeito) quanto a temporalidade do devir--sempre (emergência ontológica contínua, um *devir sem ser* deleuziano).

A introdução, "Homonacionalismo e biopolítica", detalha três aspectos pertinentes do projeto do livro: excepcionalismo sexual, queerização regulatória e a ascensão à branquitude. Esses aspectos atuam como um nexo entrelaçado de grades de poder que mapeiam as várias demarcações de raça, gênero, classe, nação e religião que permeiam construções de terror e corpos terroristas. Argumento que nos Estados Unidos, nesta conjuntura histórica, uma oportunidade para formas de inclusão LGBTQI no imaginário nacional e na política do corpo se baseia em desempenhos específicos de excepcionalismo sexual estadunidense face a face com sexualidades muçulmanas perversas, inadequadamente hétero e homo. Para elucidar formas de queerização regulatória, discuto formas de secularidade queer que atenuam as construções da sexualidade muçulmana. Em particular, locais de luta queer na Europa – Grã--Bretanha, Holanda – articularam as populações muçulmanas como uma ameaça especial para pessoas, organizações, comunidades e espaços de congregação LGBTQI. Finalmente, reviso a emergência de uma economia política global de sexualidades queer que – enquadradas pela noção de "ascensão à branquitude" – repetidamente aderem à branquitude como uma norma queer e ao heterossexualismo como uma norma racial.

O capítulo 1, "A sexualidade do terrorismo", elabora sobre a ascensão do homonacionalismo nos Estados Unidos, o movimento duplo em que certas constituições homossexuais abraçaram as agendas nacionalistas dos Estados Unidos e também foram abraçadas por agendas nacionalistas. Argumento que os discursos de contraterrorismo são intrinsecamente gendrados, racializados e sexualizados e que eles iluminam a produção de imbricações normativas de corporalidades patrióticas e terroristas, que se atravessam, juntam-se e chocam-se. Analiso a domesticação e a expulsão esquizofrênica das sexualidades queer por meio dos impulsos normalizadores de patriotismo após o 11 de Setembro de 2001. Examino o campo de estudos do terrorismo e seu crescimento nas últimas décadas, para narrar seus investimentos em um romance ocidental da família heteronormativa, juntamente com as supostas patologias sexuais de terroristas. Ressalto a tendência das recentes teorias feministas e queer sobre subjetividades terroristas de reproduzirem inadvertidamente esses investimentos. Usando o *Orientalismo* de Edward Said para ler vários episódios da comédia satírica de desenhos animados *South Park*, demonstro que a formação estadunidense do sujeito homonacional dos discursos de direitos funciona em conjunto com a propaganda patriótica para produzir populações de "terroristas queer". Por meio de uma avaliação desses textos múltiplos, argumento que a nação heteronormativa contemporânea dos EUA na verdade depende e se beneficia da proliferação da queerização, especialmente em relação ao homonacional sexualmente excepcional e sua contraparte do mal, o terrorista queer de fora. Esses convites efêmeros para o nacionalismo indicam que as formações de Estado-nação dos EUA, historicamente dependentes de ideologias heteronormativas, agora são acompanhadas por – para usar o termo de Lisa Duggan – ideologias homonormativas que replicam ideais nacionais restritos de raça, classe e gênero.

Com base nesse aspecto do homonacionalismo dos Estados Unidos, no capítulo 2, "Abu Ghraib e o excepcionalismo sexual dos Estados Unidos", demonstro a implantação do homonacionalismo em um aspecto transnacional, no qual é feita uma reivindicação por uma identidade excepcional homossexual moderna apropriada em relação a uma versão orientalista da sexualidade masculina muçulmana. Analisando os comentários críticos produzidos por teóricas feministas e queer – como Barbara Ehrenreich, Patrick Moore e Zillah Eisenstein, além de Slavoj Žižek – durante as consequências da divulgação das fotos de Abu Ghraib em maio de 2004, sustento que a masculinidade muçulmana é, simultaneamente, patologicamente excessiva e repressiva, perversa e homofóbica, viril, ainda que emasculada, monstruosa, ainda que fraca. Esse discurso serve para rearticular a desvitalização de uma população sequestrada para morrer – presos iraquianos acusados de afiliações terroristas – para a securitização e revitalização de outra população, os cidadãos estadunidenses. Efetivamente, esta é uma reordenação biopolítica do registro negativo da morte transmutado em registro positivo da vida, especialmente para sujeitos homonormativos dos EUA que, apesar do comportamento homofóbico, racista e misógino dos guardas prisionais militares dos EUA, beneficiam-se com a propagação contínua dos Estados Unidos como tolerante, condescendente e até encorajador da diversidade sexual. Os Estados Unidos são narrados, por múltiplos setores progressistas, como incorporando uma heteronormatividade multicultural excepcional, que também é sustentada pela homonormatividade.

Enquanto os dois primeiros capítulos colocam em primeiro plano as formações homonormativas conservadoras, o capítulo 3, "Controle íntimo, detenção infinita: relendo o caso *Lawrence*", continua o exame da proliferação do excepcionalismo sexual através das formações de sujeitos liberais queer. Em junho de 2003, a decisão histórica *Lawrence e Garner v. Texas** descriminalizou a sodomia consensual entre adultos nos Estados Unidos. A linguagem da decisão de *Lawrence* considera o sujeito homossexual como um liberal queer, investido pelo consumo, proprietário de propriedades e com relacionamentos sexuais íntimos e estáveis, contando com uma formulação arcaica de divisões público/privado, que tem pouca utilidade para a vida cotidiana. Ela também pressupõe que o direito ao domínio privado é uma compensação adequada para as intromissões da vigilância pública. Finalmente, a decisão postula

---

* O caso *Lawrence e Garner v. Texas* envolveu um casal de homens gays que, em 1998, foi autuado por contravenção com base na lei da sodomia no Texas. O casal apelou à Suprema Corte dos EUA que, em 2003, considerou inconstitucional a referida lei. Com isso, as leis da sodomia que existiam em 13 estados estadunidenses foram invalidadas, fazendo com que as atividades sexuais entre pessoas do mesmo sexo se tornassem legais em todo o país. (N. da T.)

a capacidade de intimidade como a medida atmosférica na qual os atores sexuais, mais do que os atos sexuais, são dignos de proteção.

Por meio de uma desconstrução das leituras comemorativas da decisão, argumento que tais leituras só são possíveis por meio do apagamento das políticas contemporâneas de vigilância, perfilamento racial, detenção e deportação. Eu reli os debates sobre privacidade e intimidade de *Lawrence* por meio de um conjunto diferente de ópticas: a Lei de Reforma de Imigração e Bem-Estar de 1996, a Lei Patriótica dos EUA* (Unindo e fortalecendo a América ao prover ferramentas apropriadas e necessárias para interceptar e obstruir Atos Terroristas), e as subsequentes políticas e práticas espaciais de detenção e deportação. A decisão de *Lawrence* é emblemática da incorporação legislativa dos sujeitos queer liberais e homonormativos. Além disso, a intimidade para populações queer racializadas (marcadas pela negligência, descartabilidade e morte), em vez de se localizar no privado ou ser mal gerida no público, aparecem como pontos circulantes de troca e contato dentro de uma economia de controle biopolítico. Essa economia é mediada por vigilância, sistemas de coleta e monitoramento de informações e acúmulo de estatísticas, de modo que os domínios espaciais e representacionais público e privado da personalidade liberal permanecem significativos apenas na medida em que demarcam sujeitos de privilégio. Assim, rearticulo a intimidade como um registro para além do sujeito disciplinar, inserido nas sociedades de controle como um modo de desagregação populacional entre os que são incitados à vida e aqueles condenados à morte.

O capítulo 4, "'O turbante não é um chapéu': diáspora queer e práticas de perfilamento" estende a análise das formações liberais queer a sujeitos diaspóricos queer. Ironicamente, os sujeitos diaspóricos queer sul-asiáticos estão sob coação ainda maior para se produzirem

---

* Decreto que foi assinado pelo presidente George W. Bush logo após o 11 de Setembro de 2001, em 26 de outubro, que permitia acesso a ligações telefônicas e correspondências eletrônicas de qualquer pessoa suspeita de terrorismo, sem a obrigatoriedade de depender de qualquer decisão judicial. (N. da T.)

como sujeitos estadunidenses excepcionais, não necessariamente como heteronormativos, mas como homonormativos, até mesmo quando a queeridade desses mesmos corpos é usada simultaneamente para patologizar as populações de corpos que se parecem com o do terrorista. Como contágios que perturbam os excepcionalismos das diásporas queer sul-asiáticas, corpos masculinos sikhs com turbante, muitas vezes confundidos com corpos terroristas muçulmanos, são lidos como patriarcais por lógicas diaspóricas queer e colocados em narrativas de vitimização heteronormativa por grupos de defesa sikh estadunidenses concentrados em corrigir o fenômeno de "identidade confundida". Tanto a lógica diaspórica queer quanto a lógica sikh estadunidense estão em débito com as representações visuais da corporeidade. Portanto, reli esses corpos como afetivamente perturbadores – gerando confusão e indeterminação afetiva – em termos de ontologia, tatilidade e a combinação de matéria orgânica e não orgânica. Ler os turbantes através do afeto desafia tanto os limites da identidade diaspórica queer que se opõe à não normatividade do corpo com turbante (ao mesmo tempo que confessa as representações raciais e sexuais patológicas de corpos terroristas) quanto simultaneamente suscita os debates de "identidade confundida" com métodos diferentes de compreender a suscetibilidade desses corpos para além das narrativas de vitimização heteronormativa.

Na conclusão, "Tempos queer, agenciamentos terroristas", examino os capítulos para argumentar a favor de novas direções nos estudos culturais que reavaliam criticamente o uso de modelos interseccionais. Eu me volto para os paradigmas afetivos, ontológicos e de agenciamento para desafiar os limites das narrativas de queerização baseadas na identidade, especialmente aquelas que dependem de políticas de visibilidade. Assim, o livro conclui com um sólido mapeamento político e intelectual para o futuro da crítica queer e sua relevância para as forças globais de securitização, contraterrorismo e nacionalismo.

Agenciamentos terroristas: homonacionalismo em tempos queer oferece um novo paradigma para a teorização da raça e da sexualidade. O livro mostra a poderosa emergência do sujeito disciplinar queer (liberal, homonormativo, diaspórico) no mercado generoso e nos interstícios da benevolência do Estado – isto é, na dobra estatística que produz dígitos e fatos apropriados para a otimização da vida da população e a ascensão à branquitude: sujeitos reguladores queer desenvolvidos e a regularização do desvio. Além disso, esse sujeito sexualmente excepcional é produzido contra a queerização, em um processo entrelaçado com a racialização, que chama para a nominalização de populações abjetas periféricas para o projeto de viver, dispensáveis como resíduos humanos e desviados para os espaços de morte adiada. Refletindo meu desejo por estratégias políticas e pedagógicas flexíveis que, nas palavras de Gayatri Chakravorty Spivak, produzem um "rearranjo não coercitivo de desejos",[32] este livro é minha modesta contribuição para essa missão. Espero que isso estimule mais questões e dilemas, do que necessariamente os resolva, desencadeie o debate e incentive tais rearranjos não coercitivos em vez de se situar ou ser situado como algo consumado, correto ou prescritivo. A questão norteadora para esse esforço permanece: podemos manter nossos sentidos abertos para formas emergentes e desconhecidas de pertencimento, conectividade, intimidade, os escapes não intencionais e indeterminados e produtividades de dominação, para sinalizar uma futuridade de políticas de afeto?

---

[32] Spivak, 2004, p. 81.

INTRODUÇÃO
HOMONACIONALISMO E BIOPOLÍTICA

"As pessoas agora estão saindo do armário com a palavra império", disse o colunista conservador Charles Krauthammer. "O fato é que nenhum país tem sido tão dominante cultural, econômica, tecnológica e militarmente na história do mundo desde o Império Romano." A metáfora do assumir-se é chocante, sendo parte de uma tendência mais ampla de apropriação da linguagem dos movimentos progressistas a serviço do império. Que ultraje aplicar a linguagem do orgulho gay a uma potência militar que exige que seus soldados permaneçam no armário."
– Amy Kaplan, "Violent Belongings and the Question of Empire Today", 2004, p.3

Tanto Krauthammer quanto sua crítica, a estudiosa estadunidense Amy Kaplan, ressaltam a confluência entre a sexualidade e a política estadunidense.[1] A metáfora do assumir-se, que Kaplan, na sequência, afirma ter sido invocada incessantemente pelos neoconservadores dos EUA para elaborar um crescente alinhamento com a noção dos Estados Unidos como um império, é chocante não apenas pela disseminação apropriativa, mas pelo que a apropriação indica. Por um lado, a convergência marca um momento cultural de inclusão nacional da homossexualidade; por outro, indica um tipo específico de paralelo possível entre a liberação da nação e a liberação queer. Essa sanção da língua franca da liberação gay sugere que a liberação do império estadunidense de seus armários – um império já conhecido, mas oculto – resultará e deve resultar em orgulho,

---

[1] Kaplan cita Krauthammer, conforme citado em Eakin, 2002.

um império estadunidense orgulhoso. Nesse trecho incisivo, Kaplan aponta astutamente para as elisões necessárias do pronunciamento de Krauthammer, mas, infelizmente, encena outro apagamento por conta própria. Olhando rapidamente para os dados demográficos, poderia-se deduzir que aqueles com maior probabilidade de serem forçados a entrar no armário pela política do "Não pergunte, não diga", dada a porcentagem desproporcional de alistamento nas Forças Armadas dos Estados Unidos, são homens e mulheres não brancos.[2] Assim, qualquer afinidade com sujeitos sexuais não normativos que a nação possa inconscientemente partilhar é circunscrita pela vigilância de um "poder militar que exige que os seus soldados permaneçam no armário." Esta cláusula é implicitamente uma restrição racial, que demarca os participantes menos bem-vindos a integrar essa revelação nacional do orgulho de ser uma pessoa não branca queer. Além disso, nessa retomada do excepcionalismo, tanto Krauthammer quanto Kaplan fazem uma afirmação incômoda sobre as especulações teleológicas presentes nas narrativas do "entrar" e "sair" do armário, que há muito têm sido criticadas por estudos pós-estruturalistas pelo privilégio (branco) gay, lésbico e queer do sujeito liberal que elas inscrevem e validam.

---

[2] A maioria das discussões sobre "Não pergunte, não diga" não discute a racialização dos sujeitos sexuais nas Forças Armadas ou menciona a raça como um fator determinante no policiamento de sexualidades não normativas. Quando mencionada, muitas vezes é analogizada em relação à sexualidade como uma diversificação anterior e bem--sucedida das forças armadas. Ver, por exemplo, Belkin & Embser-Herbert, 2002. Para uma avaliação do lugar das pessoas não brancas nas Forças Armadas, consulte Fears, 2003. Fears escreve que "38% dos 1,1 milhão de alistados militares são minorias étnicas, enquanto representam apenas 29% da população em geral. No maior setor, o Exército, a porcentagem de minorias se aproxima da metade de todos os alistados, com 45%. Os afro-americanos sozinhos representam quase 30% dos alistados do Exército, de acordo com estatísticas do Departamento de Defesa compiladas em 2000. Os latinos representam 9% do Exército e 12% da população. As mulheres negras compreendem quase a metade das mulheres alistadas no exército. [...] A porcentagem das minorias alistadas nas Forças Armadas excede em muito a porcentagem das minorias na educação após as escolas secundárias e nas universidades, de acordo com o Centro Nacional para Estatísticas da Educação".

O reconhecimento e a inclusão nacional, aqui sinalizados como a incorporação do jargão homossexual, estão condicionados à segregação e à desqualificação de outras raças e sexualidades do imaginário nacional. Nessa dinâmica, está em funcionamento uma forma de excepcionalismo sexual – a emergência da homossexualidade nacional, o que chamo de "homonacionalismo" – que corresponde a assumir o excepcionalismo do império estadunidense. Além disso, esse tipo de homossexualidade opera como um roteiro regulatório não apenas normativo da condição de ser gay, queer ou da homossexualidade, mas também das normas raciais e nacionais que fortalecem esses sujeitos sexuais. Há um compromisso com a ascensão dominante global da branquitude, que está implicado na propagação dos Estados Unidos como um império, bem como na aliança entre essa propagação e esse tipo de homossexualidade. A sanção transitória de um sujeito homossexual nacional é possível não apenas pela proliferação de sujeitos sexuais-raciais, que invariavelmente se afastam de seus termos limitados de aceitação, como outros têm argumentado. Mas, mais significativamente, pela geração e rejeição simultâneas de *populações* de sexualidades-racialidades outras que não precisam de aceitação.

A seguir, exploro essas três manifestações imbricadas – excepcionalismo sexual, o queer como regulatório e a ascensão à branquitude – e suas relações com a produção de corpos cidadãos e corpos terroristas. Meu objetivo é apresentar um retrato aguçado, sinalizando detalhadamente como, por que e onde esses fios se cruzam e se entrelaçam, resistindo a um dispositivo explicativo mecanicista que pode encobrir todas as bases. No caso do que denomino "excepcionalismo sexual dos Estados Unidos", uma narrativa reivindicando a gestão bem-sucedida da vida em relação a um *povo*, o que é digno de nota é que uma forma excepcional de heteronormatividade nacional agora se une a uma forma excepcional de homonormatividade nacional, em outras palavras, o homonacionalismo. Coletivamente, elas continuam ou expandem o projeto de nacionalismo dos EUA e a particular expansão imperialista da guerra ao terror. Os termos da degenerescência têm mudado de tal forma que a homossexualidade não é mais excluída *a priori* das formações nacionalistas. Explicito as formas de regulação implícitas nas noções de sujeito queer que são transcendentes, seculares ou, por outro lado, exemplares como resistência, e amplio a questão da re/produção e regeneração queer e sua contribuição para o projeto de otimização da vida. A ascensão à branquitude é uma caracterização da biopolítica sugerida por Rey Chow, que relaciona a violência das utilizações liberais da diversidade e do multiculturalismo à "valorização da vida", pretexto que então permite a exploração desenfreada dos próprios sujeitos incluídos, inicialmente, nos discursos da diversidade. Esclareço como essas três abordagens para o estudo da sexualidade, tomadas em conjunto, sugerem uma releitura provocativa da biopolítica no que diz respeito à queerização, bem como a insubordinação da queerização para os arranjos biopolíticos da vida e da morte.

O EXCEPCIONALISMO SEXUAL DOS ESTADOS UNIDOS

Um mapeamento da dobra de homossexuais à valorização da vida reprodutiva – tecnologias da vida – inclui a emergência contemporânea da "sexualidade excepcional" de cidadãos dos EUA, tanto os heterossexuais quanto os não heterossexuais, uma formação que denomino de "excepcionalismo sexual dos EUA". Excepcionalismo indica, paradoxalmente, uma *distinção de* (ser diferente, distinto) assim como uma *excelência* (eminência, superioridade), sugerindo um ponto de partida a partir do qual predomina uma teleologia linear do progresso. A exceção refere-se tanto aos discursos específicos que produzem repetidamente os Estados Unidos como um Estado-nação excepcional como às teorizações de Giorgio Agamben sobre a negligência, sancionada e naturalizada, dos limites do Estado jurídico e do poder político em tempos de crise de Estado – um "estado de exceção" que é usado para justificar as medidas extremas do Estado.[3] Nesse projeto, esse duplo jogo de exceção exprime tanto as cor-

---

[3] Agamben, 2004a.

poralidades do "terrorista" muçulmano e sikh quanto os homossexuais patriotas. O "escândalo de tortura sexual" em Abu Ghraib é um exemplo instrutivo do entrelaçamento entre exceção e excepcionalismo, no qual a morte prolongada de uma população culmina na securitização e na valorização da vida de uma outra população que triunfa em sua sombra. Esse duplo funcionamento da exceção e do excepcionalismo contribui para transformar o valor negativo da tortura em um registro positivo da valorização do *american way of life*. Isto é, a tortura em nome da maximização e da otimização da vida.

Conforme produz narrativas de exceção por meio da guerra ao terror, o Estado-nação dos EUA deve suspender temporariamente sua comunidade heteronormativa imaginada para consolidar o sentimento e o consenso nacionais por meio do reconhecimento e incorporação de alguns sujeitos homossexuais, embora não de todos e nem da maioria. A fantasia da permanência dessa suspensão é o que impulsiona a produção do excepcionalismo, uma narrativa que é histórica e politicamente ligada à formação do Estado-nação dos EUA. Assim, a exceção e o exce*pcional** trabalham em conjunto; o estado da exceção assombra a proliferação do sujeito nacional excepcional, em um sentido similar à espectrologia derridiana na qual os fantasmas, as presenças ausentes, permeiam a ontologia com uma diferença.[4]

Por meio da produção transnacional das corporalidades terroristas, sujeitos homossexuais que possuem direitos jurídicos limitados no contexto civil dos EUA ganham uma significativa moeda representacional quando são situados dentro da cena global da guerra ao terror. Levando em consideração que a heterossexualidade é necessariamente um fator constitutivo da identidade nacional, o *status* de "fora da lei" dos sujeitos homossexuais em relação ao Estado tem sido um interesse conceitual de

---

* Na língua inglesa, o radical *"exception"* está contido na palavra *exception(al)*, ficando mais evidente os entrelaçamentos defendidos pela autora entre conceitos que seriam, aparentemente, excludentes. (N. da T.)

[4] Derrida, 1994.

longa data para as teorias feministas, pós-coloniais e queer. Esse *status* de fora da lei é permeado pela ascensão do consumidor gay durante os anos de 1980 e 1990, dirigida pelos marqueteiros que alegavam que os homossexuais sem filhos tinham uma quantidade enorme de renda disponível, bem como dos ganhos legislativos em direitos civis, tal como a grande comemoração em 2003 pela mudança nas leis de sodomia colocadas em xeque na decisão do caso *Lawrence e Garner v. Texas*. Enfatizando os circuitos do nacionalismo homossexual, noto que alguns sujeitos homossexuais compactuam com as formações heterossexuais nacionalistas, ao invés de estarem inerente ou automaticamente excluídos ou opostos a elas. Além disso, o uso mais pernicioso do excepcionalismo sexual homossexual ocorre nas plataformas do nacionalismo dos EUA, através de uma práxis de alteridade sexual que excepcionaliza as identidades dos homossexuais dos EUA em relação às construções orientalistas da "sexualidade muçulmana". Esse discurso opera por meio de deslocamentos transnacionais que suturam os espaços da cidadania cultural nos Estados Unidos para sujeitos homossexuais, ao mesmo tempo que garantem os interesses nacionalistas globalmente. Em alguns casos essas narrativas são explícitas, como na repercussão da liberação das fotos de Abu Ghraib, na qual as reivindicações ao excepcionalismo tiveram ressonância para os sujeitos-cidadãos dos EUA em muitas esferas: moralmente, sexualmente, culturalmente, "patrioticamente". Essa imbricação com o excepcionalismo estadunidense cada vez mais é concretizada ou sustentada por determinados corpos homossexuais, ou seja, pelo homonacionalismo.

O que está nascendo não é a noção de excepcionalismo, nem de um excepcionalismo de gênero que tem dominado a história da produção teórica e do ativismo feminista ocidental. As formas atuais do excepcionalismo trabalham ou são promovidas unindo-se a, ou sendo unidas, por sujeitos não heterossexuais, homonormativos. O excepcionalismo não é usado para marcar uma ruptura com trajetórias históricas ou como uma afirmação sobre o surgimento de uma originalidade singular. Em vez disso, o excepcionalismo sinaliza para narrativas de excelência, o nacionalismo excelente, um processo por meio do qual uma população nacional passa a acreditar em sua própria superioridade e em sua própria singularidade – "presa", como diria Sara Ahmed, a vários sujeitos.[5] Os discursos do excepcionalismo estadunidense estão incrustados na história da formação do Estado-nação dos EUA, desde as primeiras narrativas da imigração às ideologias da Guerra Fria e à ascensão da era do terrorismo. Essas narrativas sobre a centralidade do excepcionalismo na formação dos Estados Unidos implicam que a doutrinação *à la* excepcionalismo faça parte do disciplinamento do cidadão estadunidense (como pode ser em toda fundação nacionalista).[6] Os debates sobre o excepcionalismo estadunidense têm normalmente mobilizado critérios abrangentes, tais como expressão artística, produção estética (literária e cultural), vida social e política, história da imigração, democracia liberal e industrialização e padrões do capitalismo, entre outros.[7] Entretanto, as discussões sobre o excepcionalismo estadunidense raramente abordam questões de gênero e sexualidade. Enquanto nos últimos 40 anos estudos têm questionado as práticas e as teorizações feministas que, explícita ou implicitamente, fomentam a consolidação do nacionalismo dos EUA em seu rastro, uma tropa crescente está agora examinando práticas e teorizações queer com tendências similares. As formas de excepcionalismo de gênero e (hétero) sexual dos EUA, que vêm de espaços supostamente progressistas, têm surgido pelas construções feministas de mulheres "outras", especialmente por meio da composição da "mulher do terceiro mundo".[8]

---

[5] Ahmed, S. 2004.

[6] Gregory Jay aponta que, embora os Estados Unidos possam ter um "poder excepcional" para implantar com eficácia suas formas de nacionalismo globalmente, ele "*não é excepcional em narrar a nação como originária de uma paisagem física e cultural especial, que supostamente dá origem a um povo 'homogêneo' unido em sua relação especial com a verdade, a beleza, a bondade e Deus*"; Jay, 2003, p. 782.

[7] Para uma visão geral, ver Kammen, 1993; Rauchway, 2002; Zinn, 2005.

[8] Mohanty, 2020.

INTRODUÇÃO

Inderpal Grewal, por exemplo, argumenta contra a naturalização de bandeiras dos direitos humanos por feministas, observando que os Estados Unidos frequentemente se posicionam como "o local da condenação autoritária" dos abusos dos direitos humanos no exterior, ignorando tais abusos dentro de suas fronteiras. Grewal alude ao excepcionalismo estadunidense, que agora é senso comum impreterível de muitos feminismos das culturas públicas dos EUA: "A superioridade moral tornou-se parte do feminismo global emergente, construindo as mulheres estadunidenses como salvadoras e protetoras das 'mulheres oprimidas'".[9] O recente abraço, por feministas ocidentais, da causa das mulheres afegãs e iraquianas e das mulheres muçulmanas em geral, tem criado muitas formas de excepcionalismo de gênero dos EUA. O excepcionalismo de gênero funciona como um discurso missionário para resgatar as mulheres muçulmanas de suas contrapartes opressoras masculinas. Ele funciona também para lembrar que, em contraste com as mulheres nos Estados Unidos, as mulheres muçulmanas são, no final das contas, insalváveis. De maneira mais insidiosa, esses discursos do excepcionalismo aludem à natureza irrecuperável das mulheres muçulmanas até mesmo por suas próprias feministas, colocando a feminista estadunidense como o sujeito feminista por excelência.[10]

Um exemplo pertinente é retirado das interações da Revolutionary Association of the Women of Afghanistan (Rawa) [Associação Revolucionária das Mulheres do Afeganistão] com a Fundação da Maioria Feminista, que terminaram com uma acusação de apropriação e apagamento dos esforços da Rawa pela Fundação. Uma carta escrita em

---

[9] Grewal, 2005, p. 150.

[10] A construção do islã como uma ameaça às mulheres tem sido reforçada pelo trabalho de autoras muçulmanas como Irshad Manji (2005). Manji encontrou um admirador no conservador gay Andrew Sullivan. A resenha dele sobre o livro dela, que tem um título sem imaginação, "The Trouble with Islam", elogia-a por "fazer o que muitos de nós ansiávamos por ver feito: atacar o próprio Islã fundamentalista por tolerar tal mal em seu meio. E de dentro"; Sullivan, 2004. Para uma análise contrastante, ver Dahir, 2003b.

20 de abril de 2002 condena a imagem do trabalho da Fundação como tendo "um papel preponderante na 'libertação' das mulheres afegãs", enquanto não menciona os 25 anos de presença da Rawa no Afeganistão (de fato, ignorando a Rawa completamente), como se tivesse "libertado sozinha as mulheres do Afeganistão de uma opressão que começou e terminou com o Talibã". Chamando a Fundação da Maioria Feminista de "feminismo hegemônico, americocêntrico, egocêntrico, corporativo", a Rawa ressalta que tem "uma história mais longa do que a Maioria Feminista pode reivindicar" e cita inúmeros casos de apagamento da organização política da Rawa pela Fundação. A Associação também critica a Maioria Feminista por sua omissão do abuso de mulheres pela Aliança do Norte, atrocidades que às vezes eram mais escandalosas do que as cometidas pelo Talibã, afirmando que "a Maioria Feminista, em seu impulsionamento do poder político e econômico dos EUA, estão tomando cuidado para não irritar os poderes políticos nos EUA".[11]

Os exércitos de feministas "hegemônicas e americocêntricas" dedicadas à causa das mulheres afegãs sob o domínio do Talibã inclui a Fundação da Maioria Feminista, que lançou "Nossa Campanha para Acabar com o Apartheid de Gênero no Afeganistão", em 1996.[12] A campanha sem dúvida levou a fetiches por *commodities*, como a campanha beneficente do Dia-V de Eve Ensler, com seu "tributo às mulheres afegãs", um monólogo intitulado *Debaixo da burca*, que foi realizado por Oprah Winfrey na maior arena da cidade de Nova York, o Madison Square Garden, com ingressos esgotados em fevereiro de 2001.[13] O evento também promoveu a venda, em memória das mulheres afegãs, de uma "miniatura de burca" para ser usada na lapela, como

---

[11] Brown, 2002, p. 66; E. Miller, 2002.

[12] Smeal, 2003. Para uma discussão mais aprofundada da relação problemática entre a Fundação da Maioria Feminista, Rawa e as mulheres afegãs, ver Hirshkind & Mahmood, 2002.

[13] Também atuando naquela noite em *The Vagina Monologues* estavam Queen Latifah, Glenn Close, Jane Fonda, Marisa Tomei, Rosie Perez e Claire Danes. Fundação da Maioria Feminista, 2001.

demonstração da solidariedade com as mulheres afegãs pela apropriação de uma vestimenta "muçulmana". Embora essas formas de feminismo das celebridades possam nos fornecer uma momentânea diversão sarcástica, elas são parte integrante das culturas públicas feministas dos EUA e não devem ser confundidas como banais. Suas agendas são completamente condizentes com as das solenes feministas liberais nos Estados Unidos, como aquelas nos exércitos da Maioria Feminista. Na era da profissionalização do feminismo, esses circuitos supostamente divergentes divulgam seu entrelaçamento por meio dos vários modos de mercadorização. Essas feministas, já tendo colocado em primeiro plano o fundamentalismo islâmico como a única grande ameaça violenta às mulheres, estavam perfeitamente preparadas para capitalizar os discursos missionários que reverberaram após os eventos do 11 de Setembro. Apesar de seu posicionamento nítido contra a invasão do Afeganistão, elas foram capturadas por uma narrativa que compactua com o excepcionalismo dos EUA em relação à remoção do Talibã.[14] Como observa Drucilla Cornell, o silêncio da Fundação da Maioria Feminista sobre a substituição do Talibã pela Aliança do Norte

> [...] obriga-nos a questionar se o discurso de intervenção humanitária do governo dos EUA não foi um esforço particularmente cínico para recrutar feministas dos EUA em uma tentativa de limitar a definição do que constitui as violações dos direitos humanos – para transformar a Maioria Feminista em um suporte ideológico que deslegitima a necessidade política de reparar as violações dos direitos humanos.[15]

---

[14] Reportagens sobre as respostas ambivalente de feministas aos eventos de 11 de Setembro de 2001, e à guerra ao terror incluem: Bunting, 2001; Lerner, 2001; Marks, 2001; Goldstein, 2002. Para um exemplo do feminismo pró-guerra, ver Stolba, 2002. Aquelas feministas e análises feministas que contestaram ou questionaram o apoio à guerra incluem Abu-Lughod, 2002; Thobani, 2002; Joseph, 2002; Henry, 2002; Douglas, 2002; Hyndman, 2003. Com um tom ligeiramente diferente, Catherine A. MacKinnon (2002) questiona como os eventos de 11 de Setembro são usados para promover uma guerra contra o terror, enquanto simultaneamente usam os acontecimentos daquele dia como uma metáfora da violência contra as mulheres.

[15] Cornell, 2004, pp. 314-315.

Cornell basicamente insinua que as feministas *mainstream* dos EUA trocaram a posição da Rawa contra as leis estaduais punitivas que penalizam as mulheres que se recusam a usar a burca (mas não contra as mulheres usarem burcas, uma distinção importante) pelo celebrado espetáculo do rompante de desvelamento na mídia dos EUA após a invasão "bem-sucedida" do Afeganistão.[16] Por debaixo do pano da burca, certamente. Mas, como comentário final, vale a pena prestar atenção à observação de Gayatri Chakravorty Spivak: "Veremos, todas as vezes, a narrativa da mobilidade de classe". Complicando qualquer posicionamento autóctone da Rawa, ela escreve: "É o surgimento [da] classe média que cria a possibilidade para o tipo de luta feminista que nos presenteia com uma Rawa. E essa classe média, agente dos direitos humanos em todo o mundo, está totalmente distante das classes subalternas dentro de 'sua própria cultura', epistemicamente".[17] Apesar da rivalidade da Rawa com a Maioria Feminista, invariavelmente elas permanecem coniventes com a retirada de outras organizações de mulheres afegãs, que não conseguem entrar tão facilmente no cenário feminista global. A cautela de Spivak é um lembrete de que a recepção dominante dos discursos feministas sobre as mulheres muçulmanas é uma desculpa liberal tokenista que muitas vezes não questiona o binarismo Ocidente/islã.

Com os Estados Unidos atualmente se posicionando como o especialista tecnologicamente excepcional em contraterrorismo global, o excepcionalismo estadunidense se alimenta de outros excepcionalismos, particularmente o de Israel, seu aliado mais próximo no Oriente Médio. As excepcionais questões de segurança nacional de Israel e a ameaça "existencial" duradoura que enfrenta devido à sua crença de estar "enredado em um conflito de dimensões sem paralelo", por exemplo,

---

[16] Cornell, 2004, pp. 314-315. Como o exemplo mais indicativo desse espetáculo, o governo Bush usou Laura Bush para mostrar as preocupações supostamente feministas dos Estados Unidos; ver Bumiller, 2001.

[17] Spivak, 2004a, p. 89.

procede assim: "vulnerabilidade excepcional" resulta em "necessidades de segurança excepcionais", cujos riscos são então reduzidos e supostamente conquistados por "tecnologias excepcionais de contraterrorismo".[18] Nesse conluio de interesses dos Estados estadunidense e israelense, definidos por uma postura de oposição conjunta em relação aos muçulmanos, as narrativas de vitimização ironicamente se alinham às reivindicações do excepcionalismo em vez de se esvaziarem, se contradizerem ou se anularem. Em outras palavras, o Estado-nação israelense encontra-se continuamente enredado em um ciclo de ameaças de violência percebidas como excepcionais, que exigem o uso excepcional da força contra a população palestina, o que atualmente é refletido pelas declarações públicas de funcionários do governo dos EUA sobre possíveis riscos de terror, que são usados para compelir os cidadãos dos EUA a apoiarem a guerra contra o terrorismo.

Refletindo sobre os debates contemporâneos em relação aos Estados Unidos como um império, Amy Kaplan observa: "A ideia do império sempre envolve paradoxalmente uma percepção de limites espaciais e temporais, uma narrativa da ascensão e queda, da qual o excepcionalismo dos EUA tem sido deixado de lado por muito tempo". Em seguida, ela afirma: "A negação e a desaprovação do império tem servido por muito tempo como a base ideológica do imperialismo dos EUA e tem sido um componente chave do excepcionalismo estadunidense".[19] Assim, para Kaplan, o distanciamento entre o excepcionalismo e o império resulta numa dupla contradição: a superioridade dos Estados Unidos não está sujeita às imperfeições do império, já que o aparato do império é instável e, no final, os impérios caem, e os Estados Unidos criam a impressão de que o império está fora de seu próprio modelo de comportamento moral, de tal modo que todas as violências de Estado são vistas, de maneira política, moral ou cultural, como qualquer coisa, menos como violência

---

[18] Merom, 1999, pp. 413-414.
[19] Kaplan, 2004, p. 3.

do império. O excepcionalismo dos EUA se apoia em uma narrativa de transcendência, que coloca os Estados Unidos acima do império nesses dois aspectos, um projeto que é auxiliado pelo que Domenico Losurdo chama de "a tendência fundamental para transformar a tradição judaico--cristã em um tipo de religião nacional que consagra o excepcionalismo do povo estadunidense e a missão sagrada que lhe foi confiada ('Destino Manifesto')".[20] Kaplan, alegando que as narrativas atuais do império "levam o excepcionalismo estadunidense a novos patamares", argumenta que a simultânea "afirmação paradoxal de singularidade e universalidade" são concomitantes no sentido de que "compartilham uma narrativa teleológica da inevitabilidade" que postula os Estados Unidos como o árbitro da ética, dos direitos humanos e do comportamento democrático apropriados. Ao mesmo tempo, se isenta, sem hesitação, de tais políticas universalizantes.[21]

Se concordarmos que o excepcionalismo estadunidense alcançou "outros patamares", a análise de Kaplan ilustra perfeitamente a intratabilidade dos discursos de estado de exceção, como aqueles do excepcionalismo. Colocar a reivindicação à singularidade (exceção = singularidade) e à universalidade (excepcional = legado da narrativa teleológica) não é tão paradoxal quanto Kaplan insiste, porque o estado de exceção é considerado necessário para restaurar, proteger e manter o *status quo*, a ordem normativa que então permite aos Estados Unidos conclamarem sua suposta universalidade. A indispensabilidade dos Estados Unidos é costurada, portanto, por meio da conjunção naturalizada entre a singularidade e o *telos* – o paradoxo desapareceu.[22] Os discursos

---

[20] Losurdo, 2004, p. 365.
[21] Kaplan, 2004, pp. 5-6. Kaplan cita Hassner, 2002.
[22] Nos Estados Unidos, a relação dialética entre os poderes do presidente e os do Congresso forma a base dos discursos do estado de exceção na Constituição; Agamben, 2004a, p. 34. Essa dialética é marcada textualmente por dois conjuntos de ditames conflitantes: um, o recurso do *habeas corpus*, pode ser suspenso nos casos de rebelião ou de invasão, mas ele não define qual é a autoridade competente; dois, enquanto o poder de declarar guerra e financiar as Forças Armadas é prerrogativa

de estado de exceção racionalizam a violência escandalosa em nome da preservação de um modo de vida e daqueles privilegiados para vivê-lo. Giorgio Agamben, notando que a biopolítica procura continuamente redefinir os limites entre a vida e a morte, escreve: "O estado de exceção não é nem exterior nem interior ao ordenamento jurídico e o problema de sua definição diz respeito precisamente a um patamar, ou a uma zona de indiferença, em que dentro e fora não se excluem mas se indeterminam entre si".[23] A temporalidade da exceção é aquela que procura ocultar a si mesma; a modalidade frenética da emergência é um álibi para a silenciosa certeza de um lento trabalho de normatização do paradigma do governo democrático liberal, um álibi necessário para negar suas ligações com os governos totalitários. O estado de exceção, assim, trabalha para esconder ou negar a si mesmo para promover sua expansão, sua presença e eficácia, emergindo momentaneamente e com força suficiente para legitimar a ocupação de mais terreno. Agamben compara o espaço externamente interno do estado de exceção com uma fita de Möbius: no momento em que é colocada para fora, ela se torna o dentro.[24] No estado de exceção, a exceção insidiosamente se torna a regra, e o excepcional é normalizado como um ideal ou uma forma regulatória; o excepcional é a excelência que excede os parâmetros da subjetividade adequada e, ao fazê-lo, redefine esses parâmetros para então normatizar e tornar invisível (mas transparente) sua própria excelência ou singularidade.

O excepcionalismo sexual também funciona encobrindo seu próprio policiamento dos limites aceitáveis das formações de gênero, raça e classe. Isto é, o excepcionalismo sexual homossexual não necessariamente

---

do Congresso, o presidente detém o título de comandante em chefe do Exército e da Marinha, garantindo ao presidente um excessivo poder de soberania; *idem*, p. 36. A autoridade do presidente é maximizada de forma mais frutífera em tempos de guerra, tornando a ideia de "guerra infinita" bastante atraente, ao mesmo tempo que encoraja o apego a metáforas de guerra às políticas internas às vezes controversas (a guerra contra a pobreza, a guerra contra as drogas; *idem*, p. 38.

[23] Agamben, 2004a, p. 39.

[24] Agamben, 2004b, p. 37.

contradiz ou enfraquece o excepcionalismo sexual heterossexual; na realidade, ele pode sustentar as formas de heteronormatividade e os privilégios de classe, raça e cidadania que eles demandam. A produção histórica e contemporânea de uma normatividade emergente, a homonormatividade, vincula o reconhecimento dos sujeitos homossexuais, tanto legalmente quanto representacionalmente, às agendas políticas nacionais e transnacionais do imperialismo dos EUA. Homonormatividade pode ser lida como uma formação que é conivente com e convidada à valorização biopolítica da vida em sua ocupação e reprodução das normas heteronormativas. Um mecanismo principal do excepcionalismo sexual é mobilizado pelos discursos da repressão sexual – uma versão contemporânea da hipótese repressiva de Foucault – que gera um mapeamento bio e geopolítico global da norma cultural sexual. Desvelar os discursos do excepcionalismo sexual dos EUA é vital para as críticas das práticas de império dos EUA (a maioria das quais somente de forma ocasional tocam nas questões de gênero e raramente nas de sexualidade) e para a expansão da queerização para além do estreito quadro de conceitualização que coloca em primeiro plano a identidade sexual e os atos sexuais.

Dado que o nosso clima político contemporâneo de nacionalismo dos EUA depende tão fortemente da homofóbica demonização do outro sexual, o argumento de que a homossexualidade está incluída e contribui positivamente para a otimização da vida é uma postura aparentemente contraditória. Porém, é crucial que nós continuemos a ler as dimensões de raça, de gênero, de classe e de nacionalidade desses mecanismos difamatórios. Assim, prossigo com duas ressalvas. Primeiramente, atestar que alguns ou determinados corpos homossexuais manifestam um nacionalismo homonormativo – homonacionalismo – não tem como intenção negar, diminuir ou desmentir as violências diárias de discriminação, os abusos físicos e sexuais, a rejeição familiar, o prejuízo econômico e a falta de uma legitimidade social e jurídica que o outro sexual deve tolerar regularmente; em resumo, a maioria dos queers, tanto como sujeitos ou populações, continua sobrevivendo entre regimes de morte adiada ou definitiva. O que estou trabalhando neste texto são as múltiplas trajetórias da racialização e da desnacionalização do outro sexual que promovem as condições de possibilidade para tal exclusão violenta para a morte. As fantasmagóricas resistências ao casamento gay, aos direitos parentais e de adoção gays, as políticas do "Não pergunte, não diga" e a privatização da sexualidade implicam que a proteção da vida concedida por meio do pertencimento nacional é, na melhor das hipóteses, um convite precário. Em segundo lugar, não há unidade orgânica ou coesão entre os homonacionalismos; estes são formações parciais, fragmentárias, irregulares e implicadas em um movimento pendular de inclusão e exclusão, algumas são dissipadas tão rapidamente quanto aparecem. Assim, o custo de dobrar-se à vida pode ser bem alto, tanto para os sujeitos que são interpelados por ou que aspiram a uma inclusão ajustada à homonormatividade oferecida neste momento, quanto para aqueles que se recusam ou têm sua entrada recusada devido à indesejabilidade de sua raça, etnicidade, religião, classe, nacionalidade, idade ou habilidade corporal. Também pode ser o caso, como Barry D. Adams argumenta, que os Estados Unidos são excepcionais somente até o grau que, globalmente falando, são não excepcionais, um outro ângulo que acentua a contingência de toda a vida queer que é bem--vinda. Em termos do reconhecimento legal dos relacionamentos gays e lésbicos, Adams nota ironicamente que, em certa medida, os Estados Unidos estão atrasados em relação à maioria de países europeus, assim como em relação ao Canadá, Brasil, à Colômbia, Nova Zelândia, Austrália e África do Sul – um "atraso" que os Estados Unidos atribuem frequentemente aos outros na comparação consigo mesmos.[25] Nós também podemos dizer que os Estados Unidos têm investido em serem excepcionalmente heteronormativos mesmo quando eles reivindicam serem excepcionalmente tolerantes com a diferença (homossexual). Mas essa confiança de Adams no atraso reinscreve uma incômoda

---

[25] Adam, 2003.

teleologia da modernidade que, além de situar o excepcionalismo como uma narrativa que mascara ou confunde as diferenças regionais, impele países com ideias semelhantes em um itinerário unilateral em vez de em temporalidades múltiplas. Alguns esforços para determinar se os Estados Unidos são realmente excepcionais, esforços que dominaram vários debates na história, nos estudos estadunidenses e na ciência política, entre outros campos, focalizaram em estudos empíricos comparativos que fazem pouco para desafiar ou até mesmo questionar esse *telos*.[26] Com o desdobramento da discussão sobre o excepcionalismo estadunidense em mente, minha intenção não é determinar se os Estados Unidos são de fato excepcionais – excepcionalmente bons ou adiantados ou excepcionalmente atrasados ou diferentes –, mas ilustrar os modos pelos quais tais reivindicações de excepcionalismo estão carregadas com discursos que não são questionados sobre raça, sexualidade, gênero e classe. Além disso, os excepcionalismos dependem do apagamento destas mesmas modalidades para funcionar; essas clisões são, com efeito, a munição com que a exceção, necessária para assegurar a manutenção da vida, torna-se a norma, e o excepcional, os sujeitos a quem essa tarefa é concedida, torna-se o normal.

QUEER COMO REGULATÓRIO

O excepcionalismo sexual dos EUA tem seus paralelos europeus, especialmente na Grã-Bretanha e na Holanda, que expandem, cruzam, contrastam e, frequentemente, alimentam as formações homonormativas dos Estados Unidos. Os ecos e as divergências entre as localizações são cruciais de se ter em mente por causa das histórias coloniais variadas, das trajetórias de migração distintas e das diferenças de classe entre os

---

[26] Para uma visão geral desses debates, ver Kammen, 1993. Um resumo das críticas de Edward Said ao excepcionalismo estadunidense pode ser encontrado em Rowe, 2004.

muçulmanos estadunidenses e os muçulmanos europeus.²⁷ Na Figura 1, o que poderia significar e sugerir tal tipo de pronunciamento – "Eu também sou um homossexual"? Que tipo de moeda representacional, capital cultural e ressonância afetiva essa declaração, em nossas paisagens políticas contemporâneas, cria e desfaz? Nesta incrível fotografia de Poulomi Desai, que aparece em uma coleção de fotografia queer sul--asiática britânica, publicada em 2003, temos uma drag terrorista encenando um clérigo muçulmano.²⁸ Essa imagem provocativa de alguém fazendo uma figuração drag de Osama bin Laden nos coloca novamente em uma epistemologia e ontologia queer disruptiva. Eu uso o termo "drag" provisoriamente: apesar da maquiagem, da roupa, da barba e do bigode falsos e dos contextos (tanto da paisagem política da Grã-Bretanha quanto do olhar queer documentado no próprio projeto do livro), o termo pode reiterar a compreensão normativa da incomensurabilidade radical das duas posições de sujeito encenadas juntas e transporta uma moldura binária de gênero modernista normativa para uma outra forma muito mais complexa relacionada à tríade sexo-gênero-desejo. A vestimenta dos clérigos muçulmanos é tanto naturalizada como a roupa fundamentalista de Osama bin Laden quanto reivindicada como um local de desejos queer, queerizando sujeitos desejantes e quebrando as representações epistemológicas e ontológicas convencionais desse corpo.

---

[27] As perspectivas de Irshad Manji são especialmente chocantes nesta consideração. Manji exalta os Estados Unidos como o líder da tolerância civilizacional e a terra da oportunidade, colocando o "sucesso" da integração muçulmana em contraste com as "falhas" da assimilação muçulmana na Europa como o resultado de valores culturais estadunidenses, apagando todas as considerações econômicas. A discussão desta seção sobre o secularismo queer é devedora dos diálogos com Jinthana Haritaworn, Adi Kuntsman, Catherine Sameh, Bahia Munem e Ethel Brooks.

[28] Desai & Sekhon, 2004, p. 44.

Figura 1. Poulomi Desai, *Eu também sou um Homossexual*. De Poulomi Desai e Parminder Sekhon, *Red Threads: The South Asian Queer Connection in Photographs* [Fios vermelhos: A conexão queer sul-asiática nas fotografias], Londres, Diva Books, 2003. Reproduzido com a permissão do artista.

A imagem é surpreendente, para dizer o mínimo, para o imaginário liberal queer em jogo nos discursos contemporâneos do terrorismo e do contraterrorismo: decididamente secular, implacável em sua compreensão (irracional, sem lógica, sem sentido) da religião, da fé ou da espiritualidade como a ruína de qualquer política racional. A secularidade queer exige uma transgressão particular das normas religiosas, que são compreendidas de uma outra maneira que liga esse sujeito a um especial cenário de uma escandalosa interdição religiosa. A agência do sujeito queer só pode ser percebida fora das restrições normativas da religião, combinando agência e resistência.

Para muçulmanos e queers que rejeitam as práticas da religiosidade queer, o cartaz remete: eu também sou você e estou com você. Árabes e muçulmanos queer, duplamente acusados pela religião fundamentalista a que aderem ou escapam e pelos corpos terroristas que a religião produz, ou são libertados (e os Estados Unidos e a Europa são frequentemente o palco dessa libertação) ou só podem possuir uma sexualidade ou queerização irracional, patológica. Essas complicações, discutivelmente evitáveis até certo ponto para queers de outras tradições como a judaico--cristã, atormentam os queers muçulmanos pela fusão generalizada de muçulmanos com islâmicos e árabes: muçulmanos = islã = árabe. A religião, em especial o islã, tem agora suplantado a raça como um lado do binarismo irreconciliável entre queer e algo mais. Para árabes e muçulmanos queer, a dificuldade do binarismo "e/ou" aumenta: a secularidade queer compreende o cumprimento do credo religioso, a participação em espaços públicos religiosos e rituais, a devoção a práticas espirituais ou baseadas na fé e simplesmente a residência dentro de um Estado-nação islâmico (pairando sobre a crença da separação entre igreja e Estado em Estados-nação não islâmicos; por exemplo, a negação do fundamentalismo cristão como uma prática estatal nos Estados Unidos) como marcas de sexualidade subjugada, reprimida e sem agência. Mas a agência de todos os muçulmanos queer é avaliada invariavelmente por meio do instrumento regulatório da secularidade liberal queer, independentemente de suas afinidades complexas com o islã, Estados-

-nação árabes e identidade muçulmana.[29] Além disso, ela contribui para leituras apolíticas tipicamente atribuídas à recusa da modernidade ocidental, que pode ser decretada por seguidores islâmicos. Finalmente, a secularidade queer é mais violenta em relação ao islã, porque, como um bloco monolítico, ele é descrito frequentemente como inflexível e menos amigável com a homossexualidade do que o cristianismo e o judaísmo, apesar dos encorajamentos por alguns muçulmanos queer que "insistem que suas lutas religiosas e familiares não são muito diferentes das lutas dos seus equivalentes cristãos ou judeus".[30] Assim como com a questão do excepcionalismo, meu interesse não é determinar a verdade ou a falsidade dessas reivindicações, mas examinar a resiliência e o domínio desse discurso, sua lógica operante, os mitos e as realidades que ele fabrica.

Por que "homossexual", um termo clínico que ressoa com a medicalização da homossexualidade no Ocidente e se aproxima de uma versão imatura da queerização em um sentido antropológico, assim como com o discurso universal dos direitos? A concepção secular dos direitos humanos de gays e lésbicas, enquadrando a repressão sexual islâmica,

---

[29] Dahir, 2004b. Dahir relata que seu entrevistado, "Mohammed", "diz que às vezes se sente tão em desacordo com a comunidade gay sobre ser muçulmano quanto com a comunidade muçulmana sobre ser gay, particularmente desde os ataques terroristas de 11 de Setembro". É significativa a discussão do artigo sobre a conjugação de interesses queer negros muçulmanos e queer árabes muçulmanos, dados os discursos insistentes e tenazes de homofobia desenfreada nas culturas e comunidades negras e muçulmanas. Dahir fornece uma leitura da relação entre o islã e a homossexualidade como complexa e não incomensurável. Um caso em questão é a discussão da necessidade de Mohammed de não se identificar como gay enquanto estuda o islã, enquanto ele simultaneamente explica sua compreensão do islã como "não mais nem menos homofóbico do que qualquer outra religião".

[30] Dahir, 2002, p. 93; Quinn, 2001. Quinn afirma: "Enquanto as sociedades ocidentais oferecem uma gama de alternativas espirituais para cristãos gays, judeus e outros que procuram manter alguma forma de fé religiosa, o islã tradicionalmente fechou a porta até mesmo para a noção de homossexualidade." Essa afirmação a-histórica (quando as sociedades ocidentais começaram a "oferecer uma gama de alternativas espirituais para cristãos gays, judeus e outros"?) não está vinculada a nenhuma fonte. Isso nega práticas homofóbicas passadas e correntes em nome do cristianismo e do judaísmo, bem como a existência de muçulmanos queer praticantes.

equivoca-se ou transpõe a repressão do Estado para a repressão sexual, essencialmente negando quaisquer efeitos produtivos das estruturas jurídicas (repetindo novamente a hipótese repressiva contra a qual Foucault adverte). Essa versão contemporânea da repressão não contradiz as fantasias coloniais orientalistas de excesso sexual, de perversidade e de pedofilia. Trabalhando em conjunto, o sujeito moderno gay ou lésbico muçulmano adequado é excluído, enquanto o terrorista é eternamente queer, inadequadamente sexual, integrado a uma "população que é sempre homossexualizada".[31] Nessa captura, a homossociabilidade masculina é ligada à pedofilia, vista pela falta de contato sexual com as mulheres ou continuamente mal interpretada como viadagem ou homossexualidade. Em contraste, a homossociabilidade feminina, tirada de vista, é presumidamente um sinal da opressão sexual e de gênero.[32] A reivindicação à homossexualidade contraria duas tendências: a comum figuração da repressão sexual islâmica que ameaça direitos humanos,

---

[31] Massad, 2002, p. 363.

[32] Para um exemplo de homossocialidade masculina = homossexualidade, ver R. Smith, 2002. Ver também Anderson, 2002; Bradley, 2004; Reynolds, 2002; e Stephen, 2002. Outra interpretação é que a homossexualidade é sempre já compreendida como possível dentro de certos espaços homossociais; assim, a leitura errônea reside não em equiparar homossocialidade com homossexualidade, mas na suposição de que a homossocialidade funciona como uma cobertura para a homossexualidade em primeiro lugar. Para uma discussão das múltiplas relações entre a lei islâmica, as nações e culturas muçulmanas e a sexualidade feminina do mesmo sexo, ver: Ali, 2002. Sobre as reportagens problemáticas da mídia ocidental sobre a sexualidade masculina pashtun, ver Skier, 2004. Skier argumenta que "os relatos da mídia britânica e estadunidense [...] ofereciam uma caracterização incompleta, problemática e sensacionalista desse modo de relacionamento entre pessoas do mesmo sexo'", e cita artigos como o de 5 de outubro de 2001, no *Times of London*, "Repressed Homosexuality?", e a referência da Associated Press ao Afeganistão como "Babilônia com burcas, Sodoma e Gomorra com areia". Na mídia LGBTQI, Skier identifica o PlanetOut como "se esforçando para abraçar a sexualidade entre pessoas do mesmo sexo no Afeganistão", enquanto "LGNY [o jornal Lésbico e Gay de Nova York] faz questão de distanciar as identidades sexuais gays e lésbicas desse modo de relacionalidade". Usando diferentes abordagens, Skier argumenta que ambos os meios de comunicação trabalham para "o mesmo objetivo de promover a identidade gay e lésbica euro-estadunidense"; *Idem*, p. 17. Para artigos citados por Skier, ver: Griffin, 2001; Knickmeyer, 2002.

queer liberais e discursos feministas, e os sonhos eróticos orientalistas de excessos lascivos da pedofilia, da sodomia e da sexualidade perversa. Na intersecção do corpo e da população, a imagem de Desai desafia a perversa sexualização patológica de populações vistas como terroristas pela reivindicação de uma identidade moderna de sujeito – através da religião e não apesar dela –, o que é tipicamente reservado para corpos (brancos, ocidentais ou ocidentalizados) homonormativos. Enquanto a reivindicação à subjetividade sexual moderna é alcançada, uma subjetividade frequentemente creditada às forças homogeneizadoras da globalização, a perturbadora e monstruosa corporalidade terrorista que habita essa subjetividade sexual desafia os termos sob os quais é policiada.

Visualmente, o corpo recupera a viadagem, a efeminação, a masculinidade falha, que já estão dadas para nomear o terrorista, encenando mais uma desobediência diante de tais acusações tão facilmente processadas de ser um terrorista. As normas seculares (brancas) que a queerização mantém contribui bastante para as representações (racistas) islamo e homofóbicas dos terroristas. Isto é, o sujeito transgressor queer acumula sua legitimidade e seu valor, nesta conjuntura histórica, a partir de uma incapacidade de separar essas representações mediante uma articulação mais ampla da religiosidade queer. A secularidade queer é constitutiva de e é constituída pelo sujeito liberal queer autônomo contra e através da reificação das várias sexualidades patológicas e irracionais, que são endêmicas aos discursos da culpabilidade terrorista.

O "também" do "Eu também sou um homossexual", uma insistência do tipo "lide com isso", sinaliza para públicos múltiplos a conjuntura de identidades muçulmanas e queer, desafiando assim a versão orientalista mutuamente exclusiva entre muçulmano e homossexual. A singularidade do binarismo muçulmano ou gay tem sido ampliada, nos Estados Unidos, assim como globalmente, desde o 11 de Setembro de 2001. Grupos tais como a Fundação LGBTQI Al-Fatiha sediada nos EUA (da primeira linha do Alcorão, significando "o começo") tem sido esquadrinhadas como espécimes estranhas, uma anomalia queer.³³ O cineasta muçulmano queer Parvez Sharma, trabalhando atualmente em um documentário intitulado *Em nome de Allah*, indica um exemplo particularmente emblemático desse tópico ao apontar para a seguinte descrição de seu trabalho e ativismo: "No rastro do 11 de Setembro [...] [O trabalho de Sharma] parecia difícil de imaginar para muitos comentadores estadunidenses: muçulmano, diversidade sexual, comunidade, voz e direitos".³⁴ Mubarak Dahir relata sobre as vidas muçulmanas queers após os ataques: "Já é ruim o bastante ser odiado por ser gay", diz Mahmoud, um muçulmano que mora em Pittsburgh e pediu que seu nome verdadeiro não fosse divulgado. "Mas agora eu também sou odiado por ser muçulmano. Essa desconfiança parece emanar de todos os estadunidenses também. Eu esperava que meus amigos gays – eles próprios o alvo de tanto preconceito – seriam mais propensos a questionar os estereótipos. Mas meus amigos gays não são melhores do que ninguém." Posteriormente no artigo, Mahmoud diz: "Desde o 11 de Setembro, tive que me apoiar mais do que nunca em minha comunidade religiosa para obter força".³⁵ Ifti Nazim, da Sangat/Chicago ("uma organização gay, lésbica, bissexual e transgênero e um grupo de apoio para pessoas da Índia, Paquistão, Bangladesh, Sri Lanka, Nepal, Afeganistão, Irã, Myanmar e os demais países sul-asiáticos"), concorda, dizendo que muitos muçulmanos heterossexuais em Chicago tornaram-se mais dispostos a vê-lo como um líder comunitário: "Muitos líderes muçulmanos conservadores estão alcançando as organizações hegemônicas gays agora. [...] Eu estou muito feliz com isso e chocado

---

[33] Reportagens sobre muçulmanos queer incluem Gay.com UK, 2001; Bull, 2001; R. Smith, 2002. Um exemplo anterior é Goldman, 1999. Autorrepresentações muçulmanas queer incluem Alam, 2002; e Frameline, 2003. Juntamente com Al-Fatiha, há a Queer Jihad, 2005. "Queer Jihad é a luta muçulmana queer para a aceitação; primeiro, a luta por aceitar a nós mesmos como sendo exatamente do jeito que Allah nos criou para sermos; e, em segundo lugar, a luta pelo entendimento entre os muçulmanos em geral", de acordo com seu *site*.

[34] Sharma, 2004. Para uma discussão sobre o filme de Sharma, ver Hays, 2004. Ver também Hartley Film Foundation, 2006; e *In the Name of Allah*, s.d.

[35] Dahir, 2002, p. 91.

porque eu nunca soube que eles seriam desse jeito. E tudo isso devido ao 11 de Setembro".[36] Tais comentários são significativos, ao menos porque a secularidade queer e a subjetividade transgressiva queer em geral são também sustentadas por uma convicção poderosa de que as comunidades religiosas e raciais são mais homofóbicas do que as comunidades queer hegemônicas brancas são racistas. Aqueles capturados nos interstícios, queers não brancos, presumidamente se envolvem com grupos queers brancos hegemônicos, sua política, espaços sociais, casos eróticos e eventos da comunidade mais facilmente do que com suas respectivas comunidades religiosas ou raciais, suas famílias, igrejas, rituais, celebrações, casamentos (onde o *telos* do assumir-se liberal funciona como o termômetro da aceitação). Por implicação, uma crítica da homofobia dentro da comunidade de origem é considerada mais urgente e deve preceder uma crítica do racismo dentro das comunidades queers tradicionais. (Uma interpretação do adesivo "Combata o racismo e o [Partido Nacional Britânico]" é que ele funciona como um desafio explícito aos privilégios branco e de cidadania implícitos no liberalismo queer.)

O principal dilema que demonstra esse ponto é o debate sobre a decisão de realizar a Parada Mundial do Orgulho Gay de 2006 em Jerusalém. "Nenhum Orgulho sem os Palestinos", uma coalizão queer sediada na cidade de Nova York, procurou transferir a Parada Mundial do Orgulho Gay para outro local, argumentando que os queers palestinos (e muitos árabes de países vizinhos) seriam banidos das celebrações, e aqueles já presentes, corriam risco de intensificação de vigilância, policiamento, assédio e deportação. Os organizadores clamaram para "transferir a Parada Mundial do Orgulho Gay para um lugar onde todos os queers pudessem comemorar a liberdade real" e notaram que o Estado de Israel tem em muitas ocasiões deportado "ativistas queers dos direitos humanos que trabalham para o fim da ocupação de Palestina". Seu *website* declarou:

---

[36] R. Smith, 2002.

INTRODUÇÃO

A Parada Mundial do Orgulho Gay é supostamente para ser a celebração da liberdade queer. Assegurar a Parada Mundial do Orgulho Gay na cidade de Jerusalém – uma cidade sob uma ocupação, uma festa sediada por um anfitrião violento – é um tapa na cara da liberdade. [...] Não é Parada 'Mundial' do Orgulho Gay sem queers palestinos e árabes e nos recusamos a colocar nossas celebrações queers contra a liberdade dos palestinos.[37]

InterPride, a organização que coordena a Parada Mundial do Orgulho Gay, é sediada nos Estados Unidos e é dirigida predominantemente por estadunidenses e alguns europeus. A decisão de Israel de sediar a Parada Mundial do Orgulho Gay foi irritantemente estratégica, porque o evento deveria mostrar Israel como uma sociedade tolerante, diversa e democrática, para esconder seu terrível fracasso nos direitos humanos. (A violência e as tensões entre ultra-Ortodoxos, outras facções judaicas conservadoras e judeus queers que são tipicamente apagadas ganharam destaque, em junho de 2005, pelo esfaqueamento de três participantes da parada do orgulho gay por "um homem com uma vestimenta ultra--Ortodoxa".[38]) Dos circuitos da "queeridade transnacional", a decisão secretamente impeliu um conluio com a política opressiva do Estado de Israel em relação aos palestinos, ao mesmo tempo que encorajava e sancionava sentimentos antipalestinos declarados.[39] Ela também reiterou que queers israelenses podem ser legitimados pelo Estado israelense, bem como pela queeridade transnacional, por meio da busca e do direito de soberania, enquanto queers palestinos são teleologicamente lidos através das lentes fanáticas do fundamentalismo islâmico, em vez da luta palestina por autodeterminação e de um Estado definido, um interesse em políticas queer progressistas, ou mesmo uma exegese humanista liberal do desejo.[40]

---

[37] No Pride *In:* Occupation, s.d.
[38] Sheffer & Weiss, 2005.
[39] Bacchetta, 2002.
[40] Ver Mustikhan, 2003. A descrição da perseguição queer palestina inclui a seguinte declaração: "Relatos de tratamento ao estilo nazista de palestinos abertamente gays são comuns". Ligar palestinos a nazistas dessa maneira parece inapropriado; primeiro,

É extremamente importante que os ativistas judeus queer e palestinos queer, entre outros, fizessem *lobby* juntos para cancelar ou alterar o local da Parada Mundial do Orgulho Gay de 2006.[41] Também é necessário que esses esforços de coalizão rejeitem paradigmas queer missionários, libertadores ou transcendentes que podem colocar queers palestinos em uma narrativa de vítima correspondente àquela propagada pelo Estado israelense contra o qual estão lutando.

Outra armadilha está na valorização das vítimas como vanguarda, elevando-as ao heroísmo. As atividades do grupo queer OutRage!, sediado na Grã-Bretanha, tangenciam perigosamente essa estreita linha. Apelando para uma "fatwa queer" (uma apropriação bastante estúpida do termo "fatwa") contra o líder "fundamentalista islâmico" do Reino Unido, Omar Bakri Mohammed, durante um comício em Londres

---

porque não está nítido o que significa "estilo nazista" e sua relevância para o tema; e segundo, pois trabalha para posicionar os palestinos como análogos aos mais infames assassinos de judeus, tornando o conflito israelo-palestino uma continuação do conflito do Shoá.

[41] Para detalhes sobre o ativismo queer palestino, ver Aswat – Mulheres Gays Palestinas, 2006; e Morcos, 2004. A Parada Mundial de 2006 foi realizada de 6 a 12 de agosto. Grupos conservadores cristãos, judeus e muçulmanos protestaram contra o evento, e autoridades de Jerusalém também se opuseram, especialmente o prefeito Uri Lupolianski. Ver Freedman, 2006; Buchanan, 2006. Um desses protestos supostamente tomou a forma de panfletos, distribuídos em bairros ortodoxos, que ofereciam uma recompensa monetária a qualquer um que "matasse um sodomita"; DiGiacomo, 2006. A guerra Hezbollah-Israel, que ocorreu durante a semana da Parada Mundial, foi responsabilizada pela redução drástica de público (de alguns milhares esperados para várias centenas). A guerra também foi culpada pelo cancelamento do desfile marcado para 10 de agosto: a polícia da cidade negou a autorização necessária, alegando incapacidade de garantir a segurança dos participantes devido à falta de mão de obra causada pela guerra; Wilcox, 2006. Isso ocorreu depois que a Parada Mundial em Jerusalém foi cancelada em 2005 devido à retirada de Israel de Gaza. O Jerusalem Open House, a organização anfitriã do Parada Mundial de 2006, realizou uma manifestação em um portão que separa Jerusalém de Belém para "deixar [os membros palestinos do Jerusalem Open House, impedidos de participar de qualquer evento da Parada Mundial] saberem que não os esquecemos", de acordo com um membro da Jerusalem Open House; Zeesil, 2006. O onipresente Michael Luongo, por sua vez, afirma que o protesto do dia 10 (realizado como substituto do desfile) foi "sequestrado" por "ativistas antiguerra".

no Dia Internacional da Mulher (no 8 de março de 2005), os pôsteres do OutRage! clamavam "Solidariedade com as Mulheres Islâmicas" e conclamavam "Nenhum Estado islâmico, nenhuma Lei Sharia".[42] Esta última convicção reflete a secularidade queer; é inconcebível que mulheres ou queers possam negociar ou ter agência dentro de um Estado islâmico. No comício "Palestina Livre" em Londres, no 21 de maio de 2005, o Out--Rage! carregava cartazes ordenando: "Israel: pare de perseguir a Palestina! Palestina: pare de perseguir queers!" e "Parem com a matança 'de honra' de mulheres e gays na Palestina". Essa mensagem aparentemente inofensiva e politicamente correta, que deriva do compromisso do grupo para protestar contra "islamofobia e homofobia", infelizmente reafirma a modernidade de Israel e do judaísmo e a monstruosidade da Palestina e do islã. Esboçar a Palestina como o local da opressão queer – opressão que é equiparada à ocupação da Palestina por Israel – apaga a perseguição do Estado israelense aos palestinos queer. A perseguição do Estado israelense aos israelenses queer – porque Israel dificilmente está isento da violência homofóbica contra seus próprios cidadãos, independentemente da origem religiosa ou étnica – é apagada nesse modelo de *slogans* produzidos de cima para baixo. A analogia dialética, segundo a qual a perseguição de palestinos por Israel é "igual" à perseguição palestina de queers, presta um enorme desserviço para os problemas incomensuráveis em jogo e recusa qualquer ligação possível entre os dois, na verdade, recusando que uma forma de opressão pode sustentar ou mesmo criar as condições de possibilidade para a outra. Além disso, essa analogia destrincha conexões vitais: entre os paradigmas liberacionistas disciplinares dos direitos humanos de gays e lésbicas e a escalada da repressão estatal islâmica das sexualidades não normativas, a solidificação de gêneros binários na modernidade e sua imposição em sociedades gendradas diferentemente,[43] e as histórias de dominação econômica e cultural do colonialismo e

---

[42] OutRage!, "Press Photos". Para comentários sobre a problemática da abordagem do OutRage!, ver Morcos, 2004.

[43] Massad, 2002; Fanon, 1994.

neocolonialismo e a navegação sem fim dessas redes de poder por povos colonizados. Ironicamente, a própria lógica que alimenta a racionalização e a justificativa do Estado israelense para sua ocupação da Palestina e seu tratamento horroroso a palestinos – a suposta barbárie e desumanidade do seu oposto, o muçulmano-palestino fundamentalista terrorista- -homem-bomba-suicida – é reinscrita pela mensagem do OutRage! em um Comício da Palestina Livre. O tratamento diferenciado de queers nesses contextos transnacionais depende fortemente do pertencimento nacional e racial e da emancipação atrelada a um sufrágio restrito.

Figura 2. Fundador do OutRage!, Peter Tatchell, com cartaz "Queer Fatwa". Fotografia de Piers Allardyce (para OutRage!). Reproduzido com a permissão do artista.

OutRage! foi acusado de usar uma plataforma queer para propagar a retórica antimuçulmana, o que não é um medo infundado dadas as evidências.[44] O ativista mais conhecido do OutRage!, Peter Tatchell,

---

[44] Embora seja bastante hábil em encontrar casos de clero muçulmano homofóbico, OutRage! falha em divulgar ou discutir as condenações da homofobia por parte dos clérigos muçulmanos britânicos. Ver Gay.com UK, 2004. OutRage! parece se

INTRODUÇÃO

alertou sobre o fundamentalismo islâmico em 1995, dizendo que sua ascensão "deu início a uma era de obscurantismo religioso e intolerância", a que ele se refere como a "Nova Idade das Trevas".[45] Exemplo de paranoia, bem como de polarização onipresente das subjetividades muçulmanas e gays, em 1998 ele escreveu: "As consequências políticas para a comunidade gay poderiam ser sérias. À medida que os fundamentalistas ganham seguidores, os eleitores muçulmanos homofóbicos podem influenciar o resultado das eleições em vinte ou mais distritos eleitorais secundários".[46]

---

concentrar excessivamente na homofobia muçulmana à luz da violência realizada por supremacistas brancos ingleses. Por exemplo, supremacistas brancos bombardearam um *pub* gay, o Admiral Duncan, em 1999. Dois atentados anteriores, possivelmente pelos mesmos perpetradores, atingiram comunidades inglesas bengalesas e afro-caribenhas; NewsPlanet Staff, 1999. Em vez de se concentrar na construção de coalizões de base, OutRage! criticou publicamente o encontro do ministro do Interior Jack Straw com membros do grupo de defesa de gays e lésbicas Stonewall, chamando-o de "divisivo" porque a organização não foi incluída; NewsPlanet Staff, 1999b.

[45] Tatchell, 1996. Peter Tatchell é, sozinho, uma organização de direitos humanos gays da Grã-Bretanha e solicita fundos para o Fundo de Direitos Humanos Peter Tatchell. Seu site, http://www.petertatchell.net, tem uma lista de sua "Campanha de Direitos Humanos e Gays" e o texto completo do "Relatório de Direitos Humanos de Peter Tatchell 2004". Seu narcisismo autorreferencial (mais descaradamente encontrado na seção "Fotos de Peter Tatchell") que domina o *site* sugere que Tatchell, que afirma que suas campanhas de "ação direta" são mais eficazes que o trabalho da Anistia Internacional, imagina a si mesmo como sendo um libertador e missionário singular em um mar de organizações de direitos humanos ineficazes. Particularmente, parece que Tatchell saiu da OutRage!, já que o *site* não existe mais. Suas atividades podem ser encontradas em "Peter Tatchell Human Rights Fund" e "Peter Tatchell: Gay and Human Rights Campaigns".

[46] Tatchell, 1998. Como precursor desse comunicado de imprensa, Tatchell escreveu um artigo intitulado "Islamic Fundamentalism in Britain". Ele aproveitou essa oportunidade para avisar que "a homofobia islâmica na Grã-Bretanha não está limitada às comunidades asiáticas e árabes", mas que a "nação militante negra do Islã" é uma outra ameaça aos queers. Outro exemplo da percepção da ameaça que os homens muçulmanos representam para os homossexuais pode ser encontrado na cobertura dos esforços de combate aos crimes de ódio contra a comunidade LGBTQ holandesa, na qual "homens de possível ascendência marroquina" são o único grupo mencionado como perpetradores de crimes de ódio homofóbicos; PlanetOut Network, 2005. As discussões sobre a homofobia muçulmana na Europa estão frequentemente ligadas ao fracasso dos imigrantes muçulmanos em se assimilarem ou, nas palavras do artigo acima, em se "integrarem". Nessas formulações, a violência homofóbica de árabes/muçulmanos/estrangeiros é automaticamente ligada à sua religião, enquanto a

Em relação aos protestos do OutRage! contra "fundamentalistas islâmicos" na visita de Yusuf al-Qaradawi à Grã-Bretanha no verão de 2004, o prefeito de Londres Ken Livingstone escreve que uma "onda de islamofobia" ofuscou o propósito da viagem de al-Qaradawi, uma conferência sobre os direitos das mulheres de escolherem vestir o véu muçulmano (motivado pela proibição do véu nas escolas francesas). Uma segunda carta, assinada pela Assembleia Nacional contra o Racismo, a União Nacional de Estudantes Negros LGB, a Coalizão de Lésbicas e Gays contra o Racismo e a Operação Voto Negro, ecoa sentimentos semelhantes ("Devemos expressar nossa preocupação com o teor e o tom da campanha de OutRage! e outros, em relação a Yusuf al-Qaradawi, que acreditamos que se encaixa no que é uma onda crescente de histeria antimuçulmana"), citando "uma campanha poderosa e perigosa para insistir que o fundamentalismo muçulmano é a ameaça mais séria que o mundo enfrenta", proveniente da Europa Ocidental e dos Estados Unidos.[47] OutRage!, por sua vez, aponta que o *site* do Dr. al-Qaradawi, *Islamon-line*, sanciona a queima e o apedrejamento até a morte de homossexuais e a violência contra as mulheres.[48]

Minha intenção não é mergulhar na intrincada história da organização política do OutRage!, nem censurar seu trabalho multifacetado: coalizões com o Grupo Assistencialista de Homens Negros Gays, a Aliança Jovem Queer e o Partido Verde; comícios contra a proibição do casamento entre pessoas do mesmo sexo, o Vaticano e a religião católica, as letras homofóbicas dos músicos caribenhos Beenie Man, Vybz Kartel, Bounty Killer, Elephant Man e Buju Banton; a tortura e a execução de gays na Arábia Saudita, a deportação do argelino Ramzi Isalam e do bielorrusso Vadim Selyava, que buscavam asilo gay, e da ditadura de Mugabe no

---

integração ocidental ofereceria uma cultura tolerante na qual os LGBTQs não teriam medo da violência.
[47] Livingstone *et al.*, 2004.
[48] OutRage!, 2004.

Zimbábue; e vigílias pelos assassinatos do ativista gay jamaicano Brian Williamson e da ativista lésbica da Serra Leoa

Fannyann Eddy – e certamente a lista continua.[49] Em vez disso, o comício da "Palestina Livre" serve como um exemplo de demonstrações de solidariedade com outros queers, muitas vezes gestos bem-intencionados de inclusão e reconhecimento da diversidade multicultural, que podem replicar involuntariamente os próprios pressupostos neocoloniais que a OutRage! procura repelir.

Mas existe algo mais insidioso acontecendo aqui. O binarismo muçulmano ou gay metamorfoseado de uma narrativa de posições de sujeito inadequadas situadas por um "Islã contra a homossexualidade" fazem um cabo de guerra entre as populações: uma mutação que pode revelar as correntes subterrâneas próximas de ideologias conservadoras homonormativas e do liberalismo queer. Por exemplo, o político holandês gay Pim Fortuyn prometeu terminar com a imigração e a proteção a refugiados e usou a retórica antimuçulmana para impulsionar seu partido político, Lijst Pim Fortuyn, a uma presença no Parlamento de 26 assentos; ele foi assassinado por um ativista dos direitos dos animais nove dias antes da vitória.[50] Yoshi Furuhashi comenta: "A ascensão de Pim Fortuyn [...] marcou uma nova era da política gay branca masculina. Promovendo uma política anti-imigrante de forma vigorosa e marcando-a com um preconceito antimuçulmano de modo demagógico, Fortuyn mostrou que o populismo de direita pode muito bem ser gay e pode funcionar de maneira bastante popular". Ao contrário dos políticos gays brancos masculinos de direita que trabalham "contra os seus próprios interesses", que enfrentaram o ostracismo e foram banidos pelos companheiros direitistas, Furuhashi sugere que o direito de se casar dará ainda mais credibilidade e legitimidade a esses políticos gays.[51] Após os atentados em Londres no 7 de julho de 2005, os perpetradores, que não eram os

---

[49] OutRage!, "Press Photos".
[50] BBC News, 2002; New York Times, 2002.
[51] Furuhashi, 2004.

terroristas disfarçados de algum país remoto que tinham se infiltrado na pátria sagrada, mas muçulmanos britânicos que cresceram no país, Sandip Roy nota que a Europa está bifurcada simbolicamente em uma arena onde a legalização da união entre o mesmo sexo é uma prioridade (Holanda, Bélgica, Espanha, o Reino Unido) e em outra onde o fundamentalismo islâmico, responsável pela morte do cineasta Theo van Gogh, por exemplo, reina assertivamente.

O casamento gay, que "é menos sobre os direitos gays e mais sobre a codificação de um ideal de valores europeus",[52] tornou-se um excesso, embora uma proteção de primeira necessidade na Europa, por meio da qual uma população ambivalente, quando não hostil, pode garantir esse pedaço extra de segurança que é trazido por mais um marcador na distância entre a barbárie e a civilização, que justifica ainda mais categorizar uma população muçulmana perversamente sexualizada e racializada (pedófila, sexualmente lasciva e excessiva, mas perversamente repressiva) que se recusa a se assimilar de maneira apropriada, em contraste com os homossexuais respeitáveis, engajados em sancionar normas de parentesco. A reforma do casamento gay, portanto, indexa as divisões raciais e civilizacionais entre europeus e muçulmanos, enquanto apaga os circuitos da economia política (classe, imigração) que sustentam tais oposições. Enquanto o conflito for articulado cada vez mais como aquele entre queers e muçulmanos, o que está realmente em jogo é o policiamento dos limites rígidos da diferença de gênero e de formas de parentesco mais dóceis para a sua manutenção.[53]

---

[52] Roy, 2005.

[53] Esse fenômeno não se limita à política queer, como observado por Scroggins, 2005: "No que parece ser um padrão em toda a Europa, algumas feministas estão se alinhando com a direita anti-imigrante contra seus antigos aliados multiculturalistas à esquerda. Juntando-se a elas nesse êxodo para a direita estão os ativistas gays, que culpam os imigrantes muçulmanos pelo crescente número de ataques a casais gays" (p. 22).

Pouco depois dos atentados, OutRage! alegou ter recebido ameaças de morte de várias organizações muçulmanas.[54] Entre outros grupos, OutRage! está codificando, para os europeus, mas também implicitamente para os estadunidenses, que os muçulmanos são uma *ameaça especial* para os homossexuais, que os fundamentalistas muçulmanos têm deliberada e especificamente visado os homossexuais como alvo e que os parâmetros dessa oposição se correlacionam com os da guerra ao terror: civilização *versus* barbárie. Tal como acontece com Fortuyn e OutRage!, estamos testemunhando, de lados muito diferentes, o aumento da islamofobia homonormativa no Norte global. Por meio dela, homens gays homonormativos e queer podem expressar formas de pertencimento nacional, racial ou outros, contribuindo para uma difamação coletiva dos muçulmanos.[55]

Voltemos, por um momento, à nossa fotografia do muçulmano fundamentalista-terrorista-perverso-homossexual. Essa oscilação, de um dilema individualizado da subjetividade – você é muçulmano ou é gay? –

---

[54] OutRage!, 2005. O comunicado de imprensa abre com uma citação do líder da OutRage!, Peter Tatchell: "Os locais gays poderiam ser bombardeados por terroristas islâmicos. Todos os bares e clubes gays deveriam introduzir revistas corporais e de bolsas. Os fundamentalistas muçulmanos têm um ódio violento por lésbicas e gays. Eles acreditam que devemos ser mortos. Nossa comunidade pode ser seu próximo alvo. Não é hora para complacência". Tatchell emprega táticas de amedrontamento que se tornaram uma parte muito familiar da guerra ao terror, convocando os gays a se defenderem contra a ameaça muçulmana. O aviso é particularmente interessante, pois foi publicado no mesmo dia em que os Estados Unidos condenaram Eric Rudolph pelo atentado a bomba de fevereiro de 1997 ao Otherside Lounge, um bar gay em Atlanta, Geórgia, juntamente com os atentados a bomba de duas clínicas de aborto e nos Jogos Olímpicos de Atlanta de 1996. A condenação de Rudolph não parece ter provocado uma resposta semelhante à de OutRage! entre as organizações LGBT dos EUA. Em vez de pedir uma resposta ao ódio violento à comunidade queer que é presumivelmente baseado no conservadorismo cristão estadunidense, o artigo relata que um porta-voz da Campanha de Direitos Humanos (Jay Smith Brown), quando perguntado se os conservadores religiosos eram de alguma forma responsáveis pela violência de Rudolph, respondeu: "Precisamos promover um diálogo de honestidade e compreensão e não um diálogo de ódio e corrosão. Ambos os lados do debate devem ser responsáveis por trazer o outro para um lugar de diálogo positivo". Ver Curtis, 2005.

[55] Lunsing, 2003.

a uma guerra de populações mutuamente excludentes, confirma o sentido absoluto das naturezas irreconciliavelmente inflexíveis de muçulmanos (europeus da classe trabalhadora) não assimilados e não assimiláveis. O sujeito homossexual disciplinado e a figura sexualmente patológica do terrorista devotado ao seu povo permanecem juntos em suspensão, recusando-se a tolerar a fusão de ambos, o declínio de um ao outro ou o desvio de um sobre o outro. O texto modifica a imagem, direciona nossa interpretação sobre ela, mas não pode domesticar totalmente a saturação de tropos orientalistas investidos para esse corpo.

Figura 3. Imaan desfila na EuroPride de Londres, em 2006. Fotografia de Liz Van Gerven. Reproduzido com a permissão do artista.

Alguns podem vigorosamente se contrapor à sugestão de que identidades queer, como seus equivalentes "menos radicais" – as identidades homossexual, gay e lésbica –, estão também implicadas nas formações nacionalistas de superioridade branca estadunidense, preferindo ver a queeridade como uma singularidade transgressiva das normas de identidade. Esse foco na transgressão, entretanto, é precisamente o termo pelo qual a queeridade narra seu próprio excepcionalismo sexual. Enquanto podemos salientar problemas óbvios com os impulsos emancipatórios e missionários de determinados feminismos (estadunidense, ocidental) e da liberação gay e lésbica, a queeridade tem seus próprios desejos de excepcionalismo: o excepcionalismo é um impulso fundante, certamente o núcleo mais extremo de uma queeridade que se reivindica a si mesma como anti, trans ou sem identidade. O paradigma da liberação e da emancipação gay tem produzido todos os tipos de narrativas problemáticas: sobre a maior homofobia das comunidades de imigrantes e não brancas, sobre os valores familiares e costumes mais rígidos nessas comunidades, sobre um certo pré-requisito de migração do lar, sobre as teleologias do assumir-se. Compreendemos menos a queerização como um projeto biopolítico, que é, ao mesmo tempo, paralelo e interseccionado com aquele do multiculturalismo, a ascenção à branquitude, e pode pactuar com ou cair em paradigmas liberacionistas. Enquanto os fundamentos liberais servem para recentrar constantemente o sujeito gay ou lésbico normativo como exclusivamente libertador, essas mesmas tendências trabalham para recentrar insistentemente o sujeito queer normativo como um sujeito exclusivamente transgressivo.

Queerização aqui é a modalidade através da qual a "liberdade das normas" se torna um ideal queer regulador que demarca o queer ideal. Argumentando que "mais reflexão sobre apegos queer pode nos permitir evitar pressupor assimilação ou transgressão como escolhas", observa Sara Ahmed: "A idealização do movimento ou a transformação do movimento em um fetiche depende da exclusão de outros que já estão posicionados como *não livres da mesma maneira*".[56] A liberdade individual torna-se o parâmetro de escolha na avaliação e, em última instância, na regulação da queerização.

---

[56] S.Ahmed. 2004, pp. 151-152.

A abordagem pós-marxista de Ahmed se concentra no capital material, cultural e social e nos recursos que podem delimitar o "acesso" à queerização, sugerindo que a queerização pode ser uma formulação cosmopolita e elitista que impõe vários regimes de mobilidade. Ironicamente, "aqueles que têm acesso" a tal capital cultural e recursos materiais podem constituir exatamente as mesmas populações que muitos acusariam de assimilação, experienciando a queeridade da maneira mais apolítica ou politicamente conservadora. Estou pensando a queeridade como excepcional de uma forma que está ligada ao individualismo e ao sujeito humanista liberal e racional, o que Ahmed designa como "apegos" e o que eu qualificaria como registros psíquicos profundos de investimento que muitas vezes não podemos explicar e às vezes são mais bem vistos pelos outros do que por nós mesmos. "Liberdade das normas" ressoa com a autorização humanista liberal do sujeito falante totalmente senhor de si, sem as amarras da hegemonia ou da falsa consciência, possibilitada pelas ofertas de vida/estilização do capitalismo, escolhendo racionalmente o individualismo moderno em vez das amarras dos laços de família. Nessa definição problemática da queeridade, a agência individual é lida apenas como resistência às normas, em vez de ser cúmplice delas, e assim igualando resistência e agência. Tanto Saba Mahmood quanto Ahmed criticam essa fusão e redirecionam sua atenção para a agência que apoia e consolida as normas, mas mesmo essa virada pressupõe algum entendimento universal geral do que conta como norma, resistência e cumplicidade. Como Mahmood pergunta: "[É] possível identificar uma categoria universal de atos – como os de resistência – fora das condições éticas e políticas em que tais atos adquirem seu significado particular?".[57] A retórica da liberdade também está, obviamente, apoiada nas filosofias da democracia liberal e é, de fato, um princípio fundamental do excepcionalismo estadunidense. Mas, finalmente, a queeridade como transgressão (que está um passo

---

[57] Mahmood, 2005, p. 9.

à frente da resistência, que agora se tornou um ato normativo) se apoia em uma noção normativa de desvio, sempre definida em relação à normatividade, muitas vezes universalizante. Assim, o desvio, apesar de suas reivindicações de liberdade e individualidade, é ironicamente coerente com e para regimes reguladores de queerização – por meio de, e não apesar de, quaisquer reivindicações de transgressão.

Enquanto Ahmed também olha para a queerização como um desafio predominantemente para as heteronormas, teóricos queer como Cathy Cohen inserem a política queer em um modelo interseccional que também deveria, idealmente, desafiar as normas de raça e classe à medida que se cruzam com heteronormas.[58] Outros teóricos queer podem articular a queerização como um esforço pós-estruturalista que desconstrói não apenas heteronormas, mas a lógica específica da própria identidade. Na primeira versão da queerização, a resistência às heteronormas pode ser privilegiada de uma forma que apaga os efeitos dessa resistência em relação a possíveis cumplicidades com outras normas, tais como privilégios raciais, de classe, de gênero e de cidadania. As análises interseccionais queer desafiam essa queerização regulatória, mas, ao fazer isso, podem falhar em submeter suas próprias formulações à crítica específica que desenvolvem. Nessa segunda formulação, as comunidades queer não brancas e de imigrantes queer (para não mencionar a crítica queer não branca) são sempre incontestáveis, uma posição insustentável dadas as tensões (de classe, religiosa, gênero-queer, nacional, regional, linguística, geracional) dentro, entre, e no meio de comunidades queer diaspóricas, imigrantes e não brancas e, portanto, ofuscando qualquer uma de suas próprias tendências conservadoras. De maneira inversa, essa formulação também mantém o queer não branco organizando e teorizando segundo padrões e expectativas impossíveis, sempre atrelado a espaços e ações de resistência, transgressão e subversão. Em última instância, todas as identidades (de alguém e não

---

[58] Cohen, 1997.

apenas de gênero e sexual) devem ser constantemente borradas, levando a um sujeito transcendente impossível, que está sempre já consciente das forças normatizantes do poder e sempre pronto e capaz de subverter, resistir ou transgredi-las. É precisamente negando a culpabilidade ou assumindo que não se está implicado em relações violentas em relação aos outros, que se está fora delas, que a violência pode ser perpetuada. A violência, especialmente das categorias liberais, é, com frequência, mais facilmente perpetrada nos espaços e lugares onde sua possibilidade é inequivocamente denunciada.

O que está em jogo em desarmar binários queer liberais de assimilação e transgressão, secularidade e religiosidade? Se nós somos resistentes à resistência, a leitura contra esses binários para colocar em primeiro plano uma gama mais ampla de afiliações e desafiliações de poder, que costumam estar repletas de contradições, não deve fornecer munição para punir, mas gerar um espaço maior para autorreflexão, autocrítica e cometer erros. É fácil, embora doloroso, apontar os elementos conservadores de qualquer formação política; é mais difícil, e talvez muito mais doloroso, apontar a nós mesmos como cúmplices de certas violências normatizantes. Em resumo, o que podemos dizer sobre a mecânica da queeridade como um quadro regulador da biopolítica inclui o seguinte:

1. A queeridade, vista como automática e inerentemente transgressiva, encena formas específicas de disciplinamento e controle, celebrando sujeitos liberais queer que se dobram à vida (a queeridade como sujeito) contra as populações sexualmente patológicas e desviantes marcadas para morrer (a queeridade como população);
2. Dentro dessa orientação de transgressão regulatória, queer opera como um álibi para a cumplicidade com todos os outros tipos de normas de identidade, como nação, raça, classe e gênero, involuntariamente atraídas para ter acesso à branquitude;
3. Permitir cumplicidades sinaliza não a falha do potencial radical, resistente ou opositor da queeridade, mas pode ser um reconhecimento consentido;

4. Mas os dilemas se multiplicam mesmo com a fluidez das resistências e das cumplicidades, pois os modelos interseccionais não conseguem explicar as presenças simultâneas ou multifacetadas de ambas ou de muitas outras.

A ASCENSÃO À BRANQUITUDE

Rey Chow, escrevendo a partir do trabalho de Foucault em *As palavras e as coisas*, propõe que "a discussão de Foucault sobre o biopoder pode ser vista como sua abordagem, embora de forma indireta, da questão da ascensão à branquitude no mundo moderno". Engendrada na observação, classificação e na taxonomia científicas, a produção dos dados, dos detalhes e da descrição, conduzindo à microgestão da informação e dos corpos, toda a tentativa de "tornar o mundo em um objeto cognoscível". Essa objetificação e refinamento para os propósitos da gestão e da domesticação é equiparada, de acordo com o Chow, a uma mistificação e a um obscurecimento crescentes dos mais beneficiados por esse projeto epistemológico: as subjetividades europeias. A própria base das distinções entre sujeitos e objetos (e populações) está nessa simultaneidade entre a especificação e a abstração. Ou, para Chow, as distinções entre aqueles que teorizam e aqueles sobre os quais se teoriza.[59]

Para Chow, na contemporaneidade, a "ascensão da branquitude" no biopoder incorpora a multiplicação de corpos étnicos multiculturais apropriados como cúmplices dessa supremacia. Parte das armadilhas desse cidadão excepcional, étnico ou não, é a gestão cuidadosa da diferença: da diferença dentro da semelhança e da diferença contendo a semelhança. Podemos notar, por exemplo, que a proliferação multicultural de uma cosmopolítica étnica como a de Chow tem algumas limitações severas em termos de classe, gênero e, principalmente, sexualidade. Ou seja, a pouca aceitação que a diversidade liberal oferece no caminho da inclusão

---

[59] Chow, 2002, pp. 2-3.

é altamente mediada por enormes domínios de exclusão: o étnico geralmente é heterossexual, geralmente tem acesso ao capital material e cultural (tanto como consumidor quanto como proprietário) e, na verdade, costuma ser homem. Esses seriam os atributos provisórios que distinguiriam uma etnicidade tolerável (um patriota excepcional, por exemplo) de uma etnicidade intolerável (um suspeito de terrorismo). Em muitos casos, a heteronormatividade pode ser o mais essencial desses atributos, já que determinadas queeridades orientalistas (com uma heteronormatividade falha, sinalizada pela poligamia e pela homossociabilidade patológica) são atribuídas *a priori* aos corpos terroristas. O processo correlato de multiculturalização e de heterossexualização são codependentes, naquilo que Susan Koshy indica como "transformar a raça em etnicidade", em uma transmogrificação impulsionada pelo cultivo do "privilégio branco como uma meritocracia sem distinção de raça". (Essa transformação inspirou também a politização da designação "pessoas de cor".) Enquanto Chow não discute de maneira explícita a razão de a linguagem racial perder sua importância (e manter o *status* depreciativo) com relação à etnicidade de orientação para o mercado, Koshy acrescenta "a acomodação de imigrantes novos e o ressurgimento da etnicidade branca" como fatores convincentes que "obscurecem as operações de raça e classe" em contextos transnacionais.[60]

Essas "operações" envolvem o que Koshy descreve como "a fração de classe projetada como a minoria modelo" produzida por meio de

> [...] mudanças demográficas, estratificações de classe, nova imigração e uma economia global [...] permitindo, assim, alianças oportunistas entre brancos e diferentes grupos minoritários justificadas conforme as circunstâncias [...] projet[ando] um simulacro de inclusividade, ao mesmo tempo que avança uma cultura política de individualismo de mercado que legitima a destruição dos serviços sociais para minorias desfavorecidas em nome das necessidades da economia global.

---

[60] Koshy, 2001, pp. 154, 156.

Koshy argumenta que o fracionamento permite "uma posição étnica particularista" para "escapar do escrutínio" porque a distância que afasta da branquitude em termos culturais é anulada por sua proximidade com a "branquitude como poder através [...] das aspirações de classe", possibilitando "uma gestão aparentemente mais conveniente, que permite diferenças culturais, mesmo que facilite as afiliações políticas entre brancos e alguns não brancos em certas questões críticas, como reformas sociais, ação afirmativa e legislação de imigração".[61] Assim, para o étnico com acesso ao capital, tanto em termos de consumo quanto de propriedade, a sedução pelo capital global se dá através da amnésia racial, entre outras formas de esquecimento. Esse fracionamento, ou desmontagem em fractais, é contíguo com o racismo de Estado na medida em que também promove "cesuras dentro do contínuo biológico" necessário para simultaneamente particularizar e homogeneizar as populações para controle.[62]

A ascenção da branquitude para Koshy, como para Chow, está implícita em ideologias (neo)liberais da diferença – de mercado, cultural e convergências de ambos – que correspondem à "adequação dentro do capitalismo" e, em última análise, prometem "incorporação no Sonho Americano".[63] Que tal promessa sempre apareça quase à beira da conquista, mas que nunca é totalmente satisfeita, é o que Sara Ahmed aponta em sua afirmação de que "o amor pode ser especialmente crucial em caso de fracasso da nação em cumprir sua promessa de uma vida boa". Para Ahmed, o amor nacional é uma forma de espera, uma suspensão que registra um "estigma de inferioridade" que sintetiza o funcionamento interno do multiculturalismo.[64] O amor não correspondido mantém os sujeitos multiculturais (e também homonormativos) nas dobras do nacionalismo, enquanto as ideologias e políticas xenófobas e homofóbicas

---

[61] *Idem*, pp. 155, 156, 181, 186.
[62] Foucault, 2005.
[63] Koshy, 2001, p. 193.
[64] S. Ahmed, 2004, pp. 130-131; Bauman, 2004, p. 104.

apodrecem. Nessa dinâmica, a benevolência do Estado (e também a do mercado) pode parecer ilimitada, embora ainda comprometida com a emenda contra o casamento gay e com o Ato Patriótico dos EUA, apenas como dois exemplos. Além disso, o mercado é um contraponto para o Estado, produzindo sujeitos consumidores (bem como trabalhadores altamente qualificados) que simulam (e experimentam simular) modos afetivos de pertencimento ao Estado, modos que amenizam a angústia do amor não correspondido. Assim, o Estado-nação mantém suas posturas homofóbicas e xenófobas enquanto capitaliza sua imagem imaculada de inclusão, diversidade e tolerância. Concomitantemente, os sujeitos multiculturais (e homonormativos) reorientam sua lealdade à nação por meio de privilégios de mercado, uma remasculinização que Heidi Nast chama de "virilidade de mercado",[65] que é mascarada como formas de pertencimento à nação e medeia a humilhação de esperar pelo amor nacional. O multiculturalismo é cúmplice da ascensão à branquitude, reproduzindo o comando biopolítico de viver através das estatísticas populacionais apropriadas; seus atributos e avaliações de longevidade, doença, saúde, meio ambiente, fertilidade e assim por diante, estão canalizados por meio da óptica do gênero e da classe. Por meio da ânsia pelo amor nacional, a temporalidade dos discursos multiculturais de minoria modelo é a da futuridade, uma gratificação indefinidamente adiada ou desviada, espelhando a marcha constante do biopoder, para longe da morte, em que a securitização de hoje retorna através de garantias de qualidade da vida para o amanhã. Isso requer uma normatividade sexual e de gênero e a reprodução do corpo político híbrido e multicultural, em troca de possibilidades lucrativas na economia global.

Mas a multiculturalização é inequivocamente heteronormativização? Quais são os riscos da rígida dinâmica sexual e de gênero desse multiculturalismo para aqueles que podem sustentar esse amor não correspondido e para aqueles que não podem, não ousam, começar a

---

[65] Nast, 2002, p. 878.

imaginar sua possibilidade? Uma conclusão precipitada pode ser que o multiculturalismo como heteronormativização atua para policiar as relações e corporificações sexuais e de gênero similares à sua lógica classista de monitoramento. Mas a história dos desenvolvimentos e formas de parentesco capitalistas (a mudança do trabalho de subsistência para o trabalho assalariado no final dos anos 1800 e início de 1900 que permitiu subculturas urbanas gays masculinas) sugere que o capitalismo é ambivalente: o próprio funcionamento do capital que materializa a família nuclear heterossexual como fundamental para a reprodução da força de trabalho, o rebaixamento das mulheres ao trabalho não remunerado em casa ou como trabalhadoras excedentes malremuneradas, e a família como a unidade social básica de intimidade que medeia as brutalidades do mundo do trabalho são fatores que emancipam trabalhadores (predominantemente homens brancos) para formar comunidades e redes sexuais e de parentesco alternativas.[66] Tanto a consolidação quanto a ruptura das formas familiares heterossexuais tradicionais são possíveis, mas em nossa economia global atual, o pré-requisito para a mobilidade é, tal como era antes, limitado por raça, etnia, gênero, classe e cidadania. Como escreve Ann Pellegrini: "A invenção da homossexualidade também foi, então, a invenção da heterossexualidade, e a família mudou de local de produção para local de consumo".[67]

Se seguirmos o exemplo de Koshy sobre a "cultura política do individualismo de mercado", o acesso ao capital – "virilidade de mercado" – medeia o pertencimento nacional e a incorporação à vida de sujeitos étnicos multiculturais, sujeitos homonormativos e, possivelmente, até mesmo alguns desses sujeitos posicionados na intersecção dos dois.[68] Para o étnico, a heteronormatividade é exigida pelo Estado-nação já negociável pelo mercado, ou seja, consumo notável e mão de obra qualificada; para o homonormativo, a branquitude é ordenada pelo Estado, mas negociável

---

[66] D'Emilio, 1993, pp. 100-113.
[67] Pellegrini, 2002, p. 137.
[68] Koshy, 2001, pp. 155-156.

pelo mercado, novamente tanto para o trabalho quanto para o consumo. A figura do étnico queer ou homonormativo é crucial para o surgimento da diversidade nas comunidades homonormativas (aparecendo como a diferença da cultura em vez de simulacros de capital) e da tolerância nas comunidades de imigrantes étnicos e racializados (marcadas como uma entrada de estilos de vida alternativos e não pelas semelhanças do capital). Ironicamente, o étnico queer é também um marcador da homofobia (e da reivindicação de que a homossexualidade reflete a mancha do Ocidente) do seu ou da sua comunidade racial/étnica/imigrante enquanto espaços homonormativos, talvez mais dessa maneira do que como um marcador do racismo de comunidades homonormativas enquanto comunidade de origem. (Isso pôde ser assim porque a benevolência do Estado [dos EUA] tem até agora feito mais concessões às etnias – que se dobram à vida – do que aos homos, pelo menos nos termos dos direitos civis e de sua trajetória histórica.)

O conflito, a fragmentação e a proliferação da identidade é a principal atividade das sociedades do controle, nas quais os sujeitos (o étnico, o homonormativo) se orientam pela desassociação ou desidentificação dos outros destituídos de direitos de modo semelhante em favor da consolidação de eixos de privilégio. O étnico queer ou homonormativo é um fractal crucial na desagregação entre sujeitos homossexuais apropriados, que aderiram ao ranque de uma população branca crescente, e populações perversamente sexualizadas. Tal como acontece com a fragmentação de classe que projeta uma minoria modelo, temos aqui uma fração de classe, raça e sexual projetada para o mercado como o consumidor homonormativo gay ou queer. Este é um consumidor da melhor espécie, sem parentesco e projetado pelo Estado como um reprodutor de heteronormas, em quem associações com corpos nacionais brancos hétero e homonormativos eclipsam o desejo de alianças queer através da classe, da raça e da cidadania/nacionalidade. Mas o que dos imigrantes racializados ou das pessoas não brancas fica de fora dos parâmetros de classe do étnico minoria modelo, do homonormativo ou daqueles que habitam a intersecção dos dois: o queer (imigrante) não branco? Como

INTRODUÇÃO

Lisa Duggan nos lembra, a agenda de privatização do neoliberalismo da década de 1970 em diante desmantelou um Estado de bem-estar social já mínimo.[69] Ela observa que a redução do bem-estar quase exige o casamento conjugal heterossexual; essa redução, caracterizada pela Lei de Reforma do Bem-Estar de 1996, também resultou em uma série de políticas que vinculavam a promoção do casamento heterossexual por meio da reforma da seguridade social, buscando produzir configurações de parentesco tradicionais mais estáveis, a "política de privatização" do casamento heterossexual.[70]

Duggan argumenta que, apesar das agendas moralizantes de "valores familiares", há benefícios econômicos óbvios para o Estado em promover o casamento heterossexual. Além disso, argumentos moralizantes, arraigados na rubrica da cultura, obscurecem a exploração econômica: "O esforço para promover o casamento entre as populações de baixa renda funciona no nível retórico para transferir a culpa das dificuldades econômicas para as práticas conjugais dos pobres, em vez da perda de empregos, benefícios trabalhistas ou serviços do governo",[71] aquelas práticas conjugais codificadas como anomalias culturais e raciais problemáticas (poligamia, matriarcado, segregação de gênero) ou codificadas como falhas devido a atributos culturais e raciais (rainha negra da seguridade social). Do mesmo modo, as políticas de imigração dependem da reunificação familiar e do financiamento por membros

---

[69] Duggan, trecho de *The End of Marriage*.

[70] Duggan, 2004, p. 16. Essa privatização se reflete na promoção explícita do casamento nas provisões de reforma previdenciária de Bill Clinton em 1996, ampliada pelo pacote de US$ 1,5 bilhão de Bush "para ser usado para contratar conselheiros e oferecer aulas de harmonia conjugal". Mulheres, portanto, são dependentes de homens para apoio econômico enquanto cuidam de outros dependentes: crianças, bem como familiares idosos e deficientes. Essas famílias de parceiros casados liberam o Estado de responsabilidade pelo bem-estar das famílias monoparentais, enquanto as mulheres não remuneradas tornam-se responsáveis por vários serviços sociais extintos (creche, deficiência, enfermagem domiciliar), essencialmente privatizando os serviços de assistência social.

[71] Duggan, 2004, p. 16.

da família, para não mencionar a dependência da família para com oportunidades de emprego, moradia, idioma e comunidades vitais e redes religiosas que ajudam na aculturação e proteção contra práticas racistas e classistas do Estado e do racismo cotidiano. Temos aqui todos os componentes do discurso relacionados às populações imigrantes e comunidades não brancas sobre uma desaprovação mais aberta da homossexualidade e uma homofobia mais profundamente enraizada, essa homofobia considerada propriamente conservadora e tradicional quando serve à direita política e ao Estado, considerada pouco cosmopolita e irremediavelmente provinciana quando pode alimentar discursos anti-imigrantes, contraterroristas e contra a seguridade social. Mas, além disso, o multiculturalismo heteronormativo e a liberação de gays e lésbicas são molduras que dependem da compreensão de famílias imigrantes e comunidades não brancas como mais homofóbicas do que as famílias estadunidenses brancas convencionais. O descritor "cultura homofóbica" oculta o funcionamento das disparidades econômicas e a diferenciação entre etnicidade cosmopolita e racialização patológica, uma característica da reprodução neoliberal da separação entre justiça econômica e política de identidade.[72] Onde aparece palpável ou é considerada localizável, de maneira empírica e experiencial, a designação da homofobia produz um mapeamento geopolítico das relações de poder neoliberais sob o disfarce de culturas de expressão e repressão sexual. Os debates sobre quais comunidades, países, culturas ou religiões são mais, menos, igualmente, similarmente ou diferentemente homofóbicos perdem a oportunidade de fazer uma avaliação mais crítica sobre as condições de sua possibilidade e impossibilidade, condições que giram em torno de incentivos econômicos, políticas estatais de bem-estar social e imigração

---

[72] Duggan, trecho de *The End of Marriage*; ver também Projeto Audre Lorde, 2004. A pesquisa realizada pelo Projeto Audre Lorde examina a relação entre a heterossexualização de famílias imigrantes por meio de políticas de reagrupamento familiar e reforma previdenciária. Para uma análise substancial dessa pesquisa, ver Reddy, 2005.

e hierarquia racial, em vez de alguma noção abstrata ou desengajada de cultura *per se*. O casamento gay, por exemplo, não é simplesmente uma demanda por igualdade com as normas heterossexuais, mas, mais importante ainda, uma demanda pelo restabelecimento dos privilégios e direitos dos brancos – direitos de propriedade e herança em particular – enquanto para outros, o casamento e a união estável gays são motivados por necessidades terríveis por cuidados de saúde. Para George W. Bush, durante a temporada eleitoral de 2004, a oposição ao casamento gay gerou ardilosas oportunidades publicitárias em igrejas afro-americanas, suplementando incursões da direita a igrejas em comunidades não brancas.[73] A direita conta com o trabalho de imigrantes pobres para a sua base ideológica hegemônica – valores familiares, iniciativas baseadas na fé, anticasamento gay, antidireitos de adoção gay, antiescolha ao aborto – e reproduz as condições econômicas e políticas da heterossexualidade compulsória e, portanto, é o terreno fértil para a homofobia.

A maioria das críticas aos arranjos políticos homonormativos observam a cumplicidade de heteronormas de gênero e parentesco sem notar sua reprodução de normas raciais e nacionais (se outra norma é notada, geralmente é a de classe). Por meio da ascensão à heteronormatividade, há interesses implícitos e cada vez mais explícitos na ascensão à branquitude e em privilégios de cidadania concomitantes (o casamento gay é o exemplo mais pertinente disso), uma variante da qual Heidi Nast denomina "patriarcado branco queer".[74] Em um ensaio bastante controverso, Nast afirma que "há espaço substancial para a discussão sobre o privilégio patriarcal branco fora dos confins heterossexuais". Ela expõe um ponto mordaz sobre o deslocamento de homens heterossexuais brancos beneficiários do capitalismo por homens gays brancos que "detêm

---

[73] Para discussões sobre as tentativas de George W. Bush de obter apoio afro-estadunidense por meio de sua oposição ao casamento entre pessoas do mesmo sexo, ver Carnes, 2004; e Knippenberg, 2004.

[74] Nast, 2002b, p. 881.

uma vantagem competitiva: sem necessitar de laços materiais-ideológicos com a administração doméstica de base biológica e os atritos de mobilidade que eles acarretam, eles compartilham o potencial para uma vantagem patriarcal considerável, embora irônica, que é relacional e atravessa as linhas de classe".[75] Lisa Duggan recusa o paralelismo ou equalização da homonormatividade à heteronormatividade, apontando que as estruturas sociais, políticas e econômicas heteronormativas dominantes são, em última análise, impossíveis de superar, independentemente do privilégio homonormativo.[76] Por sua vez, a partir de uma abordagem neo-marxista, Nast marca os privilégios do patriarcado queer por meio da "virilidade de mercado" e do controle paterno dos "produtos da reprodução". Dobrando-se à vida e reproduzindo a vida, uma classe aspirante de homens gays brancos ricos que podem simular a ordem biopolítica de se reproduzir e regenerar pode realmente ter uma vida melhor do que seus homólogos hétero, talvez até significativamente.[77]

Implicando lésbicas brancas como parte desse cenário (de paternidade?) por meio dos circuitos globais de adoção transnacional, David Eng escreve: "A [adoção transnacional] está se tornando uma opção popular e viável não apenas para heterossexuais, mas também – e cada vez mais – para casais homossexuais e solteiros que procuram (re)consolidar e (re)ocupar estruturas convencionais de família e parentesco". Observando

---

[75] Nast, 2002a, p. 839. O uso do termo "patriarcado" por Nast é um pouco estranho, pois tem sido fortemente problematizado por feministas não brancas do Sul global e feministas pós-estruturalistas que buscam desestabilizar seus pressupostos universalizantes.

[76] Duggan, 2002, pp. 178-194.

[77] Nast argumenta que o acúmulo histórico de capital do privilégio masculino branco possibilita uma virilidade assumida para homens gays brancos "por meio de um engajamento diferencialmente lucrativo em investimentos e transações baseadas no mercado em relação a mulheres e pessoas não brancas e, em alguns casos, homens brancos de elite heterossexualmente identificados". Embora essa capacidade de consumir seja muitas vezes saudada como resultado da "falta geral de dependentes", Nast observa que a reprodução biológica pode ser realizada por meio da compra de úteros e adoção transnacional: "Em termos grosseiros, a paternidade é adquirida pela (re)assunção do *status* de provedor e da autoridade paterna"; 2002b, pp. 878, 879-880.

uma mudança histórica e política de discursos e práticas de desfiliação de famílias homofóbicas para modos de agenciamento de normas de parentesco homossexual, ele afirma: "Gays e lésbicas hoje não são mais excêntricos para estruturas de família e parentesco". Além disso, a partir da leitura de um comercial de John Hancock apresentando duas lésbicas brancas estadunidenses em um grande aeroporto dos EUA conduzindo sua recém-adotada menina chinesa através da imigração e da alfândega, Eng argumenta que lésbicas brancas estadunidenses com capital são "um grupo emergente de nicho de consumo". Investigando a "ética do multiculturalismo" – para não mencionar a acumulação flexível, o capital global e a exploração imanente ao surgimento contemporâneo da "nova família global" –, Eng pondera: "Como este respeitável casal de lésbicas com dinheiro está sendo posicionado como os habitantes idealizados de uma versão gay cada vez mais aceitável da família nuclear?".[78] Seu argumento sugere que os adotados chineses (e outras nacionalidades e etnias que não são negras) se tornaram, e precisam ser transformados, em filhos brancos substitutos.

 O liberalismo queer abraça esses espaços da diversidade por meio do que Chow chama de "álibi liberalista branco". Parafraseando Robyn Wiegman, ela escreve sobre "a formação particular do sujeito branco contemporâneo e politicamente correto, que imagina já ter se desvinculado das formas precedentes e mais brutais do racismo em sua cultura".[79] Ser liberado de uma crítica de suas próprias manipulações do poder é o apelo do liberalismo branco, a base da ascensão à branquitude, que não é uma formação conservadora e racista voltada para o extermínio, mas sim uma

---

[78] Eng, 2003, pp. 1, 3, 6, 7.

[79] Chow, 2002, p. 14. Em outra crítica ao liberalismo queer, Paola Bacchetta problematiza configurações dominantes de "viadagem transnacional" que privilegiam as atividades de consumidores queers (turismo queer), acadêmicos queer, ("estudos *antropoqueer*", por exemplo), e queers ativistas (aqueles envolvidos no trabalho de ONGs globais e que são "sujeitos nacionais que falam em fóruns transnacionais"); Bacchetta, 2002, p. 951.

formação liberal insidiosa que oferece uma inclusão inócua na vida.[80] Esses dois exemplos de Nast e Eng sugerem que a economia reprodutiva capitalista (em conjunto com a tecnologia: *in vitro*, bancos de esperma, clonagem, seleção de sexo, teste genético) não exige mais exclusivamente a heteronormatividade como um absoluto; sua simulação pode servir.

Para resumir, a ascensão à branquitude, tomando tanto os sujeitos disciplinares quanto as normas populacionais, não está estritamente delimitada aos sujeitos brancos, embora esteja vinculada ao multiculturalismo conforme definido e implantado pela branquitude. O étnico auxilia o projeto da branquitude por meio de sua participação nos privilégios econômicos globais que então separam, dele ou dela, as alianças raciais que exigiriam afinidades entre classes, mesmo que o projeto de multiculturalismo possa fazê-lo parecer verdadeira e autenticamente representativo de sua etnia. A ascensão à branquitude também não está estritamente ligada à heterossexualidade, embora esteja ligada à heteronormatividade. Ou seja, podemos de fato marcar um deslocamento histórico específico: o projeto da branquitude é assistido e beneficiado por populações homossexuais que participam das mesmas hegemonias identitárias e econômicas dos sujeitos hétero cúmplices dessa supremacia. O homonormativo auxilia o projeto de heteronormatividade

---

[80] Na autoproclamada esquerda política, por exemplo, *Fahrenheit 911*, de Michael Moore, está repleto de "tons de islamofobia" apenas timidamente percebidos em meio à sua retumbante polêmica contra o governo (G. W.) Bush; Chari, 2004, p. 908. Outro exemplo é a peça aclamada pela crítica *Homebody/Kabul*, do dramaturgo gay Tony Kushner, escrito antes do 11 de Setembro de 2001 e encenado em Nova York e São Francisco logo depois, considerado por Patrick Corcoran um exemplo de "Orientalismo com uma cara liberal"; Corcoran, 2003. Ver também Minwalla, 2003. Para alguns setores, o vigor renovado de uma esquerda política se apoia, assim, na reprodução das divisões raciais entre brancos e não brancos, que negam, por isso mesmo, a interpelação de uma esquerda fabricada. Fóruns menos convencionais usaram raça não apenas como uma intervenção crítica em espaços brancos antiguerra, mas também como uma estrutura de organização primária destinada a supervisionar localidades como bairros, comunidades, afiliações baseadas em igrejas e fóruns educacionais. No entanto, muitos desses esforços tendem a entender seus eleitores como singularmente heterossexuais. Ver Bloom *et al.*, 2003. A carta começa com "Caras irmãs e irmãos".

por meio do fracionamento das alianças queer em favor da adesão à reprodução de normas de classe, gênero e raça. A supremacia da heteronormatividade, portanto, não está presa aos heterossexuais; nem é discretamente delimitada às pessoas brancas, embora esteja ligada à branquitude. Esse é o lugar onde o bom étnico é incorporado. Embora o bom (heterossexual) étnico tenha sido um beneficiário de "medidas de benevolência",[81] isto é, incorporado à vida, já há várias décadas, o (branco) homonormativo é um participante mais recente dessa benevolência (direitos civis e mercado) que produz um modo de ser/um pertencimento afetivo que nunca recompensa totalmente seus reféns, mas ainda assim fomenta o anseio e o desejo como afetos do nacionalismo. Repito essas tramas rígidas bem ciente da perigosa comunhão de narrativa descritiva e prescritiva, para elucidar a manufatura de figuras (e comunidades) e suas mitologias concomitantes. Juntas, essas figuras jogam e são jogadas umas contra as outras para produzir um binarismo pernicioso que surgiu na era pós-direitos civis nos domínios legislativo, ativista e acadêmico: o outro homossexual é branco, o outro racial é heterossexual.

NECROPOLÍTICA QUEER

Em 1992, Judith Butler, criticando a *História da sexualidade* de Foucault por sua "construção desejosa: a morte é efetivamente expelida da modernidade ocidental, lançada *para além* como uma possibilidade histórica, ultrapassada ou lançada para *fora* como um fenômeno não ocidental", pede-nos para reavaliar o investimento biopolítico na proteção da vida do ponto de vista de corpos homossexuais que foram historicamente catequizados até a morte, especificamente corpos queer afetados por ou ameaçados pela pandemia do HIV.[82] Para Foucault, o

---

[81] Chow, 2002, p. 11.
[82] Butler, 1996, p. 85.

biopoder moderno, surgindo no final do século XVIII, é a gestão da vida – a distribuição de risco, possibilidade, mortalidade, chances de vida, saúde, meio ambiente, qualidade de vida –, o investimento diferencial de e no imperativo de viver. No biopoder, propagar a morte não é mais a preocupação central do Estado; protelar a morte é. Cultivar a vida é coextensivo ao direito soberano de matar, e a morte torna-se meramente reflexiva, um subproduto, um efeito secundário do objetivo primário e dos esforços daqueles que cultivam ou estão sendo cultivados para a vida. A morte nunca é o foco principal; é uma tradução negativa do imperativo de viver, ocorrendo apenas no trânsito de proteger a vida. A morte se torna uma forma de dano colateral na procura pela vida.

Esse distanciamento da morte é uma falácia da modernidade, uma alucinação que permite o funcionamento desimpedido da biopolítica. No livro *Em defesa da sociedade* Foucault declara: "Não mais como a morte que se abate brutalmente sobre a vida – é a epidemia – mas como a morte permanente, que se introduz sorrateiramente na vida, a corrói perpetuamente, a diminui e a enfraquece".[83] Butler, transpondo o quadro histórico da elaboração do biopoder por Foucault para o contexto da política contemporânea de vida e morte, nota a ironia da morte prematura de Foucault em 1984 por causas relacionadas à Aids, então uma epidemia em vias de sua detonação exponencial.[84] Assim, a análise de Butler de 1992 devolve os corpos para a morte, especificamente corpos queer afetados ou ameaçados pelo vírus HIV.[85]

---

[83] Foucault, 2005, p. 291.

[84] Butler, 1996, pp. 81-98.

[85] Ao traçar o teor da biopolítica contemporânea em uma era de terror, apoio-me no trabalho teórico recente de estudiosos pós-coloniais e transnacionais, incluindo o de Inderpal Grewal (as convergências da biopolítica e geopolítica no neoliberalismo), Michael Hardt e Antonio Negri (produção biopolítica), Patricia Clough (economias de afeto biopolítico), Gilles Deleuze (sociedades de controle biopolítico) e Achille Mbembe (biopolítica e necropolítica); Grewal, 2005; Hardt & Negri, 2000; Deleuze, 2007; Deleuze & Guattari, 2000; Clough, 2007; Mbembe, 2018. Como ponto de partida estou tomando emprestado em parte uma pergunta feita por Eugene Thacker: "Como entendemos o conceito de biopolítica de Foucault depois de Foucault? Como o conceito

INTRODUÇÃO

Com uma reclamação semelhante, embora fundamentada na situação aparentemente incongruente das ocupações coloniais e neocoloniais, Achille Mbembe redireciona nossa atenção da biopolítica para o que ele chama de "necropolítica". A análise de Mbembe coloca em primeiro plano a morte dissociada do projeto de vida – uma relação direta com matar que torna impossível qualquer subterfúgio em uma recusa alucinante da morte na modernidade – perguntando: "Essa noção de biopoder é suficiente para contabilizar as formas contemporâneas em que o político, por meio da guerra, da resistência ou da luta contra o terror, faz do assassinato do inimigo seu objetivo principal e absoluto?".[86] Para Foucault, massacres são eventos literalmente vitais;[87] para Mbembe, eles são a evidência da brutalidade da incitação do biopoder à vida.

Por um milissegundo, temos uma combinação e cumplicidade ímpares, tornando a morte necropolítica duplamente deslocada: primeiro pelos tentáculos biopolíticos do poder e, segundo, pelo teórico que as descreve. Trabalhando a serviço da política racional da democracia liberal, os âmbitos biopolíticos do poder negam a morte em si e para si; na verdade, a morte é negada por meio de sua própria sanção. Em *História da sexualidade*, Foucault, ele mesmo enredado pelo próprio funcionamento da biopolítica, um sujeito disciplinar da biopolítica, nega a morte também dentro da biopolítica. Entretanto, no curso *Em defesa da sociedade* ele afirma que a "desqualificação progressiva da morte" em regimes biopolíticos da vida estigmatiza a morte como "aquilo que se esconde; ela se tornou a coisa mais privada e mais vergonhosa (e, no limite, é menos o sexo do que a morte que hoje é objeto de tabu)". Essa privatização da morte, indica Foucault, sinaliza que na busca

---

de biopolítica se transformou no contexto atual?"; 2006, p. 22. Mas também estou seguindo a abertura de uma conferência de março de 2006 organizada por Patricia Clough no Cuny, Centro de Graduação em Nova York, intitulada "Beyond Biopolitcs".

[86] Mbembe, 2018, p. 6.
[87] Chow, 2002, p. 9.

pela otimização vida, "o poder não reconhece mais a morte. O poder literalmente ignora a morte".[88]

Os "mundos da morte" dos "mortos-vivos" de Mbembe, por outro lado, podem ser coerentes por meio de uma narrativa totalizante sobre a asfixia da vida pelas forças onipotentes da morte.[89] Diante da violência necropolítica cotidiana, do sofrimento e da morte, a vontade biopolítica de viver continua distribuída e redistribuída nas minúcias dos assuntos cotidianos não apenas da capacidade dos sujeitos individuais, mas da capacidade das populações: saúde, higiene, meio ambiente, medicina, reprodução e taxas de natalidade (e, portanto, fertilidade, cuidado infantil, educação), mortalidade (protelando a morte, o alongamento da vida), doença ("forma, natureza, extensão, duração e intensidade das doenças prevalentes em uma população" a fim de regular a produção e produtividade do trabalho), seguros, segurança. Essas "tecnologias de segurança" funcionam para promover uma sociedade tranquilizadora, "um equilíbrio geral que protege a segurança do todo dos perigos internos", e estão, portanto, implicadas na melhoria da raça por meio da purificação, e da reignição e regeneração da própria raça.[90]

Enquanto as questões de reprodução e regeneração são centrais para o estudo da biopolítica, os estudiosos queer têm sido estranhamente avessos ao quadro foucaultiano da biopolítica, concentrando-se em vez disso em *História da sexualidade,* por meio de um foco na crítica da psicanálise e da hipótese repressiva, implicitamente e muitas vezes explicitamente relegando o estudo da raça para o segundo plano. Rey Chow nota o fracasso geral dos estudiosos em interpretar a sexualidade por meio do biopoder como sintomático das inclinações modernistas em relação a uma estrutura binária identitária homossexual/heterossexual limitada que favorece "relações sexuais, atos sexuais e erotismo" em vez de "toda a problemática da reprodução da vida humana que é, nos tempos

---

[88] Foucault, 2005, pp. 304-305.
[89] Mbembe, 2018, p. 71.
[90] Foucault, 2005, pp. 294-295.

modernos, sempre racial e etnicamente flexionada".[91] Acrescentaria a essa observação a centralidade de *História da sexualidade* tem crescido nos estudos queer predominantemente devido ao interesse no desembaraçamento de Foucault sobre o funcionamento da "hipótese repressiva" e seu desafio implícito às narrativas psicanalíticas freudianas que colocam a repressão sexual em primeiro plano como o fundamento da subjetividade. (Em outras palavras, podemos traçar os engajamentos genealógicos de *História da sexualidade* como uma cisão: estudiosos da raça e da pós-colonialidade abordando a biopolítica, enquanto estudiosos queer trabalham para desmontar a hipótese repressiva. Essas são tendências, não absolutos.[92]) Também é verdade, entretanto, que estudiosos da raça e da pós-colonialidade, apesar de estudarem as intersecções de raça e sexualidade, só recentemente abordaram questões da sexualidade além da função reprodutiva da heterossexualidade.[93] Embora a avaliação de Chow das tendências ocidentais em relação às interpretações míopes da sexualidade seja persuasiva, relegar o sexual puramente ao reino da reprodução (heterossexual) parece, em última análise, insatisfatório. A hipótese de Chow permite omitir qualquer consideração sobre as heteronormas que esculpem insistentemente os parâmetros étnicos aceitáveis. Além disso, as sexualidades não normativas raramente são centradas em esforços de elaboração do funcionamento da biopolítica, elididas ou consideradas irrelevantes apesar da demarcação de perversão e desvio que é um componente-

---

[91] Chow, 2002, pp. 6-7.

[92] Para uma análise convincente da genealogia traçada por Foucault da analítica da raça e do sexo, e das implicações de suas intersecções, ver McWhorter, 2004.

[93] Para exemplos de estudos pós-coloniais que estão atentos à sexualidade além da heterossexualidade reprodutiva, ver: Hayes, 2000; McClintock, 1995; a coleção *Postcolonial, Queer* editada por Hawley; a coleção *Postcolonial and Queer Theories*, editada por Hawley; a coleção *Queering India*, editada por Vanita; Patel, 2004; Arondekar, 2005a e 2005b; Najmabadi, 2005.

-chave do próprio estabelecimento de normas que orientam os interesses biopolíticos.[94]

Muitas explicações da biopolítica contemporânea colocam em primeiro plano a raça e o racismo estatal ou, como Judith Butler faz, a ramificação da emergência da categoria de "sexo", mas raramente os dois juntos.[95] Nesse esforço, examino o processo de desagregação dos sujeitos queer excepcionais de populações racializadas queer na política contemporânea dos EUA, em vez de oferecer um paradigma abrangente de sexualidade biopolítica que resolve esses dilemas. Ao centralizar, simultaneamente, raça e sexualidade na reprodução das relações de viver e morrer, quero manter uma forte tensão entre a biopolítica e a necropolítica. A última se faz conhecer nos limites e pelos excessos da primeira; a primeira mascara a multiplicidade de suas relações com a morte e o assassinato, a fim de permitir a proliferação da última. A distinção e suas tensões concomitantes importam por duas razões. Em primeiro lugar, a união dos dois conceitos sugere a necessidade de atender também aos múltiplos espaços de desvio da morte, seja a serviço da otimização da vida ou do mecanismo pelo qual a morte pura é minimizada. Essa colaboração bio-necro reconhece conceitualmente a atividade direta do biopoder na morte, enquanto permanece ligada à otimização da vida e à indiferença da necropolítica em relação à morte, mesmo quando busca matar como um objetivo principal. Seguindo Mbembe, que argumenta que a necropolítica envolve a subjugação cada vez mais anatômica, sensorial e tátil de corpos – sejam os dos detidos na Baía de Guantánamo ou dos dejetos humanos de refugiados, evacuados,

---

[94] Stoler, 1995. O trabalho de Stoler é inovador em sua discussão sobre biopolítica e colonialismo, particularmente no que diz respeito ao uso de colônias como locais de prática para o que Foucault identifica como biopoder na Europa. Ver a página 129, nota de rodapé 93 para o comentário de Stoler sobre a centralidade da heterossexualidade em seu argumento, o "mal" da homossexualidade como um discurso racializante e a escassez de fontes de arquivo que possam possibilitar uma leitura mais profunda de figuras sexuais não normativas, tal como o "adulto perverso".

[95] Butler, 1996, p. 82.

os mortos-vivos, os vivos-mortos, os vivos em decomposição, aqueles vivendo mortes lentas – vai além dos quadros identitários e de visibilidade da queeridade para abordar as questões da ontologia e do afeto.[96]

Em segundo lugar, é precisamente nos interstícios da vida e da morte que encontramos as diferenças entre os sujeitos queer que estão sendo dobrados (de volta) à vida e as queeridades racializadas que emergem através da nomeação de populações, alimentando assim a oscilação entre o disciplinamento de sujeitos e o controle de populações. Responsável por uma série de mortes desviadas e diferidas, por detritos e decadência, essa desconstrução dos polos da bio e necropolítica também põe em primeiro plano a regeneração em relação à reprodução. Podemos complicar, por exemplo, a centralidade do biologismo reprodutivo biopolítico ao expandir o terreno de quem se reproduz e do que é reproduzido, desalojando o quadro heterossexual sempre já implícito, interrogando como a produção de categorias de identidade como gays, lésbicas e até queer funcionam a serviço da gestão, reprodução e regeneração da vida, em vez de serem predominantemente entendidas como implícita ou explicitamente alvos de morte. Pressionando Butler em seu foco em como os queers foram deixados para morrer, é hora de perguntar: como os queers reproduzem a vida e quais queers são dobrados à vida? Como dão a vida? A que eles dão a vida? Como a vida é valorizada, disciplinada em subjetividade, narrada em população e estimulada para viver? Essa securitização de queers acarreta a morte adiada ou a morte para outros e, em caso afirmativo, para quem?

---

[96] Mbembe, 2018, pp. 5-71.

1. A SEXUALIDADE DO TERRORISMO[1]

> Diz-se, frequentemente, que a sociedade moderna tentou reduzir a sexualidade ao casal – ao casal heterossexual e, se possível, legítimo. Poder-se-ia também dizer que ela inventou, ou pelo menos organizou cuidadosamente e fez proliferar, grupos com elementos múltiplos e sexualidade circulante: uma distribuição de pontos do poder hierarquizados ou nivelados, uma "busca" de prazeres – no duplo sentido de desejados e perseguidos; sexualidades parcelares toleradas ou encorajadas; *proximidades que se apresentam como procedimentos de vigilância*, e funcionam como mecanismos de intensificação; contatos indutores.
> – Michel Foucault, *História de sexualidade*, volume 1, grifos meus, 2005, pp. 44-45.

> O Império Contra-Ataca [...] Então você gosta de arranha-céus, hein, cadela?
> — Legenda nos pôsteres que apareceram no centro de Manhattan poucos dias após o 11 de Setembro, retratando uma caricatura com turbante de Osama bin Laden sendo penetrado analmente pelo prédio do Empire State.

Há uma curiosa e persistente ausência de diálogo a respeito da sexualidade em debates públicos sobre o contraterrorismo, apesar de sua presença crucial no patriotismo, no conflito bélico e na construção de império estadunidenses. Sem esses discursos da sexualidade (e de suas

---

[1] Uma versão anterior deste capítulo foi publicada com o título "Mapping U.S. Homonormativities", *Gender, Place, and Culture: A Journal of Feminist Geography* 13. n. 1, Feb, 2006, pp. 67-88.

ansiedades concomitantes) – heterossexualidade, homossexualidade, queeridade, metrossexualidade, a sexualidade alternativa e insurgente – o duplo mecanismo da normalização e da expulsão que distingue o terrorista do patriota não se comportaria de maneira adequada. Nessa conjuntura histórica, a invocação do terrorista como queer, aquele que não é um cidadão da nação, racializando perversamente o outro, tornou-se parte do roteiro normativo da guerra ao terror dos EUA. Uma necessidade que reflete tão somente a ardente proliferação de imagens racistas-homofóbicas (reativada da Guerra do Golfo em 1991, do conflito Israel-Palestina e das histórias orientalistas nos séculos XVIII, XIX e XX) dos terroristas desde o 11 de Setembro de 2001. Tomemos o caso de Osama bin Laden, que foi retratado como um monstro pela associação com perversidade sexual e física (que traduziam tanto a homossexualidade quanto a hipertrofia heterossexual, ou uma monogamia falha, isto é, uma versão orientalista da poligamia, tanto como da sua inabilidade) através das imagens presentes na cultura popular (assim como aconteceu com o caso de Saddam/Sodomita Hussein).[2] Relembro, como um exemplo, um *website* em que armas eram utilizadas para sodomizar Osama bin Laden até a morte. Ou mesmo o pronunciamento do escritor de romances de espionagem John le Carré, em *The Nation,* que decodifica os trejeitos de Osama bin Laden em seu vídeo como um "homem de um homoerotismo narcisista", o que pode promover aos estadunidenses a esperança de que "ele apenas foi contaminado pela sua vaidade masculina, pelo seu apetite por fazer drama e que sua paixão recalcada para chamar atenção [...] será sua ruína, seduzindo-o para um ato dramático final da autodestruição, produzido, dirigido, roteirizado e encenado da morte de Osama bin Laden causada por ele mesmo".[3]

---

[2] Ver Halbfinger, 2002, para um comunicado sobre o anúncio de televisão de Saxby Chambliss que acusou Max Cleland, veterano do Vietnã triplamente amputado, de ser antipatriótico através do uso de imagens de Osama bin Laden e Saddam Hussein. Sobre Hussein, ver Driscoll, 2004, p. 71.

[3] Le Carré, 2001. Para mais informações sobre as discussões da mídia sobre a suposta efeminação de Bin Laden, veja Collar, 2002.

O desvio sexual é relacionado ao processo de discriminar e colocar em quarentena o corpo do terrorista, tornando-o outro. Mas essas figuras do perverso racial e sexual também trabalham disciplinando e normalizando os sujeitos dignos de reabilitação *para o mais longe possível* desses corpos, em outras palavras, sinalizando e reforçando os termos imperativos do patriotismo. Nessa dupla estratégia, o terrorista emasculado não é meramente um outro, mas também um termômetro da (a)normalidade implicada nos sistemas disciplinares. Leti Volpp sugere:

> O 11 de Setembro contribuiu para a consolidação de uma nova categoria de identidade que agrupa as pessoas que parecem ser 'do Oriente Médio, árabes ou muçulmanas'. Essa consolidação reflete uma racialização na qual os membros desse grupo são identificados como terroristas e são desidentificados como cidadãos.[4]

Essa desidentificação é tanto um processo de sexualização quanto uma racialização da religião. Mas a figura do terrorista não é meramente racializada e sexualizada; o corpo deve aparecer racializado de maneira imprópria (fora das normas do multiculturalismo) e perversamente sexualizado com o intuito de materializá-lo, em primeiro lugar, como um terrorista. Assim, o terrorista e a pessoa a ser domesticada – o patriota – não são entidades distantes ou opostas, mas "primos próximos".[5]

Por meio desse aparato normativizador de reforço binário "você está conosco ou contra nós", a guerra ao terror reabilitou alguns – nitidamente não todos e nem a maioria – entre lésbicas, gays e queers à cidadania nacional dos EUA dentro de um domínio espaçotemporal, que estou invocando como "homonacionalismo", abreviação de "nacionalismo homonormativo". A homonormatividade foi teorizada por Lisa Duggan como uma "nova política sexual neoliberal" que depende "da possibilidade de um eleitorado gay desmobilizado e uma cultura gay

---

[4] Volpp, 2002, p. 1.576.
[5] Puar & Rai, 2002.

privatizada e despolitizada, ancorada na domesticidade e no consumo". Com base em sua crítica aos sujeitos gays enredados por "uma política que não contesta as formas heteronormativas dominantes, mas as apoia e as sustenta",[6] estou empregando o termo homonacionalismo para marcar os arranjos do excepcionalismo sexual dos EUA, explicitamente em relação à nação. Foucault observa que a legitimação do casal moderno é cúmplice, e não trabalha contra a "roupagem" e a proliferação das sexualidades compartimentadas, circulantes e de vigilância por proximidade, prazeres e contatos perseguidos. Vemos simultaneamente a defesa do acoplamento heterossexual normativo e a propagação de sexualidades que mimetizam, correspondem, contradizem ou resistem a essa normatividade. Essa proliferação de sexualidades, e suas relações explícitas e implícitas com o nacionalismo, complicam as implicações dicotômicas de projetar a nação como aquela que apenas apoia e produz a heteronormatividade e sempre reprime e desaprova a homossexualidade. Argumento que a invocação orientalista do terrorista é uma tática discursiva que desagrega gays e queers nacionais estadunidenses dos outros raciais e sexuais, colocando em primeiro plano um conluio entre a homossexualidade e o nacionalismo estadunidense que é gerado tanto pela retórica nacional de inclusão patriótica quanto pelos próprios sujeitos gays e queer: o homonacionalismo. Para as formas contemporâneas de nacionalismo e patriotismo dos EUA, a produção de corpos gays e queer é crucial para a implantação do nacionalismo, na medida em que esses corpos perversos reiteram a heterossexualidade como a norma, mas também porque certos corpos homossexuais domesticados fornecem munição para reforçar projetos nacionalistas.

O mapeamento das formas do homonacionalismo estadunidense, cúmplices vitais do outro terrorista orientalista, instrutivamente alude às "geografias imaginativas" dos Estados Unidos. Derek Gregory, reformulando a concepção original de Edward Said, descreve essas

---

[6] Duggan, 2002, p. 179.

geografias como fabricações, "combinando 'algo ficcionalizado' e 'algo tornado real' porque são imaginações dotadas de substância".[7] O que extraio dessa definição é que certas verdades desejadas passam a ser vividas como verdades, como se fossem verdades, produzindo assim traços materiais e evidências dessas verdades, a despeito das contraevidências que podem existir. Em outras palavras, argumenta Gregory, geografias imaginativas são performativas: elas produzem o efeito que nomeiam e descrevem. É importante ressaltar que as geografias imaginativas se esforçam para conciliar verdades irreconciliáveis; são mecanismos, em termos freudianos, de negação. É através de geografias imaginativas produzidas por homonacionalismos, por exemplo, que as contradições inerentes à idealização dos Estados Unidos como uma sociedade heteronormativa apropriadamente multicultural, mas mesmo assim uma sociedade *gay-friendly*, ou seja, simpatizante com os gays, tolerante e sexualmente liberada, podem permanecer em tensão. Apesar da óbvia desigualdade de tolerância sexual e racial em diferentes espaços e topografias de identidade dos EUA, no entanto, essas geografias existem como um sistema de crença central sobre costumes liberais definidos *dentro* e *através* das fronteiras dos Estados Unidos.

Começo com um levantamento das múltiplas ativações da apreensiva heteronormatividade multicultural que emergiram após os ataques ao World Trade Center e ao Pentágono, destacando as fissuras e rupturas nas quais intervêm os discursos gays e queer. Em seguida, exploro os múltiplos espaços e genealogias do homonacionalismo, concentrando-me menos nos discursos LGBTQI conservadores que, embora horrivelmente xenófobos, não são surpreendentes e foram bem documentados. Em vez disso, antecipo três linhagens menos aparentes do homonacionalismo: as análises das corporeidades terroristas por feministas, queers e outros estudiosos; os hábitos de consumo da indústria do turismo gay e lésbico, que conscientemente se define como uma indústria progressista que busca

---

[7] Gregory, 2004, p. 17.

mudanças sociais mediante a ruptura do "espaço hétero"; e os discursos multiculturais liberais de tolerância e diversidade retratados no desenho animado *South Park*. Esses três espaços, enredados em homonacionalismos amplamente diferentes, sugerem tanto a contingência radical de qualquer formação homossexual nacionalista quanto a potência de sua potencial consolidação; assim, eles podem criar novas cartografias críticas tanto quanto podem reificar terrenos hegemônicos dominantes.

Hétero e homonacionalismos

Disseram-nos para continuar vivendo nossas vidas como de costume, porque fazer o contrário é deixar os terroristas vencerem, e realmente, o que irritaria mais o Talibã do que uma mulher gay usando um terno em frente a uma sala cheia de judeus?
– Ellen DeGeneres, apresentando o Emmy Awards de 2001, duas vezes adiado, em 4 de novembro de 2001; citada em Besen, "A True American Hero", 2005.

A heteronormatividade é, como sempre tem sido, indispensável para a promoção de um nacionalismo militarista agressivo, masculinista, com raça e classe específicas. Nos Estados Unidos, a consequência do 11 de Setembro implicou o bombardeio de imagens, expectativas e hegemonias heteronormativas brancas (*e multiculturais*, nos casos em que pessoas não brancas e certos grupos de imigrantes são patrióticos de maneira apropriada ou atendem a necessidades simbólicas ou materiais como, por exemplo, Condoleezza Rice, ou o exército estadunidense) que eram reativadas e reverberadas diariamente. Das imagens de viúvas brancas em luto por executivos corporativos à preocupação com os bombeiros brancos deixando suas famílias para consolar as viúvas de ex-colegas de trabalho, à consolidação de famílias nacionais fazendo petições por fundos de luto, às imagens mais recentes de lares militares desfeitos, a preservação das famílias brancas heteronormativas estadunidenses está em jogo. Mas eventos como o Dia Nacional de Luto (em que famílias multiculturais se reuniram para lamentar a perda em um luto nacional), o trabalho de numerosos grupos nacionais em defesa dos estadunidenses árabes, muçulmanos e sikhs que apresentaram suas comunidades como compostas de cidadãos corretos, *respeitáveis*, e a aparição onipresente de bandeiras estadunidenses nas comunidades de imigrantes, indicam a extensão do quanto o multiculturalismo normativo ajudou a produzir ativamente esse nacionalismo renovado. A narração das práticas sexuais após os ataques reiterou o 11 de Setembro como um trauma de violação sexual nacional, proferindo previsões, bem como conselhos sobre "sexo terrorista". Preocupados que a "saúde sexual da nação pudesse sair do controle", Judy Kuriansky[8] e outros terapeutas sexuais desencorajaram o comportamento mal-adaptado, ou seja, o sexo fora das relações primárias e íntimas, insinuando que cenários sexuais não monogâmicos e outros não normativos não estavam ajudando ou estavam atrapalhando o processo de cura da nação. Direitistas cristãos conservadores como Jerry Falwell e Pat Robertson previsivelmente culparam abortistas, feministas, gays e lésbicas pelos ataques, enquanto George W. Bush os usou como mais um álibi para sua agenda pró-família por meio de programas federais para financiar pesquisa e educação sobre "casamentos saudáveis".[9] Parceiros sobreviventes do mesmo sexo que solicitaram fundos para o luto foram inicialmente submetidos a planos para que as famílias dos parceiros falecidos avaliassem e validassem o seu relacionamento, enfurecendo muitos defensores da comunidade LGBTQI.[10] Além disso, homens gays

---

[8] Judy Kuriansky citado em Richard, 2002, p. 4.

[9] Os comentários de Falwell e Robertson foram tão inflamados que a crítica do congressista Barney Frank foi ecoada pelo presidente George W. Bush, bem como pelas oratórias conservadoras de Rush Limbaugh e Arianna Hungton; Allen, 2011.

[10] Sobre negociações para compensação de parceiros gays e lésbicas de pessoas mortas nos eventos de 11 de Setembro de 2001, ver Gay Today & Lambda Legal Defense Fund, 2001, que afirma que "Lambda Legal Defense and Education Fund saudou como 'encorajadores' novos regulamentos federais que abrem as portas para a compensação de parceiros sobreviventes de lésbicas e gays mortos nos ataques de 11 de Setembro, mas expressou desapontamento por esses parceiros não terem sido explicitamente

e bissexuais continuaram sendo amplamente excluídos da doação de sangue.[11]

No entanto, mesmo quando o patriotismo imediatamente após o 11 de Setembro estava inextricavelmente ligado a um revigoramento das normas heterossexuais para os estadunidenses, a sexualidade progressista foi defendida como uma marca da modernidade dos EUA. Pois, apesar dessa reentrada da heteronormatividade, os Estados Unidos também foram retratados como "feministas" em relação ao tratamento do Talibã às mulheres afegãs (uma preocupação que antes não havia sido alvo de interesse da política externa dos EUA) e *gay-safe*, ou seja, seguro para os gays, em comparação com o Oriente Médio.[12] Enquanto os estadunidenses

---

reconhecidos como cônjuges". Ver também Associated Press, 2001. Em resposta à marginalização de parceiros gays e lésbicas sobreviventes, os dois principais grupos democratas e republicanos de gays e lésbicas, o National Stonewall Democrats e o Log Cabin Republicans, emitiram uma carta conjunta exigindo que gays e lésbicas parceiros recebessem remuneração igual. Rich Tafel foi citado dizendo: "A questão de apoiar todas as famílias que foram devastadas por esses ataques aos Estados Unidos é tão importante que não deve haver divisões entre nós. [...] Somos uma comunidade unida em apoio às nossas famílias necessitadas, falando em uma só voz nesta ação conjunta hoje"; Musbach, 2001b.

[11] Ver Dotinga, 2001a. Dotinga cita Deborah Verkouw, porta-voz dos Centros de Sangue do Pacífico, que atendem a área da Baía de São Francisco: "As pessoas se sentem impotentes quando prédios são explodidos, e eles querem ajudar". Esse enquadramento patriótico continuou de outra forma quando o colunista do *Village Voice*, Michael Musto, depois de escrever sobre a proibição continuada, recebeu "*e-mails* desagradáveis dizendo: 'Agora não é hora de discutir sobre os direitos dos gays. Agora é quando temos que nos concentrar em lutar a guerra'", conforme relatado por Wockner, 2002.

[12] Para um exemplo particularmente notável desse tipo de narrativa, ver Gorton, 2002. Seu ensaio descreve que após o 11 de Setembro: "Um novo estado de espírito nacional, impregnado de um patriotismo antiquado, surgiu em toda parte, incluindo as vizinhanças LGBT, onde as bandeiras estadunidenses substituíram as bandeiras do arco-íris. O novo patriotismo mostrou-se notavelmente inclusivo, não apenas para gays e lésbicas, mas também para muçulmanos-estadunidenses: o aumento inicial no número de crimes de ódio contra estadunidenses de origem médio-oriental diminuiu" (p. 16). Além disso, Gorton afirma: "Os governantes teocráticos do Talibã se ocuparam principalmente em debater questões sobre se a punição adequada para a homossexualidade deveria ser o enterro vivo ou ser jogado de um prédio alto. (As campanhas de bombardeio dos EUA já os pouparam desse dilema!)" (p. 17). Ao

enalteciam "heróis gays" como Mark Bingham, que tentou desviar um dos aviões sequestrados, e o padre Mychal Judge, um capelão gay do Corpo de Bombeiros de Nova York que morreu no World Trade Center 1, o *New York Times* publicou obituários de vítimas gays e lésbicas destacando seus parceiros em luto e comemorando seus relacionamentos duradouros.[13] Por um breve momento houve rumores de uma retratação ou suspensão da política "Não pergunte, não diga" diante da necessidade de um maior recrutamento.[14] (O exercício dessa política resultou na demissão de pelo menos 22 linguistas militares gays ou lésbicas especializados em árabe, coreano e farsi. As últimas estatísticas do Pentágono mostram que o número de dispensas, desde o 11 de Setembro de 2001, diminuiu pela metade e está no menor nível desde que os números foram contabilizados pela primeira vez, em 1997.[15])

---

contrário da descrição de Gorton desse "novo" e ainda assim "antiquado patriotismo", algumas pessoas não compartilhavam desses sentimentos. Douglas Sadownick em um manifesto coautoral, 2001, que aparece na mesma edição de *Gay and Lesbian Review*, afirma: "Tenho me sentido tão ultrajado pela agitação da bandeira quanto pelos atos 'covardes' de terroristas" (p.26). Sadownick, Chris Kilbourne e Wendell Jones perguntam coletivamente: "Onde estão as vozes queer protestando contra a espiral chauvinista de luto nacional estadunidense, guerra patriótica e *slogans* piedosos que conhecem pouca dissidência ou razão real após os ataques terroristas do 11 de Setembro? E por que tantas pessoas gays estão comprando a falsa escolha apresentada pela mídia de massa para tomar partido nessa polarização extraordinária entre as 'vítimas boas e amantes da liberdade' e os 'terroristas covardes e maus'?" (p.26).

[13] Reportagens sobre heroísmo de gays e lésbicas incluíram o artigo e a reportagem de capa de Mubarak Dahir na imprensa gay, ambos intitulados "Our Heroes". Para a cobertura da mídia sobre gays e lésbicas em relação ao 11 de Setembro, ver A Aliança Gay e Lésbica contra a Difamação, s.d.

[14] Para a cobertura das discussões sobre "Não pergunte, não diga" e a possível suspensão da proibição após os eventos de 11 de setembro, ver Busbach, 2001; e Bull, 2001.

[15] Sobre linguistas demitidos, ver Johnson, 2003; Cyphers, 2003; Schindler, 2003; e Feingold, 2003. A enquete de Patrick Letellier, "Apoio esmagador para gays nas Forças Armadas", cita John Aravosis: "Aparentemente, o governo Bush acha que a guerra contra o terror deveria ficar em segundo lugar depois da guerra contra os homossexuais", em resposta às demissões.
Uma outra explicação para o declínio em dispensas militares é que menos membros podem estar revelando sua orientação sexual, o que no passado resultou em 80% das dispensas (os outros 20% foram de membros flagrados em situações sexuais

Figura 4. *Embody* (da campanha publicitária "Come Together", da Gay.com). 2006. PlanetOut Inc. Todos os direitos reservados. Produzido pelo PlanetOut Creative Services Group; Christy Shaefer, Diretora Criativa.

---

comprometedoras ou que estão sendo investigados por má conduta). Há também a possibilidade de que menos pessoas estejam sendo dispensadas mesmo quando revelam tal informação. Ver Nieves & Tyson, 2005. O declínio relatado nas dispensas foi contrariado um mês depois pelo relatório de Kerman, 2002. Kerman cita um relatório da Servicemembers Legal Defense Network, "Conduct Unbecoming", que encontrou um aumento significativo nas demissões pelo Pentágono e associou as dispensas a um aumento no assédio antigay. O tratamento militar de militares gays e lésbicas continuou a ser desarticulado, como demonstra a experiência de Roy Hill, um médico da Marinha há três anos. De acordo com Tom Musbach, a marinha se recusou a dispensar Hill depois que ele se assumiu para seus superiores em junho de 2001 e se sentiu inseguro no "clima antigay" onde ele estava localizado.

Paralelamente a uma incômoda mas urgente integração da homossexualidade no "nós" da retórica nacionalista "nós contra eles", os parlamentares LGBTQI adotaram o chamado patriótico em várias ocasiões.[16] Conservadores gays, como Andrew Sullivan, se manifestaram a favor de bombardear o Afeganistão e defenderam o "patriotismo de gênero": massacrar e rebaixar a feminilidade para performar a virilidade da nação estadunidense,[17] uma postura política que implica que a efeminação é indecente e antipatriótica. A bandeira estadunidense apareceu em todos os lugares dos espaços gays, em bares gays e academias gays, e as Paradas do Orgulho Gay ficaram carregadas de performatividades e simbolismo nacional: o juramento de lealdade à bandeira, o canto do hino nacional e carros alegóricos dedicados à

---

[16] Uma pergunta feita aos organizadores LGBTQI na cidade de Nova York logo após o 11 de Setembro foi por qual razão "a comunidade de lésbicas, gays, bissexuais e transgêneros da cidade de Nova York permaneceu em grande parte silenciosa e invisível e não reagiu publicamente e coletivamente aos eventos"; TheGully.com, 2001. Chamando o silêncio sobre questões políticas de um "buraco negro queer", Ana Simo afirmou: "A mensagem enviada foi que ser queer é um estado existencial altamente especializado. Um estado que é suspenso durante emergências"; Simo, 2001. O diretor do Centro Comunitário de Lésbicas, Gays, Bissexuais e Transgêneros de Nova York, Richard Burns, desafiou a caracterização do silêncio, listando uma série de respostas emergenciais e logísticas, mas não políticas: envio de médicos aos hospitais, instalação de um posto de abastecimento de água, aconselhamento em caso de crise. Na vigília e reunião do Centro Comunitário de Lésbicas, Gays, Bissexuais e Transgêneros (Nova York) em 1º de outubro de 2001, copatrocinada por mais de 80 grupos, não houve uma menção por Kate Clinton (ou outros palestrantes) da invasão pendente do Afeganistão, nem da lista crescente de vítimas de crimes de ódio; Clinton, 2001. Andres Duque, coordenador da Mano a Mano (uma coalizão de organizações LGBTQ latinas de Nova York), declarou: "Pessoas não brancas queer organizadas não reagem especificamente a questões LGBT, mas reagem a questões sociais mais amplas. Nós aprendemos a evitar falar sobre como o movimento LGBT está se sentindo porque nós aprendemos a falar sobre questões mais gerais. [...] Além disso, algumas pessoas estavam esperando para ver as ramificações das coisas e como as coisas reagiram. Nós [a comunidade LGBT] somos tão segmentados que é difícil obter uma declaração que seja poderosa e aceitável". Ele também observou que pessoas queer não brancas se reagruparam em várias reuniões previamente planejadas sobre justiça racial; TheGully.com, 2001.

[17] Richard Goldstein observa uma dinâmica semelhante ocorrendo nas eleições presidenciais, particularmente com Howard Dean, sobre quem ele pergunta: "Pode um democrata ser um macho alfa?"; 2004, p. 13.

unidade nacional.[18] (Como no caso das comunidades não brancas, essas bandeiras e outros simbolismos patrióticos podem funcionar tanto como gestos defensivos quanto normalizadores.) Muitos gays e queers se identificaram com a população nacional como "vítimas do terrorismo" ao nomearem a violência contra homossexuais e queers como uma forma de terrorismo;[19] alguns alegaram que era imperativo apoiar a guerra contra o terrorismo para "libertar" os homossexuais no Oriente Médio. Mubarak Dahir desafia de maneira raivosa essa justificativa da guerra e

---

[18] O artigo de Clancy Nolan, "Patriotic Pride", de 2001, serve tanto como uma descrição quanto como um exemplo do aumento do patriotismo da marcha do orgulho. Nolan cita o organizador da parada do Orgulho Gay da Carolina do Norte, Keith Hayes: "Neste momento, o desfile precisa expressar sentimentos nacionais, não apenas sentimentos gays. [...] Precisamos fazer soar esta nota nacional". De acordo com Nolan: "A marcha começará com o Hino Nacional, e você poderá ver tantas bandeiras estadunidenses quanto arco-íris e triângulos cor-de-rosa". Nolan chega a observar que "há uma inescapável ironia em imagens patrióticas liderando um desfile que começou como uma crítica à posição dos Estados Unidos em questões de direitos dos gays. [...] Paula Austin, diretora da North Carolina Lambda Youth Network [...] está preocupada com, em suas palavras, 'o impulso para a cultura dominante e a assimilação, liderado por algumas organizações queer que são principalmente brancas e de classe média'". Embora Nolan simpatize com as preocupações de Austin, o artigo termina com uma leitura dicotômica da situação: "Você não pode deixar de se perguntar o que é sacrificado em comprometer uma celebração da diversidade e uma demanda por reconhecimento para ficar com os Estados Unidos tradicional".

[19] Essa linha de argumentação pode ser rastreada até a Guerra do Golfo de 1991. Hugh Coyle escreve: "Por um período durante a própria guerra, eu me perguntei por que não me sentia mais preocupado com a crescente ameaça do terrorismo. [...] O terrorismo internacional não me incomodou muito porque, como homem gay, estou me acostumando a viver em um estado terrorista aqui em casa. Nossa comunidade teve seus locais de reunião apedrejados, bombardeados e queimados; nossos irmãos gays e irmãs lésbicas foram alvo de espancamentos brutais; o assédio verbal na forma de insultos e *slogans* antigay está em ascensão nos Estados Unidos mais uma vez"; Coyle, 1991. Além disso, artigos como "Tragedy Changed Gay Climate" de Bill Ghent sugerem que as respostas ao 11 de Setembro incluíram uma gentileza inesperada por parte dos republicanos e das "organizações de ajuda tradicionalmente conservadoras". Ghent qualifica sua descrição repetindo ideias de quais áreas dos Estados Unidos são mais amigáveis aos gays do que outras: "Certamente, nem todos os sucessos dos direitos dos gays após o 11 de Setembro podem ser atribuídos ao elevado senso de comunidade dos Estados Unidos. E áreas mais liberais do país têm sido mais rápidas do que, digamos, Virgínia para alcançar os sobreviventes gays".

pede aos gays e lésbicas que apoiam a guerra no Iraque que "parem de se preocupar com a situação dos árabes gays para racionalizar seu apoio".[20] Organizações LGBTQI nacionais como a Força-Tarefa Nacional para Gays e Lésbicas (NGLTF) e a Campanha de Direitos Humanos tiveram pouca reação política à invasão do Afeganistão (e subsequentemente têm se preocupado mais com as campanhas de casamento gay e gays nas Forças Armadas do que com a ocupação do Iraque).[21] Uma exceção

---

[20] Dahir, 2003a. Dahir critica várias posições hipócritas que foram adotadas pelas pessoas LGBTQI a favor da guerra, bem como informando a retórica política de conversão. Observando que as "forças que supostamente estão emancipando nossos irmãos LGBT oprimidos são hiper-homofóbicas", ele pergunta: "Como alguém pode argumentar seriamente que as Forças Armadas dos Estados Unidos são um instrumento para a libertação LGBT?". Por mais absurda que a questão pareça, de acordo com Dahir, os "gays *hawks*" [apoiadores de guerra] apontaram a opressão da homossexualidade por regimes na Síria e no Iraque, enquanto convenientemente esqueceram os da Arábia Saudita e Egito. Afirmando que a vida de gays e lésbicas no Iraque mudará muito pouco, independentemente da expulsão de Hussein, Dahir escreve: "O aspecto final e talvez mais pessoalmente irritante da hipocrisia em torno do argumento de que estamos invadindo países estrangeiros no interesse de libertar pessoas gays é a maneira como tratamos os árabes gays e muçulmanos gays aqui nos Estados Unidos". Uma narrativa semelhante em torno da invasão e ocupação em curso do Afeganistão foi produzida na grande imprensa gay. Por exemplo, ver Chibbaro, 2001.

[21] O NGLTF e o Fundo para a Campanha de Direitos Humanos foram criticados por sua falta de resposta, após o 11 de Setembro, à erosão das liberdades civis e à "cruzada no exterior" e por sua falta de presença nos protestos nacionais iniciais contra a guerra em Washington, capital, no outono de 2001, pelo Radical Women and Freedom Socialist Party [Partido Socialista Radical Mulheres e Liberdade], embora na mesma publicação eles declarem: "Dane-se o Ato Patriótico dos EUA! Nossa pátria é o *mundo*!". Críticas sobre a resposta do NGLTF às guerras no Afeganistão e no Iraque continuaram em 2002 e 2003. Faisal Alam, da Al-Fatiha, em resposta à proposta de conferência de imprensa do NGLTF "para abordar a guerra pendente contra o Iraque" e outras questões em sua conferência anual "Criando Mudanças", declarou: "Pedimos ao NGLTF e outras organizações LGBT que buscam justiça que tomem uma posição firme e expressiva contra a guerra, mantendo-se firme em seu compromisso com a justiça social"; Al-Fatiha, 2002. A confusão sobre se o NLGTF havia se juntado ou não à coalizão Win Without War [Vencer sem guerra] circulou no início de 2003, após a publicação do artigo de David Mariner, 2003. Mariner afirma que enquanto o NGLTF declarou que havia se juntado à coalizão, "Lynn Erskine, um membro da equipe do Win Without War, disse que o NGLTF não é um membro da coalizão. [...] O NGLTF nunca abordou o Win Without War sobre se juntar à coalizão". Em resposta, o NGLTF emitiu uma declaração: "Respondendo às falsas alegações recentes

em relação à posição do NGLTF contra a guerra", afirmando que havia "tornado sua posição contra a guerra e em apoio à declaração da coalizão eminentemente nítida", e argumentando que não apenas foi deturpado no artigo de Mariner, mas Win Without War não respondeu efetivamente às "ações de boa fé do NGLTF ao aconselhar os fundadores da coalizão Win Without War que desejavam se juntar à coalizão. [...] Em 30 de janeiro, o recém-contratado membro da equipe da coalizão Win Without War informou à NGLTF que existe um processo formal para ingressar 'oficialmente' na coalizão e ela assegurou à NGLTF que não previa problemas com a aprovação da NGLTF como um membro 'oficial' da coalizão", e que *tenemos.net* "aconselhou o gerente de mídia da NGTLF [...] que o prazo para resposta era sexta-feira, 31 de janeiro. No entanto, tenemos.net postou sua história na quinta-feira, 30 de janeiro, sem dar ao NGLTF a oportunidade de comentar". Finalmente, David Mariner enviou um *e-mail* respondendo ao comunicado de imprensa do NGLTF, dizendo: "Enquanto a responsável pela comunicação da NGLTF Sherri Lunn ainda não me ligou de volta ou respondeu aos meus *e-mails*, eles foram em frente e enviaram um comunicado de imprensa hoje. Eu me sinto meio chateado com isso. [...] E aqui está a verdade neste assunto em particular: Eles disseram que eram membros da coalizão. Eles não são membros da coalizão. Estou muito feliz que eles contataram a coalizão hoje para se juntar, e espero que eles tenham um papel mais ativo na oposição à guerra no Iraque"; "NGLTF Response to Temenos Article".

Um artigo do historiador e ativista Michael Bronski, "Gay Goes Mainstream", publicado em janeiro de 2006 no *Boston Phoenix*, declara que uma nova onda de ativismo queer está efetivamente retornando às origens fundacionais do movimento gay de múltiplas pautas, uma política de mudança social de base ampla. Observando que "muitos bolsões da comunidade queer organizada estão tomando posições políticas sobre a guerra em potencial", Bronski compara isso ao silêncio dos organizadores queer durante a Guerra do Golfo de 1991. Naquela época, a Força-Tarefa Nacional de Gays e Lésbicas, o único grupo nacional gay a emitir uma declaração contra a guerra, expressou preocupação com gays e lésbicas nas Forças Armadas e com a redução dos gastos com a crise da Aids. A Força-Tarefa foi alvo de muitas críticas e escárnio por comentar um debate nacional que não era uma "questão gay". Deve-se notar que em 1991 Urvashi Vaid era o diretor do instituto de políticas do NGLTF. Comentando a atual postura antiguerra da NGLTF, da Igreja da Comunidade Metropolitana, do Lavender Green Caucus e da Chicago Anti-Bashing Network, Bronski afirma que o ato de tomar "posições sobre uma questão de política pública que não é 'gay'" contraria três décadas de organização da "questão gay".

Devido ao mesmo raciocínio que tem sido usado para deixar de lado as questões da sexualidade queer na organização feminista e antirracista (em outras palavras, a proclamação de que o esforço antiguerra está diluindo a energia de outras preocupações mais importantes), grandes organizações LGBT nacionais têm sido relutantes em abordar a guerra. Em um artigo intitulado "Capital Letters: Highlighting the Q in Iraq", Hastings Wyman argumenta: "Para grupos gays como HRC, NGLTF e outros tomarem uma posição sobre uma questão importante que afeta pessoas gays não foi o protesto contra o grafite homofóbico em um míssil do Exército, "High Jack This Fags" [Sequestrem esses viados], promovido pela Gay and Lesbian Alliance Against Difamation (GLAAD) [Aliança Gay e Lésbica contra a Difamação]. O comunicado à imprensa cita a diretora executiva Joan M. Garry: "Se a propriedade militar dos Estados Unidos tivesse sido desfigurada com uma calúnia racial, étnica ou religiosa contra qualquer outro grupo – inclusive contra os terroristas alvo – eu duvido que a Associated Press teria considerado tal foto aceitável para a publicação".[22] O interessante nessa passagem é que o epíteto "viados" é desvinculado de qualquer conotação racista, compreendido apenas como uma calúnia homofóbica; os "terroristas-alvo" são naturalizados como a marca apropriada para esse míssil, o que implica apoio para a invasão do Afeganistão. Presumivelmente, a palavra "viados" se refere aos afegãos, um epíteto racista que Glaad não questionou.

A oposição à guerra dos vários quartéis queer também tomou formas bizarras. A diminuição do financiamento para a pesquisa de HIV/Aids

---

diferentemente do resto da sociedade, acaba por dividir nossa comunidade, dilui nossos recursos e corre o risco de minar nossa posição com o público".

[22] Garry, 2001. Sobre a resposta inicial à foto por grupos como Gay and Lesbian Alliance against Defamation (Glaad) [Aliança Gay e Lésbica contra a Difamação] e Servicemembers Legal Defense Network (SLDN), que resultou na Associated Press pedindo aos seus clientes para remover a foto de seus trabalhos, ver Dotinga, 2001b. O uso acrítico e sintomático do termo "sequestro" em fóruns acadêmicos da teoria queer também é comentado por Hiram Perez, que escreve sobre a conferência da Universidade de Michigan, em março de 2003, sobre a "Vergonha Gay", que havia sido descrita por participantes descontentes como "sequestrada pela política identitária" por aqueles que criticam o domínio masculino gay branco e a política racial da conferência: "a frase condensou para mim a dinâmica política da teoria queer institucionalizada. Na era da 'guerra contra o terrorismo' e do Patriot Act dos EUA, a palavra *sequestrado* invoca a retórica do pertencimento nacional – e do não pertencimento. A restrição de corpos marrons dos espaços institucionais da teoria queer compartilha fundamentos ideológicos com a expulsão de corpos marrons do Estado-nação"; Perez, 2005, p. 174. O contra-almirante da Marinha dos EUA, S. R. Pietropaoli, também escreveu uma carta para a Campanha de Direitos Humanos (que parece não ter emitido uma resposta pública à fotografia, em vez disso tendo feito um telefonema para a marinha), afirmando: "nitidamente, o fotógrafo em questão não atendeu aos nossos padrões"; Brooke, 2001.

foi proposta como uma razão para não ir à guerra.²³ Um exemplo ainda mais flagrante é a comparação das vítimas de homofobia com as vítimas da invasão do Iraque; observe, por exemplo, a declaração divulgada pela Igreja da Comunidade Metropolitana:

> Apelamos para todas as pessoas de fé e boa vontade em todos os lugares, especialmente nossas irmãs e irmãos nas comunidades lésbicas, gays, bissexuais e transgêneros que sabem em primeira mão o que significa ser difamado, rotulado e violentamente atacado, e que também sabem como é difícil sobreviver sob tais circunstâncias, para juntar-se aos amigos e membros das Igrejas da Comunidade Metropolitana para se opor a quaisquer novos atos de agressão contra o Iraque.²⁴

Exceções positivas a essas discussões homonacionalistas vieram de Al-Fatiha, a associação LGBTQI muçulmana internacional e do Projeto Audre Lorde, uma organização LGBTQ não branca sediada na comunidade do Brooklyn; ambos emitiram declarações condenando os ataques e crimes de ódio e se opondo às medidas de retaliação contra o Afeganistão.²⁵ O Projeto Audre Lorde criou uma coalizão nacional de grupos LGBTQI antiguerra, assim como o Queers for Peace and Justice [Queers pela Paz e pela Justiça].²⁶ Muitos grupos queer não brancos, a maioria localizados em grandes áreas urbanas, relataram que

---

²³ Sobre quedas no financiamento da Aids, ver Siu, 2001. Sobre a ameaça que a Guerra no Iraque representava para o financiamento da Aids, ver Riley, 2003. Para um enquadramento da luta contra o HIV/Aids na linguagem da "segurança nacional", ver Musbach, 2002a.

²⁴ Igrejas da Comunidade Metropolitana, 2002.

²⁵ Ver os comunicados de imprensa da Al-Fatiha intitulados "LGBTQ Muslims Condemn Terrorist Attack" (2001a) e "LGBTQ Muslims Express Concerns" (2001b).

²⁶ O Projeto Audre Lorde e a unidade LGBT do American Friends Service Committee lançaram conjuntamente "Uma carta aberta para comunidades não brancas de lésbicas, gays, bissexuais, dois-espíritos e transgêneros que se opõem à guerra". Desde sua publicação em janeiro de 2003, centenas de organizações e indivíduos em todo o país assinaram a declaração, que afirma que a guerra ao terrorismo é uma questão queer por causa do aumento da violência, da reinstitucionalização do perfilamento racial, da perda de prioridade em relação às necessidades humanas e dos programas

imediatamente após os eventos do 11 de Setembro de 2001, suas linhas de solidariedade recaíram sobre seus respectivos grupos não queer de defesa racial e imigrante, em vez de sobre organizações queer *mainstream*.[27] Além disso, Surina Khan (uma muçulmana paquistanesa), então diretora da Comissão Internacional de Direitos Humanos de Gays e Lésbicas, afirmou que a IGLHRC tomou uma "posição clara contra o bombardeio do Afeganistão". Citando o Cairo 52 (ataques contra homossexuais no Cairo em maio de 2001) como casualidades da guerra contra o terrorismo, Khan observou que os Estados Unidos já começaram a diminuir a pressão sobre outros países que cometem abusos de direitos humanos. Ela e o IGLHRC receberam fortes críticas por sua declaração antiguerra.[28]

Reproduzindo inconscientemente essa divisão entre queers não brancos e queers brancos e *mainstream*, o editor-executivo e jornalista

---

sociais, da crescente militarização do Serviço de Imigração e Naturalização e dos ataques aos direitos civis e humanos.
Em 15 de maio de 2003, Queers pela Paz e pela Justiça iniciou um "Chamado para a ação – para lésbicas, gays, bi, dois-espíritos, trans e intersex e ativistas queer para 'assumir-se contra a guerra doméstica e no exterior' em eventos de orgulho LGBT pelo país"; 2003. De acordo com Shawn Luby, da North Carolina Lambda Youth Network, conforme citado pela União por uma economia justa, "o 11 de Setembro deixou bem nítido que nossa organização [um grupo queer progressista com múltiplas pautas] não está envolvida nas mesmas comunidades que as comunidades gays e lésbicas brancas. [...] Isso fortaleceu [nossas] conexões com organizações de baixa renda e outros grupos de justiça social liderados por pessoas não brancas"; Leonard *et al*., 2002. Para a cobertura da mídia, ver Gerber, 2001.

[27] Exploro longamente essas questões de afiliação organizacional em um vídeo que ainda será lançado sobre a organização sul-asiática progressista na cidade de Nova York, intitulado "India Shining".

[28] Khan, 2002, pp. 15-16. Outras fontes para a análise de Khan estão na sua entrevista com Michael Bronski; Khan, 2001a. Para mais informações sobre a Cairo 52, consulte o comunicado de imprensa da Al-Fatiha, 2001c; Asher, 2001; Johnson, 2001a; e Bendersky, 2001. Bendersky inclui o seguinte: "Também em questão está a participação de Sherif Farhat, o principal réu do caso, no grupo terrorista islâmico Jihad. [...] O advogado de Farhat argumenta que seu cliente não poderia ser ao mesmo tempo um membro da Jihad e ser gay, uma vez que a homossexualidade é evitada no Islã. M. Faisal Alam, do grupo muçulmano gay Al-Fatiha, chamou a 'insinuação' de que Farhat é um membro da Jihad Islâmica [de] 'uma desculpa para justificar o julgamento, especialmente à luz da nova 'guerra ao terrorismo'".

Richard Goldstein, do *Village Voice*, afirmou que houve uma transferência do estigma nacional de um grupo, queers, para outro, árabes. Ao relegar o queer e o árabe a domínios mutuamente exclusivos, Goldstein articula uma faceta primária do homonacionalismo: a da branquitude dos corpos gays, homossexuais e queer e a concomitante heterossexualidade presumida dos corpos não brancos. Embora essa clivagem entre raça e sexualidade ressoe historicamente, o teórico jurídico Muneer Ahmad explica a razão de essa transferência de estigma parecer aceitável:

> As mortes de pessoas como James Byrd e Matthew Shepard foram consideradas incompreensíveis. Em contraste, o assassinato de Balbir Singh Sodhi, Waqar Hasan e outros,* embora considerado errado, foi entendido como o resultado de uma raiva deslocada, uma raiva subjacente com a qual a vasta maioria dos estadunidenses simpatiza e concorda. Os perpetradores desses crimes, então, eram culpados não de intenção maliciosa, mas de expressar uma emoção socialmente adequada, de maneira socialmente inadequada. Para pegar emprestado da lei criminal, as mortes por ódio antes do 11 de Setembro foram vistas como crimes de depravação moral, enquanto as mortes por ódio desde o 11 de Setembro foram entendidas como crimes passionais.[29]

Crimes de ódio contra gays e lésbicas ainda são racionalizados a partir desses mesmos termos: a expressão de "uma emoção socialmente adequada em formas socialmente inadequadas" não é o ponto crucial da defesa do "pânico gay"? A amnésia histórica prevalece. Na passagem de crimes de depravação moral para crimes passionais, Ahmad argumenta, não é apenas que os alvos do ataque foram alterados, mas é que todo o mecanismo de usar o bode expiatório está agora repleto de sentimentos ligados às codificações de gênero, sexualização e raça desses corpos.

---

* James Byrd foi morto por supremacistas brancos, em 1998. Matthew Shepard foi torturado e assassinado em outubro de 1998, sendo considerado um crime homofóbico. Assim como James Byrd, inspirou e nomeou uma lei estadunidense contra crimes de ódio em 2009. Balbir Singh Sodhi (indiano) e Waqar Hasan (imigrante paquistanês) foram mortos por crimes de ódio após o 11 de Setembro. (N. da T).

[29] Ahmad, 2002, p. 108.

Figura 5. Bandeira estadunidense na parada do orgulho gay de Chicago, 2005. Fotografia de Sara Antunovich. Reproduzido com a permissão do artista.

É notável que o estudante universitário branco, de classe média a alta, amável e gentil, Matthew Shepard, tenha se tornado o garoto-propaganda por excelência do movimento antiviolência LGBTQI com sede nos Estados Unidos, que gerou uma produção teatral (*The Laramie Project*), entre outros consumíveis.[30] De fato, exemplificando essa transferência de estigma, atributos positivos foram anexados à homossexualidade

---

[30] O projeto Antiviolência de Nova York (AVP), o Lambda, e a agenda do orgulho do Empire State focalizaram unicamente nos benefícios do parceiro sobrevivente do mesmo sexo. Para obter cobertura sobre as lutas em Nova York sobre benefícios de união, consulte Humm, 2001. A definição de atos de violência por crimes de ódio pela AVP de NY incluiu as vítimas do World Trade Center, mas não ataques raciais contra os sul-asiáticos, árabes estadunidenses e muçulmanos, uma porcentagem significativa dos quais tem sido pessoas LGBTQ. Como tal, a AVP de NY desempenhou um papel no sentimento e na opinião nacional dominantes em relação aos crimes de ódio pós-11 de Setembro, particularmente porque esses crimes não receberam nenhuma atenção da mídia. Em geral, as organizações comunitárias de pessoas não brancas têm assumido a responsabilidade de oferecer apoio e serviços às vítimas de crimes de ódio.

de Mark Bingham: macho, masculino, jogador de *rugby*, branco, estadunidense, herói, patriota gay, chamando por sua mãe (ou seja, homonacional), enquanto conotações negativas da homossexualidade foram usadas para racializar e sexualizar Osama bin Laden: feminizado, apátrida, moreno, perverso, pedófilo, desprovido de valores familiares (ou seja, viado).³¹ O que está em jogo aqui não é apenas que um é bom e

---

Enquanto organizações como DRUM (para os trabalhadores sul-asiáticos no Queens e no Brooklyn) e Manavi (que lida com a violência contra as mulheres sul--asiáticas e com sede em Nova Jersey) criaram linhas de ajuda quase imediatamente e fizeram uma divulgação extra para pessoas LGBTQ sul-asiáticas e muçulmanas, recentemente o Fundo de Educação Jurídica e de Defesa Sul-Asiático criou uma linha de ajuda especial para vítimas de crimes de ódio LGBTQ, diferenciando-a de sua linha de ajuda regular e abordando seu círculo de membros asiáticos queer. O AVP de NY não se dirigiu a seus membros não brancos, não entrando em contato com pessoas queers não brancas que sofreram agressão LGBTfóbica. Essas rubricas organizadoras não apenas reiteraram o racismo geral das comunidades e organizações LGBTQ convencionais, mas também forneceram aberturas para pessoas queer não brancas criarem novos vínculos, trabalharem com organizações progressistas e convencionais construídas por meio de identidades raciais, étnicas e religiosas e promoverem conexões mais profundas com organizações sul-asiáticas e muçulmanas que talvez não tivessem qualquer alcance ou programação específica sobre a sexualidade.

Os crimes de ódio antigay continuam a ser um problema na era pós-11 de Setembro, apesar do amplo otimismo sobre a tolerância dos EUA para com os queers. De acordo com o artigo de Becky Lee (2004), "havia um aumento substancial em relação ao ano anterior no número de incidentes relatados de violência contra pessoas LGBT não brancas. A violência relatada contra as pessoas LGBT identificadas como árabes ou médio-orientais aumentou 26%; a violência contra as pessoas LGBT identificadas como latinas aumentou 24%; e houve um aumento de 244% na violência contra as pessoas LGBT que se identificam como 'Outros' se eles não se identificaram com os grupos raciais e étnicos listados na folha de admissão da coalizão. O relatório afirma: 'A exploração adicional da identidade daqueles que se identificam como 'Outros' indica que um número significativo deles pertence às comunidades sul--asiáticas, africanas e outras. [...] Eles também tendiam a representar comunidades especialmente impactadas pela atenção, pelo preconceito e por um exame minucioso na aplicação da lei desde 11 de setembro de 2001". O relatório da Coalizão Nacional de Programas Antiviolência está disponível em seu *site*. O aumento da violência é corroborado por outras fontes, incluindo Lisotta, 2002.

³¹ Bingham é perfilado em vários artigos de mídia; por exemplo, ver Barrett, 2002, artigo que destaca o interesse de Bingham no *rugby*. Barrett cita Todd Sarner: "'Eu continuo tendo essa imagem de assistir Mark jogar *rugby* há alguns anos', acrescenta. "Seu time tinha acabado de chutar a bola, e havia provavelmente quinze pessoas

o outro é mau; a homossexualidade de Bingham é convertida em valores patrióticos aceitáveis, enquanto a maldade de Bin Laden é mais plena e eficientemente traduzida por meio de associações com excesso sexual, masculinidade falha (isto é, feminilidade) e viadagem. Embora eu tenha destacado brevemente os exemplos mais flagrantes das colisões entre homossexualidade e nacionalismo dos Estados Unidos – conservadores gays como Andrew Sullivan sendo o alvo mais fácil e principal –, estou na verdade mais incitada pelos discursos progressistas e liberais da identidade LGBTQI e como eles podem usar, confiar ou reinscrever, inadvertidamente, nacionalismos dos EUA, excepcionalismos sexuais dos EUA e geografias imaginativas homonormativas. A proliferação de caricaturas queer na mídia e na cultura popular (como *Queer Eye for the Straight Guy* e, mais recentemente, *Queer Eye for the Straight Girl*), a decisão da Suprema Corte de Massachusetts defendendo o casamento entre pessoas do mesmo sexo (2004), e a reviravolta das regulações da sodomia por meio da decisão judicial de *Lawrence and Garner v. Texas* (2003), todos funcionam como diretivas relativas a parentesco, afiliação e padrões de consumo

> entre o Mark e o cara que a apanhou. E eu só me lembro de Mark fazer algo que eu o vi fazer mil vezes – abaixar sua cabeça e passar pela multidão sem medo, como se ele nem estivesse lá, e enfrentar aquele cara'". De acordo com o artigo de Barrett, Bingham "apoiou a candidatura presidencial de John McCain em 2000, por exemplo, apesar da posição do senador do Arizona sobre questões gays – ele se opõe à legislação de crimes de ódio e à Lei de Não Discriminalização no Emprego". McCain falou no funeral de Bingham: "Eu sei que ele (Bingham) era um bom filho e amigo, um bom jogador de *rugby*, um bom estadunidense e um ser humano extraordinário', disse o senador. 'Ele me apoiou, e seu apoio agora está entre as maiores honras da minha vida. Gostaria de ter sabido antes do 11 de Setembro o quão honrosa era a sua confiança em mim. Gostaria de ter agradecido a ele por isso mais profusamente do que o tempo e as circunstâncias permitiram'"; Musbach, 2001b. Quase um ano após a morte de Bingham, São Francisco o homenageou ao renomear um ginásio da rua Castro, como relatado por Bendersky: "São Francisco homenageia Mark Bingham". O artigo de Bendersky conclui com uma citação emprestada: "'Ele era um cara atlético e entusiasmado', disse Alice Hoglan, mãe de Bingham, ao *San Francisco Chronicle* em agosto. 'Acho que foram essas coisas que ajudaram ele e outros passageiros a controlar o avião'".

adequados e aceitáveis, consolidando um círculo eleitoral liberal queer desracializado, que torna mais difícil traçar delineamentos entre identidades gays ou lésbicas assimiladas e identidades queer sempre tão vigilantes e resistentes. Até mesmo a sigla LGBTQI sugere o colapso ou a analogia de múltiplos fios de identidade. Nas narrativas homonormativas de nação há um movimento duplo: o patriotismo estadunidense sanciona momentaneamente algumas homossexualidades, frequentemente por meio da higienização de gênero, raça e classe, a fim de produzir "monstros-terroristas-viados"; os homossexuais abraçam a retórica "nós contra eles" do patriotismo dos EUA e, portanto, se alinham com essa produção racista e homofóbica.[32] Aspectos da homossexualidade estão

---

[32] Puar & Rai, 2002; Weinstein, 2001-2002. Weinstein discute não apenas a "obsessão de tentar descobrir quantos eram queer" dentre aqueles que morreram nos eventos do 11 de Setembro, mas a disposição de assumir o *slogan* "United We Stand [Nós permanecemos unidos]" pela "imprensa gay imitando a imprensa tradicional". Para um exemplo de imprensa homonormativa, ver Varnell, 2003. Varnell sugere que a guerra iminente acontecerá "provavelmente antes do final de março, para evitar operações militares durante o verão quente do Iraque", um ponto que é interessante por si mesmo, já que o departamento militar dos EUA agora está no Iraque durante o verão há três anos. Varnell critica os argumentos LGBTQ antiguerra relacionados a "Não pergunte, não diga" e à redução do financiamento para pessoas que vivem com Aids: "Esses são argumentos forçados, do tipo que as pessoas compõem depois de já terem decidido de que lado estão". Ele conclui com a declaração: "Na medida em que os progressistas gays se opõem expressamente à guerra, a fim de garantir o apoio progressista heterossexual à igualdade gay, isso soa exatamente como uma boa razão para que todo o resto de nós apoie expressamente a guerra – para mostrar aos estadunidenses moderados e conservadores que os gays compartilham muitos de seus valores fundamentais e têm os interesses gerais do país no coração. Afinal, o benefício subjacente da guerra iraquiana será a pressão sobre os estados árabes vizinhos para moderar e modernizar, reduzindo sua capacidade de tolerar, apoiar ou gerar terrorismo fundamentalista". O argumento de Varnell confia na ideia dos valores estadunidenses compartilhados que aparentemente poderiam incentivar os estadunidenses moderados e conservadores a pararem de ser homofóbicos, em contraste a um mundo árabe generalizado como furiosamente homofóbico e fundamentalista. Deve-se notar que *Gay City News* publicou o texto de Varnell juntamente com um artigo principal intitulado "An Emerging Debate about War", que discute uma variedade de perspectivas, "Community Groups Rally against War", um chamado à ação originado pelo Projeto Audre Lorde e pelo American Friends Service Committee, e o livro de Riley, 2003. Dois exemplos de respostas progressistas

dentro do alcance do patriotismo normativo, incorporando aspectos da subjetividade queer no corpo da nação normalizada; por outro lado, os terroristas são colocados em quarentena, sendo comparados com os corpos e as práticas da heterossexualidade fracassada, efeminada e outras queeridades. Esse duplo processo de incorporação e quarentena envolve a articulação da raça com a nação. A nação, e suas associações com a modernidade e hierarquias raciais e de classe, torna-se o fator definidor na desagregação entre queeridades corretas e domesticáveis que imitam e reatualizam as subjetividades liberais, e queeridades incontroláveis e intratáveis.

A teoria queer tem contribuído para a análise das construções heteronormativas de nação e também de cidadania. M. Jacqui Alexander afirma que a "nação proíbe a queeridade"; V. Spike Peterson localiza o "nacionalismo como heterossexismo"; Lauren Berlant e Michael Warner desenvolveram a "heterossexualidade nacional".[33] Mas os paradigmas da penetração heteronormativa continuam a informar a teorização feminista e progressista da conquista e guerra da globalização – a terra é território feminino e virgem, o invasor masculino – simbolizado pelo estupro heterossexual como a violação final da nação por meio de sua força emasculante, uma genealogia colonial normativa. Como o trabalho de Frantz Fanon sintomatiza tão bem, a preocupação com o estupro heterossexual funciona duplamente: atende, de maneira importante, à violência contra as mulheres, mas também mascara com força o desejo triangulado, pelo qual o medo – e fantasia – do homem penetrado é deslocado para a figura mais segura da mulher estuprada. Assim, o próprio estupro, como arma de guerra ou metáfora para exploração econômica, é

---

aos eventos do 11 de Setembro e à guerra ao terror são Zupan & Peters, 2003; e a edição especial da *newsletter* do Centro de Estudos Lésbicos e Gays (Clags), 2001, apresentando artigos como "Insisting on Inquiry", de Alisa Solomon; "Beyond Blood", de Lisa Duggan; "Queer Feelings", de Ann Cvetkovich; e "The Value of Silence", de David Eng.

[33] Ver Alexander, 1994; Peterson, 1999; e Berlant & Warner, 1998. Para uma discussão sobre como a queeridade é produzida para e através do Estado-nação, ver Puar, 2001.

esvaziado de seu poder sem essa sutura de ideologias heteronormativas e audiências carregadas de homoerotismo. No persuasivo repensar das qualidades discursivas e hermenêuticas do capitalismo por J. K. Gibson--Graham (pseudônimo de Julie Graham e Katherine Gibson), o estupro como uma metáfora da penetração da globalização é articulado de forma diferente. Esta é uma intervenção feminista pós-estruturalista digna de nota, que busca desnaturalizar as teorias econômicas marxistas. Ao perguntar como a globalização pode "perder sua ereção", Gibson--Graham busca derrubar o "heterossexismo falocêntrico (no qual o ato da penetração, seja chamado de estupro ou relação sexual, define a diferença sexual)" desta história do capitalismo:

> O roteiro da globalização normaliza um ato de penetração não recíproca. As relações sociais e econômicas capitalistas são programadas para penetrar em 'outras' relações sociais e econômicas, mas não o contrário. (O pênis pode penetrar ou invadir o corpo de uma mulher, mas uma mulher não pode marcar, invadir ou penetrar um homem.)[34]

Seguindo o trabalho de Sharon Marcus sobre o roteiro do estupro, Gibson-Graham sugerem uma abordagem desconstrutivista em duas vertentes: diminuir o poder do perpetrador recusando o papel de vítima e desafiar os discursos da sexualidade dentro dos quais esses roteiros acumulam sua potência. Quando Gibson-Graham desconstroem, até certo ponto, a coerência dos corpos masculinos "como duros, confiantes e poderosos", bem como embaralham a trajetória mercado--mercadoria-capital do capitalismo, elas têm menos sucesso quando tentam desestabilizar a tríade sexo-gênero-sexualidade que garante a heteronormatividade. Uma inversão de posições é concedida e a penetração masculina-masculina é reconhecida, mas a penetração feminina-feminina (punhos, dedos, dildos, para citar apenas alguns projéteis) parece impensável. Além disso, a falta de envolvimento com

---

[34] Gibson-Graham, 1996, pp. 121 n. 2, 125, 127.

a teoria pós-colonial deixa a dinâmica racial inexplorada (pois, como Fanon revela, a posição subordinada do feminino é sempre perversamente racializada). Em suma, o próprio ato da penetração é naturalizado categoricamente, não apenas como parte de uma heterossexualidade que, pela intenção de desestabilizá-la, é considerada igual em todos os lugares, independentemente do local geopolítico. Deixada por construir, a narrativa da penetração reproduz a subordinação racial como inevitável dentro de uma ordem natural, precisamente as qualificações do roteiro do estupro que Gibson-Graham procuram desalojar. Eles mexem com o gênero, mas às custas da raça, que deve permanecer transparente e estável, uma marca registrada de muitos estudos marxistas feministas. Assim, o roteiro é principalmente invertido, mas não subvertido. A confiança nas posicionalidades binárias perdura;[35] mesmo análises que têm a sexualidade como central tendem a ser limitadas por sua articulação da branquitude como uma norma queer.

Na mesma linha, o livro de Shane Phelan, *Sexual Strangers*, argumenta que "lésbicas, gays, bissexuais e pessoas transgêneros nos Estados Unidos são estranhos", definido como "nem nós, nem nitidamente eles, nem amigo e nem inimigo, mas uma figura de ambivalência que perturba a fronteira entre nós e eles. O inimigo é nitidamente o oposto do cidadão, mas o estranho é mais carregado de ansiedade".[36] No entanto, é certamente o caso que dentro de um quadro nacional e também transnacional,

---

[35] Como um contraexemplo: a política de penetração na *Necropolítica* de Mbembe é profundamente fálica, mas também inegavelmente queer, na medida em que não reitera nem inverte o roteiro binário generificado do estupro da globalização que Gibson-Graham não consegue dissolver. Na África, a soberania do Estado pós-colonial é suplantada por "máquinas de guerra": milícias e movimentos rebeldes. Os exércitos estatais regulares são substituídos por exércitos privados e empresas de segurança, nos quais a mão de obra é comprada e vendida conforme necessário e a identidade é esvaziada de qualquer significado ou sentido; "enclaves econômicos" ditam os fluxos monetários. Não há nenhum lado. Há espaços de concentração e de circulação, espaços de difusão, e definitivamente atos e momentos de penetração. Mas ao contrário do modelo do ativo-passivo, a penetração do capital vem em camadas e em conjuntos e em muitas trajetórias caóticas.

[36] Phelan, 2001, pp. 4-5.

alguns queers são melhores do que outros. Embora o corpo desse trabalho enfatize coletivamente a heteronormatividade como um pré-requisito para a cidadania legal e cultural, parte dele também falha em teorizar as dimensões específicas de classe, raça e gênero dessa heteronormatividade; a heteronormatividade é considerada temporal e espacialmente estável, não flexionada e transparente. Um posicionamento inquestionado de privilégio racial branco e um único eixo de identidade; em vez de interseccional, é assumido. De fato, existem várias figuras de ambivalência, muitos estranhos que perturbam e desestabilizam as fronteiras da nação, sugerindo uma geografia imaginativa dos Estados Unidos mais complexa do que a imaginada com a noção de lésbicas e gays como os estranhos por excelência da nação.

Embora queerizar a nação tenha impulsionado um diálogo politicamente notório sobre a reprodução de linhagens e normas raciais e nacionais, nacionalizar a queerização serviu principalmente para reiterar os discursos do excepcionalismo sexual estadunidense. Como a nacionalidade e a queeridade têm uma dívida com a modernidade, e as identidades sexuais modernas são construídas nas histórias do colonialismo, da formação da nação e do império e da racialização, a nação é fundada no outro (homo)sexual. Como mencionado anteriormente, o *corpus* de trabalho de Fanon é luminosamente sugestivo das fantasias e medos homossexuais que fundam o nacionalismo, pelo qual suas ansiedades sobre relações heterossexuais inter-raciais filtram as acusações homoeróticas e os antagonismos entre homens colonizados e colonizadores (e por inferência, mulheres colonizadas e colonizadoras).[37] As figuras da mulher colonizada estuprada e do homem colonizado negro linchado e até mesmo da mulher branca conquistada (pelo homem negro) trabalham para desviar o olhar de outras figuras menos toleráveis e linhas subsequentes de afinidade, como, por exemplo, a do homem penetrado (estuprado?) e a da mulher que deseja mulheres. Assim, pode-se argumentar que os desejos homossexuais, e seu redirecionamento, são

---

[37] Refiro-me principalmente ao livro de Frantz Fanon, *Peles negras, máscaras brancas*.

fundamentais para o projeto de nacionalismo, assim como o policiamento estrito do binário homo-hétero, e as nações são heteronormativas por causa, e não apesar da homossexualidade. Assim, meu interesse em teorizar a homossexualidade nacional dos EUA, ou o homonacionalismo, é mapear as intersecções, confluências e divergências entre a homossexualidade e a nação, identidade nacional e nacionalismo – as relações de convivência, em vez de antagônicas, entre sexualidades presumivelmente não normativas e a nação. Se seguirmos a teorização de V. Spike Peterson do nacionalismo como heterossexismo, em que ela situa a nação não apenas como familiar, mas também como fraterna, vemos que o Estado-nação fraternal é organizado para promover relações homossociais políticas entre os homens a fim de desencorajar e proibir as relações homossexuais entre homens. Embora a homossexualidade seja considerada incompatível com o serviço militar, ela é um excelente exemplo de "como as premissas heterossexistas sustentam a masculinidade hegemônica. Como um local que celebra os laços homossociais, os militares oferecem aos homens uma oportunidade única de experimentar intimidade e interdependência com homens".[38] É discutível a sua afirmação da singularidade dessa oportunidade, dada a preponderância de fraternidades, equipes e eventos esportivos, clubes exclusivamente masculinos, bombeiros, alto escalão de espaços corporativos e assim por diante. Essa é uma descrição desatualizada das Forças Armadas dos Estados Unidos, dada a grande proporção de homens não brancos e de mulheres recrutadas, especialmente mulheres não brancas, construindo a face estadunidense da normatividade nacional diversa e progressiva. No entanto, o ponto incisivo de Peterson permanece. Se formos levar a sério a proposição de que a nação é ao mesmo tempo familiar *e* fraterna, as relações fraternas homossociais existem para reiterar a centralidade da família heteronormativa e agir como uma medida preventiva paliativa – um consolo para a proibição das relações

---

[38] Peterson, 1999, p. 52.

homossexuais. Para inverter essa trajetória, as estruturas familiares da nação trabalham tanto para consolidar a heterossexualidade como indispensável ao pertencimento nacional, quanto a homossexualidade como sua inimiga. A heterossexualidade trabalha para garantir o não interrogado, o não observado no acesso a espaços homossociais; por meio da proibição da homossexualidade, a heterossexualidade sanciona a homossocialidade enquanto nomeia e produz a homossexualidade não permitida. Assim, o binário homossexual-heterossexual (ocidental) é uma faceta primária e não secundária do projeto de nacionalismo. Além disso, as teorizações do nacionalismo e da sexualidade precisam atender à multiplicidade dos outros da heteronormatividade e, por sua vez, às múltiplas figuras dos outros do homonacionalismo. Como Alexander demonstrou: "A heterossexualidade é ao mesmo tempo necessária para a capacidade do Estado de se constituir e se imaginar, ao mesmo tempo em que marca o local de sua própria instabilidade".[39] Se, de acordo com a lógica binária sexo-gênero-desejo, a homossexualidade é o que encobre a instabilidade da heterossexualidade da nação, então essa sombra em si não se constitui fora da nacionalidade, mas dentro dela, em torno dela, pairando sobre ela. Por meio da prescrição da estabilidade heteronormativa, ou segurança, a questão do inseguro ganha destaque: a sombra que está dentro e fora, o disciplinado internamente e o colocado em quarentena externamente e banido.

Voltando à perspectiva de Foucault sobre as sexualidades que florescem como uma "sexualidade circulante: uma distribuição de pontos de poder, hierarquizados ou nivelados", a sombra é imaginada, sentida, temida, desejada e, em alguns casos, vislumbrada, para funcionar efetivamente como uma ameaça.[40] Corpos queer podem não ser permitidos, mas há espaço para a absorção e a gestão da homossexualidade – temporal, histórica e espacialmente específica – quando ela é vantajosa para a nação.

---

[39] Alexander, 1996, p. 65, citando Hart, 1994, p. 8.
[40] Foucault, 2005, pp. 44-45.

Como a homonormatividade faz parte de uma gama de "sexualidades compartimentadas que são toleradas ou encorajadas", essa gestão não é consistente e geralmente é direcionada apenas para determinados públicos. Como uma "proximidade que serve como procedimentos de vigilância", a homonormatividade é tanto disciplinada pela nação e seus fundamentos heteronormativos quanto efetivamente vigia e disciplina os corpos sexualmente perversos que estão fora de seu alcance. Assim, a nação não apenas permite corpos queer, mas também os disciplina e normaliza; em outras palavras, a nação não é apenas heteronormativa, mas também homonormativa. Ler corpos não normativos de gays, homossexuais e queers *através* da nação, e não contra ela, é reconhecer que (algumas) nações são produtoras de sexualidades não normativas, e não meramente as reprimem. Há pelo menos três desdobramentos do homonacionalismo que fortalecem a nação. Primeiro, ele reitera a heterossexualidade como norma; por exemplo, a oferta pelo casamento gay concede um *status* de "igual, mas diferente" (idêntica à norma heterossexual de casamento para relacionamentos monogâmicos gays e queer). Em segundo lugar, ele promove posicionalidades homossexuais nacionalistas em dívida com o liberalismo (por meio de formas de parentesco normativas, bem como por meio de esferas de consumo que estabelecem dicotomias entre Estado/mercado), que então policiam (por meio do panóptico e do perfilamento) sexualidades não normativas e não nacionalistas. Em terceiro lugar, ele possibilita um discurso transnacional do excepcionalismo sexual dos EUA *vis-à-vis* a corpos perversamente racializados de nacionalidades patologizadas (tanto dentro quanto fora das fronteiras dos EUA), como a violência em Abu Ghraib (capítulo 2) horrivelmente revela.

GENEALOGIAS DO TERRORISMO

Como nossos inimigos exploram os benefícios de nosso meio ambiente global para operar em todo o mundo, nossa abordagem deve ser global

também. Quando eles correrem, nós os seguiremos. Quando eles se esconderem, nós os encontraremos. Alguns campos de batalha serão conhecidos, outros desconhecidos. A campanha que temos pela frente será longa e árdua. Nesse tipo diferente de guerra, não podemos esperar um fim fácil ou definitivo para o conflito.
– Casa Branca, *Estratégia Nacional de Combate ao Terrorismo*, 2003.

Uma das trajetórias mais sutis do homonacionalismo emerge no comentário acadêmico crítico sobre as ligações causais entre terrorismo e subjetividade. Esses esforços, lançados em parte para compensar a ausência do gênero e da sexualidade nas análises do terrorismo e para interromper as narrativas dominantes sobre patologia e trauma, ainda assim reproduzem algumas das próprias suposições que procuram desmantelar. As declarações do governo sobre as causas do terrorismo e o campo de estudos do terrorismo dependem muito de tais suposições. Por exemplo, a *Estratégia Nacional de Combate ao Terrorismo* apresenta o plano dos EUA para uma rede de vigilância global chefiada por uma polícia internacional e uma força de interrogatório treinada e liderada pelos Estados Unidos. Uma lista de ataques terroristas ao país exclui o atentado de Oklahoma City, relegando o terrorismo aos desconhecidos e incipientes não brancos de fora e evitando o conhecimento de uma ameaça interna.[41] Nesse documento, o objetivo declarado da política dos EUA é "devolver o terrorismo ao 'domínio do crime'" por meio do disciplinamento – "espremer, apertar e isolar" é a frase usada – de células

---

[41] A *Estratégia Nacional de Combate ao Terrorismo* da Casa Branca começa: "Os estadunidenses sabem que o terrorismo não começou no 11 de Setembro de 2001. Infelizmente, a sua história é longa e muito familiar. O primeiro grande ataque terrorista no distrito financeiro de Nova York, por exemplo, não ocorreu em 11 de setembro, nem mesmo com o atentado ao World Trade Center em 1993. Ocorreu em 16 de setembro de 1920, quando anarquistas explodiram uma carroça de cavalo cheia de dinamite perto dos cruzamentos da Wall and Broad Streets, tirando 40 vidas e ferindo cerca de 300 outras. Começando com o assassinato do presidente William McKinley em 1901 e continuando com os bombardeios das embaixadas dos EUA na Tanzânia e no Quênia em 1998 e do navio Cole dos EUA no Iêmen em 2000, a história estadunidense no século XX foi pontuada pelo terrorismo", p. 5.

terroristas difusas e globais, a fim de "localizar a ameaça", isto é, colocar em quarentena o que está aparentemente além do domínio do crime (a perversão e a patologia dos apátridas, incivilizados, irreconhecíveis) no domínio do espaço doméstico do feminizado, contido no Estado, ineficaz. O léxico do contágio e da doença sutura as ligações etimológicas e políticas da infiltração e invasão terrorista à queerização e ao vírus da Aids. Os dois modelos de terrorismo usados pelo Departamento de Estado oscilam entre a estrutura piramidal e a estrutura em rede. O primeiro (também presente como uma estrutura terrorista, com a "metáfora das solitárias" na *Batalha de Argel*, vista pelo Pentágono em agosto de 2003) representa um formato administrativo racional conhecido: fálico e, portanto, castrável. O segundo pode ser lido como a monstruosidade de projéteis perversos e presenças caóticas.[42] O desejo de castrar o que escapa à castração é um poderoso profilático e, como tal, dificilmente tangencial. Como uma narrativa produtiva, ela fornece a justificativa para a vigilância intensificada, o controle de fronteira e mandados de interrogatório e prepara o cenário para a criação de bodes expiatórios e o ataque de quem se parece com terroristas sexualizados e racializados.

A ansiedade de gerenciar redes terroristas rizomáticas, movidas por células, não nacionais e transnacionais, que não têm um início autoevidente ou um ponto final finito, é frequentemente sublimada (contra a sombra do sujeito racional liberal ocidental) por meio da

---

[42] Judith Miller, especialista em Osama bin Laden, descreve a operação da rede celular: Com um grupo tão díspar e tão descentralizado quanto essas redes [...] você pode estar ouvindo e monitorando uma célula e um grupo da rede, uma parte da rede que parece ser muito ativa e parece estar preparando algo, e que pode realmente ser desinformação ou uma cobertura para outra parte da rede que não está sendo monitorada. Uma das marcas registradas de Osama bin Laden é que ele seleciona e escolhe entre a enorme variedade de grupos militantes que fazem alianças com ele. E se ele acha que os estadunidenses estão observando, digamos, uma célula na Itália, como estávamos no ano passado, ele não usa ou confia numa célula na Itália. Ele vai ligar para uma célula da Malásia ou uma célula operando no Canadá. ("Hunting bin Laden"); Miller, 2001.

história da responsabilidade individual e da patologia individualizada. Em sua atenção à discursividade, Judith Butler observa que essas especulações sobre a "patologia pessoal" dos terroristas são uma das poucas opções narrativas se se quiser começar a história antes do 11 de Setembro de 2001. Essas histórias são necessárias porque deslocam outras histórias da política externa e do capital global dos EUA anteriores ao 11 de Setembro (por exemplo, em relação à ascensão do Talibã no Afeganistão). Como Butler aponta, "elas funcionam como uma narrativa plausível e envolvente em parte porque recolocam a agência em termos de um sujeito, algo que podemos entender, algo que está de acordo com a nossa ideia de responsabilidade pessoal, ou com a teoria da liderança carismática que foi popularizada com Mussolini e Hitler na Segunda Guerra Mundial".[43] A psique totalmente individualizada, centrada na teoria e na práxis psicanalíticas convencionais, não tem contexto, história ou política.

A contrapartida dessa patologização obsessiva do indivíduo é o profundo narcisismo implícito na pergunta: "Por que eles nos odeiam?" (cuja entonação geralmente implica algo diferente: Como eles *podem* nos odiar?). Edward Said, traçando a mudança da Guerra Fria para as ansiedades terroristas, volta o olhar metanarrativo psicanalítico para os aterrorizados:

> Deixando de lado os ataques de bombardeios passados e futuros, a loucura do terrorismo é perigosa porque consolida o imenso e desenfreado narcisismo pseudopatriótico que estamos alimentando. Não há limite para a insensatez que convence um grande número de estadunidenses de que agora não é seguro viajar e ao mesmo tempo os cega para toda a dor e violência que tantas pessoas na África, Ásia e América Latina devem suportar simplesmente porque decidimos que os opressores locais, a quem chamamos de guerreiros da liberdade, podem continuar com sua matança em nome do anticomunismo e do antiterrorismo?[44]

---

[43] Butler, 2002, p. 179.

[44] Said, 1987, p. 158.

Situar o terrorismo como um discurso narcisista pseudopatriótico oferece uma oportunidade de examinar o que está em jogo para o terrorista nessa inversão. É exatamente essa reversão que é encenada na narrativa dos Estados Unidos como vítimas do terrorismo. Comentando sobre esse desdobramento da "indústria cultural do 'trauma' [que] conduz a uma mistificação da história, da política e da crítica cultural", os autores de uma declaração intitulada "Práticas Feministas Transnacionais contra a Guerra" escrevem:

> Sinais do etnocentrismo do discurso do trauma atual aparecem em representações da mídia encenadas dentro da estrutura terapêutica que tende a conceder grande significado, importância e simpatia para aqueles que perderam amigos e familiares nos ataques ao World Trade Center e ao Pentágono. Por outro lado, as pessoas que perderam entes queridos como consequência da política externa dos Estados Unidos em outros lugares não são retratadas como vítimas de traumas ou injustiças.[45]

No entanto, não é apenas que o sofrimento psíquico pode existir para aqueles nos Estados Unidos, mas não para outros, mas que a única narrativa de trauma que parece se aplicar ao terrorista – o produto perturbado da fracassada romantização (ocidental) da família nuclear heteronormativa – permanece quase sozinha como a força patológica por trás do terrorismo.

Essas recitações de patologias individuais infestam o campo dos estudos de terrorismo também, e seu cúmplice, os estudos do contraterrorismo; ambos os esforços acadêmicos são alimentados por corporações de comércio de segurança privada e "*think tanks* neoconservadores israelenses ou de Washington".[46] Em setembro de 1999, a Divisão de Pesquisa Federal da Biblioteca do Congresso preparou um

---

[45] Bacchetta *et al.*, 2002, p. 305.

[46] Kevin Toolis escreve: "Os estudos sobre terrorismo são a novidade e os programas de pós-graduação estão surgindo como uma intifada em todo o mundo ocidental"; 2004, p. 26.

manuscrito abrangente, "The Sociology and Psychology of Terrorism: Who Becomes a Terrorist and Why?" [A sociologia e a psicologia do terrorismo: quem se torna um terrorista e por quê?], para fazer um levantamento da literatura sobre estudos do terrorismo. Nesse documento político, a causalidade é dividida em cinco abordagens supostamente distintas: política (impulsionada por ambientes universitários, o "principal campo de recrutamento para terroristas", onde "a ideologia marxista-leninista ou outras ideias revolucionárias" são aprendidas); organizacional (dinâmica de grupo *versus* líder individual); fisiológicos (a mídia atua como um fator de contágio na estimulação de terroristas em potencial que "são estimulados pelas apresentações de terrorismo na mídia de tal maneira que aceitam a violência"); psicológico (cujas subdivisões incluem a hipótese de frustração-agressão, a hipótese da identidade negativa – "uma rejeição vingativa do papel considerado desejável e apropriado pela família e pela comunidade de um indivíduo" – e a hipótese da raiva narcisista, doença mental induzida por dano psicológico durante a infância); e, finalmente, multicausal (uma combinação das opções acima).[47] A "mentalidade terrorista" é, portanto, qualificada por duas teorias padrão: o terrorista como doente mental ou o terrorista como fanático – um "indivíduo racional, lógico e idealizador". ("Essa abordagem leva em consideração que os terroristas são frequentemente bem-educados e capazes de retórica e análises políticas sofisticadas, embora altamente tendenciosas".[48]) Psicólogos de terroristas desenvolveram certos modelos, que são descritos no relatório: o modelo de percurso pessoal de Eric Shaw declara: "A necessidade subjacente de pertencer a um grupo terrorista é sintomática de uma identidade psicossocial incompleta ou fragmentada" (p. 25); Jerrold Post desenvolveu a noção de "psico-lógica terrorista", que esvazia a escolha intencional das ações de um terrorista, afirmando que as forças psicológicas conduzem o terrorista à violência (p. 28). No geral,

---

[47] Hudson, 1999, pp. 14-20.

[48] *Idem*, pp. 26, 31-32. Notas subsequentes a esta fonte citadas no texto.

porém, o relatório admite: "Há evidências consideráveis [...] de que os terroristas internacionais são geralmente bastante sãos" e "o planejamento cuidadoso e detalhado e a execução no momento certo que caracterizaram muitas operações terroristas dificilmente são típicos de indivíduos com distúrbios mentais" (p. 30). Cita "Psicologia social de grupos terroristas", de C. R. McCauley e M. E. Segal, que afirma: "Terroristas não apresentam nenhuma psicopatologia marcante". O relatório conclui: "Terroristas são recrutados de uma população que descreve a maioria de nós" (pp. 30-31). A especialista em terrorismo Martha Crenshaw concorda, alegando que "a característica comum mais marcante dos terroristas é sua normalidade" (portanto, o conceito de normalidade não é reavaliado nem alterado).[49] Ao fazer essa declaração, Crenshaw também aponta para os detalhes do perfil ou composição sociológica terrorista, que Robin Morgan também enumera: 80% são homens, idade média entre 22 e 25 anos, solteiros e mais de dois terços são das classes média e alta e têm formação universitária, quando não superior.[50]

Apesar da avaliação cautelosa da Divisão de Pesquisa Federal dos elementos mais conservadores dos estudos de terrorismo, o domínio da política anti-EUA e anti-imperialismo ocidental é, no entanto, considerado equivocado, irracional e arcaico, um alicerce dos fracassos da modernidade. Ao longo do relatório, embora as motivações políticas para atos terroristas sejam mencionadas, a urgência e a importância da crítica política são desconsideradas ou consideradas irrelevantes. O relatório regularmente emprega comandos metonímicos para a barbárie incivilizada; termos e frases como *interpretação subjetiva, lente estreita, cultural, fim extremo de um* continuum, *delirante e tendencioso*,

---

[49] M. Crenshaw, 1981, p. 390.

[50] Morgan, 1989, pp. 63-65. Esse texto também aparece como uma adição proeminente pós-11 de Setembro em muitos programas de estudos de mulheres e de gênero sobre a guerra e o terrorismo. A estatística de classe foi qualificada: enquanto a maioria dos líderes terroristas são bem educados e de origens economicamente seguras, muitos recrutas de organizações terroristas são o oposto: pobres, desempregados ou subempregados e com baixa formação educacional.

imperativos morais e "lente distorcida de suas crenças religiosas" (p. 43), bem como afirmações como "suas visões de mundo diferem de maneira crítica das visões de mundo ocidentais" (p. 43), estão espalhadas por toda parte. Embora Osama bin Laden seja aclamado como "o protótipo de uma nova espécie de terrorista – o empresário privado que coloca a empresa moderna a serviço de uma rede terrorista global" (p. 6), a religião – e não a política ou a economia – é considerada a razão por trás da atividade terrorista. A religião é entendida nesses documentos pela lente do secularismo liberal como a antítese da modernidade e da racionalidade. Em uma seção intitulada "Novos tipos de terroristas da Guerra Fria", o relatório defende o reconhecimento de uma mudança na ação terrorista, como na página 6 (grifos meus):

> Quando os grupos e os indivíduos terroristas tradicionais do começo dos anos 1970 são comparados com os terroristas do começo dos anos 1990, uma tendência pode ser observada: o emergencia do fundamentalismo religioso e novos grupos religiosos que defendem a retórica do terrorismo de destruição em massa. [...] Esses grupos têm uma atitude *diferente em relação à violência* – uma que é *extranormativa* e que busca maximizar a violência contra o inimigo reconhecido. [...] A perspectiva deles é aquela que divide o mundo de forma simplista em 'eles' e 'nós'.

A crença religiosa é assim moldada em relação a outros fatores que alimentam o terrorismo, como o transbordamento, o excesso final que impele à monstruosidade – a "atitude diferente em relação à violência" sinalizando essas forças incivilizáveis. A própria diferença é patológica. No imaginário liberal-secular, a religião também é *sempre tida como* patológica. Posteriormente, o documento destaca que o mais perigoso terrorista é o fundamentalista islâmico, citando Jerrold M. Post, que afirma que "o terrorista mais perigoso provavelmente é o terrorista religioso": "Ao contrário do terrorista político ou social comum, que tem uma missão definida que é algo mensurável em termos de atenção da mídia ou reação do governo, o terrorista religioso pode justificar os atos mais hediondos 'em nome de Alá', por exemplo".⁵¹ Aparentemente, uma crítica da dominação econômica neoimperialista ocidental ou da política externa dos Estados Unidos ou dos fundamentalismos e hegemonias cristãos e judaicos não constituem uma razão de ser legítima para o terrorismo político ou social, nem o estabelecimento e a observância da religião em si mesmos se qualificam como um modo de crítica, dissidência ou resistência política ou social. Ironicamente, o modelo secular que se propõe a proteger a política da religião funciona, nesse caso, para eliminar esse mesmo domínio. Além disso, a consolidação da islamofobia nos estudos de terrorismo é tanto estrutural quanto ideológica; como observa Kevin Toolis: "Israel [...] continua a ser o modelo do Estado contraterrorista. Quase todos os centros acadêmicos de contraterrorismo ocidentais estão intimamente ligados a instituições israelenses, como o Instituto de Política Internacional para o Combate ao Terrorismo" [International Policy Institute for Counter Terrorism].⁵² Observe que essa avaliação do islã é facilmente apresentada pela omissão flagrante nesse relatório de "terroristas de direita": "Uma quinta tipologia [as outras são nacionalistas-separatistas, fundamentalistas religiosos, novo religioso e revolucionário social], para terroristas de direita, não está listada porque os terroristas de direita não foram especificamente designados como objeto desse estudo. De qualquer maneira, não parece haver nenhum grupo de direita significativo na lista do Departamento de Estado dos EUA de organizações terroristas estrangeiras" (p. 15). Ou seja, os únicos terroristas não examinados nesse documento são os supremacistas brancos e os fundamentalistas cristãos, como Timothy McVeigh e Matt Hale e suas organizações; na ausência, eles são sancionados e mostrados em paralelo com outras

---

⁵¹ Post, 1987, pp. 103-115, citado em Hudson, 1999, p. 2.

⁵² Toolis descreve alguns dos primeiros momentos fundacionais dos estudos de contraterrorismo, vindos principalmente de Israel, incluindo duas conferências internacionais antiterroristas seminais organizadas por Binyamin Netanyahu, irmão de Johnathan Netanyahu, que foi morto na operação do Exército israelense para resgatar reféns no sequestro de Entebbe, em 1976; 2004, p. 27.

variantes não comentadas, como o terrorismo de Estado de Israel e dos Estados Unidos. Toolis observa: "O contraterrorismo continua sendo um estudo feito pelo Estado, na forma de acadêmicos selecionados e algumas figuras policiais e militares, sobre os inimigos dos Estados. Os objetos de estudo – 'terroristas' ou seus representantes políticos [...] nunca são convidados a contribuir".[53]

Essas tendências não residem apenas nos estudos de terrorismo. Notando a "sobreposição interessante entre pronunciamentos de militares de carreira e análises reducionistas de pseudocientistas", Robin Morgan argumenta: "O conceito de 'psicologia terrorista' é uma maneira conveniente de escapar das complexidades, incluindo as políticas. Alguns de seus defensores declararam solenemente que os terroristas são criados por 'maternidade inadequada ou ausente', que resultou em depressão, hipocondria, disforia e destrutividade. Na dúvida, culpem as mães". Crítico de especialistas em estudos de terrorismo como Jerrold Post, que privilegiam a estrutura familiar nuclear heteronormativa ocidental à medida que se concentram na disfunção psíquica infantil, as tentativas de Morgan de teorizar as relações entre patriarcado e violência, embora talvez feministas na intenção, também têm tendências reducionistas. Sua análise do patriarcado como a espinha dorsal do terrorismo, no típico estilo feminista radical, sugere que o terrorismo funciona como o sexo, o que ela chama de "política ejaculatória".[54] Sem surpresa, ela quase defende a lesbianidade e um mundo centrado na mulher como antídoto para o terrorismo.

Alegando que "é no cadinho da intensidade exclusivamente masculina que os laços do compromisso e da abnegação terroristas são formados", o antropólogo Lionel Tiger oferece a tese convencional e exagerada da ligação masculina:

---

[53] Toolis, 2004, p. 26.
[54] Morgan, 1989, pp. 16, 139.

O terrorismo de Bin Laden mobiliza o caos de homens jovens, unindo as energias do ardor político e do sexo em um combustível turbulento. A estrutura da Al-Qaeda – um empreendimento exclusivamente masculino, é nítido – parece envolver pequenos grupos de homens relativamente jovens que mantêm fortes laços uns com os outros, laços cuja intensidade é dramatizada e intensificada pelo sigilo exigido por suas missões e o perigo de seus projetos.[55]

Tiger destaca a proeminência de espaços segregados por gênero e poligamia nas comunidades muçulmanas, argumentando que estes são o alimento para a intimidade entre o mesmo sexo necessária para a intensidade dos laços terroristas. Mais tarde, no entanto, ele afirma que as tropas de Bin Laden "não têm escolha a não ser se acostumar a uma vida relativamente monástica", de partida negligenciando a possibilidade de ligações entre pessoas do mesmo sexo, ao mesmo tempo que torna qualquer homossocialidade, incluindo a homossexualidade, como padrões ordinários devido à aparente impossibilidade de se aproximar de relações heterossexuais satisfatórias. De acordo com Joseph Massad, esse é um discurso orientalista comum propagado pelo que ele chama de "Internacional Gay": ONGs de libertação e missionárias gays e lésbicas, complementadas por relatos antropológicos e etnográficos supostamente queer sobre homens árabes de sexualidade do mesmo sexo.[56] Talvez o aspecto mais prejudicial da análise psicológica de Tiger seja a exclusão de qualquer tipo de crítica política, econômica ou material imanente às motivações terroristas. Uma citação final:

O perigo de pertencer às [tropas de Bin Laden] aumenta sua empolgação e alimenta sua sensação de um empreendimento que vale a pena. Seus camaradas fornecem a eles um refúgio emocional e um foco nítido para as energias turbulentas na intersecção da juventude e do desespero. Suas

---

[55] Tiger, 2001, p. 8. Ver também a entrevista de Tiger, 2001b.

[56] Massad, 2002, pp. 361-385. Sobre as tradições literárias orientalistas dos viajantes europeus homens para o norte da África, ver Boone, 1995. Ver também a edição especial de *Middle East Report*: Toensing, "Sexuality, Suppression, and the State".

armas básicas são a intensidade e o comprometimento extremo, não o usual armamento visível dos guerreiros.[57]

O foco de Tiger no ímpeto erótico é conivente com uma insinuação, corrente em discursos conservadores, de que a legalização da homossexualidade em países árabes limitaria o recrutamento de homens jovens isolados para organizações terroristas. O afeto emotivo do fragmento de Tiger, presumivelmente destinado a enfatizar o desespero psíquico e mental dos jovens sobre os quais ele escreve, serve apenas para zombar ainda mais da possibilidade de ser um dissidente politicamente motivado (em vez de emocional, sexual, teológico, irracional, ou moral – todos os atributos excessivos e feminizados dentro dos dispositivos explicativos de Tiger).[58]

Zillah Eisenstein nos lembra que, embora as narrativas do problemático mundo sem mulheres do Talibã abundassem, nenhuma falha desse tipo foi atribuída ao "momento muito viril" do mundo branco pós-11 de Setembro com bombeiros sarados, policiais, trabalhadores do marco zero, e ternos corporativos. O ponto é bem levantado, mas Eisenstein continua citando Ahmed Rashid escrevendo sobre o Talibã, que diz que "a maioria desses homens cresceu em campos de refugiados sem o amor ou camaradagem de mães ou irmãs".[59] Aqui vemos o excesso de confiança em um tipo de estrutura explicativa psicanalítica heteronormativa do patriarcado que esvazia a política, o capital global e até a pobreza de uma série de narrativas de origem potenciais. Em um movimento inverso, Ros Petchesky também afirma que a normalidade do patriarcado é o que as redes terroristas e o capitalismo global dos Estados Unidos têm

---

[57] Tiger, 2001, p. 8.

[58] Outro exemplo de busca por uma patologia cultural que possa apagar a política em discussões sobre as motivações de Bin Laden e Mohammed Atta é de Mause, 2002. Ver também Borneman, 2002, sobre a obsessão de Mohammad Atta com seus órgãos genitais. Ver também C. Allen, 2002.

[59] Eisenstein, 2002, pp. 86, 93.

em comum.⁶⁰ Uma alega anormalidade, a outra normalidade; ambas as explicações a-históricas e espaciais pressagiam a amnésia da presença de domínios do mesmo sexo, segregados por gênero e campos cogendrados da vida doméstica e pública nos diversos contextos do Oriente Médio, muçulmanos e árabes.

O sociólogo Michael Kimmel também argumenta que os regimes normativos de gênero contribuem para a humilhação de psiques danificadas: "O que é relevante não é o fato provável da [...] homossexualidade de [Mohamed] Atta, mas a vergonha e o medo que cercam a homossexualidade em sociedades que se recusam a reconhecer a diversidade sexual" – irônico, dado que (e de fato) os Estados Unidos são uma sociedade assim.⁶¹ Alegando que, para o Talibã, o terrorismo oferece a "restauração de sua masculinidade", Kimmel se concentra na classe: "O

---

⁶⁰ Petchesky, 2001.

⁶¹ Kimmel, 2002, b11-b12. Um bom exemplo de homofobia estadunidense se reflete nas discussões de que a queeridade do pai de John Walker Lindh poderia ter contribuído para que ele se tornasse o "Talibã estadunidense". Ver LaBarbera, 2002. Além disso, o artigo de Roche *et al.* na *Time* (2001) menciona que quando Lindh voltou do Iêmen, "a vida em casa, ele logo descobriu, tinha sofrido uma mudança dramática. No final de 1998, Frank [o pai de Lindh] disse que era gay e se mudou" (p. 51). A próxima página apresenta uma discussão sobre a amizade de Lindh com Khizar Hayat. Curiosamente, depois de afirmar: "Hayat, que tem uma esposa e quatro filhos, diz que teve relações sexuais com Lindh", e citando a discussão de Hayat sobre "gostar" e "amar" Lindh, os autores dizem que Hayat "tem um bom, embora não coloquial, domínio do inglês" (p. 52). Parece que os autores preferem que Hayat descreva sua relação com Lindh com mais detalhes, uma agenda que se torna mais nítida à medida que escrevem que o professor de Lindh, Mufti Iltimas Khan, "não discute a natureza de sua relação com Lindh, embora ele pareça feliz em falar sobre o jovem. 'Todos que viam queriam falar com ele, olhar para ele e olhar para o seu lindo rosto. Tinha um rosto adorável, John Walker'". Embora o mufti não defina seu relacionamento, a citação dos autores sobre apreciar Lindh em sua fala e em sua aparência trabalha para vincular seu relacionamento com o seu professor ao relacionamento com seu amigo, ambas interações perversas fora dos limites da família heterossexual monogâmica. De fato, os autores afirmam: "Os advogados de Lindh negam que seu cliente tenha se envolvido em relacionamentos homossexuais", assumindo palavras para descrever as interações de Lindh com Hayat, que Hayat aparentemente não tem o conhecimento do inglês para usar" (p. 52). Que Hayat poderia ou prefere pensar em suas interações com Lindh em termos de "gostar" ou "amar" não é permitido dentro do quadro de pensamento do artigo.

central para a sua ideologia política é a recuperação da masculinidade da política emasculadora da globalização e da ocidentalização do Afeganistão como humilhações". Embora a ênfase de Kimmel nos processos de gendramento em vez da escolha do objeto sexual seja louvável, ele evoca a globalização como uma força avassaladora e abrangente que esgota toda a resistência, com a distinta exceção da retribuição:

> Os terrores da emasculação vividos pelos homens de classe média baixa em todo o mundo irão, sem dúvida, continuar, enquanto eles lutam para construir um lugar para si mesmos em economias em retração e em culturas inevitavelmente em mutação. Eles podem continuar a sentir um ressentimento fervente contra as mulheres, a quem eles percebem como se estivessem roubando seu lugar de direito na cabeceira da mesa, e contra os governos que os desalojam.[62]

Comparando o Talibã aos supremacistas brancos nos Estados Unidos e Mohammed Atta com Timothy McVeigh, Kimmel universaliza a situação da masculinidade emasculada por meio da essencialização de uma identidade heteromasculina global e presumindo a hegemonia global de uma tríade normativa de sexo-gênero-desejo, para não mencionar uma versão marxista vulgar de afinidade de classe. Mais uma vez, existe uma interpretação errônea do gênero no Afeganistão como estritamente heteronormativo, como distinta de uma mistura de ambientes homossociais e heterossociais. Massad argumenta: "Esforços para impor um regime heterossexual europeu aos homens árabes tiveram sucesso apenas entre as classes altas e as classes médias cada vez mais ocidentalizadas".[63] A questão que deve ser colocada antes que tais comparações possam ser proferidas é esta: o que constitui os regimes normativos de gênero em contextos árabes? (Isso, é nítido, nem mesmo começa a atentar para o tempo de Atta na Alemanha, nem para sua

---

[62] Kimmel, 2002, b12.
[63] Massad, 2002, p. 372

educação no Cairo). Além disso, citando fiasco após fiasco de Hitler, Atta e McVeigh – "todos os três fracassaram na profissão escolhida" – a análise de Kimmel insinua que a incapacidade dos homens privilegiados a assimilarem-se à mobilidade econômica para baixo que ocorre com as mudanças de escala da globalização é, de alguma forma, um mau funcionamento do caráter pessoal, refletindo assim a "hipótese de identidade negativa" dos perfis psicológicos terroristas. Citando Arlie Hochschild sobre a "crise global da masculinidade", essa representação da globalização também é apresentada por Barbara Ehrenreich, que de maneira diferente sugere, corretamente, que as ligações entre misoginia, masculinidade e terrorismo precisam ser mais investigadas.[64] Mas, como Eisenstein, a avaliação de Ehrenreich de que os espaços segregados por gênero são produto da misoginia fundamentalista islâmica (o véu é geralmente citado como o exemplo mais flagrante de opressão por feministas liberais) ignora décadas (até mesmo séculos, segundo o trabalho de Fatima Mernissi) do trabalho feminista muçulmano argumentando o contrário.[65] Como Saba Mahmood argumenta, essa miopia se deve à incapacidade do feminismo liberal secular de conceituar a agência das mulheres religiosas, a menos que ela apareça como resistência ao não secular.[66] Um exemplo final dessa predileção feminista deve bastar:

> Os guerreiros de longa data têm a tendência de ver as mulheres como uma força corruptível e debilitante. Daí, talvez, as *madrassas* exclusivamente masculinas no Paquistão, onde meninos de apenas seis anos são treinados para a *jihad*, longe da influência potencialmente suavizante de mães e irmãs. Ou lembremo-nos da especificação do terrorista Mohamed Atta, em seu testamento, de que nenhuma mulher manuseie seu cadáver ou se

---

[64] Ehrenreich, 2001.
[65] Lila Abu-Lughod, por exemplo, argumenta que o véu é uma forma de "reclusão portátil" que simboliza a importância do trabalho das mulheres em casa; Abu-Lughod, 2002. Para uma discussão sobre o espetáculo de gênero e velamento, ver Berger, 1998.
[66] Mahmood, 2004, p. 8.

aproxime de seu túmulo.⁶⁷

Curiosamente, e este é um ponto não abordado por aqueles que tentam atribuir algo específico ao terrorista muçulmano, os discursos de vergonha e humilhação de gênero são endêmicos para conceitualizações (e autorrepresentações) de terroristas de direita também. A pesquisa da especialista em terrorismo Jessica Stern abrange uma gama de organizações terroristas, de muçulmanos, hindus e sikhs a judeus, cristãos e supremacistas brancos neonazistas:

> Enquanto os terroristas que conheci descreveram uma variedade de mágoas, quase todos falaram sobre humilhação. O cultista do Identity Christian me disse que ele sofreu de bronquite crônica quando criança e sua mãe o desencorajou a se esforçar. Ele foi forçado a frequentar as aulas de educação física para meninas porque não conseguia acompanhar os meninos. 'Não sei se já superei a vergonha e a humilhação de não ser capaz de acompanhar os outros meninos – ou mesmo algumas das meninas', disse ele. A primeira vez que ele se sentiu forte foi quando morava em um complexo armado, cercado por homens armados.
> Um homem envolvido na ala violenta do movimento antiaborto me disse que ele foi 'vaginalmente derrotado', mas agora ele está 'livre', referindo-se ao celibato e de estar além da influência das mulheres.⁶⁸

Nesses esforços supostamente politicamente progressistas, muitos deles feministas, de despatologizar o indivíduo em prol da contextualização da socialização e do social, o *status* de vítima do terrorista (sempre homem) é ressuscitado, dessa vez não pelos fracassos da família nuclear disfuncional, mas pelas brutalidades inescapáveis do capital global e da heteronormatividade. O que se ganha com esses dispositivos narrativos? Para resumir, por meio das análises de gênero e da sexualidade, esses quadros e modelos explicativos servem para (1) ressuscitar as construções

---

⁶⁷ Ehrenreich, 2001.
⁶⁸ Stern, 2004.

feministas do "patriarcado", que homogeneízam e universalizam as relações familiares e sexuais heteronormativas e nucleares, inferindo que a heterossexualidade é a mesma em todos os lugares; (2) presumir os focos causais do terrorismo tanto no indivíduo quanto em um social indiferenciado; em ambos os casos, prevalece o modelo de vítima não secular ou defeito, esvaziando e anulando as críticas políticas e as formas de resistência insurgentes não estatais; (3) excluir uma avaliação séria das mulheres terroristas, postulando uma masculinidade fracassada e um investimento no patriarcado como obrigatórios para o crescimento do terrorismo; as mulheres são colocadas como vítimas do patriarcado ou como forças emasculadoras diante da globalização e, às vezes, ambas de maneira concomitante; (4) desviar-se, ou mesmo evitar totalmente, do dilema de traduzir o gênero para outros locais geopolíticos, em particular por meio do apagamento de histórias de espaços segregados por gênero e uma leitura equivocada da homossociabilidade como gerada principalmente pelo fracasso em assegurar a heterossexualidade "apropriada", contribuindo assim para produção do excepcionalismo sexual dos Estados Unidos; (5) confiscar uma discussão legítima e complicada sobre a homossexualidade nas sociedades árabes, que reconheça as complexidades históricas e espaciais dos espaços segregados por gênero, bem como os processos desiguais de globalização queer, novamente dando à homonormatividade um ar exclusivamente ocidental; e (6) subjugar as potencialidades resistentes desconhecidas da dissidência política, recorrendo à banalização da nomenclatura e de uma estrutura narrativa, ofuscando o pensamento crítico por meio dessas estratégias de contenção.

Essas histórias sobre as consequências e punições de formações não normativas de gênero e de parentesco – isto é, o que essas feministas ocidentais e acadêmicas abrigadas pelo secularismo liberal entendem como não normativo – funcionam para contornar os enquadramentos e transposições transnacionais de circuitos e pontos de referência para favorecer uma construção singular, nacional e até cultural da subjetividade considerada apropriada. Ao fazer isso, essas narrativas feministas inconscientemente se alinham àquelas dos especialistas em terroristas mais conservadores na área, que da mesma forma atribuem explicações míopes, monocausais, psicológicas e afetivas ao fenômeno da violência terrorista, privatizando e esvaziando assim as críticas de economias políticas que os próprios terroristas costumam articular. Mas talvez o *insight* mais devastador meticulosamente evitado por todas as explicações, independentemente da fonte ou da intenção, é a "imaginação terrorista que (sem que o saibamos) habita em todos nós". Em "The Mind of Terrorism" [A Mente do Terrorismo], Jean Baudrillard escreve:

> No final, foram eles que o fizeram, mas nós é que o desejamos. Se não levarmos em conta esse fato, o evento perde toda a dimensão simbólica; torna-se um ato puramente arbitrário, a fantasmagoria assassina de alguns fanáticos que precisamos apenas reprimir. Mas sabemos bem que não é esse o caso. Sem a nossa profunda cumplicidade o acontecimento não teria repercutido com tanta força, e em seu simbolismo estratégico os terroristas sabiam que podiam contar com essa cumplicidade inconfessável.[69]

Assim, não é por meio da retórica da exterioridade, da diferença – cultural, econômica, política, religiosa, psicológica ou outra – que o terrorismo deve ser avaliado; o que é necessário é uma teoria da proximidade que permita ao mesmo tempo a especificidade e a interioridade, a interioridade da familiaridade e da cumplicidade.[70]

---

[69] Baudrillard, 2005.

[70] Falando dos reinos materiais, Nilüfer Göle oferece o seguinte paralelo: "O ataque foi um ataque de dentro. Os próprios terroristas eram um produto do mundo moderno, usando armas modernas, atacando alvos modernos. O Islã não estava se voltando contra algum tipo de força da modernidade externa, colonial ou ocupante. Num sentido irônico, o Islã nunca esteve tão perto da Modernidade"; Göle, 2004 [2002].

GASTOS HOMONACIONAIS

Outra genealogia específica do homonacionalismo pode ser discernida no longo debate sobre as relações entre as liberdades civis de gays e lésbicas e o reconhecimento do consumidor queer. Janet Jakobsen argumenta que, por meio do reinvestimento dos "valores familiares" pela nação, a aparente contradição entre os mercados livres de valor e as políticas restritivas e repressivas do Estado-nação pode ser manipulada em benefício da nação. (Como a nação se beneficia? Jakobsen diz precisamente através da maneira como a família é então reintegrada "em um nível diferente na economia transnacional"):

> O mercado pode não se importar se os indivíduos são gays da maneira que os legisladores aparentemente o fazem, mas o apelo ao *status* de nicho de mercado como local de liberação gay subestima seriamente o entrelaçamento entre o livre de valor com os valores e os valores do mercado e do Estado. Mesmo conflitos aparentes podem representar o entrelaçamento dos dois. Por exemplo, se a política de lésbicas e gays se voltar para o mercado contra os valores dominantes do Estado, tais esforços produzirão os mais limitados 'benefícios'. Se os valores familiares forem simplesmente o local de estabilidade em oposição ao capital flexível, então, leríamos, por exemplo, a Lei de Defesa do Casamento como uma contestação entre mercado e Estado, com o Estado articulando valores e o mercado agindo de forma livre de valores. Pois bem. Mas o que essa leitura não inclui é o entrelaçamento dos dois, as maneiras como esses valores também funcionam para o capitalismo, as maneiras como, mesmo quando incorporadas ao Estado como resistências à 'diversidade' e à 'transnacionalização' no setor econômico, os valores familiares podem operar para refazer a nação como família que pode trabalhar na 'nova ordem mundial'. Construir a família como nação permite que o Estado seja relativamente autônomo da nação de forma a trabalhar para corporações, e como as corporações realmente não se importam se 'gays' que não são do tipo elegível para o emprego podem se casar ou não, a contradição não é de forma alguma incapacitante para a gestão da diversidade tanto na força de trabalho

quanto na nação... Os conflitos entre o Estado e o mercado, portanto, precisam ser entendidos como estruturados pela cumplicidade.[71]

Não temos, portanto, uma oposição aqui entre as liberdades civis para os queers e as ofertas do mercado. Ou seja, não estamos presos à alegação conservadora de que a entrada no mercado reflete a igualdade social, nem às acusações de assimilacionismo pelos grupos queer de esquerda. Em vez disso, a nação se beneficia da liberalização do mercado, que oferece direitos placebo aos consumidores queer que são aclamados pelo capitalismo, mas não pela legislação estatal. Portanto, a heteronormatividade da nação, delineadora da família e do parentesco, e o homonacionalismo "livre de valor" do mercado relacionam-se por meio da conveniência e da cumplicidade, em vez de serem entidades de oposição. Por essa razão, minha genealogia do homonacionalismo engloba tanto a ênfase do liberalismo queer sobre o sujeito queer perante a lei quanto a presença justaposta e, em alguns casos, que precede a cidadania queer consumidora oferecida pelo mercado.

Um exemplo de como a nação se beneficia do homonacionalismo pode ser encontrado na história da indústria do turismo gay e lésbico. Como a identidade nacional está sendo reorientada para a excelência no consumo em vez da participação política cívica pública, os turistas gays são representantes de uma forma de excepcionalismo dos EUA expressa por meio do consumo patriótico projetado para recuperar a saúde psíquica e econômica da nação estadunidense. Constituindo mais de 10% da indústria de viagens dos EUA, o multibilionário setor gay e lésbico do turismo é caracterizado por consumidores com alta renda discricionária, melhor educação e menos crianças (e, portanto, mais tempo de lazer) e que viajam para mais locais internacionais do que outros turistas (em comparação com uma média nacional de 29%,

---

[71] Jakobsen, 2002, pp. 56, 60.

89% dos turistas gays e lésbicas possuem passaportes).⁷² Thomas Roth, diretor da Community Marketing, afirma que, embora os viajantes gays e lésbicas constituam cerca de 10% do mercado em termos de números reais, são mais de 10% do mercado monetariamente falando. (Como uma empresa de *marketing* gay e lésbico, o Community Marketing gerou até o momento a maioria das informações estatísticas e demográficas sobre a indústria do turismo gay e lésbico.) Sobre esse interesse em viagens internacionais, Roth insiste: "Se há uma estatística que diz algo sobre turistas gays e lésbicas, é essa".⁷³ Sua pesquisa de 2001 confirma a alta renda discricionária de turistas gays e lésbicas por causa da ausência de filhos e responsabilidades financeiras consequentes, alegando que esse grupo é cerca de 50% de renda dupla, sem filhos. O relatório continua afirmando que, em comparação com a média nacional, viajantes gays e lésbicas viajam com mais frequência e maior distância, gastam mais dinheiro por viagem e revitalizaram a decadente indústria de cruzeiros (20% fizeram um cruzeiro, em comparação com a média nacional de 2%).⁷⁴ Como era de esperar, a indústria (empresas privadas,

---

⁷² Em 2001, o Community Marketing afirmou que 88% do mercado são graduados em faculdades (em comparação com uma média nacional de 29%), e que uma média de 54% tirou férias internacionais no ano anterior (45% em 1999), percentual significativamente maior do que uma média nacional de 9%. Além disso, é esperado que o crescimento nas viagens internacionais continue evoluindo; as visitas aos locais domésticos estão previstas para diminuir e as viagens para o Caribe e o Leste Asiático são as que mais vão aumentar. Os maiores aumentos são projetados para ser, em ordem, para a África do Sul (304% de aumento), Nova Zelândia (262%), Finlândia (212%), Austrália (211%), Brasil (172%), e as ilhas do Pacífico Sul (165%); Community Marketing, 2001, p. 15. O Community Marketing reforça suas conclusões sobre o mercado gay e lésbico "resistente à recessão" ao afirmar que "os viajantes gays, que detêm mais de três vezes mais passaportes do que seus equivalentes tradicionais, não pensam que é nada extraordinário ir a Londres para um fim de semana de teatro ou para uma festa de uma semana em Sydney" (p. 10).

⁷³ Roth, 2002.

⁷⁴ Deve-se notar que 80% dos entrevistados são homens e que as informações demográficas representam aqueles que participam de exposições de viagens gays e lésbicas e/ou leem revistas gays, como *Curve* e *The Advocate*: "Isso não representa toda a comunidade, mas representa para onde você quer que seus dólares de *marketing* vão"; Roth, 2002.

bem como agências nacionais, regionais e municipais de turismo) centraliza o viajante homem branco gay generonormativo de classe média a alta como o seu turista ideal.[75] As tendências emergentes incluem "retribuir à comunidade" a expansão do turismo orientado para lésbicas e a materialização do mercado de viagens da família gay e lésbica. Enquanto o impulso político original da indústria de viagens gays e lésbicas era a ruptura e a quebra do espaço heterossexual, para que visões inovadoras de espaços gays e lésbicas pudessem surgir, uma nova agenda social e política surgiu no impulso de "retribuir" na forma de contribuições de caridade e serviços voluntários para as organizações sociais, políticas e de saúde sem fins lucrativos que têm apoiado

---

[75] A indústria em geral está desinteressada nas práticas de consumo de queers não brancos, mulheres queer e queers da classe trabalhadora e ela não se preocupa com os papéis produtivos de pessoas não brancas, queers da classe trabalhadora e imigrantes empregados em setores de serviços turísticos. Além disso, conforme o mercado se expandiu globalmente, os locais escolhidos como os novos "mais procurados", e os formatos de publicidade em que são representados e comercializados muitas vezes reiteram discursos neocoloniais tanto de viagens quanto de sexualidade. Na conceituação de um mercado global, tanto a expulsão quanto a normalização estão em ação, pois os locais do Terceiro Mundo são disciplinados em narrativas de pansexualidade primitiva exótica, enquanto cada vez mais cidades europeias, estadunidenses e australianas estão rodeadas por infraestrutura urbana moderna gay. Como tal, os guias de viagem gays e lésbicos e as Exposições Gays e Lésbicas Internacionais podem ser lidos como mapeamentos das relações entre globalização, nacionalismos e sexualidade, e como as faces da sexualidade rastreável, legível para o capital global.
Não houve resposta ao perfilamento de gênero nos aeroportos. De acordo com Riki Wilchins: "Isso ocorre quando uma pessoa é destacada apenas porque é percebida como não estando em conformidade com as normas de gênero. E se você é um dos milhões de viajantes que por acaso é um pouco machona, um pouco feminino, transgênero ou visivelmente queer de outra forma, então há uma boa chance de que isso aconteça com você. [...] Denúncias de perfilamento de gênero fluíram para o GenderPAC desde o 11 de Setembro, quando as companhias aéreas aumentaram adequadamente seu foco na segurança. Com o novo foco veio uma mudança no poder em favor do pessoal de segurança – incluindo os poucos fóbicos com uma antipatia por qualquer um que cruzasse as linhas de gênero. O que estamos vendo é um padrão de viajantes sendo selecionado para tratamento invasivo simplesmente porque eles não cumprem o ideal de alguém de um 'homem de verdade' ou uma 'mulher de verdade'. Esse preconceito recai desproporcionalmente sobre viajantes que são gays, lésbicas, bissexuais, transgêneros ou queer"; Wilchins, 2003, p. 136.

comunidades gays e lésbicas. O mercado de adoção transnacional lésbica em expansão estimulou o crescimento tanto do turismo lésbico quanto do mercado de turismo familiar gay e lésbico; os circuitos dessas redes de adoção também são igualmente coerentes e estimulados pela indústria do turismo gay e lésbica.

Em *Liquidação: O movimento lésbico e gay vai ao mercado*, Alexandra Chasin escreve: "Publicidade para homens gays e lésbicas tem reproduzido ideias de identidade nacional de duas maneiras significativas. Em primeiro lugar, tal publicidade tem muitas vezes apelado para os gays com base em sua identificação como estadunidenses. Em segundo lugar, a publicidade para gays e lésbicas prometeu muitas vezes que a inclusão plena na comunidade nacional de estadunidenses está disponível através do consumo pessoal". A astuta análise de Chasin sobre o papel do nacionalismo dos EUA na criação e na manutenção do *marketing* demográfico gay e lésbico é especialmente relevante para as geografias imaginativas homonormativas atuais. Notando que, nas primeiras décadas do século XX, a publicidade nos Estados Unidos foi um veículo para unir submercados de imigrantes brancos em uma "massa única – e americana, ou pelo menos americanizável", Chasin demonstra que esse precedente histórico estabelece a promessa de pertencimento estadunidense por meio do consumo para imigrantes étnicos não brancos e mais tarde, no início dos anos 1990, para gays e lésbicas. Além disso, ela argumenta que, desde a década de 1970, a crescente pressão para criar "novas classes de consumidores" levou à demanda para que o "nacional" e o "nicho" coexistissem: "Portanto, ao mesmo tempo que os produtores precisavam de mercados nacionais, eles também precisavam de mercados especializados, e é nesse contexto que a 'diversidade' se tornou tanto um valor social (embora superficialmente) quanto um imperativo econômico".[76] Essa história de americanização por meio de práticas de consumo, nitidamente ligada ao surgimento

---

[76] Chasin, 2000, pp. 101, 108-109.

de discursos de multiculturalismo e diversidade, prenuncia a ordem de marcar formas de nacionalismo e patriotismo dos EUA no contexto da guerra ao terror, uma ordem que a indústria de turismo gay e lésbico abraçou totalmente.

O terrorismo há muito tempo tem sido apontado como inimigo do turismo, o primeiro gerando intolerância e ódio, enquanto o último é constituído como um empreendimento democratizante e liberalizante que abraça o pluralismo.[77] Imediatamente após os ataques, Robert Wilson, diretor-executivo da International Gay and Lesbian Travel Association (IGLTA) escreveu: "A sede da IGLTA tem estado bastante silenciosa ultimamente devido à situação atual que se desenvolveu a partir da tragédia do 11 de Setembro. Membros de lugares distantes como Turquia e Nova Zelândia estão relatando um declínio bastante acentuado em consultas e novos negócios, com outros membros informando que eles receberam muitos cancelamentos". Essa avaliação foi rapidamente revisada um mês depois; essas cartas de advertência foram rapidamente substituídas por narrativas de recuperação que contrastavam fortemente com as avaliações gerais da indústria do turismo na época: "Duas pesquisas de viagens da G&L foram publicadas recentemente e também estão refletindo aumentos reais e que a nossa comunidade está na vanguarda do *'business as usual'*, ou seja, negócios como de costume, com planos de viagem e reservas de fim de ano sendo mantidos e o compromisso de não permitir que o presente clima atrapalhe viagens de negócios ou férias". Já distinto da indústria de turismo mais ampla, alegando a maior afluência e maior mobilidade de seus constituintes, bem como uma ruptura política de

---

[77] Por exemplo, na 14ª Assembleia Geral da Organização Mundial do Turismo e na Conferência do Milênio de Líderes do Turismo, realizada em outubro de 2001 em Osaka, Japão, a mensagem era "O terrorismo é o inimigo direto do turismo": "O primeiro-ministro indiano Vajpayee observou que o terrorismo é inimigo do turismo. Ele disse: 'Enquanto o terrorismo se alimenta de intolerância e arrogância, o turismo gera tolerância e empatia. O terrorismo procura erguer muros de ódio entre as crenças e as comunidades. O turismo rompe tais barreiras. O terrorismo detesta o pluralismo, enquanto o turismo o celebra. O terrorismo não respeita a vida humana. O turismo presta homenagem a tudo o que é belo na natureza e na vida humana'"; Sakhuja, 2002.

práticas e espaços heteronormativos de viagens, o mercado de nicho da indústria de turismo gay e lésbico imediatamente começou a preparar sua defesa contra a desaceleração geral das viagens após o 11 de Setembro.[78] Seguem dois exemplos:

> Que época difícil. Seus amigos do Community Marketing sabem que você / nós estamos todos feridos em muitos níveis: emocional, espiritual e financeiro. Nossa melhor 'terapia' é seguir em frente, e não permitir que esses *interesses externos* nos paralisem por muito tempo. Eu voei em um vôo AA na quinta-feira, no 20/09 e foi bom ver mais atividade, mais segurança, mais confiança. (Boletim Informativo de Community Marketing, outubro de 2001, destaque meu)
> Para a maioria de nós, viajar = liberdade e valorizamos esse direito. (E-mail Community Marketing, outubro de 2001)

Ao colocar os eventos do 11 de Setembro como "interesses externos", a indústria do turismo gay e lésbico procurou se recuperar como distinta e excepcional. A cura terapêutica por meio do consumo é oferecida pelo distanciamento ainda maior da indústria de turismo em geral, bem como por meio da recusa de qualquer conexão com as ramificações políticas dos ataques.[79] O incentivo ao consumo patriótico permite a participação na psique nacional enlutada e permite que sujeitos queer abracem, bem como sejam abraçados pela nação. Além disso, a equação "viagem = liberdade" faz referência tanto à noção de que viajar pode funcionar como uma fuga da heteronormatividade quanto à promoção do excepcionalismo dos EUA em relação à liberdade e à democracia. Alegando maiores oportunidades de viagens para consumidores gays e lésbicas, cartas publicitárias

---

[78] Wilson, 2001. Para uma discussão sobre a recessão econômica da indústria de viagens, consulte *Economist*, 2001.

[79] Por exemplo, Michael T. Luongo discute sua visita ao Afeganistão: "A maioria dos estadunidenses tem evitado viagens internacionais desde o 11 de Setembro, mas para mim a tragédia incutiu uma sensação de camaradagem com áreas devastadas pela guerra. Eu senti que Nova York havia se tornado uma cidade devastada pela guerra, então visitar outra não me pareceu assustador"; Luongo, 2004a.

afirmavam que, ao contrário do "público em geral", os viajantes gays e lésbicas não planejavam tirar menos férias nos próximos 12 meses como resultado dos ataques terroristas. Eles também previram corretamente um comparecimento recorde para o International Gay and Lesbian World Travel Expo anual, realizado na cidade de Nova York em outubro de 2001. Em um *e-mail* que circulou dias após os ataques, o Community Marketing afirmou: "Enquanto a indústria de viagens convencional está estagnada e tentando encontrar uma direção, pesquisas mostram que os viajantes gays e lésbicas não planejam diminuir suas férias no futuro". Em uma pesquisa *on-line* com 446 viajantes gays e lésbicas realizada no final de setembro de 2001, 65% planejavam tirar pelo menos três férias nos próximos 12 meses, quase inalterado em relação aos 12 meses anteriores. Nove por cento das férias domésticas e 10% das férias internacionais foram adiadas como resultado dos ataques e da crise econômica, mas foi afirmado que poucos turistas gays e lésbicas cancelaram seus planos de viagem. Além disso, o relatório revelou que entre as motivações para escolher destinos, 50% citaram locais "amigáveis aos gays", 42% "mais acessíveis" e 29% "mais seguros".

Da mesma forma, em um editorial para *Passport Magazine* escrito em resposta à sua pesquisa sobre o impacto dos ataques do 11 de Setembro na indústria do turismo de gays e lésbicas, Reed Ide declarou: "Gays e lésbicas, em maior número do que a população em geral, não serão afastados facilmente dos valores e prazeres que lhes são caros".[80] Ecoando esse sentimento, Celso A. Thompson, presidente da IGLTA, declarou em seu boletim informativo de novembro de 2001:

> Os ataques terroristas do 11 de Setembro continuam a ter um impacto devastador na indústria de viagens. Os agentes de viagens estão perdendo 50 milhões de dólares por dia em todo o mundo. Os economistas preveem uma queda de 1,8% na economia estadunidense e nenhuma recuperação até o quarto trimestre de 2002. [...] A boa notícia é que as viagens de gays

---

[80] *Idem*, 2001.

e lésbicas ainda são um nicho importante na indústria de viagens. Os operadores turísticos e os agentes de viagens especializados vivenciam uma realidade diferente da norma da indústria. O ritmo das reservas parece estar se recuperando.[81]

De maneira notável, o turismo lésbico em geral não foi um beneficiário dessas afirmações estatísticas. Muitas operadoras de turismo lésbico relataram perdas significativas de reservas no pós-11 de Setembro e nos meses seguintes, o que mostra relações generificadas divergentes em termos de mobilidade, espaço, lugar e nação raramente comentadas pelos pioneiros do setor. Dada a falta geral de debate sobre raça e diversidade racial dentro da indústria de viagens para gays e lésbicas, é viável alegar que a indústria se constrói fora dos efeitos do perfilamento racial e das tecnologias de vigilância de viagens. Portanto, esses discursos de resiliência patriótica trabalham em conjunto com um apagamento explícito dos aspectos racializados e de gênero da indústria do turismo gay e lésbico (e o fato de que muitos queers vivem com a ameaça de violência nos Estados Unidos diariamente). Além disso, é importante repetir, como faz M. V. Lee Badgett, que tais perfis estatísticos, também produzidos pelo Simmons Marketing Research Bureau e Overlooked Opinions, não apenas representam erroneamente gays e lésbicas como consumidores ricos e sem filhos,[82] mas historicamente eles também têm sido usados como munição para campanhas eleitorais antigay estaduais e municipais, geralmente em localidades rurais (em Colorado, Oregon, Idaho, Maine e Flórida). Desde o início dos anos 1990, a "desinformação econômica" tem sido usada pela direita para argumentar contra os "direitos especiais" de gays e lésbicas.[83] A retórica do excepcionalismo turístico é, portanto, dependente de uma dicotomia urbano-rural, bem

---

[81] Thompson, 2001.

[82] Badgett, 1997. Para uma visão geral dos leitores gays e lésbicas da imprensa gay hegemônica, que muitas vezes são a fonte de informações da pesquisa, consulte também Fejes & Lennon, 2000.

[83] Hardisty & Gluckman, 1997, p. 209.

como de dados demográficos que depois servem para marginalizar ainda mais aqueles que os líderes do setor caracterizariam como parte de sua comunidade. Ironicamente, os eleitores rurais são a principal fonte de turistas em potencial que desejam viajar para as mecas gays urbanas.

O que alimenta essa retórica do excepcionalismo turístico queer? E quais são as relações entre esse excepcionalismo e o nacionalismo e patriotismo dos EUA? Chasin aponta para a compatibilidade do nacionalismo dos EUA com um "tipo de nacionalismo gay" por meio de um discurso compartilhado de "por nosso povo e para nosso povo", sugerindo uma "relação amigável e próxima, senão idêntica, entre a comunidade gay e fundamentos nacionais dos EUA [...] expressa[ndo] a convergência entre mercado e Estado, reforçando a equação entre cidadãos e consumidores".[84] No caso de turistas gays e lésbicas, a suposta demonstração de um compromisso com a mobilidade e viagens indica muito mais do que apenas um conjunto de práticas de consumo. Ele também destaca um compromisso com o nacionalismo e o patriotismo dos EUA, respondendo aos apelos para reviver a saúde psíquica e econômica da nação dos EUA devastada pelos ataques terroristas, e sugere uma convergência entre consumo e política: você é o que você compra, politicamente falando. Se você não é um terrorista, é um patriota, como demonstra a excelência do consumo, e o ato de consumo é uma declaração sobre a crença política de alguém na máquina democrática dos Estados Unidos. Assim, o excepcionalismo apresentado nessas narrativas sobre o consumo de gays e lésbicas contém não apenas o consumidor gay ou lésbico como consumidor por excelência, mas também marca esse consumidor homonacional como um patriota estadunidense por excelência. O homonacionalismo é sustentado não apenas por meio de relações privilegiadas com o capital, mas também por meio da replicação dos discursos do nacionalismo e de suas consequentes fantasias de harmonia racial e normatividade de gênero.

---

[84] Chasin, 2000, p. 117.

O homonacional é/está mobilizado contra (quem parece com) o terrorista imóvel. Além disso, os circuitos transnacionais do capital implicam que o homonacionalismo circule tanto através do nacionalismo como para além dele. Os excepcionalismos dos EUA podem muito bem ser articulados pelo homonacionalismo globalmente, e o homonacionalismo está cada vez mais imanente a algumas vertentes do excepcionalismo dos EUA, especialmente nos domínios do consumo e dos discursos de direitos humanos e sexuais.

SOUTH PARK E O PAQUISTANÊS PASSIVO DO COURO*

Volto-me agora para *South Park*, o popular programa de desenho animado dirigido a adultos do canal Comedy Central, conhecido por sua celebração sombria da perversidade e do excesso.[85] Sempre ridicularizando as contradições do liberalismo politicamente correto, as histórias satíricas do programa produzem regularmente comentários sociais e políticos sobre políticas de raça, gênero e classe contemporâneas com foco no que é desconfortável, sinistro ou evitado. Embora seu público seja nitidamente internacional, como demonstrado pela variedade de fãs conversando sobre o programa em salas de bate-papo e em listas de discussão, *South Park* diz muito sobre a chacota dos chamados costumes e valores estadunidenses. Entretanto, estou interessada em *South Park* não por causa do tamanho ou da localização de suas audiências, nem por causa de seu impacto cultural potencial ou percebido. Em vez disso, o que me intriga é a reflexão sobre e as continuidades com críticas à guerra ao terror e à patologização de corpos terroristas que está emergindo na cultura popular. Assim, o próprio *South Park*, como talvez um artefato

---

* No original, "*leather bottom*", referindo-se à posicionalidade sexual passiva e à cultura *leather*, marcada pelo uso de roupas feitas de couro. (N. da E.).
[85] Essa seção é uma leitura significativamente estendida de uma versão anterior de Puar & Rai, 2002.

cultural menor, pode parecer supérfluo, mas as implicações de sua práxis e abordagens representacionais não o são. O banal deve ser observado precisamente porque marcá-lo como tal pode mascarar ou ofuscar sua relevância cultural mais profunda.

South Park imediatamente assumiu as imbricações de sexualidades não normativas e nacionalidades perversas e patológicas no contexto pós-11 de Setembro. Exibido pela primeira vez em 7 de novembro de 2001, o episódio 509, "Osama bin Laden tem calças de peido", tinha sido originalmente intitulado "Osama bin Laden tem um pênis pequeno" – um título que ia muito mais direto ao ponto. Uma trama frenética mostra três amigos, Cartman (o garoto gordinho), Stan (o garoto estadunidense médio) e Kyle (o judeu inteligente), mantidos em cativeiro na caverna de Bin Laden no Afeganistão. Em uma cena, Cartman inexplicavelmente puxa as calças de Bin Laden para baixo (presumivelmente para contrariá-lo?), apenas para revelar uma lupa após a outra, num total de nove, até que finalmente seu pequeno pênis é perceptível. Aparece uma placa, "Minúsculo, não é?", e Cartman pergunta: "Então *é disso* que se trata?". Apontando para as obsessões populares com a sexualidade da criminalidade, especialmente na imprensa sensacionalista, a observação de Cartman, por mais redutora que possa ser, imita, espelha, e não está tão longe de interpretações feministas radicais do conflito contemporâneo, por exemplo, a conceitualização de Robin Morgan da "política ejaculatória". Uma leitura mais perspicaz do fascínio pela mala pequena de Bin Laden é oferecida por Mark Driscoll, que opina:

> Embora existam outras leituras possíveis, quero argumentar que a identificação da falta com Osama bin Laden é isomórfica com a inscrição de deficiências da modernização no discurso desenvolvimentista capitalista. Ou seja, a coerção de um único modelo de desenvolvimento e progresso sócio-histórico na semiperiferia e periferia do sistema mundial consolidou uma estrutura onde a falta foi naturalizada para lugares fora do Norte.[86]

---

[86] Driscoll, 2004, p. 72.

A falta no tamanho do pênis sinaliza a falta de modernidade; assim, o espaço do tradicional é débil, flácido, fraco. Mais tarde no episódio, Cartman mais uma vez tenta distrair Bin Laden, dessa vez se fazendo passar por uma mulher muçulmana em um chador roxo sentada em um camelo. Na exibição da heterossexualidade disfuncional de Bin Laden – seus olhos esbugalhados, caindo no chão, a língua pendurada no chão, uivando como um animal selvagem –, é revelado que ele está mais interessado em fornicar com o camelo, a quem ele então passa a cortejar com vinho. Agora, a falta de modernidade (uma modernidade perversa) dessa vez representada pela mulher muçulmana velada (cuja falta, ao contrário de Bin Laden, nem pode ser vista, mas está escondida pelo véu), está associada a imagens orientalistas de excesso animalístico e bestialidade.

Mais recentemente, *South Park* continua a pressionar contra os parâmetros das homossexualidades nacionais, fragmentando os espaços sexuais a tal ponto que mesmo a queeridade, como crítica da identidade, não pode explicar a multiplicidade de contradições. Em outubro de 2003, no muito comentado episódio "South Park é Gay", os estudantes de South Park pularam na moda metrossexual com força. Ostentando cabelos recém-iluminados com mechas e roupas novas da moda e usando o jargão mais recente sobre tecidos, moda e higiene, Stan, Cartman e Kenny ridicularizam Kyle por usar sua jaqueta de poliéster de sempre: "Você tem que se adaptar aos tempos, amiga", afirma Stan. Cartman acrescenta: "Sim, essa jaqueta é tão 10 de setembro".

Nesse contexto com base nos Estados Unidos, metrossexualidade, uma modalidade permeada de referências metropolitanas e urbanas (embora em *South Park* o cenário não seja urbano) que provisoriamente queeriza (e até certo ponto, efeminiza e emascula) homens heterossexuais, é um sintoma da difusão do homonacionalismo, em que a queeridade já foi assimilada ao homonacional. Como um marcador daquilo que é antiquado, tedioso e acabado, o 10 de setembro delineia uma era de inocência e ignorância estadunidenses à moda antiga (uma linha de publicidade nostalgicamente capitalizada por muitos, por exemplo,

Kenneth Cole, cujo anúncio de roupas usa 12 de setembro como um momento de normalidade persistente: "em 12 de setembro, usamos proteção no quarto, não na sala de correspondência"). Também estão desatualizadas as divisões normativas hétero-homo. Como um "fio" que opera como um "condutor" (Foucault), a metrossexualidade tanto cede a esse binarismo quanto o implode. A metrossexualidade implica um contato com a queeridade e conduz à apropriação de atributos estereotipados queer por homens heterossexuais. Como resposta à era do terrorismo, e à guerra ao terror, a metrossexualidade em sua encarnação estadunidense encena sua própria forma de terrorismo, manifestada através da penetrante e abrangente estética queer, mesmo quando cede ao regime do homonacionalismo com a diluição da política queer: a queeridade é agora algo espetacular para ser possuir, cobiçar, em vez de rejeitar e insultar. Nessa geografia imaginativa, a junção de duas reivindicações do excepcionalismo dos EUA – de inteligência e tecnologia contraterrorismo superiores e da maior liberdade e tolerância sexuais – se reúnem na demarcação do 10 de setembro como parte de uma era anterior. Ao dar um golpe no uso simplista e fácil do 11 de Setembro como um momento significativo de mudança na história global, a cena tanto desfaz esse uso – quantas vezes é feita a referência a 10 de setembro? – mas também, por meio da alusão a um artigo de roupa, ainda mais feito de poliéster, a posição icônica e até a traumática do 11 de Setembro é ridicularizada. Como uma contrapartida à era do novo imperialismo dos EUA, a metrossexualidade saúda triunfantemente a modernidade estadunidense como o espaço do excepcionalismo sexual e promove uma união entre a queeridade e o patriotismo, embora seja uma saudação que venha mais proveitosamente das paisagens urbanas cosmopolitas. Assim, essa geografia imaginativa dos Estados Unidos, privilegiando uma formação cosmopolita urbana (*metro*) do mercado liberal sexual, suaviza as rachaduras e as fissuras de um terreno nacional altamente desigual de diferenças sexuais e raciais entre os espaços, destacando ao mesmo tempo a suposta centralidade dos espaços urbanos para as culturas queer (uma dicotomia urbano-rural que elimina outras formas de sexualidades dissidentes que surgem em outros lugares) e o desejo de reprimir um modelo metrópole-periferia em favor de uma impressão unificada e singular da tolerância estadunidense. Como um fio homonacional nascente, o *metro* da metrossexualidade sugere que esses fios são mais facilmente aparentes em paisagens urbanas cosmopolitas. Criticando o privilégio não marcado dos espaços urbanos para a teorização queer, Jack Halberstam define "metronormatividade" como uma tendência que problematicamente "revela o rural ser o termo desvalorizado no binário urbano/rural que governa a espacialização das identidades sexuais modernas dos EUA".[87] Lendo através desse intercâmbio particular em *South Park*, podemos sinalizar espaços urbanos como cheios de virulento ingrediente homonacionalista. E, ao mesmo tempo, reconher que lugares e espaços rurais, apesar de sua caracterização geral como intolerantes às culturas queer, não devem ser subestimados, pois podem fornecer oportunidades maiores ou diferentes para formações homonacionais paralelas ou contrastantes. Além disso, sustentar paisagens urbanas como ideais para a proliferação de homonacionalismos tanto apaga a topografia variada das cidades (na cidade de Nova York, por exemplo, a diferença entre Chelsea e Jackson Heights) e funciona como um deslocamento de ataques urbanos contra queers em favor de representações fetichistas de violências encontradas em pequenas cidades e áreas rurais.[88]

O resto do episódio apresenta os "Cinco Fabulosos" de *Queer Eye for the Straight Guy*, um programa de televisão que solidificou o fenômeno metrossexual nos Estados Unidos, irradiando de suas raízes europeias (predominantemente britânicas). Os pais dos meninos definem a metrossexualidade de várias maneiras interligadas. Skeeter, refutando a acusação de que ele se tornou gay, afirma: "Só porque um cara se preocupa com sua aparência e está em contato com seu lado feminino não significa

---

[87] Halberstam, 2005, p. 37.

[88] Para um estudo do "Sul ainda agrário" que exemplifica uma "crítica regionalista de uma história gay e lésbica estadunidense com foco urbano", ver Howard, 2003, p. 150. Ver também Howard, 2001.

mais que ele é gay". Stuart diz: "Sim. Metrossexual significa que você é hétero, mas aprecia a cultura gay". "É super fabuloso", acrescenta Randy. Enquanto os "Cinco Fabulosos" metrossexualizam tudo em seu caminho e planos são feitos para uma parada do orgulho metrossexual que combata a metrofobia, o professor gay, Sr. Garrison, farto da venda da cultura e identidade gay, interrompe a moda metrossexual.

Em sua maioria, esses e outros exemplos são tratamentos superficiais da política sexual que empalidecem em comparação com um episódio em particular.[89] No meio de um acúmulo militar dos EUA para uma invasão iminente do Iraque e protestos antiguerra globais em massa, um episódio especialmente bizarro de *South Park* intitulado "O campo de morte da tolerância" foi ao ar pela primeira vez em 20 de novembro de 2003. Descobrindo que ele poderia processar seus empregadores em milhões de dólares se fosse demitido de sua posição por causa de sua orientação sexual, Sr. Garrison usa a performatividade sexual para aumentar o desconforto e provocar o nojo em seus estudantes da 4ª série. Um dia na aula, o Sr. Garrison apresenta um novo assistente do professor, Sr. Escravo (que parece branco), também chamado de Ass. (Assistente) ou "Rabo do Professor".* Sr. Escravo, tipificando um passivo do couro, é um homem branco grande e robusto com um bigode escuro, vestido com uma camiseta rosa, jeans azul e acessórios de couro preto: calças perneiras, colete, botas e um boné de policial. Como um passivo do couro, o Sr. Escravo não é apenas um personagem gay ou queer, como representado pelo Sr. Garrison, mas também uma figura de transgressão sexual e perversidade fazendo referência às práticas sexuais S/M, à promiscuidade

---

* O jogo entre a abreviação de assistente (*ass.*) e o rabo (*ass*) é explícito na língua inglesa, mas o português não permite esse mesmo efeito. (N. da T.)

[89] Ver também o episódio 612, no qual Saddam Hussein está construindo armas de destruição em massa no céu, depois de ter uma relação homossexual no inferno com Satanás, o Príncipe das Trevas, uma história iniciada na quarta temporada com os episódios 410 e 411. "A Ladder to Heaven", *South Park*; "Do the Handicapped Go to Hell?", *South Park*, 19 de julho de 2000, episódio 410, escrito e dirigido por Trey Parker, Comedy Central; "Probably", *South Park*, 26 de julho de 2000, episódio 411, escrito e dirigido por Trey Parker, Comedy Central.

sexual da cultura gay masculina e seu correlato uso recreativo de drogas patologizado. Após ser apresentado, o Sr. Escravo se dirige para o seu assento, não sem antes ser espancado pelo Sr. Garrison. Enquanto o Sr. Escravo se senta, Cartman e Craig, dois estudantes brancos na sala de aula, conversam sobre o Sr. Escravo. Cartman, sussurrando para Craig enquanto olha em volta furtivamente, afirma: "Cara, acho que esse Sr. Escravo pode ser um... paquistanês".

Esse momento significativo é breve e rapidamente suspenso por um retorno às travessuras da sala de aula do Sr. Garrison e seu escravo. O comentário reflete um curioso entrelaçamento entre a diferença racial e sexual: o perverso passivo do couro, não reconhecido como tal pelos estudantes é, em vez disso, confundido com outra figura historicamente notória de perversão, o outro muçulmano de fama orientalista. Esse outro é, naturalmente, perversamente sexualizado também: o paquistanês é reconhecido através, não contra, seus excessos sexuais, bem como através do posicionamento de gênero feminizado do Sr. Escravo como o receptor de uma surra, e mais tarde, por ser penetrado analmente por um gerbo, o esquilo-da-mongólia. Justapondo-se o corpo queer (couro, S/M) com o corpo paquistanês (muçulmano, fundamentalista, terrorista), a comunhão da perversão torna-se mais clara, na medida em que ambos os corpos representam espaços de violência patológicos que são constituídos como sexualmente excessivos, irracionais e anormais, levando-nos de volta à figura do terrorista nos arquivos orientalistas, de políticas públicas e feministas.

Pode-se levar essa análise também ao nível da geopolítica. É notável que Cartman não se perguntou se o Sr. Escravo era um afegão ou um iraquiano. Ao nomeá-lo paquistanês, o programa aponta astutamente para uma complexidade subdeclarada na guerra ao terror, a da posição limítrofe da nação do Paquistão. Desde o 11 de Setembro de 2001, o dilema do Paquistão tem sido sobre a questão de seu próprio terrorismo sancionado e não sancionado pelo Estado: preso entre as expectativas dos EUA de assistência no controle de células terroristas (assistência essa recompensada pela retirada de sanções comerciais e maior acesso a empréstimos do FMI) e a ira da Índia como suposta vítima das atividades terroristas do Paquistão. Pode-se ler a referência ao Paquistão como uma chamada de atenção para o terrorista não levado em conta (nesse sentido, é um reconhecimento encoberto do *status* da Arábia Saudita também). Mais diretamente, a cena alude à cumplicidade dos Estados Unidos e da CIA com a ampliação do complexo industrial terrorista do Paquistão: ditadores militares, comercialização de ópio, centros de treinamento terrorista criados para combater os soviéticos. Arundhati Roy escreve sobre as relações pós-11 de Setembro entre os Estados Unidos e o Paquistão: "Agora o governo dos EUA está pedindo (pedindo?) ao Paquistão para prender o animal de estimação que ele [os Estados Unidos] tem criado em seu quintal por tantos anos".[90] O Paquistão, na avaliação de Roy, tem sido o rabo arrombado pela dominação imperialista dos Estados Unidos.

O Sr. Escravo, penetrado analmente, instiga o espectador a outra associação: a do homem-bomba. Em seu artigo seminal "O reto é um túmulo?", Leo Bersani complexifica a postura feminizada de quem recebe o sexo anal. Em sua estreita associação com a Aids, Bersani argumenta, o sexo anal passou a figurar, para os heterossexuais, como uma autoaniquilação destrutiva, um lado sombrio atribuído ao gozo do abandono extasiado das fronteiras corporais durante a troca sexual.[91] Judith Butler, resumindo Jeff Nunokawa, escreve que o homossexual masculino está "sempre morrendo, como aquele cujo desejo é uma espécie de morte incipiente e prolongada". Esse tipo de sexo não só mata a si mesmo, mas também, mediante a demolição de si, mata outros. Butler ainda elabora a multiplicidade da morte: "O homossexual masculino é representado repetidamente como aquele cujo desejo é de alguma forma estruturado pela morte, seja como o desejo de morrer, ou como aquele cujo desejo é inerentemente punível com a morte".[92] Da mesma forma, o

---

[90] Roy, 2001, p. 1.
[91] Bersani, 1987.
[92] Butler, 1993, p. 83.

homem-bomba, sempre pronto para morrer, é não apenas consumido por desejos pervertidos pelas mortes de si e de outros, mas também mira de maneira certeira as tecnologias da morte. Essa incorporação da morte, como argumenta Fanon, satura cada estrato do ser: "O terrorista, a partir do momento em que ele se compromete com uma missão, permite que a morte entre em sua alma".[93] O fantasma do homem-bomba assombra o Sr. Escravo, abordado aqui como o paquistanês sexualmente depravado.

Assim, o estado efeminado e emasculado do Paquistão, simbolizado através do penetrado analmente Sr. Escravo, é caracterizado como uma nação que está se decompondo e se deteriorando. Elencado na política da diáspora sul-asiática, o Paquistão, por meio de um apagamento do grande número de muçulmanos na Índia, representa o outro muçulmano, uma associação da qual os estadunidenses hindus e os estadunidenses sikh normativos devem se distanciar. Esse distanciamento requer dos sul-asiáticos um posicionamento cada vez mais estreito de minoria modelo, na medida em que buscam se separar da imagem estereotipada dos terroristas. Mas o mais importante, o Paquistão é usado, no duplo movimento de disciplina e quarentena, para separar o espaço nacionalmente sancionado pela queerização dos EUA, o homonormativo Sr. Garrison, do outro muçulmano, banido, perverso, externo.

De volta ao *South Park*, os estudantes reclamam para os seus pais que o Sr. Garrison e seu assistente são "totalmente gays" e "supergays". Os pais os castigam e imediatamente os levam ao Museu da Tolerância. Dentro do Salão de Estereótipos, o grupo caminha pelo Túnel do Preconceito, onde ouvem "queer, feijoeiro, china, crioulo, heeb [abreviação pejorativa de hebreu], viado, palmito, olhos puxados, japa".* "Queer" e "viado" são os únicos epítetos não raciais e não étnicos, fazendo uma analogia entre a raça e a sexualidade e mais uma vez produzindo o queer branco como fragmento do outro racial perverso. Depois de pesquisar e desafiar uma

---

* Os termos utilizados no inglês são: queer, *beaner, chink, nigger, heeb, faggot, cracker, slope, jap*. (N. da T.)
[93] Fanon, 1965, p. 57.

série de estereótipos, eles se deparam com o árabe como terrorista. O guia turístico prontamente diz: "Mas é óbvio, sabemos que todos os árabes não são terroristas, não sabemos crianças?". (Note um deslize interessante: na transcrição oficial do programa, o texto diz o contrário: "Mas é óbvio, sabemos que todos os árabes são terroristas, não sabemos crianças?".)

No dia seguinte, o Sr. Garrison passa a inserir o gerbo da classe, Lemmiwinks, no ânus do Sr. Escravo, depois que bater e amordaçar o receptível passivo do couro não resulta em nenhuma ação disciplinar da administração da escola. Lemmiwinks desaparece no ânus do Sr. Escravo; depois de encontrar um esqueleto de outro gerbo no intestino grosso do Sr. Escravo, Lemmiwinks se vira, apenas para descobrir que o ânus do Sr. Escravo está agora fechado. Em uma subtrama bizarra que provoca até mesmo os limites críticos de *South Park*, Lemmiwinks embarca em uma jornada para atravessar o intestino grosso do Sr. Escravo na esperança de encontrar outra abertura. Uma canção popular dita sua viagem: "Lemmiwinks! Lemmiwinks! Você deve escapar do rabo desse gay ou sua história não poderá ser contada". Encorajado pelos espíritos do Rei Sapo, do Príncipe Pardal e do Bagre – os restos de outros pequenos animais enfiados no ânus do Sr. Escravo (chamado de "rabo da destruição") – Lemmiwinks e os três espíritos são eventualmente tossidos pelo Sr. Escravo, e Lemmiwinks é coroado o Rei Gerbo. Enquanto isso, os esforços fracassados do Sr. Garrison em ser demitido o levaram, com Sr. Escravo, para o Campo da Tolerância, para onde foram enviados pelo diretor da escola para aprender a tolerar seu próprio comportamento.

Como uma equipe, o Sr. Garrison e o Sr. Escravo incorporam a relação escorregadia entre o modelo estrutural da pirâmide e o modelo de rede. O Sr. Garrison fala dos projetos civilizacionais em questão: tanto como objeto de tolerância quanto como sujeito tolerante, ele disciplina a monstruosidade do Sr. Escravo, mesmo enquanto manipula essa monstruosidade. O Sr. Escravo é um canal ou contraste conveniente para as próprias inclinações perversas reservadas do Sr. Garrison. Nós vemos também que tais caracterizações binárias são parte da história da sexualidade escrita pelo Ocidente. Vamos examinar de perto as construções performativas e pedagógicas do Oriente feitas por Foucault que, como Janet Afary e Kevin B. Anderson discutem, "não é um conceito geográfico; em vez disso, está incluído o mundo greco-romano, assim como o Oriente Médio moderno e o Norte da África"[94] na forma de uma *ars erotica* [arte erótica] que ele atribui às "sociedades" da China, do Japão, da Índia, de Roma e dos árabes-muçulmanos:

> Na arte erótica, a verdade provém do próprio prazer, entendido como prática e acumulado como experiência; o prazer não é considerado em relação a uma lei absoluta do permitido e do proibido, nem por referência a um critério de utilidade, mas antes de mais nada em relação a si mesmo; é experimentado como prazer, avaliado em termos de sua intensidade, sua qualidade específica, sua duração, suas reverberações no corpo e na alma. Além disso, esse conhecimento deve ser remetido de volta para a própria prática sexual, a fim de moldá-la como se fosse de dentro e aumentar seus efeitos. Dessa maneira, é estabelecido um conhecimento que deve permanecer secreto, não por causa de um elemento de infâmia que possa se unir a esse objeto, mas por causa da necessidade de mantê-lo na mais importante memória, já que, de acordo com a tradição, perderia sua efetividade e sua virtude por ser divulgado. Consequentemente, o relacionamento com o mestre que guarda o segredo é de suma importância; só ele, trabalhando sozinho, pode transmitir esta arte de maneira esotérica e como o culminar de uma iniciação na qual ele guia o progresso do discípulo com habilidade e severidade infalíveis. Os efeitos desta arte magistral, que são consideravelmente mais generosos do que a escassez de suas prescrições nos levaria a imaginar, transfiguram aquele que tem a sorte de receber seus privilégios: um domínio absoluto do corpo, um êxtase singular, ignorando o tempo e os limites, o elixir da vida, o exílio da morte e suas ameaças.[95]

Diferentemente da *scientia sexualis*, a *ars erotica* assinala a perversa modernidade (mas será que é moderna?) fora da ciência, fora

---

[94] Afary & Anderson, 2005, p. 138.
[95] Foucault, 2005, p. 57.

da domesticação do sexo pela confissão e pelas práticas clínicas da psicanálise. Sr. Garrison, por meio da revelação de suas afinidades em suas apresentações confessionais em sala de aula, ocupa o reino da *scientia sexualis* como representante daquilo que pode ser contado. Com o *telos* do "ato de identidade" de Foucault, aquele que sugere um *continuum* incompleto com múltiplos deslizamentos e rupturas, mas, apesar disso, postula a progressão temporal, a *ars erotica*, corporificada aqui pelo Sr. Escravo, funciona como um espaço pré-discursivo de atos sexuais e o retorno de surtos de um desejo irrestrito e não regulamentado (aquele que Foucault contesta, em uma crítica da psicanálise). Em suma, como uma "arte de iniciação e de um segredo magistral", a *ars erotica* não está simplesmente fora – mas está oposta à – da configuração de saber-poder do falar sobre o sexo no Ocidente cristão.[96]

Assim, o perverso e o primitivo se chocam na figura Sr. Escravo: a violência da homofobia mostra-se adequada quando dirigida a uma nacionalidade patológica, enquanto a violência do racismo já está sempre contida na nomeação do queer. O programa trabalha para demonstrar a irregularidade das formas liberais de diversidade e tolerância, observando, como Edward Said faz em *Orientalismo*, que o terrorista árabe é uma categoria estereotipada que, no entanto, ultrapassa os limites normativos de desconstruir o Outro. Ao ler a *ars erotica* por meio das lentes do *Orientalismo* de Said, atentando profundamente às geografias imaginativas do Oriente e do Ocidente, embora resistente de modo míope à onipresença homoerótica do colonialismo, observamos a perversão e o primitivismo se aglutinarem na figura do terrorista queer: guiado de cima, submetido à vontade de um mestre, ávido pela morte e desafiador da morte, incapaz de compreender estruturas racionais de temporalidade e espaço, embriagado com o prazer. A sexualidade na *ars erotica* é pré-discursiva e, ao mesmo tempo, está além do discurso, o que Afary e Anderson descrevem como "Orientalismo romântico" de Foucault e

---

[96] *Idem, ibidem.*

"o que ele considerava como o homoerotismo aberto do Mediterrâneo árabe".[97] O Oriente, conforme interpretado a partir do Ocidente, é o espaço da sexualidade ilícita, do excesso desenfreado e da perversão generalizada, "sexo perigoso e liberdade de coito", e afetado por práticas corpóreas não normativas.[98] O Sr. Escravo exemplifica o que Foucault chama de "busca de prazeres" – corpos, práticas e energias ao mesmo tempo "buscados e procurados" –, prazeres fascinantes simultaneamente abominados e cobiçados. Said escreve que "o Oriente era um lugar onde se podia procurar experiências sexuais inalcançáveis na Europa" e buscar "um tipo diferente de sexualidade". Como um discurso regenerativo – "o Oriente é uma forma de liberação, um lugar de oportunidade original" – a reprodução prolífica das normas sexuais do Ocidente é possibilitada pelos excessos sexuais do Oriente, disponíveis através da viagem e conquista do colonialismo. Visto como o espaço da espiritualidade e da sensualidade, o Oriente ajuda o Ocidente a manter a rigidez do racional enquanto participa dos prazeres secretos do ilícito. Tal como acontece com outros processos de extração e produção colonial, as matérias-primas do Oriente – nesse caso, a "novidade bruta" da perversão sexual – são

---

[97] Afary & Anderson, 2005, pp. 141-142. Em seu estudo sobre o pensamento de Foucault sobre as sexualidades muçulmanas, os autores traçam suas viagens à Tunísia (como professor visitante de Filosofia em 1966-1968) e sua participação na "cultura turística francesa [que] compartilhou suposições semelhantes sobre a abertura da cultura árabe e médio-oriental sobre a homossexualidade" (p. 141), bem como suas visitas ao Irã em 1978, observando que muitos que entraram em contato com ele o consideravam "ingênuo" (p. 141) e ficaram "perplexos por [sua] ignorância" (p. 143). "Em sua admiração pelo mundo mediterrâneo/muçulmano, Foucault evitou abordar o sexismo e a homofobia dessas culturas" (p. 141). Os autores também argumentam que "o Orientalismo de Foucault se estendeu" (p. 139) ao mundo greco-romano antigo; os dois últimos volumes de *História da sexualidade* detalhando a homossexualidade grega antiga também são evidências, afirmam os autores, de que "Foucault pode ter procurado paralelos às práticas sexuais contemporâneas no Oriente Médio e no Norte da África" (p. 139). Em conjunto com suas "observações dispersas sobre gênero e sexualidade masculina no mundo muçulmano [...] ele viu uma continuidade entre a homossexualidade grega antiga e a homossexualidade masculina nas sociedades contemporâneas do Norte da África e do Oriente Médio" (p. 139).

[98] Said, 1990, p. 177.

importadas para sustentar os prolíficos hábitos de consumo, fertilidade e reprodução do Ocidente.[99] Foucault também aponta para o Oriente como regenerativo, afirmando que a *scientia sexualis* pode, na verdade, ser a *ars erotica* por excelência. Nessa declaração, o pré-moderno e o pós-moderno convergem. Sr. Garrison extrai um valor diferencial do Sr. Escravo para reorganizar seu *status* dentro de seu local de trabalho; estando ambos tanto em oposição (dicotomia) quanto em uma extensão (*continuum*), o Sr. Garrison e o Sr. Escravo funcionam como uma complementaridade, bem como uma suplementariedade (derridiana). O Sr. Escravo personifica os materiais brutos extraídos e importados para o uso regenerador e o lucro final do Sr. Garrison. Como o terrorista queer, o Sr. Escravo funciona para regenerar a homonormatividade estadunidense do Sr. Garrison; a branquitude do gay, do homossexual e até mesmo do queer é normativizada por meio desse emparelhamento.

Os atos sexuais ritualizados performados por Sr. Garrison e Sr. Escravo também demarcam uma espécie de temporalidade queer: a incomensurabilidade suposta entre o terrorista queer paquistanês e o professor branco gay é ao mesmo tempo a gestão da crise da modernidade – o tradicional e o moderno se entrelaçando – e vai além das prescrições típicas do passado informando o presente e do presente reverberando de volta ao passado, minando a temporalidade do medo que visa garantir o presente-futuro através do futuro, para um certo tipo de futuridade, os tempos queer de agora e de além. O Sr. Escravo incorpora uma volta ao passado que projeta ao mesmo tempo o futuro que deve ser conquistado e o futuro que não pode ser superado – o futuro e o antifuturo. A singularidade de cada figura reside não apenas no que representam – tradição/modernidade, branco/marrom, patriota/terrorista, assimilado/monstruoso –, mas no que elas performam, nas temporalidades que elas emanam. Como Mbembe argumenta: "O que conecta terror, morte e liberdade é uma noção estática de temporalidade e política. O futuro,

---

[99] *Idem*, pp. 68, 177, 200.

aqui, pode ser autenticamente antecipado, mas não no presente. O presente em si é apenas um momento de visão – visão da liberdade que ainda não veio".[100]

TERROR / SEXO

Como o terrorista queer funciona para regenerar o patriota heteronormativo ou mesmo homonormativo, elaborado no jogo absurdo, mas tangível, entre o terrorista e o patriota? No deslocamento infinito dos excessos das sexualidades perversas para o exterior, uma externalidade mítica, política e historicamente exagerada, tão fundamental para as geografias imaginativas em jogo, o terrorista (queer) regenera os erros civilizacionais centrais para a reprodução dos nacionalismos racistas-heterossexistas homonormativos e estadunidenses, evidentes em arquivos de políticas públicas, discursos feministas e representações na mídia, entre outros domínios. Os discursos do terrorismo são, portanto, intrínsecos à gestão não apenas da raça, como é dolorosamente evidente através dos modos que entrelaçam o perfilamento racial com os recorrentes crimes de ódio. Tão significativo quanto, e menos frequentemente reconhecido, os discursos do terrorismo são cruciais para a modulação e vigilância da sexualidade, na verdade uma gama de sexualidades, dentro e fora dos parâmetros dos Estados Unidos. Infelizmente (ou felizmente – essa história ainda não foi totalmente escrita), os nacionalismos dos EUA não excluem mais *a priori* o homossexual; é plausível talvez, dado o papel gerador e constitutivo que a homossexualidade desempenha em relação à heteronormatividade, bem como à homossocialidade, que a heteronormatividade tão necessária ao discurso nacionalista tenha sido um pouco exagerada ou funcionou para ofuscar o papel dos outros homossexuais e homonormativos na reprodução da nação.

---

[100] Mbembe, 2018, p. 71.

Elaborei três linhas de homonacionalismo: a análise acadêmica feminista que, apesar de sua intenção política progressista, reproduz a não normatividade de gênero-sexo da sexualidade muçulmana; os turistas gays e lésbicas que performam excepcionalismos dos Estados Unidos, reanimados por meio do 11 de Setembro, incorporados na história dos cidadãos-consumidores LGBTQI; e a inclusão de subjetividades gays e queer que são encorajadas em discursos liberais de multiculturalismo e diversidade, mas que são produzidas por meio de diferenças raciais e nacionais. Como refletido pelos debates sobre o casamento gay nos Estados Unidos, essas são formas altamente contingentes de nacionalismo e, sem dúvida, acumulam sua maior aquisição por meio de estruturas comparativas transnacionais, em vez de debates dentro de domínios domésticos; sustentar essas contradições é talvez o trabalho mais crucial das geografias imaginativas do nacionalismo. Produzida em conjunto com o "estado de exceção",[101] a demanda por lealdade patriótica aos Estados Unidos apenas acelera as formas de excepcionalismo sexual que sempre sustentaram as homonormatividades. Além disso, não há nada inerente ou intrinsecamente antinacional ou antinacionalista na queeridade, apesar de um distanciamento crítico das identidades gays e lésbicas. Por meio dos registros desagregadores de raça, parentesco e consumo, entre outros, a queeridade também está sob pressão para se naturalizar em relação à cidadania, ao patriotismo e ao nacionalismo. Ainda que muitos creditem o 11 de Setembro e a guerra ao terror como fenômenos escamoteadores, a demanda pela lealdade patriótica apenas acelera as formas do excepcionalismo queer que sempre sustentaram o homonacional. Em um clima no qual o presidente Bush afirma que o casamento gay aniquilaria "a instituição mais fundamental da civilização" e a pressão por uma emenda constitucional para defender o casamento heterossexual é chamada de "a segurança interna final" (a equiparação do casamento gay com o terrorismo pelo ex-senador republicano da

---

[101] Agamben, 2004a.

Pensilvânia, Rick Santorum), o homonacionalismo é também uma ilusão temporal e espacial, uma construção superficial que é facilmente revogada, condenando os queers excepcionais a repetições e encenações persistentes de seus excepcionalismos.[102]

Assim, os "ganhos" alcançados pelos queers, ganhos que imaginam os Estados Unidos em termos sexualmente excepcionais, mídia, parentesco (casamento gay), legalidade (sodomia), consumo (turismo queer) e assim por diante, podem ser lidos no contexto da guerra ao terror, do Ato Patriótico dos EUA, o Ato de Reforma da Previdência e a expansão imperialista desimpedida dos EUA, como vitórias conservadoras, na melhor das hipóteses, se é que o são. Não é apenas que uma história da raça é produzida por meio da sexualidade que torna a heterossexualidade branca adequada em contraste com a heterossexualidade não branca (negra, escrava) como inadequada, e como sempre no espaço progressivo teleológico do mimetismo. A história dos estudos gays e lésbicos e da teoria queer euroestadunidenses produziu uma separação entre a queeridade, sempre branca, da raça, sempre heterossexual e sempre homofóbica. Mas agora temos a divisão entre a homossexualidade (... queeridade?) nacional (branca) adequada e a queeridade inadequada (não branca) não nacional. Portanto, a proliferação das sexualidades de que fala Foucault (o bom patriota, o mau terrorista, o homem-bomba, o menino gay casado, o monstro-terrorista-bicha, o efeminado homem de turbante, as esposas da Cantor Fitzgerald, os bombeiros brancos, o preso iraquiano torturado...) devem ser estudadas não como análogas, dicotômicas ou externas umas às outras, mas em suas singularidades, suas relações, suas linhas de fuga, suas internalidades e cumplicidades entre si.

---

[102] Scheer, 2004.

2. ABU GHRAIB E O EXCEPCIONALISMO SEXUAL DOS EUA[1]

> Chamamos de apenas mais uma noite no deserto.
> – Sargento de Primeira Classe Scott McKenzie, dispensado por maus-tratos a prisioneiros iraquianos no Campo Bucca, citado em Douglas Jehl e Eric Schmitt, "The Military", 2004.

A tortura de prisioneiros iraquianos em Abu Ghraib não é excepcional nem singular, como muitos (o secretário de Defesa Donald Rumsfeld e a administração do governo George W. Bush, a instituição militar dos EUA, e até mesmo bons liberais) nos fariam acreditar. Precisamos pensar apenas no fato de que tantos soldados que enfrentaram acusação pela situação de prisioneiros iraquianos eram originalmente guardas prisionais (lembrando-nos das práticas de encarceramento dentro do complexo industrial-prisional dos EUA), sem mencionar o tratamento de civis palestinos pelos guardas do Exército israelense, ou até mesmo a brutal sodomização de Abner Louima pela polícia da cidade de Nova York. Também não é possível normalizar os incidentes em Abu Ghraib como "os mesmos negócios de sempre", mesmo dentro da indústria da tortura. Como a raiva pública e governamental deixou nítido, uma linha tinha sido cruzada. Por que essa linha é demarcada no lugar da chamada tortura sexual – especificamente, a violência que pretende mimetizar atos sexuais intimamente associados à sexualidade

---

[1] Versões preliminares deste capítulo foram publicadas em: "On Torture: Abu Ghraib", *Radical History Review*, n. 93, Fall, 2005, pp. 13-38; e "Abu Ghraib: Arguing against Exceptionalism", *Feminist Studies* 30.2, Summer 2004, pp. 522-534.

desviante ou ao excesso sexual, como sodomia e sexo oral, bem como práticas S/M de submissão, amarrando e encapuzando – e não, por exemplo, a lenta morte por fome de milhões devido às sanções da ONU contra o Iraque, a morte de milhares de civis iraquianos desde a invasão dos EUA em abril de 2003 ou o saque e a carnificina em Fallujah, é realmente uma questão impressionante. A reação da raiva, embora até certo ponto louvável, perde completamente a razão, ou talvez mais generosamente, encena uma negação da culpabilidade. A violência exercida em Abu Ghraib não constitui uma exceção nem uma extensão da ocupação imperialista. Em vez disso, trabalha em conjunto com as modalidades proliferantes da força, uma parte indispensável da campanha de "choque e espanto" projetada pelos israelenses nas costas dos cadáveres palestinos. A tortura corporal é apenas um elemento de um repertório de técnicas de ocupação e subjugação que incluem assassinatos de grandes líderes; rondas casa a casa, muitas vezes envolvendo interrogatórios sem intérpretes; o uso de tanques e escavadeiras em áreas residenciais densamente povoadas; ataques de helicóptero; o desmantelamento e fechamento forçado de hospitais e outros locais provisórios; e outras violências que frequentemente vão contra os padrões legais internacionais.

    A humilhação sexual e a tortura ritual dos prisioneiros iraquianos permitiram à administração Bush estabelecer uma distinção crucial entre a suposta depravação de Abu Ghraib e a "liberdade" que está para ser construída no Iraque. Dias após as fotografias de Abu Ghraib terem circulado na imprensa nacional e estrangeira, o presidente George W. Bush afirmou sobre os prisioneiros iraquianos abusados: "Seu tratamento não reflete a *natureza* do povo estadunidense".[2] Não que eu imagine que o presidente estadunidense seja tão atencioso ou profundo (embora talvez seus redatores de discurso sejam), mas sua escolha de palavras é intrigante. Qual, exatamente, dos atos perpetrados por soldados

---

[2] Shanker & Steinberg, 2004.

estadunidenses é hostil às tendências "naturais" dos estadunidenses? É o comportamento dos soldados dos EUA que conduzem o abuso? Aqueles que apertam o atirador digital? Ou são os comportamentos perversos encenados forçadamente pelos prisioneiros capturados? O que *exatamente* é "nojento" – uma palavra comumente usada durante os primeiros dias do escândalo da prisão – sobre essas fotos? Os soldados estadunidenses sorrindo, estupidamente acenando com os polegares para o alto? Os próprios "atos sexuais", simulando sexo oral e anal entre homens? Ou somente o fato de as fotos terem sido tiradas? E por que essas fotos são mais revoltantes do que fotos de partes do corpo explodidas por fragmentos de mísseis e explosivos, ou a cena da morte de Rachel Corrie por escavadeira?[3] Em meio às afirmações de Bush em sentido contrário, as ações dos militares dos EUA nas antigas câmaras de tortura de Saddam certamente reduzem a lacuna entre nós e eles – entre o patriota e o terrorista; o local, a população e os períodos de tempo quase sequenciais se sobrepõem muito bem para conduzir a essa aproximação.[4] Mas não sem tentativas de pintar os Estados Unidos como

---

[3] Rachel Corrie foi morta em 16 de março de 2003, quando foi atropelada por uma escavadeira israelense que destruía casas na Faixa de Gaza.

[4] As fotocópias dos memorandos da administração Bush estão disponíveis em "Primary Sources: The Torture Debate", 2005. Ver também Danner, 2004. O livro de Danner reúne uma série de documentos sobre as práticas de tortura dos EUA, desde memorandos do governo Bush sobre o tratamento de detentos e práticas de tortura/"interrogatório" até depoimentos de prisioneiros e o relatório da Cruz Vermelha. Ele conclui com o relatório Taguba, que foi apresentado no início de março de 2004 e foi a base da revelação de Seymour Hersh da história de Abu Ghraib; o relatório Schlesinger, uma "investigação das investigações"; e o relatório Fay/Jones, que incluiu uma entrevista "notável com o Tenente-General Ricardo Sanchez, o comandante no Iraque" (pp. 277-278). O relatório Taguba reconheceu que havia relatos críveis de "quebrar luzes químicas e derramar o líquido fosfórico em detentos [...] ameaçar os detentos com uma pistola carregada de 9 mm [...] derramar água fria em detentos nus [...] bater nos detentos com um cabo de vassoura e uma cadeira [...] ameaçar detentos homens com estupro [...] permitir que um guarda da polícia militar costurasse a ferida de um detento que foi ferido depois de ser batido contra a parede em sua cela [...] sodomizar um detido com uma luz química e talvez um pau de vassoura [...] usar cães militares para assustar e intimidar os detentos com ameaças de ataque e, em um caso, realmente morder o detento" (p. 293).

a vítima: em resposta às fotos, Thomas Friedman se aflige: "Estamos a perigo de perder algo muito mais importante do que apenas a guerra no Iraque. Corremos o risco de perder os EUA como instrumento de autoridade moral e de inspiração no mundo. Eu nunca conheci um momento na minha vida em que os EUA e seu presidente fossem mais odiados em todo o mundo do que hoje".[5]

O relatório Schlessinger afirma que "abusos de gravidade variável ocorreram em diferentes locais sob diferentes circunstâncias e contexto. Eles eram generalizados e, embora infligidos a apenas uma pequena porcentagem dos detentos, eram sérios em número e em efeito" (p. 331). Essa declaração é seguida por uma negação de qualquer realização de abuso por parte de "oficiais seniores ou autoridades militares", mas argumenta que "há responsabilidade institucional e pessoal em níveis mais altos" (p. 331). O relatório inclui também tabelas sobre as políticas da interrogação em Guantánamo, no Afeganistão e no Iraque, assim como as técnicas usadas em Guantánamo (pp. 392-393). O relatório Fay/Jones inclui gráficos de "Alegações de Incidentes de Abuso, a Natureza do Abuso Relatado e o Pessoal Associado" (pp. 532-544). Os gráficos listam as categorias "Nudez/Humilhação, Agressão, Agressão Sexual, Uso de Cães, 'Buraco' e Outros".

Um acervo muito maior de documentos está em Greenberg & Dratel, 2005. Os autores apresentam o texto afirmando: "Os memorandos e relatórios deste volume documentam a tentativa sistemática do governo dos EUA de autorizar o caminho para técnicas de tortura e práticas de interrogatório coercitivo, proibidas pelo direito internacional, com a intenção expressa concomitante de escapar da responsabilidade após qualquer descoberta dessas práticas e políticas". Eles incluem seções importantes de memorandos e relatórios, bem como apêndices sobre leis e convenções relacionadas à tortura e casos legais relevantes para as incidências de tortura. Ambos os livros estilizaram a arte da capa com os detentos encapuzados: *Torture and Truth* tem a pessoa no infame "Vietnã" e *The Torture Papers* tem uma pessoa pendurada sobre o que parece ser uma cerca.

[5] Friedman, 2004. OpenDemocracy.net oferece uma série de artigos sobre a resposta árabe às torturas de Abu Ghraib, incluindo: Khouri, 2004; Kazmi, 2004; e Ghoussoub, 2004. Os artigos oferecem perspectivas sobre o significado desses atos, a guerra dos EUA ao terrorismo e a publicidade, cada um deles sendo abordados em análises como a de Friedman. O artigo de Khouri discute "como os eventos parecem aos cidadãos árabes comuns. Para eles, os horrores infligidos na prisão não são principalmente sobre o abuso de prisioneiros iraquianos por soldados estadunidenses. Trata-se, antes, de estruturas de poder autocráticas que controlaram, humilharam e desumanizaram os cidadãos árabes durante a maior parte do último século de Estado moderno – seja se esses poderes eram administrações coloniais europeias, elites árabes indígenas, forças israelenses ocupantes ou os atuais gerentes anglo-estadunidenses do Iraque". O estadunidense paquistanês Kazmi comenta: "Na semana passada eu li uma carta de uma mãe que sentiu pena dos jovens soldados que foram jogados em uma guerra que

Os esforços de Bush para refutar a ideia de que as vidas psíquicas e imaginárias dos estadunidenses são depravadas, doentes e poluídas, sugerindo, em vez disso, que eles permanecem naturalmente livres de tais perversões – não apenas porque nunca gostariam de colocar em prática tal abuso, mas nunca teriam sequer a mentalidade ou a capacidade de pensar em tais atos – reforça um regime liberal de heteronormatividade multicultural intrínseca ao patriotismo dos EUA. Com base na crítica ao sujeito homossexual nacional no capítulo 1, neste capítulo argumento que o homonacionalismo é consolidado por meio de suas colisões involuntárias com o sentimento nacionalista em relação, de maneira geral, à "tortura sexual" e, particularmente, à "sexualidade muçulmana". Também argumento que esse homonacionalismo trabalha biopoliticamente para redirecionar o incidente desvitalizante da tortura sobre uma população direcionada para a morte em um evento revitalizante de otimização da vida para os cidadãos estadunidenses a quem se pretende securitizar. Seguindo Giorgio Agamben, os discursos de estado de exceção em torno desses eventos são produzidos em três planos inter-relacionados. O primeiro é a raridade dessa forma particular de violência: somos tomados pela temporalidade da emergência, retratada como excessiva em relação à

---

eles não entendiam e foram inadequadamente treinados para lidar com a situação que os cercava. Eu gostaria de perguntar a essa mãe: exatamente o quanto de treinamento alguém de 21 anos precisa antes que ele ou ela perceba que não é certo amarrar uma coleira no pescoço de um homem e arrastá-lo como um cão, ou despir homens nus e empilhá-los uns em cima dos outros como animais e, em seguida, posar para fotos zombando deles?". Ghoussoub, um árabe europeu, afirma: "A família de uma soldada, que foi mostrada abusando de prisioneiros, divulgou uma foto dela segurando de maneira terna uma criança pequena iraquiana. Pretende-se mostrar que ela é uma pessoa amorosa que se preocupa com os iraquianos. Ela foi instruída a obedecer ordens, sua família declarou. Outra história familiar! Você pode amar crianças, ser doce e carinhoso, mas as regras da guerra são especiais e elas te transformam em algo particularmente feio. O segredo dos exércitos de ocupação transforma soldados em pequenos deuses moldando e coagindo os corpos das pessoas". Nitidamente, nenhum desses autores deixou de ler as torturas de Abu Ghraib como parte de uma história maior sobre como os árabes experimentaram o colonialismo e a guerra, e como esses atos demonstram um desrespeito pela humanidade daqueles detentos em Abu Ghraib, que não podem ser isolados apenas àqueles que realizaram esses atos específicos.

temporalidade da regularidade. O segundo é a inviolabilidade do "sexual" e do corpo: o sexual é o local definitivo da violação, retratado como extremo em relação aos direitos individuais de privacidade e propriedade concedidos ao corpo dentro do liberalismo. O terceiro é a transparência do abuso: a tortura em Abu Ghraib é retratada como um exagero nítido em relação a outras violências em tempos de guerra e desafia os padrões normativos que garantem a universalidade do humano nos discursos sobre direitos humanos. Aqui estaria um exemplo extremo, mas que, no entanto, toca em todos os três aspectos de como esses discursos de excepcionalismo funcionam em conjunto. Em maio de 2004, o reverendo Troy Perry, da Igreja da Comunidade Metropolitana, uma organização religiosa LGBTQI, circulou um comunicado de imprensa em reação aos incidentes em Abu Ghraib, no qual ele condenou "o uso da sexualidade como um instrumento de tortura, vergonha e intimidação", argumentando que o fato "de os prisioneiros serem forçados a realizar atos sexuais que violam seus princípios religiosos e consciências pessoais é particularmente hediondo". O comunicado de imprensa concluiu declarando: "A Igreja da Comunidade Metropolitana se compromete a continuar trabalhando para um mundo em que todas as pessoas sejam tratadas com dignidade e igualdade e onde a sexualidade é celebrada, respeitada e usada para o bem".[6]

Dificilmente excepcional, como argumenta Veena Das, a violência não se distingue da sociabilidade, nem a sociabilidade lhe é resistente: "A violência está de fato embutida na sociabilidade e pode inclusive ser uma forma de sociabilidade".[7] Rita Maran, em seu estudo sobre a aplicação da tortura na guerra franco-argelina, demonstra que a tortura não é antagônica e nem externa ao projeto de libertação; pelo contrário, é parte integrante da maquinaria necessária da missão civilizatória. A tortura é a base, na verdade, a cúmplice da missão civilizatória. Além disso, Maran, citando Roger Trinquier, observa que "a tortura é a desgraça particular

---

[6] Perry, 2004.
[7] Cushman, 2004.

do terrorista" e que a "equivalência racional" se desenrola da seguinte forma: "Assim como o terrorista recorre a violências extremas que causam dor individual grave, da mesma forma o Estado responde com violências extremas que, por sua vez, causam dor individual grave".[8] Qualquer missão civilizatória é marcada precisamente por esse paradoxo: o aparato civilizatório de libertação é exatamente o que delimita as condições de sua possibilidade. Assim, a tortura está, no mínimo, duplamente enraizada na sociabilidade: é parte integrante do discurso missionário e salvador de libertação e elevação civilizacional, e constitui a punição adequada para os terroristas e os corpos que se assemelham a eles. Tampouco a prática e propagação da tortura é antagônica à modernidade. Observando que "todos os principais relatos de punição subscrevem a visão de que, à medida que as sociedades se modernizam, a tortura se tornará supérflua ao exercício do poder", Darius M. Rejali argumenta que mesmo Foucault, apesar de argumentar que a reforma penal realmente refletia um modo de controle mais eficaz (e retirou a punição dos domínios públicos), cai nessa armadilha assumindo que a tortura se dissipou enquanto os regimes disciplinares de sociedade se desenvolveram. Rejali contra-argumenta:

> A prática da tortura moderna hoje indica um retorno ao passado? Pode-se ser tentado a acreditar nisso porque a tortura moderna é tão severamente corpórea. Mas seria um erro deixar a violência corporal ser a única base para o seu julgamento. A tortura moderna não é mero atavismo. Ela pertence ao momento atual e surge das mesmas noções de racionalidade, governo e conduta que caracterizam a modernidade como tal.[9]

Como Agamben demonstra tão bem, os discursos de estado de exceção trabalham a serviço de descontinuidades históricas entre as modalidades modernizadoras e liberalizadoras e as forças regressivas que pretendem transformar ou superar. Como defendo neste capítulo, desconstruir o

---

[8] Maran, 1989, p. 82, citando Trinquier, 1964, p. xv.
[9] Rejali, 1994, p. 15.

excepcionalismo dos EUA, em particular o excepcionalismo sexual, e contextualizar a incorporação da tortura – em vez de se refugiar em pretensões de estado de exceção – implica atentar para discursos e manifestações afetivas de sexualidade, raça, gênero e nação que ativam a potência corporal da tortura.

A PRODUÇÃO DO CORPO MUÇULMANO COMO OBJETO DE TORTURA

> "Essa desumanização é inaceitável em qualquer cultura, mas é especialmente mais ainda no mundo árabe. Os atos homossexuais são contra a lei islâmica e é humilhante para os homens estarem nus na frente de outros homens", explicou Bernard Haykel, professor de estudos do Oriente Médio na Universidade de Nova York. "Serem colocados um em cima do outro e forçados a masturbarem-se, estar nu na frente um do outro – é tudo uma forma de tortura", disse Haykel.
> – Seymour Hersh, "Torture at Abu Ghraib", 2004a.

Aqueles que foram questionados por seu envolvimento, tácito e explícito, na tortura em Abu Ghraib citaram os argumentos de falta de treinamento e de diferença cultural para justificar seus comportamentos: "Se soubéssemos mais sobre eles, sobre sua cultura e seu modo de vida", lamenta um soldado melancolicamente nas notícias dos EUA, "teríamos sido mais capazes de lidar com a situação". O monolito da cultura muçulmana construído por meio dessa narrativa à parte (reafirmada performativamente pelo tardio pedido de desculpas de Bush pelas atrocidades de Abu Ghraib, bizarramente direcionado ao muçulmano *token* que visitava na época, o Rei Abdullah da Jordânia), a linha de diferença cultural também foi usada por facções conservadoras e progressistas para comentar a vergonha particularmente intensa com a qual os muçulmanos experimentam atos homossexuais e feminizantes. Por isso, os prisioneiros recebem grande simpatia, por uma fração de segundo, do público em geral. O tabu da homossexualidade nas culturas islâmicas figura fortemente na equação do porquê a tortura ter sido tão "efetiva"; essa interpretação das normas sexuais no Oriente Médio – a sexualidade é reprimida, mas a perversidade está apenas borbulhando sob a superfície – faz parte de uma tradição orientalista de séculos, um fantasma orientalista que certamente informou as fotografias da tortura em Abu Ghraib. Em "The Gray Zone", Seymour Hersh descreve como as Forças Armadas dos EUA fizeram uso particularmente eficaz de textos antropológicos para determinar métodos de tortura eficazes:

> A noção de que os árabes são particularmente vulneráveis à humilhação sexual tornou-se um ponto de discussão entre os conservadores pró-guerra de Washington nos meses anteriores à invasão do Iraque, em março de 2003. Um livro que foi frequentemente citado foi *The Arab Mind*, um estudo da cultura e psicologia árabe, publicado pela primeira vez em 1973, por Raphael Patai, um antropólogo cultural que ensinou em Columbia e Princeton, entre outras universidades, e que morreu em 1996. O livro inclui um capítulo de vinte e cinco páginas sobre árabes e sexo, descrevendo o sexo como um tabu revestido de vergonha e repressão: 'A segregação dos sexos, a obrigatoriedade do véu para as mulheres [...] e todas as outras regras minuciosas que governam e restringem o contato entre homens e mulheres têm o efeito de tornar o sexo uma preocupação mental primordial no mundo árabe', escreveu Patai. A atividade homossexual, 'ou qualquer indicação de inclinações homossexuais, como com todas as outras expressões de sexualidade, nunca ganha qualquer publicidade. Estes são assuntos privados e permanecem no privado'. O livro de Patai, um acadêmico me disse, era 'a bíblia dos neoconservadores sobre o comportamento árabe'. Em suas discussões, ele disse, dois temas emergiam – 'um, que os árabes só entendem a força e, dois, que a maior fraqueza dos árabes é a vergonha e a humilhação'. O consultor do governo disse que poderia ter havido um objetivo sério, no início, por trás da humilhação sexual e das fotografias encenadas. Pensava-se que alguns prisioneiros fariam qualquer coisa – incluindo espionar seus associados – para evitar a disseminação das fotos vergonhosas para a família e amigos. O consultor do governo disse: 'Disseram-me que *o objetivo das fotografias era criar um exército de informantes, pessoas que você poderia*

inserir de volta na população'. A ideia era que eles seriam motivados pelo medo da exposição e reuniriam informações sobre ações de insurgência pendentes, disse o consultor. Se esse foi o caso, não foi efetivo; a revolta continuou a crescer.[10]

Cito a passagem em detalhes para mostrar como as intrincadas relações entre a produção de conhecimento orientalista, a vergonha sexual e corporal e a espionagem orientaram a tortura em Abu Ghraib. Como Yoshie Furuhashi astutamente aponta, *The Arab Mind* de Patai inclusive apareceu no *Orientalismo* de Edward Said como um exemplo de condutas contemporâneas do orientalismo, que também incluem as formações de conhecimento de políticas externas e públicas, estudos de terrorismo e estudos de área.[11] (Devemos adicionar à lista de Said o interrogatório e a indústria de coleta de inteligência: Titan Corporation e CACI International, duas empresas de segurança sediadas nos EUA, foram acusadas de "terceirizar a tortura" para o Iraque e refinar, aperfeiçoar e intensificar técnicas de tortura para demonstrar resultados comprovados, ganhando assim contratos lucrativos do governo dos EUA e, em última análise, conduzindo a conduta ilegal em Abu Ghraib.[12])

---

[10] Hersh, 2004f, p. 42, ênfase minha. O relatório de Hersh sobre Abu Ghraib está ligado de maneira notável ao seu trabalho anterior. De acordo com Frank Rich: "Foi em novembro de 1969 que um repórter pouco conhecido, Seymour Hersh, revelou a história do massacre de 1968 em My Lai, a terrível notícia que agora encontrou sua correspondência 35 anos depois na revelação do Sr. Hersh na *New Yorker*"; Rich, 2004.

[11] Ver Said, 1990; Furuhashi, 2004b.

[12] O Centro de Direitos Constitucionais entrou com uma ação judicial contra empresas privadas que participam da "conspiração de tortura". Consultar Centro de Direitos Constitucionais, 2004. Trishala Deb e Rafael Mutis formulam sobre as implicações da terceirização da tortura: "CACI é uma corporação que gera mais de US$ 930 milhões em lucro por ano, 65% de seu orçamento proveniente de contratos governamentais. A questão que permanece é como esses contratantes privados são responsáveis pelas leis dos EUA e internacionais, sem mencionar o público internacional. Dadas as restrições ao acesso à informação sobre o funcionamento da máquina de guerra desde o estabelecimento das Patriot Act e do Departamento de Segurança Interna, temos ainda menos acesso à informação e responsabilização em relação a alguns dos aspectos mais importantes e perigosos dessa guerra permanente. A relevância dessa informação é que ela expõe um dos lados mais insidiosos dessa história – o ciclo de

Patai, que também é autor de *The Jewish Mind*, escreve sobre o abuso dos genitais do bebê masculino por mães amorosas, espancamentos de rotina e facadas de filhos por pais, a obsessão por sexo entre estudantes árabes (em comparação com estudantes estadunidenses) e masturbação: "Quem quer que se masturbe [...] evidencia sua incapacidade de realizar o ato sexual ativo e, portanto, se expõe ao desprezo". *The Arab Mind* constitui um texto essencial nos círculos diplomático e militar, e o livro foi reeditado em novembro de 2001 com uma introdução de Norvell B. De Atkine, diretor de estudos do Oriente Médio no Centro e Escola de Guerra Especial JFK em Fort Bragg, na Carolina do Norte.[13] Nitidamente, não apenas a falta de conhecimento em relação à diferença cultural é irrelevante (saber teria impedido ou alterado o uso dessas táticas de tortura?), mas é precisamente por meio desse conhecimento que os militares dos EUA foram instruídos diplomaticamente. É exatamente essa noção pouco sofisticada de diferença cultural árabe/muçulmana/islâmica – no singular – que a inteligência militar capitalizou para criar o que acreditava ser uma matriz culturalmente específica e, portanto, "efetiva" de técnicas de tortura. Além disso, embora originalmente as fotografias de Abu Ghraib tivessem um propósito específico de recuperação de informações (ou seja, para chantagem), elas nitidamente assumiram uma vida própria, informada pelo que Slavoj Žižek lembra como os "'conhecidos desconhecidos' – as crenças rejeitadas, suposições

---

gastos do governo com contratantes privados como agentes de execução nessa guerra e os lucros obtidos pelas corporações estadunidenses que recebem esses contratos. Dessa forma, o complexo industrial prisional é imediatamente exposto e expandido, não só foram cometidos crimes graves contra a humanidade, mas pelo menos uma empresa lucrou com esses crimes. Para as corporações que estão sendo pagas para fornecer interrogadores e inteligência, crimes de guerra não estão em consideração, eles são apenas uma consequência" (Deb & Mutis, 2004, p. 5). De acordo com o correspondente Peter Spiegel do *Financial Times*, nenhum empreiteiro privado foi processado por abuso de prisioneiros em Abu Ghraib, apesar das evidências de que eles estavam envolvidos; Spiegel, 2005.

[13] Qureshi, 2004.

e práticas obscenas que fingimos não conhecer, ainda que elas formem o pano de fundo de nossos valores públicos".[14]

Em outro exemplo da transferência de informações, o modelo de terrorismo utilizado pelo Departamento de Estado desliza entre uma estrutura de pirâmide e uma estrutura de rede. O primeiro representa um formato administrativo conhecido e racional, fálico e, portanto, castrável; o último representa alianças e forças caóticas e imprevisíveis. A forma da pirâmide também aparece em *The Battle of Algiers* [A Batalha de Argel] (1966), visto para fins de inspiração pelo Pentágono em setembro de 2003; no filme os franceses descrevem os rebeldes afirmando: "Eles nem mesmo conhecem a si mesmos. Conhecendo-os podemos eliminá-los". Não é, no entanto, importante discernir se é mera coincidência que em várias das fotos de Abu Ghraib, prisioneiros iraquianos estejam dispostos nus em pirâmides humanas, simulando tanto a posição feminizada de bruços, ânus para cima, necessária para receber o sexo anal, quanto a postura "ativa" preparada para o sexo anal. Caso as conotações sexuais da pirâmide sejam colocadas em dúvida, Adel L. Nakhla, um tradutor de árabe que trabalha para a empresa de segurança estadunidense Titan Corporation, afirmou sobre a pirâmide no relatório Taguba:

> Eles os obrigaram a fazer exercícios estranhos deslizando sobre o estômago, pulando para cima e para baixo, jogando água neles e os molhando, chamando-os de todos os tipos de nomes como 'gays' que gostam de fazer sexo com rapazes, então eles prenderam suas mãos com algemas e suas pernas com correntes e começaram a empilhá-los um em cima do outro, assegurando que o pênis do cara de baixo tocaria a bunda do rapaz de cima.[15]

---

[14] Žižek assinala que não são os "conhecidos conhecidos", os "conhecidos desconhecidos", nem os "desconhecidos conhecidos" que mais importam aqui, mas o inconsciente, o conhecimento que não se conhece; 2004b.

[15] O texto completo do relatório Taguba pode ser encontrado em vários *sites*, por exemplo em NBC News, 2004.

O que é significativo aqui, no entanto, não é se o significado da pirâmide foi compreendido e traduzido de um contexto para o outro, mas que a transferência de informações e seu mimetismo não dependem do significado contextual para ter efeito simbólico e político. Como um agenciamento de entidades, a pirâmide demonstra simultaneamente fusão e hierarquia, singularidade e coletividade. Tais ligações transnacionais e trans-históricas – incluindo exemplos não relacionados, mas não menos relevantes, extraídos de medidas de vigilância e ocupação israelenses (de fato, há relatos de que pelo menos um interrogador israelense estava trabalhando em Abu Ghraib), o comportamento dos franceses na Argélia e até mesmo o massacre de Gujarat de 2002 na Índia – unem-se para criar o corpo muçulmano como um objeto tipológico particular de tortura.[16] Durante a Guerra

---

[16] Al Jazeera, 2004a. Durante fevereiro e março de 2002, mais de 2 mil muçulmanos foram mortos e dezenas de milhares foram deslocados de suas casas em tumultos por hindus; a polícia foi cúmplice dessa violência, e o partido nacionalista hindu Bharat Janata (BJP) é acusado de orquestração premeditada de *pogroms*. Em relação à masculinidade muçulmana, a Iniciativa Internacional para a Justiça escreve em *Threatened Existence* [Existência Ameaçada]: "Os homens muçulmanos, no discurso da direita hindu, não são vistos como 'homens': eles são 'hipersexuais' a ponto de serem bestiais (eles podem satisfazer quatro esposas!) ou são efeminados e não masculinos o suficiente para satisfazer suas mulheres. [...] [O homem muçulmano é] um símbolo da 'superioridade sexual' que o homem hindu emasculado deve recuperar violando e contaminando as mulheres muçulmanas. [...] Houve apelos aos homens hindus para que se juntassem a academias e desenvolvessem corpos musculosos para combater a atração 'animal' do homem muçulmano hipersexualizado. Obviamente, quando os homens hindus cometem estupro e agressão, suas ações não são vistas como bestiais ou animais, mas são consideradas sinais de valor. Simultaneamente, há uma tentativa de mostrar que os homens muçulmanos não são homens reais, mas sim homossexuais ou *hijras* (eunucos) – considerados sinônimos e indesejáveis e, portanto, incapazes de satisfazer suas mulheres". Como um folheto VHP [Vishva Hindu Parishad] chamado *Jihad* (guerra santa) se orgulha:
"Nós soltamos os pênis que estavam presos até agora
Sem óleo de rícino na bunda nós os fizemos chorar
Aqueles que chamam guerra religiosa, violência, são todos filhos da puta
Nós alargamos os vaginas apertadas das bibis (mulheres) [...]
Acordem Hindus, ainda existem Miyas (homens muçulmanos) vivos ao seu redor
Aprenda com a vila de Panvad onde a mãe deles foi fodida

da Argélia, por exemplo, uma forma de torturar árabes "consistia em suspendê-los, com as mãos e os pés amarrados nas costas [...] com suas cabeças para cima. Debaixo deles era colocado um cavalete, e eles eram obrigados a balançar, por socos, de tal forma que suas partes sexuais esfregavam contra a barra pontiaguda muito afiada do cavalete. O único comentário feito pelos homens, voltando-se para os soldados presentes: 'Tenho vergonha de me encontrar completamente nu na sua frente'".[17] Esse tipo de tortura dirigida contra "o suposto terrorista muçulmano" está sujeito aos conhecimentos normatizadores da modernidade que o marcam (ou a marcam) tanto como sexualmente conservador, recatado e temeroso da nudez (e é interessante como essa conceituação é processada tanto com empatia quanto como um problema), bem como queer, animalesco, bárbaro e incapaz de controlar seus impulsos. Assim, a sombra da homossexualidade nunca está longe. Em *Brothers and Others in Arms: The Making of Love and War in Israeli Combat Units* [Irmãos e outros em armas: fazendo amor e guerra nas unidades de combate israelenses], Danny Kaplan, olhando para a construção da masculinidade hegemônica e identidades sexuais alternativas nas Forças Armadas israelenses, argumenta que a sexualização não é tangencial nem incidental ao projeto de conquista, mas, antes, é central para ele: "[A] erotização de alvos inimigos [...] desencadeia o processo de objetificação". Essa erotização sempre habita o reino da perversão:

> Um exemplo em que a imagem de <u>mehablim</u> [literalmente, 'sabotadores', um termo geral para terroristas, soldados guerrilheiros ou quaisquer grupos ou indivíduos árabes que operam contra alvos israelenses] – neste caso, os homens palestinos inimigos – fundem-se com outra imagem de subordinação, a das relações homossexuais reais. Parece que o apetite sexual-violento do soldado masculitar [*sic*] não conseguiria resistir a tal

---

Ela foi fodida de pé enquanto ela continuava a gritar
Ela gostou do pênis não circuncidado" (pp. 29-30).

[17] Horne, 2002, pp. 197-198.

tentação. Essa é uma maneira de entender o relato de Shaul sobre uma das brutalidades que ele experienciou na Guerra do Líbano. Durante o cerco às forças da Organização de Libertação Palestina (OLP) em Beirute, ele estava estacionado ao lado de um posto onde franco-atiradores israelenses observavam a atividade da OLP nas casas da cidade. De repente, algo incomum apareceu nos binóculos do atirador:
Um deles me disse: 'Venha aqui; quero que veja algo'. Olhei e vi dois *mehablim*, um fodendo o outro no rabo; foi muito engraçado. Como verdadeiros animais. O atirador disse-me: 'E agora olhe'. Ele aponta e atira bem na testa daquele que estava sendo fodido. Caramba, o outro enlouqueceu! De repente, o parceiro dele morreu. Foi nojento. Fomos cruéis pra porra. Crueldade – mas isso era a guerra. A vida humana não importava muito em um caso como esse, porque esse humano poderia pegar sua arma e atirar em você ou em seus amigos a qualquer momento.

Kaplan conclui essa história observando que, apesar do final brutal do episódio, a posição de gênero do parceiro ativo é o que foi finalmente protegida: "É impressionante que, mesmo nesse encontro, é o parceiro passivo que recebe a bala no rabo, enquanto o parceiro ativo permanece ileso".[18] A violência é naturalizada como a resposta inexorável e adequada à sexualidade não normativa.

Mas não só o corpo muçulmano é construído como patologicamente desviante sexual e como potencialmente homossexual e, portanto, lido como um objeto particularizado para a tortura, mas a própria tortura é constituída no corpo enquanto tal, como Brian Axel argumentou: "O ato performativo da tortura produz seu objeto".[19] O objeto, o corpo muçulmano torturado, aparece girando repetidamente em dobras da existência, juntando discurso, política, estética, afetividade. Assim, o corpo informa a tortura, mas a tortura também forma o corpo. Ou seja, a força performativa da tortura não só produz um objeto, mas também

---

[18] D. Kaplan, 2002, pp. 193-194.

[19] Axel, 2002, p. 420.

prolifera aquilo que ela nomeia.[20] Isso costura o duplo entrincheiramento da perversão no circuito temporal do eterno devir. Eu questiono se é politicamente perspicaz representar os atos de tortura como simulando atos sexuais gays, um dilema que discutirei mais adiante neste capítulo. Mas a veracidade dessa leitura, no entanto, indica, aos olhos dos perpetadores e aos nossos, que a tortura realiza uma iniciação ou confirmação do que já está suspeito no corpo, ou mesmo, em momentos, irrompendo com a dupla temporalidade em jogo, uma conversão reveladora. Além disso, o muçulmano viado como objeto de tortura é espalhado pelos cinco continentes, predominantemente em países árabes, através da "transferência transnacional de pessoas" em uma tática chamada "rendição",[21] a prática dos EUA de transportar suspeitos de terrorismo para locais de países terceiros, como Uzbequistão, Paquistão, Arábia Saudita, Egito, Marrocos, Jordânia e, mais recentemente, Síria, onde as práticas de tortura podem ser rotineiras e sistêmicas. Assim, o corpo muçulmano torturado sustenta uma "constelação mundial de centros de detenção", o que torna esses corpos destituídos de cidadania, sobre os quais os Estados Unidos podem negar ter qualquer conhecimento, "detentos fantasmas".[22]

Como o espaço do "sexo ilícito e perigoso",[23] o Oriente é o local de instintos animalescos, perversos, homossexuais e hipersexuais cuidadosamente suprimidos. Esse paradoxo está no centro das noções orientalistas de sexualidade que são reanimadas mediante a produção transnacional do terrorista muçulmano como objeto de tortura. Sob os véus da repressão range uma indecência à espera de ser desencadeada. A mais recente invocação do terrorista demente perverso e suas tendências

---

[20] Judith Butler observa esse processo na visualização das fitas de vídeo de Rodney King, onde a "episteme racista de ver" produz o objeto sendo espancado – o corpo de homem negro subjugado – como iminentemente perigoso e ameaçador. Ver Butler, 1993b.

[21] Mayer, 2005.

[22] Priest & Stephens, 2004. Ver também Brody, 2004.

[23] Said, 1990, pp. 174-175.

naturalizadas é encontrada neste testemunho de um dos carcereiros em Abu Ghraib: "Eu vi dois detentos nus, um se masturbando para o outro ajoelhado com a boca aberta. [...] Eu vi o [sargento] Frederick caminhando em minha direção, e ele disse: 'Olha o que esses animais fazem quando você os deixa sozinhos por dois segundos'. Eu ouvi a soldado England gritar: 'Ele está ficando duro'".[24] Observe como a boca do prisioneiro iraquiano, aquele de fato ajoelhado na posição submissa, não é referida como "dele" ou "dela", mas "disto". O uso da palavra "animais" sinaliza tanto a causa da tortura quanto seu efeito. A identidade é performativamente constituída pela própria evidência – aqui, obter uma ereção – que é dita ser seu resultado. (Porque você é um animal, tem uma ereção; porque tem uma ereção, é um animal). Ao contrário do recente debate público sobre a tortura, que antecede o local da detenção como um espaço de cela exemplar que é repleta de agressão, esse comportamento dificilmente é relegado para as prisões, como revela um momento especialmente enervante no documentário de Michael Moore *Fahrenheit 9/11* (2004). Um grupo de soldados estadunidenses é mostrado carregando um iraquiano morto, presumivelmente morto recentemente por eles, coberto com um lençol branco em uma maca. Alguém grita: "Olha, o pau de Ali Baba ainda está duro!", enquanto outros seguem em coro desafinado, "Você encostou nele, eeecaaa você encostou". Mesmo na morte, a virilidade muscular do homem muçulmano não pode ser posta para descansar de alguma maneira humana; não apenas a fantasia orientalista transcende a morte, mas a sexualidade do cadáver também; ela se ergue da morte, por assim dizer. A morte aqui se torna a cena do desencadeamento final da repressão.

---

[24] Hersh, 2004d, p. 44.

QUAL É O LUGAR DO FEMINISMO?

Apesar da recorrente demonstração de repulsa pelos atributos associados com o feminino, os Estados Unidos, aparentemente, ainda se consideram como o árbitro dos padrões civilizacionais do feminismo. Por exemplo, Kelly Cogswell preocupa-se com a reação homofóbica e misógina, como se os Estados Unidos já não tivessem demonstrado sua capacidade de perpetuar suas formas mais extremas. Escrevendo em *The Gully*, um fórum de notícias políticas LGBTQI, ela afirma:

> Imagens de homens forçados a usar roupas íntimas femininas sobre o rosto e a se envolverem em atividades homossexuais também inflamarão a misoginia e a homofobia. Esqueça a posição anticasamento gay de Bush nos Estados Unidos. Ao tolerar esse comportamento no Iraque e em outros lugares, sua administração tornou a homossexualidade abominável em todo o mundo. A imagem de uma mulher estadunidense segurando um prisioneiro com uma coleira será usada como um argumento potente contra a modernização e a emancipação das mulheres.[25]

Barbara Ehrenreich expressa preocupações semelhantes:

> Foi a England que vimos colocar um iraquiano nu na coleira. Se vocês estivessem fazendo as relações públicas para a Al-Qaeda, não poderiam ter encenado uma imagem melhor para estimular fundamentalistas islâmicos misóginos em todo o mundo. Aqui, nessas fotos de Abu Ghraib, vocês têm tudo o que os fundamentalistas islâmicos acreditam que caracteriza a cultura ocidental, tudo bem organizado em uma imagem hedionda – arrogância imperial, depravação sexual e igualdade de gênero.[26]

É certamente ilusório supor que os guardas estadunidenses, mulheres ou não, tendo forçado os prisioneiros a usar roupas íntimas femininas,

---

[25] Cogswell, 2004.
[26] Ehrenreich, 2004.

entre outros atos depreciativos de "feminização", seriam então percebidos pelo não Ocidente como um produto da igualdade de gênero do Ocidente. Na verdade, a misoginia é talvez o conceito mais facilmente compreendido por quem captura e pelo capturado. O ex-prisioneiro Dhia al-Shweiri observa:

> Nós somos homens. Tudo bem se eles me baterem. Os espancamentos não nos machucam, é só uma pancada. Mas ninguém iria querer que a sua masculinidade fosse aniquilada. Eles queriam que nos sentíssemos como se fôssemos mulheres, como as mulheres se sentem, e este é o pior insulto, nos sentirmos como uma mulher.[27]

A imagem de Lynndie England, apelidada de "Lynndie the Leasher" [Lynndie, a Encoleiradora], conduzindo um iraquiano nu em uma coleira (também referida como "buceta controladora") agora se tornou uma superfície sobre a qual o fundamentalismo e a modernização, aparentemente dialeticamente opostos, podem travar a guerra. A imagem é sobre as vitórias do feminismo liberal, que argumenta que as mulheres devem ter oportunidades iguais dentro das Forças Armadas, e também sobre suas falhas em teorizar adequadamente o poder e o gênero além das dicotomias homem-mulher que situam as mulheres como menos propensas à violência e como moralmente superiores aos homens. Zillah Eisenstein escreve:

> Quando vi pela primeira vez as fotos da tortura em Abu Ghraib, me senti destruída. Simplesmente de coração partido. Pensei: 'nós' somos os fanáticos, os extremistas; não eles. No dia seguinte, enquanto eu continuava pensando em Abu Ghraib, me perguntei como poderia haver tantas mulheres envolvidas nas atrocidades?[28]

---

[27] Crea, 2004.

[28] Eisenstein, 2004.

Por que esse tipo de resposta afetiva aos fracassos dos feminismos euro-estadunidenses, feminismos que não são capazes de teorizar o gênero e a violência, nem de explicar o racismo dentro de suas organizações, é apropriada para desabafar nesse momento específico – especialmente quando funciona para centralizar a feminista euro-estadunidense (branca) como vítima, tendo seu feminismo se despedaçado? Outro exemplo: transbordando decepção, Ehrenreich pontua:

> Secretamente, eu esperava que a presença de mulheres com o tempo mudasse as Forças Armadas, tornando-a mais respeitosa em relação a outras pessoas e culturas, mais capazes de manter a paz genuína. [...] Um certo tipo de feminismo, ou talvez eu devesse dizer um certo tipo de ingenuidade feminista, morreu em Abu Ghraib.[29]

Patrick Moore articula a morte de um anseio paralelo, como se a sexualidade gay masculina nunca tivesse encontrado sua própria misoginia: "A ideia de que as mulheres militares são tão capazes quanto os homens de tais atrocidades é desorientadora para os homens gays que tendem a pensar nas mulheres como aliadas naturais".[30] Lamentando nostalgicamente a perda do sujeito feminista liberal, essa convergência emotiva de feministas liberais brancas e homens gays brancos involuntariamente reorganiza a tragédia de Abu Ghraib em torno de seus desejos.

Mas a visão de England com a sua coleira também sugere as perversões sexuais associadas ao S/M, algo não mencionado na imprensa popular. As comparações apresentadas entre a depravada England carregando um cigarro, cabelos escuros, grávida e solteira, racializada (agora implicada em fazer um filme pornográfico com outro guarda), e a heroica garota comum Jessica Lynch, informada por suas similaridades como classe operária e quase nada mais, falam também da necessidade

---

[29] Ehrenreich, 2004.

[30] Moore, 2004.

de desconstruir a presença das mulheres torturadoras em Abu Ghraib como uma aberração.[31] Enquanto a presença de mulheres torturadoras, ao menos inicialmente, pode nos fazer refletir, é um erro excepcionalizar essas mulheres; o prazer e o poder derivados dessas posições e ações não podem ser dispensados como algum tipo de falsa consciência ou de serem enganadas pelas Forças Armadas, nem como o funcionamento do que Eisenstein chama de "mulher branca espantalho".[32] Se, como Veena Das argumenta, a violência é uma forma de sociabilidade, então as mulheres não são somente os receptáculos da violência, mas estão realmente conectadas a ela e beneficiam-se de formas de violência de inúmeras maneiras, não obstante sendo ou não elas próprias as perpetradoras da violência.[33] Isso significa que a economia da violência produz um sistema circular por meio do qual nenhuma mulher está estritamente dentro ou

---

[31] "A maioria dos estadunidenses acredita que os abusos foram casos isolados, não ocorrências comuns. Acreditam que os criminosos agiam sozinhos, não seguiam ordens. E por uma margem esmagadora, o público vê os abusos como uma violação da política militar, como crimes desonestos, não uma política. Como resultado, a maioria dos estadunidenses culpa os soldados que realizaram os abusos e os oficiais que os supervisionam, não o secretário Rumsfeld ou o presidente Bush"; Schneider, descreve para *Insight*. Curiosamente, a cobertura da mídia, como Dao *et al.* (2004), centralizou nas famílias heterossexuais dos perpetradores de Abu Ghraib. Por exemplo, as imagens na página 20 do artigo incluem as seguintes legendas: "Sargento Ivan Frederick, um dos soldados estadunidenses que deve enfrentar a corte marcial pelo abuso de prisioneiros em Abu Ghraib, é mostrado com oficiais da polícia iraquiana em uma fotografia que ele enviou à sua família"; "Sargenta Martha Fredericks, acompanhada por suas filhas, falou com o jornalista de televisão por telefone na terça-feira"; "Soldada de Primeira Classe (Pfc.) Lynndie R. England, que mostrou um sinal de positivo para as fotos de Abu Ghraib, relaxando na casa de seus pais no ano passado". A família heterossexual é idealizada: England sorrindo confortavelmente na cozinha dos pais, famílias recebendo fotos dos seus entes queridos no Iraque. Abu Ghraib é uma tragédia para essas famílias, pois Martha Fredericks parece perturbada enquanto está de pé, os braços cruzados, ao telefone, enquanto sua filha se encosta no sofá com a mão apoiada na cabeça, e sua outra filha se inclina para o sofá, empoleirada em uma cadeira, descansando a cabeça nas mãos. Todas as três mulheres têm as expressões vazias ou entristecidas, contrastando nitidamente com os sorrisos de Ivan Frederick e de England nas fotos acima e abaixo delas.

[32] Eisenstein, 2004.

[33] Cushman, 2004.

fora. As mulheres podem ser tanto sujeitos como agentes da violência, quer seja produzida em seu nome ou perpetrada diretamente por elas.[34] A esse respeito, três pontos estão em jogo: como começamos a entender a presença literal de mulheres, e possivelmente de homens gays e lésbicas, tanto nas populações torturadas quanto nas torturadoras? Como se deve explorar a análise dos posicionamentos de gênero e da diferenciação sexual para além do masculino e do feminino? E, finalmente, o que fazemos com a participação dos guardas estadunidenses nas fotos, atrás das câmeras, e na frente das telas dos computadores, e com nós mesmos, como curiosos e perturbados espectadores?

SEXO GAY?

A homossexualidade masculina é profundamente vergonhosa para a cultura árabe; forçar prisioneiros árabes nus a simular sexo gay, tirando fotos que você poderia ameaçar mostrar, seria muito pior do que vencê-los.
– Gregg Easterbrook, "Whatever It Takes", 2006.

Empregando uma lógica homofóbica paralela, os especialistas conservadores e progressistas alegaram que o *status* ilegal de atos homossexuais na lei islâmica demarca a tortura sexual em relação à violência em Abu Ghraib como especialmente humilhante. A senadora republicana Susan Collins, do Maine, por exemplo, estava incrédula com o

---

[34] Em sua entrevista, Das diz:

> Um exemplo muito bom disso é a ideia de que uma mulher ganha um *status* mais alto na sociedade por ser a mãe de um herói; ou há outros exemplos em que a honra de uma mulher pode depender do desempenho valente do filho ou marido no mundo. Há uma troca muito sutil de masculinidade e feminilidade nesses tipos de formações. De modo que, sim, você possa ter estruturas de sociabilidade em que a violência é uma estrutura exclusivamente masculina da sociabilidade da qual as mulheres podem ser excluídas ou outras estruturas de sociabilidade em que ela é incorporada dentro das formas masculinas de violência; Cushman, 2004.

fato de que os guardas estadunidenses optaram por infligir "humilhações sexuais bizarras que foram especificamente projetadas para serem particularmente ofensivas aos homens muçulmanos", enquanto outros observaram que a humilhação sexual é constituída como "uma indignação particular na cultura árabe".[35] Mas, de uma perspectiva de segurança puramente militar, a tortura era muito efetiva e, portanto, completamente justificada.[36] O governo Bush afirma que a tortura era particularmente necessária e eficaz para o interrogatório por causa da proibição contra a homossexualidade no islã. Que "nudez, homossexualidade e controle por uma mulher podem ser particularmente humilhantes na cultura árabe" tem sido um sentimento ecoado por muitos.[37]

Madhi Bray, diretora executiva da Sociedade Muçulmana Estadunidense, uma organização islâmica sem fins lucrativos localizada na Virgínia, diz que o islã exige "modéstia no vestuário", "ser visto nu é um tabu tremendo e uma humilhação imensa na cultura muçulmana", e que a homossexualidade, considerada um pecado, "só se torna um problema quando é exibida, afetando toda a sociedade". Faisal Alam, fundador e ex-diretor da organização internacional muçulmana LGBTQI Al-Fatiha, emitiu um comunicado de imprensa declarando: "A humilhação sexual é talvez a pior forma de tortura para qualquer muçulmano". O comunicado de imprensa continua: "O Islã coloca uma grande ênfase no pudor e na privacidade sexual. O Iraque, tal como o resto do mundo árabe, atribui grande importância às noções de masculinidade. Forçar os homens a se masturbarem na frente uns dos outros e a imitarem atos do mesmo sexo ou do sexo homossexual, é perverso e sádico, aos olhos de muitos muçul-

---

[35] Shrader & Shogren, 2004; Al-Fatiha Foundation, 2004. O fundador e diretor da Al-Fatiha, Faisal Alam, opina: "Como muçulmanos queer, devemos condenar nos termos mais contundentes, os flagrantes atos de homofobia e tortura sexual exibidos pelos militares dos EUA. Esses atos simbólicos de abuso representam a pior forma de tortura".

[36] Stout, 2004.

[37] Fuoco & Lash, 2004.

manos". Em outra entrevista, Alam reitera que a tortura dos prisioneiros é uma "afronta para sua masculinidade".[38]

Quero enfatizar a complexa dança da posicionalidade que grupos muçulmanos e árabes, como a Sociedade Estadunidense Muçulmana e, especialmente, Al-Fatiha, devem realizar nesses tempos, durante os quais a defesa da "sexualidade muçulmana" pelas lentes da cultura se torna facilmente cooptada por agendas racistas. O conservador gay Andrew Sullivan, por exemplo, aproveita o discurso de diferença cultural, quase alegando que a cultura repressiva do extremismo muçulmano é responsável pela potência da tortura, com efeito, culpando as vítimas. A islamofobia tornou-se central para o subconsciente da homonormatividade.[39] Problematizo as declarações de Al-Fatiha, pois elas, juntamente com muitas outras, baseavam-se em uma noção orientalista de sexualidade muçulmana que colocava em primeiro plano a repressão sexual e defendia versões de masculinidades normativas; ou seja, estar na posição "passiva" feminizada é naturalizado como humilhante, produzindo uma espécie de nacionalismo musculoso. Em demonstrações de solidariedade, os comentários da Al-Fatiha foram acriticamente abraçados por vários setores queer: o boletim do Centro de Estudos de Gays e Lésbicas os usou para validar sua perspectiva por meio de um informante nativo, enquanto a imprensa gay dos EUA reproduziu infinitamente as linhas sobre masculinidade adequada e conservadorismo sexual. No entanto, dado o seu lugar no cruzamento entre queeridade e arabidade, Al-Fatiha esteve, e ainda está, sob uma grande pressão para autenticar paradigmas orientalistas da sexualidade muçulmana, reproduzindo, assim, narrativas do excepcionalismo sexual dos EUA. Reforçar uma noção homogênea de repressão sexual muçulmana em relação à homossexualidade e à noção de pudor funciona para reposicionar os Estados Unidos, em contraste, como um lugar livre de tais restrições sexuais, confirmando

---

[38] Crea, 2004.
[39] Sullivan, 2006.

assim o *status* agora liberado do muçulmano diaspórico anteriormente reprimido. Essa transição entre cativo/liberto se reflete no que Rey Chow chama de "mimetismo coercitivo – um processo (identitário, existencial, cultural ou textual) no qual daqueles que são marginais à cultura ocidental dominante espera-se [...] que se assemelhem e repliquem os preconceitos muito banais que lhes foram anexados, um processo no qual se espera que objetifiquem a si mesmos de acordo com o já visto e, assim, autentiquem as imaginações que são familiares". Ao contrário de uma versão (bhabhaiana) da mimese que acentua as tentativas fracassadas do Outro de imitar o Mesmo, o relato de Chow afirma que "o original que deveria ser replicado não é mais o homem branco ou sua cultura, mas sim uma imagem, uma visão estereotipada do étnico". A etnicidade como um dispositivo regulador sustenta os ideais fictícios do pluralismo multicultural.[40] Para Al-Fatiha, ter elaborado as questões do islã e da sexualidade de forma mais complexa não teria somente perdido a ressonância orientalista tão ansiosamente esperada pela mídia de massa; isto é, quase não há como chamar a atenção da mídia a menos que essa ressonância mimética seja atendida. Teria também colocado em perigo considerável uma população que já navega nos perniciosos efeitos racistas do Ato Patriótico dos EUA: vigilância, deportações, detenções, registros, migrações preventivas e dispensas. Assim, a *performance* da Al-Fatiha de uma aliança particular com o excepcionalismo sexual estadunidense é o resultado de uma demanda, não de uma recomendação. A proliferação de sujeitos estadunidenses diversos, como o estadunidense muçulmano e até mesmo o estadunidense muçulmano queer, e suas condições epistemológicas de existência são instruções da segurança interna, que produzem e regulam o homonacionalismo.

Em um contexto muito diferente, Patrick Moore, autor de *Beyond Shame: Reclaiming the Abandoned History of Radical Gay Sex* [Para além da vergonha: reativando a história esquecida do sexo gay radical], opina:

---

[40] Chow, 2002, p. 107.

Como 'gay' implica uma identidade e uma cultura, além de descrever um ato sexual, é difícil para um homem gay no Ocidente entender completamente o nível de desgraça suportado pelos prisioneiros iraquianos. Mas no mundo árabe, as técnicas humilhantes agora expostas são particularmente eficazes por causa da relação conturbada do islã com a homossexualidade. Isso não quer dizer que o sexo entre homens não ocorra na sociedade islâmica – a vergonha está na identidade gay e não no ato em si. Enquanto um homem não aceitar o papel supostamente feminino (passivo) no sexo com outro homem, não há vergonha no comportamento. Os relatórios indicam que os prisioneiros não foram apenas fisicamente abusados, mas também acusados de serem homossexuais, o que é uma degradação muito maior para eles.[41]

O *telos* foucaultiano do "ato de identificação" desdobrado por Moore delineia o Ocidente como o espaço da identidade (desconsiderando a confusão das relações ato-identidade no seio das homossexualidades dos EUA), enquanto o mundo árabe é relegado, aparentemente por causa da "relação conturbada do islã com a homossexualidade", para o reino das ações retrógradas. A ficção da identidade, baseada no conceito de coerência progressiva, apaga, por exemplo, homens que fazem sexo com homens, ou aqueles que o fazem em segredo, de modo que a presença de muçulmanos identificados como gays e lésbicas no "mundo árabe" se torna inconcebível. Alguém ousa mencionar a relação conturbada da Cristandade com a homossexualidade? Mas vamos seguir a lógica de Moore até a sua conclusão: uma vez que os atos são supostamente muito mais moralmente neutros para os muçulmanos do que para os homens no Ocidente, ser forçado a fazê-los na óbvia ausência de uma identidade declarada deveria realmente não ser tão humilhante. Dada a falta de qualquer evidência de que ser chamado de homossexual é muito mais degradante do que ser torturado, a racionalização de Moore pode ser lida como uma projeção orientalista que transmite muito mais sobre as restrições e imaginários da identidade no Ocidente do que qualquer outra coisa.

---

[41] Moore, 2004.

Esses relatos de progressistas LGBTQI são talvez um efeito colateral não intencional do foco na homossexualidade que, na tentativa de combater a homofobia, tende a reproduzir a misoginia, o apagamento das mulheres e o rebaixamento da feminilidade. Qualquer análise de identidade que considere apenas um eixo reiterará as versões mais normativas dessa identidade, nesse caso, aquelas que privilegiam homens gays (brancos). Além disso, vemos a repetição incisiva do que Foucault chamou de "hipótese repressiva": a noção de que a falta de discussão ou abertura em relação à sexualidade reflete um aparato repressivo e impulsionado pela censura do desejo sexual esvaziado. Diante da centralidade da *História da sexualidade* de Foucault para o campo dos estudos queer, é um pouco desconcertante que alguns teóricos queer tenham aceitado logo de cara o discurso da repressão sexual muçulmana. Isso não significa que a obra de Foucault deva ser aplicada de forma direta em outros contextos culturais e históricos, especialmente porque ele mesmo perpetua uma forma perniciosa de orientalismo em sua formulação de *ars erotica*. Em vez disso, as percepções de Foucault merecem atenção como uma hipótese metodológica sobre o discurso. Assim, o ponto a ser discutido não é como qualificar o *status* da homossexualidade em todo o amplo campo histórico e geográfico do Oriente Médio, para não mencionar as variações religiosas, regionais, de classe, nacionais e políticas. Em vez disso, devemos considerar como a produção da homossexualidade como tabu está situada dentro da história dos encontros com o olhar ocidental. Enquanto no *Orientalismo* de Said o sexo ilícito encontrado no Oriente foi buscado a fim de libertar o Ocidente de sua própria prática da hipótese repressiva, no caso de Abu Ghraib, inversamente, é a repressão (perversa) dos prisioneiros árabes que é destacada a fim de apagar os excessos hipersexuais desenfreados dos guardas prisionais dos EUA. O Oriente, uma vez concebido na *ars erotica* de Foucault e no trabalho de desconstrução de Said como o lugar da liberação original, pecado irrestrito, de atos sem identidades ou consequências, agora simboliza o espaço da repressão *e* da perversão, e o local da liberdade foi realocado para a identidade ocidental.

Dada a desenfreada homofobia (entre outras fobias) demonstrada pelos guardas dos EUA, é de fato irônico, embora previsível, que os Estados Unidos acabem aparecendo como sexualmente excepcionais: menos homofóbicos e mais tolerantes à homossexualidade (e menos manchados pela misoginia e pelo fundamentalismo) do que o reprimido, pudico e tímido Oriente Médio. Por meio de reações feministas, queer e até conservadoras à violência em Abu Ghraib, temos uma visão clara dos privilégios performativos do "benefício do locutor" de Foucault: um exemplo de excepcionalismo sexual pelo qual aqueles que são capazes de articular o conhecimento sexual (especialmente de si mesmos) parecem então ser libertados, por meio do ato de enunciação, do espaço da repressão. Foucault o descreve assim:

> Existe, talvez, uma outra razão que torna para nós tão gratificante formular em termos de repressão as relações do sexo e do poder: é o que se poderia chamar o benefício do locutor. Se o sexo é reprimido, isto é, fadado à proibição, à inexistência e ao mutismo, o simples fato de falar dele e de sua repressão possui como que um ar de transgressão deliberada.[42]

Como Sara Ahmed observa, essa hierarquia entre sistemas abertos (democratas liberais) e fechados (fundamentalistas) obscurece "como a constituição de culturas abertas envolve a projeção do que está fechado para as outras e, portanto, a ocultação do que está fechado e contido 'no espaço doméstico'".[43] Assim, aqueles que parecem ter o benefício do locutor não apenas reproduzem, por meio de um mapeamento geopolítico da homofobia e onde ela é mais virulenta (um mapeamento que espelha dicotomias aberta/fechada, tolerante/reprimida), os ideais hegemônicos do excepcionalismo dos EUA; a projeção da homofobia em outros espaços promulga uma evidente rejeição da homofobia no "espaço doméstico".

---

[42] Foucault, 2005, p. 12.
[43] S. Ahmed, 2004, p. 134.

O que, então, está fechado e o que está contido em casa? Na imprensa gay estadunidense, as fotos de Abu Ghraib são continuamente tratadas como "evidência de homofobia desenfreada nas Forças Armadas"; Aaron Belkin condena "os elementos mais básicos, paranoicos ou extremos da homofobia militar"; Paula Ettelbrick, diretora executiva da Comissão Internacional de Direitos Humanos de Gays e Lésbicas, sustenta que "esse tipo de humilhação" se torna sancionado através da operação do "Não pergunte, não diga", como se ali estivesse o peso da crueldade da instituição militar, e não nos assassinatos de milhares de iraquianos civis.[44] A humilhação se torna sancionada porque o Exército funciona como uma reserva para o que de outra forma é visto como violência socialmente inaceitável, higienizando toda a agressão em seu rastro sob o pretexto da segurança nacional. Nesses relatos, a homofobia dos militares estadunidenses é atacada, com escassa menção aos processos ligados ao racismo e ao sexismo. Patrick Moore, para quem as fotos, diz ele, "evocaram em mim um profundo sentimento de vergonha como um homem gay", configura especificamente o sujeito masculino gay (branco) como a vítima paradigmática das imagens agressivas, afirmando que "para homens gays e lésbicas não assumidos que servem nas Forças Armadas, isso deve evocar profunda vergonha".[45] É realmente prudente excluir inequivocamente a chance de que possa haver um homem gay ou uma lésbica entre os perpetradores da tortura em Abu Ghraib? Colocar a homofobia em primeiro plano sobre outros vetores da vergonha – esse primeiro plano funcionando como um sintoma-chave da homonormatividade – é esquecer que essas fotos não são meramente representativas da homofobia dos militares; elas também são racistas, misóginas e imperialistas. Favorecer o espectador gay masculino – aqui, presumivelmente branco – é negar os espectadores múltiplos e interseccionais implicados por essas imagens e, estranhamente, também

---

[44] Crea, 2004; Osborne, 2004. Ver também OutRage!, comunicado de imprensa.

[45] Osborne, 2004.

é privilegiar como vítima a identidade (como coerência progressiva fictícia) da sexualidade masculina gay branca no Ocidente (e aqueles não assumidos nas Forças Armadas) sobre a significação dos atos, sem mencionar os corpos dos próprios prisioneiros iraquianos torturados. Em uma outra entrevista, Moore complexifica esse direcionamento de espectadores: "Senti que o governo havia encontrado uma maneira de usar a sexualidade como uma ferramenta de humilhação tanto para os homens árabes quanto para os gays daqui". O encontro desenhado entre homens árabes (presumivelmente heterossexuais) e homens gays (presumivelmente brancos) é mais um momento em que a sexualidade dos homens árabes é qualificada como reprimida e orientada para atos pré-modernos, o precursor do espaço solidificado da identidade "daqui", apagando assim a presença aparentemente inimaginável de árabes queer (particularmente aqueles nos Estados Unidos).[46]

Mubarak Dahir, escrevendo para a *New York Blade*, intervém em um debate de longa data entre as comunidades LGBTQI sobre se a guerra ao terrorismo é uma questão gay por sublinhar o sexo gay como central para as imagens:

> A alegação de alguns membros da comunidade gay e lésbica de que a invasão e ocupação do Iraque não é uma questão 'gay' desmoronou na semana passada, quando fotos surgiram de prisioneiros iraquianos encapuzados e nus na prisão de Abu Ghraib, perto de Bagdá, sendo forçados a simular atos sexuais gays como uma forma de abuso e humilhação.

E mais à frente:

> Como um homem gay e como uma pessoa de ascendência árabe, eu senti um duplo incômodo nessas fotos. Olhando para as fotos desfocadas de prisioneiros iraquianos encapuzados sendo forçados a realizar simulações de sexo oral gay um no outro, eu tinha que me perguntar o que era que os meus companheiros estadunidenses de uniforme que estavam

---

[46] *Idem, ibidem.*

comandando a cena achavam o mais desprezível: o fato de que homens estavam realizando sexo gay, ou eles serem árabes.[47]

Se voltarmos para a construção do corpo muçulmano viado como objeto de tortura e a força performativa da tortura, a resposta para a pergunta de Dahir seria ambos os fatos. É nítido que a atenção que Dahir chama para as linhas interseccionais do árabe e do gay também é uma intervenção importante diante das tendências generalizadas de construir a homossexualidade e a sexualidade muçulmana como mutuamente exclusivas. Dado o silêncio retumbante das organizações LGBTQI nacionais e tradicionais, atualmente obcecadas pela agenda do casamento gay, a importância política da resposta de Dahir, no âmbito geral, à guerra ao terrorismo e, em particular, a Abu Ghraib não deve ser descartada. De fato, em 28 de maio de 2004, em meio a um debate furioso sobre a tortura sexual, a Campanha de Direitos Humanos, a Rede de Defesa Legal dos Membros dos Serviços e os Veteranos Estadunidenses pela Igualdade de Direitos lançaram conjuntamente a "Luta pela Liberdade", uma declaração de imprensa destacando soldados "LGBT" heróicos e patrióticos nas forças armadas e anunciaram o lançamento de *Documenting Courage* [Documentando a coragem], um livro sobre veteranos LGBTs. Impulsionados por "histórias [que] não são mencionadas", tanto a declaração quanto o livro privilegiam a voz testemunhal da autenticidade. Na ausência de qualquer comentário ou posição sobre Abu Ghraib, isso pode ser lido como um movimento defensivo para restaurar a honra dos soldados dos EUA, enquanto lembra ao público as lutas que os soldados LGBT enfrentam nas Forças Armadas, desviando assim o foco da vitimização para longe dos prisioneiros iraquianos.[48]

Declarar que os atos são simulações do sexo gay, no entanto, convida a outras consequências, como a resposta de manifestantes egípcios no Cairo pedindo a remoção dos "carrascos homossexuais estaduniden-

---

[47] Dahir, 2004b.
[48] Jacques *et al.*, 2004.

ses",[49] que reafirmam que a homossexualidade é uma importação indesejada do Ocidente. Tal acusação alimenta bem a agenda contra o casamento gay de Bush e reflete um curioso encontro entre o debate sobre o casamento gay e a discussão sobre homossexualidade e as fotos de Abu Ghraib, que enviam uma mensagem muito clara sobre os desejos da administração Bush de sancionar e disseminar a homofobia. Organizações de direita, como a Mulheres Preocupadas com a América, também condenaram a tortura como resultado direto da depravação cultural homossexual. Mas os atos são especificamente e apenas fazem referência ao sexo gay (e aqui, "gay" significa "sexo entre homens")? E é verdade que, como Patrick Moore argumenta, a homossexualidade tem sido empregada como a "ferramenta final de degradação" e como uma "tática militar [que] atinge novos níveis de perversidade"?[50] Certamente essa versão escapa de uma discussão sobre o que exatamente constitui a distinção entre sexo gay e sexo hétero e também presume alguma normatividade estática sobre os papéis de gênero. Dizer que as cenas de sexo simuladas e reais replicam o sexo gay é uma maneira fácil para todos – meios de comunicação, antropólogos orientalistas, instituição militar, grupos e organizações LGBTQI – para renegar as tendências supostamente perversas inerentes ao sexo heterossexual e a normatividade de gênero imanente em alguns tipos de sexo gay. Deve-se notar que a Anistia Internacional está entre os poucos que não mencionaram a homossexualidade, os atos homossexuais ou a sexualidade com o mesmo sexo em seu comunicado de imprensa condenando a tortura.[51]

Essas leituras reproduzem o que Gayle Rubin chama de "falácia erotofóbica de escala deslocada". "Atos sexuais", argumenta Rubin, "são sobrecarregados com um excesso de significado";[52] esse excesso produz uma leitura errada e talvez até um exagero de escala pela qual o significado

---

[49] Letellier, 2004.
[50] Moore, 2004.
[51] Anistia Internacional, 2006b.
[52] Rubin, 1993, p. 11.

do sexo é medido, na maneira com que continuamente se privilegia a humilhação (mental, psíquica, cultural, social) sobre a dor física. Na verdade, pode muito bem ser que essas respostas dos ocidentais revelem o que nós podemos considerar a pior forma de tortura – ou seja, tortura sexual e humilhação, em vez de dor extrema – mais do que qualquer compreensão das experiências daqueles torturados. Os atos sexuais simulados devem ser pensados em termos de papéis de gênero, e não por meio de uma noção crescente de orientação sexual. Mas por que sequer falar de sexo? Alguém fez sexo nessas fotos? Pode-se argumentar que, nas fotos, os torturadores estavam excitados, eroticamente estimulados e com a mesma aparência daqueles que fazem sexo. Como Trishala Deb e Rafael Mutis indicam:

> Os defensores dos dirciots das mulheres nos EUA fazem há muito tempo a distinção entre sexo e estupro. Ao definir estupro e agressão sexual como um ato de violência e não sexo, estamos colocando a fundamentação na voz dos agredidos, e aceitando suas experiências como centrais para a verdade do que aconteceu. [...] O que entendemos centralizando na perspectiva das pessoas agredidas é que não havia sexo acontecendo independentemente do ato.[53]

O foco no sexo gay também antecipa um diálogo importante sobre estupro, tanto o estupro de prisioneiros iraquianos quanto, mais significativamente, o estupro de prisioneiras iraquianas, cuja ocorrência não parece ser digna de notícias nem de fotografias. Na verdade, houve uma subnotificação completa dos estupros de mulheres afegãs e iraquianas dentro e fora dos centros de detenção. O relatório do major--general Anthony Taguba observa que, entre as 1.800 fotos digitais, há fotos não divulgadas de mulheres sendo estupradas e mulheres forçadas, sob a mira de uma arma, a mostrarem seus seios, bem como fitas de vídeo de mulheres detidas forçadas a tirar a roupa e rumores de vítimas de

---

[53] Deb & Mutis, 2004, p. 5. Para uma análise igualmente perspicaz do ponto de vista político, ver Shah & Young, 2004.

estupro que engravidaram.⁵⁴ Por que há comparativamente poucas fotos de mulheres e por que elas não foram liberadas? É porque a administração achou as fotos das mulheres ainda mais horríveis? Ou o estupro de mulheres em tempo de guerra se tornou tão pouco espetacular, tão endêmico à ocupação militar a ponto de tornar seu impacto discutível? Ou poderiam essas fotos finalmente demolir a linha de raciocínio de que os Estados Unidos estão libertando as mulheres muçulmanas, uma fantasia tão crucial para os princípios do excepcionalismo sexual estadunidense? Como, em última análise, começamos a teorizar as conexões e disjunções entre corpos torturados masculinos e femininos e entre masculinidades e feminilidades?

Embora os estudos pós-coloniais feministas tenham tipicamente teorizado as mulheres como portadoras de continuidade cultural, tradição e linhagem nacional, no caso do terrorismo, a linha de transmissão parece sempre reverter para o corpo masculino. O *locus* da capacidade reprodutiva é, momentaneamente, expandido do corpo feminino para incluir o corpo masculino. Essa expansão não marca um afastamento das mulheres como vítimas de estupro e moedas de troca entre homens em tempo de guerra. Mas a ênfase principal e primordial no estupro de mulheres como arma de guerra pode substituir a importância de castrar as capacidades reprodutivas dos homens; além disso, essa linha de investigação quase sempre nos devolve a um quadro heteronormativo não interrogado de penetração e condução. Nesse caso particular, é precisamente a masculinidade, a masculinidade do terrorista, que ameaça se reproduzir. Escrevendo sobre a tortura genital e anal de homens sikh no Punjab, Brian Keith Axel argumenta que a tortura produz a diferença sexual não como homem e mulher, mas o que ele chama de sexualidade nacional-normativa e sexualidade antinacional:

> Proponho que a tortura no Punjab é uma prática de circunscrição repetida e violenta que produz não apenas corpos sexuados, mas também uma for-

---

⁵⁴ Harding, 2004.

ma de diferenciação sexual. Esta não é uma diferenciação entre categorias de homens e mulheres, mas entre o que pode ser chamado de sexualidade nacional-normativa e sexualidade antinacional. [...] A sexualidade nacional-normativa fornece os meios heterossexuais sancionados para reproduzir a comunidade da nação, enquanto a sexualidade antinacional interrompe e ameaça essa comunidade. A tortura lança a sexualidade nacional-normativa como uma modalidade fundamental de produção cidadã em relação a uma sexualidade antinacional que postula o sexo como uma 'causa' não apenas da experiência sexual, mas também de comportamento subversivo e desejo extraterritorial ('agora você não pode se casar, não pode produzir mais terroristas'). A forma de punição corresponde à suposta fonte de transgressão: reprodução sexual, identificada como uma propriedade da agência masculina dentro do corpo masculino.[55]

É importante enfatizar, certamente, que existem múltiplas sexualidades nacional-normativas e, da mesma forma, múltiplas sexualidades antinacionais, bem como entidades que tornam essas distinções confusas. É igualmente importante reconhecer que, em todas as percepções, a formulação de Axel não pode ser inteiramente e perfeitamente transposta para a situação de Abu Ghraib, já que os detidos sikhs punjabis fazem parte da nação indiana e também são marcados como os terroristas fundamentalistas religiosos que ameaçam desfazer essa nação. Em outras palavras, para os detidos punjabis, a tortura trabalha para finalizar a expulsão do Estado-nação. O que acho mais convincente é a formulação de Axel de diferenciação nacional como diferenciação sexual. No entanto, argumento que é precisamente a feminização (e, portanto, não as categorias de masculino e feminino, como Axel observa), e a consequente insistência em posições mutuamente exclusivas de masculino e feminino, que retira do corpo masculino torturado sua sexualidade nacional-normativa. Essa feminização despoja o corpo masculino de sua virilidade e, assim, compromete seu poder não apenas de penetrar e reproduzir sua própria nação (nossas mulheres), mas também

---

[55] Axel, 2002, p. 414. Axel cita C. Mahmood, 1996, p. 40.

de contaminar a nação do outro (suas mulheres). Além disso, o sexo pervertido do terrorista é *a priori* lançado fora do domínio das sexualidades nacionais normativas: "a forma de punição", ou seja, lidar com pênis e ânus "corresponde à suposta fonte de transgressão" não apenas por causa do desejo de retirar a capacidade do terrorista de se reproduzir sexualmente, mas também por causa do desvio (homo) sexual sempre já ligado ao corpo terrorista. Esses dois atributos, a fertilidade do terrorista (no caso dos homens muçulmanos, interpretados por meio da poligamia) e as perversões (homo) sexuais do terrorista são realizados com uma potência maior, dado que o terrorista também é *a priori* constituído como apátrida, sem legitimação nacional e sem fronteiras nacionais. Na imaginação política, o terrorista serve como o excesso monstruoso do Estado-nação.

A tortura, para compor a formulação de Axel, trabalha não apenas para separar as sexualidades nacionais das antinacionais – pois essas distinções (o monstro-terrorista-bicha apátrida) já estão em jogo –, mas também, de acordo com as fantasias nacionalistas, para reordenar o gênero e, no processo, para corrigir hierarquias raciais implícitas. A força da feminização reside não apenas no despojamento da masculinidade, no emboiolamento do corpo masculino, ou roubar do feminino sua centralidade simbólica e reprodutiva para as sexualidades nacional-normativas; é a fortificação das fronteiras inexoráveis entre masculino e feminino, a reescrita de múltiplos e fluidos performativos de gênero em espaços engessados de masculino e feminino, a regenerificação de múltiplos gêneros em roteiros binários opressivos de masculino e feminino e a interação de tudo isso dentro e através de matrizes de poder raciais, imperiais e econômicas. Essa é a força real da tortura.

Axel escreve: "A tortura lança a sexualidade nacional-normativa como uma modalidade fundamental de produção cidadã". Mas também podemos inverter esses termos: *a sexualidade nacional-normativa lança a tortura como uma modalidade fundamental de produção cidadã*. Pode-se embaralhar ainda mais essa frase: a produção cidadã lança a sexualidade nacional-normativa como uma modalidade fundamental de tortura – e assim por diante. O ponto é que, na cadeia metonímica que liga tortura, produção cidadã e sexualidades nacional-normativas, a tortura surge como parte integrante de uma ordem patriótica para separar os gêneros e sexualidades nacional-normativos dos antinacionais. Joanna Bourke elabora que:

> É difícil evitar a conclusão de que, para alguns desses estadunidenses, a criação de um espetáculo de sofrimento fazia parte de um ritual de união. A identidade de grupo como vencedores em um Iraque cada vez mais brutalizado está sendo consolidada: trata-se de uma encenação da camaradagem entre homens e mulheres que são separados da sociedade civil no seu país por atos de violência. Seus ritos cruéis e muitas vezes carnavalescos constituíam o que Mikhail Bakhtin chamava de 'transgressão autorizada'.[56]

O ritual de união, que culmina em uma transgressão autorizada, é autorizado não de cima, mas entre atores que procuram redirecionar a animosidade entre si. Nesse sentido, o ritual de vínculo do carnaval da tortura – discutindo-o, produzindo-o, excitando-se com ele, gravando-o, disseminando a prova dele, tagarelando sobre ele – é o desempenho final do patriotismo. Como Sara Ahmed tão incisivamente expõe, (a tortura como) patriotismo é impulsionada não apenas pelo ódio ao Outro, mas também pelo amor: "O ódio é renomeado como amor, uma renomeação que 'esconde' a ambivalência que ele exerce (amamos *em vez de* odiar)". Como uma arena nascente de normatividades nacionalistas multiculturais, o militar é um local privilegiado desse amor pela nação, um amor que, para aqueles que não conseguem atender aos padrões do cidadão ideal (ou seja, classes trabalhadoras, pessoas não brancas, imigrantes), permanece não correspondido. Ahmed teoriza esse "amor nacional como uma forma de espera", por meio da qual o "*fracasso do retorno amplia o investimento*".[57] Só se pode imaginar o que esse fracasso do retorno implica para aqueles que estão sendo processados por esses crimes.

---

[56] Bourke, 2004.
[57] S. Ahmed, 2005, pp. 123, 131.

Da mesma forma, é horrivelmente revelador que Lynndie England e Charles A. Graner se envolveram romanticamente enquanto estavam no Iraque; compartilhando funções de tortura para instigar e aumentar as químicas sexuais ou liberá-las ou ambos. Qual é a relação entre os tipos de sexo que eles estavam tendo entre si e o tipo de experiências corporais de dominação sexual que eles juntos estavam tendo com os prisioneiros? Enquanto a tortura eleva a carga erótica e a intensidade para aqueles que já estão prontos para transar, ela externaliza o ódio entre aqueles que estão prontos para se matar. Aqui, todas as tensões e hostilidades internas (a classe trabalhadora, Lynndie "lixo branco", o sargento afro--estadunidense Ivan Frederick, e assim por diante) são detonadas para o exterior, em direção aos corpos infelizes em detenção, de modo que uma frente unida da heteronormatividade multicultural estadunidense pode não apenas ser performada, mas, o mais importante, ser sentida afetivamente. Dentro dos interstícios do que é visto e do que é sentido, como é visto e como é sentido, as fotos emanam de forma mais poderosa os laços patrióticos que unem.

TECNOLOGIAS DE SIMULACRO

Como *voyeur*, maestro, ditador, dominatrix, aqueles que orquestram esses atos, vários dos quais aparecem eroticamente exasperados nas fotos, fazem parte, e não são externos, às próprias cenas de tortura, às vezes até explicitamente. Por exemplo, o cabo Jeremy Sivits, em seu depoimento, afirma:

> O sargento Frederick pegava na mão do detido e colocava-a no pênis do detido e fazia com que a mão do detido fosse para a frente e para trás, como se estivesse se masturbando. Ele fez isso com cerca de três dos detidos antes que um deles fizesse certo.[58]

---

[58] Zernike *et al.*, 2006.

Isso dificilmente é indicativo de um observador afastado, objetivo e distanciado atrás da câmera, posicionado apenas para capturar os eventos através do clique da lente. Relatos de sodomização com bastões de luz química e vassouras e de estadunidenses inserindo dedos nos ânus dos prisioneiros também implicam totalmente os guardas dos EUA e levantam espectros de sexo inter-racial e intercultural. A rede Al Jazeera relatou a alegação do jornalista estadunidense Seymour Hersh de que há fitas de vídeo de soldados estadunidenses sodomizando, isto é, estuprando "garotos iraquianos".[59] Menos abertamente, a separação do participante e do *voyeur* torna-se infinitamente complicada pelos prazeres de tirar, posar e olhar para fotos, especialmente porque o uso de câmeras e vídeos informa práticas variadas (assistir pornografia, fotos de nudez, para citar alguns) entre parceiros de todos os gêneros em todos os tipos de sexo.

Muitas das fotos, originalmente cortadas para consumo com danos controlados, agora estão revelando vários espectadores, testemunhas e participantes; no caso da foto amplamente divulgada e discutida de um homem encapuzado arrumado para ficar em uma caixa com fios presos como apêndices aos braços, pernas e pênis – uma pose clássica de tortura conhecida predominantemente por especialistas em interrogatório como "o Vietnã" – um guarda dos EUA está afastado, examinando indiferentemente sua câmera digital. O Vietnã, explica Darius Rejali, deriva de uma fusão da técnica de permanência forçada usada por torturadores no Exército britânico (onde era conhecida como "a crucificação"), no Exército francês (onde era conhecida como "o Silo"), nos exércitos no início do século XX, pela polícia dos EUA, pelo Comissariado de Stálin para Assuntos Internos do Povo (NKVD), pela Gestapo na década de 1930 e pelas polícias sul-africana e brasileira (que adicionou o suplemento elétrico) na década de 1970.[60] Na verdade, é essa

---

[59] Al Jazeera, 2004b.

[60] Rejali, 2004. Ver também Hilton, 2004. O artigo de Hilton fornece uma visão geral das práticas, do apoio e da tolerância dos EUA em relação à tortura a partir da década de 1970 até a atual guerra ao terror. Seu artigo é notável por seu mapeamento das práticas estadunidenses que levam ao seu ponto de conclusão: "O padrão é muito amplo, a

imagem, considerada por muitos como a menos sexualmente explícita e, portanto, menos horrível de se ver, que foi mais reproduzida em todo o mundo, seu simulacro tomando forma em *outdoors* e murais e parodiada em roupas de protesto antiguerra usadas nas ruas de Teerã, Londres e Nova York e em anúncios falsos de iPod feitos em *pink*, verde limão, azul elétrico e amarelo neon. Artistas performáticos, como Hieronymus Bang, sediado em Nova York, usam a bandeira estadunidense como um substituto para a capa preta.[61] No mural de Salah Edine Sallat, em Bagdá, o prisioneiro encapuzado na caixa é emparelhado com uma Estátua da Liberdade encoberta segurando um dispositivo elétrico conectado ao disjuntor que ameaça eletrocutar os dois. Uma pintura brilhante de Richard Serra usa a silhueta do prisioneiro coberto para exigir "*Stop Bush*" [Pare Bush]. A pintura do artista de Berkeley Guy Colwell, intitulada *Abuso*, retrata prisioneiros encapuzados com fios brotando de seus corpos enquanto soldados estadunidenses estão ao lado com bastões de luz (ver as Figuras 6-8b).[62]

A que podemos atribuir o agora icônico *status* dessa imagem? Para iniciantes, é a única foto lançada até o momento que não expõe quase nenhuma pele; apenas as pernas e canelas da vítima podem ser vistas, preservando um anonimato do corpo que simultaneamente incrimina o espectador menos do que algumas das imagens mais pornográficas. Ela também irradia uma mística angustiante; o capuz remonta aos capuzes brancos da Ku Klux Klan, mas também se assemelha a um véu. De fato, a camuflagem de quase todo o corpo faz referência a outra imagem icônica, a da mulher muçulmana oprimida com sua burca, coberta de preto da cabeça aos pés e que precisa ser resgatada. É possível

---

resposta oficial às divulgações é muito silenciosa para permitir qualquer dúvida de que a sanção para a tortura vem de um alto nível da política".

[61] Embora nenhum mencione a bandeira como tal, para mais informações sobre Hieronymus Bang, ver Salter, 2004; Goldberg, 2003.

[62] A galeria de São Francisco que mostrava o trabalho de Colwell foi fechada em maio de 2004 depois que a proprietária, Lori Haigh, recebeu ameaças de morte e foi agredida fisicamente. Ver R. Kim, 2004.

que essa imagem do Vietnã ressoe como mais um projeto missionário em formação. É a contrapartida masculina da mulher-muçulmana-de-burca que as organizações feministas liberais (como a Organização Nacional das Mulheres e o Fundo da Maioria Feminista), o governo Bush (especialmente Laura Bush) e os conservadores de direita que promovem retóricas de democracia e liberdade amam tanto.

Figura 6. A artista iraquiana Salah Edine Sallat termina um mural em Bagdá, em 23 de maio de 2004. Fotografia de Razmi Haidar. Reimpresso com permissão da Razmi Haidar/AFP/Getty Images.

Figura 7. Richard Serra, Stop Bush, 2004. Lithocrayon em mylar, 59 pol. × 48 pol. Reimpresso com permissão de Trina McKeever.

Há outra razão mais sinistra pela qual a foto ecoa tão intensamente. Chamado de "tortura furtiva que não deixa marcas", o Vietnã é indetectável, deixando os corpos de suas vítimas indiferenciáveis dos ilesos. Como acontece com a camuflagem, o corpo permanece intacto e invisível, e "se não fossem pelas fotografias, ninguém saberia que [a tortura] havia sido praticada".[63] A única evidência do Vietnã vem na forma da fotografia. Sua multiplicação em massa e transformações podem falar da necessidade de documentar e inscrever na história e em nossas memórias ópticas o que, de outra forma, não deixa nenhuma prova visual. Como declarou Susan Sontag, "as imagens não desaparecerão".[64] Observando que "soldados treinados em tortura furtiva levam essas técnicas de volta à vida civil como policiais e trabalhadores de segurança privada", Rejali afirma que o Vietnã é encontrado em táticas de policiamento e prisão em todo os EUA, outra provável justificativa para as intensas reverberações desta foto.[65]

Afirmando que "a teatralidade nos leva ao cerne da questão", Slavoj Žižek argumenta que as imagens "sugerem uma encenação teatral, uma espécie de *tableau vivant* [quadro vivo], que traz à mente a arte performática estadunidense, o teatro da crueldade [de Antonin Artaud], as fotos de [Robert] Mapplethorpe ou as cenas desconcertantes nos filmes de David Lynch".[66] A comparação fácil das evidências de violência brutal em tempos de guerra aos espaços de produção artística pode deixar quem lê inquieto. De fato, a ala da direita está inventando conjecturas semelhantes: em *The American Spectator* [O espectador estadunidense] George Neumayr escreve: "Se Robert Mapplethorpe tivesse tirado as fotos em Abu Ghraib, o Senado poderia ter dado a ele um subsídio do governo".[67]

---

[63] Rejali, 2004.

[64] Sontag, 2004, p. 42.

[65] Rejali, 2004. Além disso, a Lei de Reforma de Litígios Prisionais de 1996 delimita quais são consideradas ações judiciais frívolas, garantindo que os prisioneiros devem demonstrar sinais de lesão física antes de alegações de lesão mental ou emocional.

[66] Žižek, 2004, p. 32.

[67] Neumayr, 2004.

Mas a grande questão, pelo que eu entendo, não é tanto que essas fotos se assemelham a obras de arte, mas que as fotos parecem de fato como se os guardas dos EUA sentissem que estavam no palco, acenando para os pais orgulhosos que mordem os lábios nervosamente na plateia. A descarga de afetos dessas fotos é de uma teatralidade exagerada; joviais e vazias de qualquer melancolia, elas convidam repulsivamente o espectador a subir ao palco também. Como Richard Goldstein aponta: "Uma razão pela qual essas fotos são uma sensação é que elas são estimulantes".[68] A palavra "estimulante" aponta o afeto como o limite da representação; essas fotos importam para além do que se pode ver nelas, sugerindo um espaço háptico: uma maneira de ver que é distinta do espaço óptico, que renegocia o tátil através do óptico – "o próprio olho pode cumprir essa função que não é óptica", de modo que se pode sentir o toque através da visão.[69] Isso é um colapsamento da produção e do consumo, da imagem e do espectador nas mesmas transmissões, nos mesmos planos. Não há dentro ou fora aqui; há apenas movimento, circulação, temporalidades contingentes, associações momentâneas e dissociações.

Essas fotos não apenas retratam as técnicas de tortura; elas também retratam como tanto o processo (a fotografia) quanto o produto (as imagens) são tecnologias de vergonha e funcionam como uma parte vital da própria violência humilhante e desumanizadora: o processo vertiginoso de documentação, a evidência visual da vergonha corpórea, o olhar aguçado e extático do *voyeur*, a assombração da vigilância, a disseminação das imagens, como a pornografia na internet, a velocidade de transmissão um afrodisíaco em si mesma, "trocado de computador para computador em todo o 320º Batalhão",[70] perpetuando a humilhação *ad nauseam*. Tiradas entre 2h e 4h da manhã, as fotos digitais projetam seu público antecipado não como uma representação demográfica, mas através das economias afetivas de velocidade, tempo, ritmo, circulação,

---

[68] R. Goldstein, 2004.
[69] Deleuze & Guattari, 1997, p. 180.
[70] Hersh, 2004e, p. 39.

trânsito, distribuição, fluxos e, obviamente, troca. É difícil adentrar na reflexão de que as fotos poderem ser vazadas – o que isso significa em nossa era digital, quando os vírus podem enviar *e-mails* secretamente e os *hackers* podem invadir servidores da *web*, sem mencionar a velocidade em que ocorre a transmissão múltipla – não tenha ocorrido para ninguém em nenhum momento.

Figura 8a. Gráficos de Forkscrew, imagem da série *iRaq*, versão amarela, 2004. Cortesia da Forkscrew Graphics.

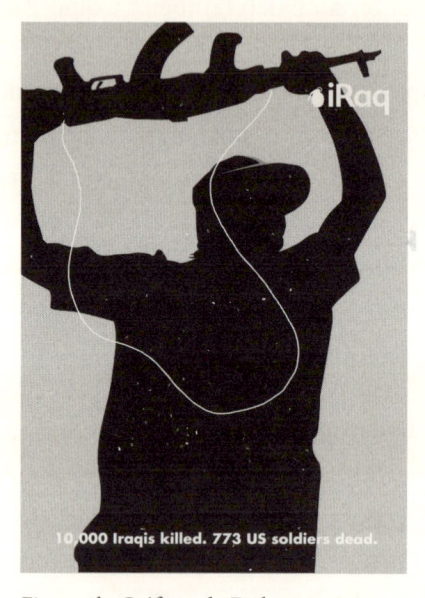

Figura 8b. Gráficos de Forkscrew, imagem da série *iRaq*, versão azul, 2004. Cortesia da Forkscrew Graphics.

Pode-se argumentar que o que é excepcional não é violência em si mesma, mas a interação de tecnologias, circuitos e redes que possibilitam a captura e circulação digital desses atos, cujas qualidades fotográficas são uma reminiscência de fotos de férias, lembranças de um bom tempo, de vitória antecipada, ou mesmo o troféu conquistado no acampamento de verão. Ao contrário das imagens das mortes colaterais, colocadas como inevitáveis em uma guerra, essas fotos divulgam uma intencionalidade irrefutável. Temos provas inescapáveis do que sabemos ser verdade não apenas no Iraque, Afeganistão e Baía de Guantánamo, mas nos centros de detenção e prisões dos EUA (embora as evidências visuais de abuso prisional dos EUA dificilmente tenham estado ausentes também).[71] Assim, essas imagens não apenas representaram esses atos, e aludem aos vetores processuais de audiências sempre expansivas, mas também reproduzem e multiplicam a dinâmica de poder que tornou esses atos possíveis. Em um artigo agora infame, Susan Sontag argumenta: "As fotografias somos nós." Comparando as imagens com as fotografias de vítimas negras de linchamento tiradas entre 1880 e 1930 que retratam "estadunidenses sorrindo sob o corpo nu mutilado de um homem negro ou de uma mulher negra enforcada atrás deles em uma árvore", Sontag argumenta que ocorreu uma mudança na utilidade das fotos. Antes itens colecionáveis para álbuns e exibição em molduras em casa, as fotos agora são "menos objetos a serem guardados do que mensagens a serem divulgadas, circuladas".[72] Na resposta de Hazel Carby a Sontag, intitulada de modo certeiro "*A Strange and Bitter Crop: The Spectacle of Torture*" [Uma colheita estranha e amarga: o espetáculo da tortura], ela acusa Sontag de minimizar o papel de espetáculo coletivo da violência de linchamento e se opõe à caracterização implícita de Sontag de visualização privada: "As fotografias desses corpos não foram projetadas apenas para armazenamento, mas funcionaram como documentos públicos", como cartões postais e anúncios publicitários. Perturbada por Sontag recorrer a uma narrativa de excepcionalismo, que depende da separação histórica entre a escravidão e os modos contemporâneos de violência, Carby afirma assertivamente: "A importância dos espetáculos de abuso, a realização de fotografias e vídeos, a preservação e a *circulação* da imagem visual

---

[71] Por exemplo, o Human Rights Watch relata: "Em Maricopa County, Arizona, um xerife que veste homens presos com roupas íntimas cor-de-rosa introduziu transmissões ao vivo da 'câmera da prisão' na internet em 2000. Três câmeras cobriam as celas de detenção e busca da prisão, incluindo imagens de revistas corporais com nudez, detentos amarrados em 'cadeiras de restrição' e até mesmo, por um tempo, visualizações liberadas de mulheres usando o banheiro. As transmissões acabaram sendo copiadas para *sites* pornográficos"; Fellner, 2004. Ver também Herbert, 2004; e Bernstein, 2004, entre muitos outros relatos.

[72] Sontag, 2004, p. 27.

do corpo torturado/linchado, a exploração sexual erótica que produziu prazer nos torturadores – todas essas práticas são *continuidades* na história do racismo estadunidense".[73]

Obviamente, a tecnologia é uma diferença que tem sido um dos principais catalisadores nessa transição discutível do troféu para a propaganda: a câmera digital, o *software sexy* e estimulante para ajudar a manipular e aperfeiçoar as imagens e os *sites* da internet, que servem como álbuns de fotos virtuais, parecem onipresentes. É uma transição da quietude para a proliferação, da singularidade para a fertilidade, como o lançamento de esporos de dente-de-leão no vento. Mas, mais importante, a mobilidade, a velocidade e o desempenho funcionam como cargas eróticas e viciantes primárias da modernidade: clicar no botão "enviar" marca a liberação final da produtividade e do consumo; a disseminação é a forma final de cobertura e conquista territorial, mais uma camada da matriz sexual. Enquanto os rostos e cadáveres das mortes estadunidenses no Iraque permanecem protegidos – até mesmo os rostos dos soldados falecidos foram considerados impróprios em um programa de televisão que os celebrava –, os corpos iraquianos são acessíveis a todos, disponíveis para comentário, ridicularização, deboche, escrutínio. Se considerarmos a invocação de Žižek da teatralidade de Abu Ghraib, eles de fato se qualificariam como o que Cynthia Keppley Mahmood, escrevendo sobre a exibição de corpos sikh torturados em salas de estar sikh e *gurdwaras* (templos), chama de "arte do massacre": "Em sua própria atrocidade, [eles] marcam sua presença em uma sala; são impossíveis de ignorar e se intrometem na conversa, na meditação e nas atividades diárias. Sua potência deriva apenas em parte de seu sangue; ela também deriva de sua falta de vontade de ser mascarada, coberta ou distorcida".[74]

---

[73] Carby, 2004.

[74] C. Mamood, 1996, p. 189, citado em Axel, 2002, p. 414.

A arte do massacre de Abu Ghraib interrompe a aura plácida e semelhante a *Pleasantville** da sala da família estadunidense, as imagens do aparelho de televisão hipnotizando-nos em silêncio. Elas são tão potentes não apenas por sua honestidade crua, mas também porque são a evidência de quanto poder podemos realmente, e incrivelmente, dirigir sobre os outros. Desde julho de 2003, relatórios compilados pela Anistia Internacional, pela Cruz Vermelha e outras organizações humanitárias, bem como os testemunhos de centenas de detentos e prisioneiros libertados, têm sido facilmente ignorados pela administração Bush e pelo público em geral.[75] Mas esses tipos de "fatos", observam os teóricos da "guerra pós-moderna", como Patrick Deer, importam pouco, ou certamente menos, em uma era dominada por realidades virtuais.[76] As fotos e suas modalidades circulatórias duplicam-se, como significado e informação, como a representação da informação, e a única informação levada a sério e validada por fontes de mídia corporativa. Em *Regarding the Pain of Others* [Diante da dor dos outros], Sontag afirma mecanicamente: "Algo se torna real – para aqueles que estão em outro lugar, seguindo-o como 'notícia'– ao ser fotografado", e acrescenta que "todas as fotografias esperam ser explicadas ou falseadas por suas legendas".[77] Mas, como informação, essas fotos resistem a qualquer necessidade de elucidação por legendas. A força da compreensão ocorre

---

* Seriado estadunidense dos anos 1950 que relata as maravilhas do *american way of life*. (N. da. T)

[75] Ver Anistia Internacional, 2006a: "Continuam a surgir evidências de tortura generalizada e outros tratamentos cruéis, desumanos ou degradantes de detentos mantidos sob custódia dos EUA no Afeganistão, na Baía de Guantánamo, em Cuba, no Iraque e em outros locais. Embora o governo continue a afirmar que os abusos resultaram em grande parte das ações de alguns soldados 'aberrantes' e da falta de supervisão, há evidências nítidas de que grande parte dos maus-tratos resultou diretamente de procedimentos e políticas sancionados oficialmente, incluindo técnicas de interrogatório aprovadas pelo secretário de Defesa Rumsfeld para uso em Guantánamo e posteriormente exportadas para o Iraque". Consultar também Human Rights First, 2006, para obter uma compreensão atualizada sobre a tortura militar dos EUA.

[76] Deer, 2005.

[77] Sontag, 2002, p. 10.

não através do que essas fotografias *significam*, em sua especificidade contextual e simbólica, mas através do que essas imagens *fazem* – fazem a nós, aos prisioneiros iraquianos, aos guardas estadunidenses, às nossas noções sentimentalistas e esperançosas de humanidade, justiça, paz. Em outras palavras, sua força produtiva de afetar torna a linguagem impotente: ao olhar, experimentamos tudo o que precisamos saber.

Tal como acontece com a tecelagem da pirâmide em simulacros, é nítido que o mimetismo, e não o significado contextual ou o conhecimento profundo da diferença cultural, é o paradigma interpretativo orientador. Chamando a tortura de uma iniciação daqueles submetidos à "obscena parte inferior" da "cultura estadunidense", Žižek afirma: "Fotos semelhantes aparecem constantemente na imprensa dos EUA após a explosão de algum escândalo em uma base do exército ou no *campus* de uma escola secundária, quando tais práticas se tornam excessivas".[78] Novamente, a analogia fraca de Žižek efetivamente esvazia o contexto político da ocupação forçada e da expansão imperial dentro do qual especificidade e singularidade devem ser mantidas. Embora a comparação com o trote em casa de fraternidade (presumo que Žižek queira dizer *campus* universitário em vez de ensino médio) e as brincadeiras do exército tenham seu mérito – pois certamente proliferam modalidades de violência, precisam e se alimentam umas das outras – há um fácil desdém pela ordem forçada, não consensual, sistêmica, repetitiva e intencional da violência, dificilmente atribuível a "práticas" que passaram "ao excesso". Também podemos perguntar, em outro ensaio, talvez, se esses atos de tortura realmente revelam algo intrínseco ou particular à "cultura estadunidense" ou se podem preferivelmente ser ligados mais amplamente a culturas de guerra, culturas de estupro e estados de ocupação em geral. Mais uma vez, esta análise escorregadia serve de alimento para a direita conservadora. Rush Limbaugh ratificou uma declaração semelhante de um interlocutor em seu programa de rádio, respondendo:

---

[78] Žižek, 2004.

É exatamente o que quero dizer. Isso não é diferente do que acontece na [fraternidade secreta da Universidade de Yale] iniciação de Crânio e Ossos, e vamos arruinar a vida das pessoas por causa disso, e vamos dificultar o nosso esforço militar, e então vamos realmente martelá-los porque eles se divertiram. [...] Você sabe, essas pessoas estão sendo alvo de tiros todos os dias. Eu estou falando sobre pessoas que estavam tendo um momento divertido, essas pessoas. Já ouviu falar de libertação emocional?[79]

Mais tarde, ele disse: "Isso é algo que você pode ver no palco do Lincoln Center a partir de uma bolsa do Fundo Nacional para as Artes, talvez em *Sex and the City*".[80] As referências à teatralidade e à encenação reúnem comentadores liberais e de direita, apagando a dinâmica de poder da ocupação, da guerra e do império e, em última análise, deixam uma sensação desagradável de presunção, de Limbaugh em particular, por ter banalizado algo e tranformado-o em quase nada.[81]

---

[79] Limbaugh citado em Sontag, 2004, pp. 28-29.

[80] Limbaugh, postagem. Ver uma transcrição dos comentários de Limbaugh em Media Matters for America, 2006.

[81] O escândalo do abuso em Abu Ghraib levou à produção de uma peça, *Guardians*. Ver a resenha de Charles Isherwood, 2006. Isherwood resume o enredo: "Em Londres, um jornalista de tabloide de sangue frio, seus olhos reptilianos no prêmio de uma coluna em um jornal mais respeitável, *The Guardian*, encontra uma oportunidade inesperada para promover sua carreira, fabricando fotografias supostamente representando soldados britânicos abusando de um prisioneiro iraquiano. Sua história é interrompida com o monólogo confessional de uma jovem soldada do Exército dos Estados Unidos da Virgínia Ocidental que, em seu papel como guarda de uma prisão para insurgentes no Iraque, se torna um bode expiatório em um escândalo envolvendo fotografias de abusos reais. [...] A história da soldada de baixa patente do Exército dos Estados Unidos, identificado no texto como *American Girl*, é nitidamente baseada no caso de Lynndie England, também da Virgínia Ocidental, que foi condenada por má conduta por seu papel no escândalo de abuso de prisioneiros em Abu Ghraib. E Fleet Street foi de fato abalada, em 2004, por uma fotografia fabricada semelhante à descrita aqui que apareceu no *The Daily Mirror*, o único dos tabloides de Londres a se opor à guerra do Iraque. O editor do jornal foi forçado a se demitir quando a farsa foi revelada".

AS FOTOGRAFIAS DESAPARECERAM

Agora sabemos mais sobre Lindsey [sic] England e Charles Grainer [sic] (dois dos policiais militares acusados) do que sobre qualquer uma das pessoas que eram prisioneiras nessas fotos. Conhecemos muito pouco de suas próprias narrativas, identidades ou sua perspectiva sobre a ocupação dos EUA. Diante disso, temos que lembrar que suas próprias histórias, gêneros e sexualidades são tão complexas quanto as nossas. A mídia dos EUA conseguiu mais uma vez torná-los sujeitos de uma guerra que é marginal em sua própria história. E a questão permanece: para qual cultura esses atos de agressão sexual, estupro e assassinato seriam menos horríveis?
– Trishala Deb e Rafael Mutis, "Smoke and Mirrors: Abu Graib and the Myth of Liberation", 2004.

Trishala Deb e Rafael Mutis apontam com precisão que a maioria do que foi reconstruído sobre os eventos em Abu Ghraib foi pelas vozes dos agressores e não das vítimas.[82] Sontag estava enganada: as fotografias

---

[82] Para um resumo das nove condenações até setembro de 2005, consultar a Associated Press, 2005. A condenação mais recente relacionada aos abusos em Abu Ghraib foi a do sargento Michael J. Smith, um treinador de cães do exército. Ver Schmitt & Zernike, 2006, para relatos sobre a recusa contínua de responsabilizar oficiais militares de alto escalão pela tortura em Abu Ghraib. Eles relatam: "Entre todos os casos de abuso que chegaram aos tribunais militares, o julgamento do treinador de cães, sargento Michael J. Smith, parecia ter o maior potencial para atribuir responsabilidade a oficiais militares de alto escalão e talvez até a civis em Washington. Alguns especialistas militares pensaram que o julgamento poderia finalmente explorar as origens das duras técnicas de interrogatório que foram usadas em Abu Ghraib; no centro de detenção de Bagram no Afeganistão; e em outros locais onde ocorreram abusos. O sargento Smith, que foi condenado terça-feira por abusar de detentos no Iraque com seu pastor belga preto, disse que estava apenas seguindo os procedimentos de interrogatório aprovados pelo chefe de inteligência em Abu Ghraib, o coronel Thomas M. Pappas. Por sua vez, o coronel Pappas tinha dito que estava seguindo a orientação do major-general Geoffrey D. Miller, comandante da prisão militar na Baía de Guantánamo, em Cuba, que em setembro de 2003 visitou o Iraque para discutir maneiras para 'ajustar as condições' para melhorar os interrogatórios na prisão, assim como dos seus superiores em Bagdá. O general Miller havia sido despachado para a Baía de Guantánamo pelo secretário de Defesa Donald H. Rumsfeld e pelos chefes conjuntos de estado-maior para melhorar os procedimentos de interrogatório e a qualidade

de fato "desapareceram", evaporando-se no éter junto com o horrível registro presidencial de Ronald Reagan, como se qualquer *loop* recursivo autorreflexivo que pudesse oferecer tempo para reflexão desaparecesse com velocidade exaustiva. É devastador, mas não surpreendente, que o consumo obsessivo do público dos EUA dessa história, no entanto, não resultou em nenhuma demanda profunda ou de longo prazo para saber quem são as vítimas, o que eles experimentaram e sentiram, e como são as suas vidas hoje. Apesar dos problemas com o gênero de testemunho, 14 depoimentos de vítimas que foram interpretados e transcritos em janeiro

> da inteligência no complexo em Cuba. Mas no julgamento do sargento Smith, o general Miller nunca foi convocado para testemunhar. [...] Vários generais e coronéis receberam repreensões de fim de carreira e foram destituídos de seus comandos, mas não há indicação de que outros oficiais de nível sênior e oficiais civis serão responsabilizados pelos abusos de detentos no Iraque e no Afeganistão". O sargento Santos A. Cardona, outro treinador de cães, iniciou seu julgamento em 23 de maio de 2006, e seu advogado, Harvey Volzer, disse "que procuraria ter o Sr. Rumsfeld, o general John P. Abizaid, comandante das forças estadunidenses no Oriente Médio, e o general Sanchez todos testemunhando no julgamento do sargento Cardona". O editorial "The Aftermath of the Abu Ghraib Abuse" do *Journal Star* (Peoria, Ill.) serve como um exemplo de como as condenações de alguns dos envolvidos na tortura de prisioneiros em Abu Ghraib foram usadas para reafirmar a crença de que a guerra no Iraque e os "valores estadunidenses" são compatíveis. O editorial afirma: "Embora esses não tenham sido casos isolados – 230 alistados e soldados foram punidos por abusar de detentos no Iraque e no Afeganistão – havia poucas evidências de que foram ordenados por oficiais seniores", reconhecendo, ao mesmo tempo, que torturar prisioneiros não é uma prática excepcional dos militares dos EUA e repudiando quaisquer implicações para oficiais de nível superior ou para os militares dos EUA (ou para o complexo industrial prisional) como um todo. Conclui: "Por mais ultrajante que tenha sido o incidente de Abu Ghraib, como ele foi tratado disse algumas coisas importantes sobre os EUA. Primeiro, haverá responsabilidade por comportamento inaceitável, mesmo numa zona de guerra. Em segundo lugar, o Estado de direito prevalecerá, independentemente das consequências. Terceiro, uma vez que o comportamento inadequado é descoberto, haverá investigação completa e justa e posterior divulgação pública. Muitas nações não teriam admitido tais erros. Mesmo num episódio tão embaraçoso, isso diz algo positivo sobre os EUA". O apelo ao orgulho nacional em resposta ao escândalo em Abu Ghraib soa falso, não apenas em termos do escopo limitado da acusação e dos argumentos prolongados sobre o que constitui a "tortura", mas também à luz de relatos de que estupros de mulheres e jovens prisioneiros estavam inclusos em fotografias tiradas em Abu Ghraib. Até agora, não houve acusação pública de ninguém especificamente acusado de agressão sexual.

de 2004 estão disponíveis na íntegra em suas versões originais em texto no *site Washington Post*, em arquivos .pdf para *download*.[83]

Esses testemunhos obviamente merecem um exame minucioso e uma análise mais profunda além do escopo deste capítulo, especialmente à medida que mais histórias são reveladas dos sobreviventes de Abu Ghraib. Por enquanto, o que emerge dos discursos mais populares, institucionais, feministas e até mesmo de variantes gays e queer sobre a homossexualidade e suas intersecções com a violência em Abu Ghraib é o que se segue, uma lista que esquematiza as suposições ou as inferências do excepcionalismo hétero e homossexual dos EUA:

1. Os atos sexuais simulados são todos especificamente e apenas atos sexuais gays ou homossexuais.
2. A homossexualidade é tabu nas culturas islâmicas, tornando tais atos as piores formas de humilhação para os muçulmanos suportarem. Isso insinua que essas formas de tortura seriam mais fáceis para outras populações supostamente menos homofóbicas tolerarem (uma lógica que parece preferível a uma noção mais expansiva de tortura corporal como violadora para todos); essa explicação funciona para descartar completamente a presença de muçulmanos identificados como gays nas sociedades árabes, o que Joseph Massad chama de "Internacional Gay", mas também obscurece aqueles que se atraem eroticamente pelo mesmo sexo, mesmo que não dentro da rubrica de identidade.[84]
3. A tolerância estadunidense com a homossexualidade, uma fantasia imperativa para o homonacionalismo, é elevada em relação às sociedades islâmicas, como indicado pelo comentário vago, a-histórico e generalizado sobre o tabu da homossexualidade para os muçulmanos.
4. A execução ou simulação do sexo gay (consolidado em torno da lei de sodomia) constitui a pior forma de tortura, sexual ou não.

---

[83] *Washington Post*, 2004. "Estes documentos são as traduções oficiais em inglês de declarações anteriormente juramentadas de detentos na prisão de Abu Ghraib, no Iraque. Alguns dos nomes foram omitidos dessas declarações por *washington-post. com* porque são supostas vítimas de agressão sexual."

[84] Massad, 2002, p. 373.

5. Os prisioneiros iraquianos, tendo suportado a humilhação do sexo gay, são sujeitos dignos de simpatia e piedade, uma resposta afetiva, emocional e confinada temporalmente mais prontamente disponível do que uma crítica política sustentada da ocupação dos Estados Unidos no Afeganistão e no Iraque.

6. A questão da raça e de como ela se desenrola nesses cenários é apagada por meio da fixação pela tortura sexual; o gênero também se torna apagado quando se diz que os atos se originam de uma cultura militar homofóbica em vez de uma cultura misógina.

7. A sexualidade é isolada dentro do alcance do indivíduo (e através de partes e zonas específicas construídas como erógenas, eróticas e sexuais dentro de cartografias heteronormativas do corpo),[85] em oposição a ser situada como um vetor de poder diagramático e integrado.

8. A linguagem que favorece os atos sexuais gays sobre a tortura mais uma vez lança as sombras da perversidade para fora, sobre outros sexuais e raciais, em vez de contextualizar os processos de normalização da tortura corporal.

9. As tecnologias de representação trabalham para obstruir as linhas de conectividade (afetivas e corporais, em termos de proximidade e posicionalidade) entre guardas e prisioneiros.

Apesar da ausência de debate público sobre a sexualidade e a guerra ao terrorismo, o "escândalo de tortura/abuso sexual de prisioneiros de Abu Ghraib", como é agora denominado, revela vivamente que a sexualidade constitui um componente central e crucial do agenciamento maquínico que é o patriotismo estadunidense. O uso da sexualidade – neste caso, para punir e humilhar fisicamente – não é tangencial, incomum ou reflexo de um caso extremo, especialmente dadas as continuidades entre práticas representacionais, legislativas e consumistas. Mas nem toda a tortura foi rotulada ou entendida como sexual e, portanto, os atos excêntricos – cachorros aterrorizantes, por exemplo – precisam manter sua idiossincrasia. Impor a nudez em si não é automaticamente e inerentemente sexual; ela deve ser construída para ter sentido erótico, para

---

[85] Ver Foucault, 2005; Butler, 2003.

significar sexo. A estudiosa de direito Kathleen M. Franke adverte contra o "excesso de erotização" de agressões que envolvem partes sexuais ou íntimas do corpo, observando o perigo de, em seguida, "suberotização" de outras táticas de subjugação corporal. Apelando para a "dessexualização da sodomia, do estupro e de outras agressões rotuladas como crimes sexuais" em sua interpretação do caso de Abner Louima, Franke declara:

> É a natureza sexual/erótica dessas práticas que as tornam erradas? Na maioria das vezes, acho que não. [...] Esses incidentes devem ser analisados para descobrir a maneira como o sexual/erótico opera como um fio condutor particularmente eficiente e perigoso com o qual se exerce o poder. Assim, dizer que a agressão de Louima foi sexual é ao mesmo tempo dizer muito e pouco sobre isso.[86]

Assim, os termos "escândalo", "sexual" e "abuso" precisam ser descarregados semioticamente. Isso não significa que esse tratamento não seja sexual, mas, seguindo Foucault (como Franke faz), as tecnologias do sexo criam e regulam, em vez de refletir, os corpos sexuais que nomeiam. Se então reformarmos o quadro biopolítico de Foucault da "gestão da vida" com a "necropolítica" de Achille Mbembe, em que os sistemas de dominação são mais "anatômicos, táteis e sensoriais",[87] podemos dizer que a violência sexualizada é uma faceta normalizada da vida do prisioneiro, e "o sexual" está sempre já inscrito em grades de poder necropolíticas implicando conquista corpórea, dominação colonial e morte.

Os discursos de estado de exceção promovem duplamente reivindicações de excepcionalismo: a violência dos Estados Unidos é um evento excepcional, contrário à estadunidade e, portanto, por extensão, os sujeitos estadunidenses emergem como moral, cultural e politicamente excepcionais por meio da produção das vítimas como reprimidas, bárbaras, enrustidas, grosseiras e até homofóbicas, fundamentando reivindicações

---

[86] Franke, 1998, p. 1.161.
[87] Mbembe, 2018, p. 59.

de excepcionalismo sexual que dependem da normativização de certos sujeitos feministas e homossexuais estadunidenses. O escândalo de Abu Ghraib, em vez de ser considerado excepcional, precisa ser contextualizado dentro de uma série de práticas e discursos (particularmente aqueles menos condenatórios do que o abuso de prisioneiros) que entrelaçam a sexualidade na implantação do nacionalismo, patriotismo e, cada vez mais, do império dos EUA. Apesar das ações dos responsáveis por Abu Ghraib, a perversidade ainda está retida no corpo do terrorista muçulmano queer, insistentemente postergada para o exterior. Esse exterior é rapidamente, com precisão e intensidade, solidificado em uma população que Giorgio Agamben chamou de *homo sacer*, aqueles que "podem ser mortos sem se cometer um homicídio", já que suas vidas não são registradas dentro do domínio do *status* legal.[88] Žižek considera esse espaço "entre as duas mortes" – morto aos olhos da história, mas ainda vivo para a contagem regressiva – como o destino dos prisioneiros em Abu Ghraib, os prisioneiros fantasmas.[89] Como com o fracasso sistêmico das operações militares dos EUA na prisão, que não foi culpa de um punhado de indivíduos, mas ocorreu devido a todo um agenciamento de necropolíticas, a sexualidade não é a medida da exceção, uma situação fora de controle ou de uma realidade inimaginável. Em vez disso, constitui um componente sistêmico, intrínseco e fundamental das relações de poder.

---

[88] Agamben, 2004b, p. 91.
[89] Žižek, 2004.

3. CONTROLE ÍNTIMO, DETENÇÃO INFINITA: RELENDO O CASO LAWRENCE

> Em *Lawrence v. Texas*, a Suprema Corte realizou um duplo movimento, criando um dramático momento discursivo: descriminalizou as relações homossexuais consensuais entre adultos e, simultaneamente, autorizou um novo regime de regulação intensificada da homossexualidade.
> – Nan Hunter, "Sexual Orientation and the Paradox of Heightened Scrutiny", 2004, p. 1.528.

Em 26 de junho de 2003, a sodomia adulta consensual foi descriminalizada nos Estados Unidos. Embora a decisão tenha sido compreensivelmente elogiada por ativistas dos direitos civis de gays e lésbicas, outros foram rápidos em alertar contra uma aceitação fácil dos termos da decisão. A jurista Nan Hunter, por exemplo, argumenta que a decisão do caso *Lawrence e Garner v. Texas* (doravante referida como *Lawrence-Garner*) "performou um movimento duplo, criando um momento discursivo dramático". Um projeto gerador de liberalismo, o processo supostamente libertador de desregulamentação inaugura mais uma vez a multiplicação de repertórios de conhecimento – particularização, minúcias, o que Hunter chama de "inspeção intensificada" – de corpos queer.[1] Dessa vez, diferentemente da sexologia, da psiquiatria e de outros campos inseridos no estudo do desvio, o liberalismo funciona por meio do registro positivo da incorporação (não obstante os efeitos produtivos de exclusão).

---

[1] Hunter, 2004, pp. 1.528-1.529.

Paradoxalmente, a descriminalização da sodomia resulta em uma regulação estatal acentuada da sexualidade, em vez de um declínio em tal patrulhamento,[2] autorizando muitos outros atores a intensificar outros tipos de inspeção como, por exemplo, para avaliar a adequação de homossexuais para a adoção e a paternidade. Hunter situa essa inspeção intensificada como parte do subterrâneo "exame da aceitabilidade social daquelas pessoas que são objetos das intervenções do governo" específico para a jurisprudência sobre a sexualidade. Destacando o entrelaçamento foucaultiano entre a liberdade e a regulação, Hunter argumenta que "privados do direito penal como ferramenta, os oponentes da igualdade para lésbicas e gays provavelmente se concentrarão cada vez mais na estratégia da contenção". Ela delineia várias áreas onde as táticas de contenção podem ser mais eficazes: disputas envolvendo crianças, controle sobre o espaço expressivo, também conhecido como esfera pública, e distinguindo a "respeitabilidade" de relacionamentos queer que reforçam hierarquias de raça, classe, gênero e cidadania.[3]

Esses pontos relativos à contenção são bem aceitos, mas outras formas de poder se concentram menos na regulação estatal e na inspeção dos atores e, em vez disso, colocam em primeiro plano mecanismos flutuantes de controle contínuo, postos em prática por meio da proliferação de dispositivos e detalhes de gerenciamento, uma implosão e explosão de informações sobre sujeitos sexuais que sustentam os ideais emancipatórios do sujeito liberal, atravessando o aparato disciplinar do Estado e os registros mais difusos das sociedades de controle. A contenção disciplinar – discursiva, ideológica e espacial – está ainda muito em operação como um agente do poder panóptico, mesmo enquanto novos fragmentos de informação, de fato, informações que antes eram apenas supérfluas ou aparentemente supérfluas aos circuitos de dominação, alimentam a vontade de saber epistemológica

---

[2] *Idem*, p. 1.534.
[3] *Idem*, pp. 1.529, 1.542.

das sociedades de controle: a dança entre a "internalização do olhar" e os "processos de administração, classificação social e simulação", esse último apelidado de "hiperpanoptismo".[4]

Essas tensões refletem uma discussão em andamento sobre os usos do panóptico como um modelo de vigilância, no qual os sujeitos são disciplinados por meio de regulações, e o "hiperpanóptico" da vigilância informacional por meio do qual há uma regularização da construção da população e a proliferação de "regulações". Para Foucault, a normalização da sociedade implica tendências de "tecnologias de disciplinamento" que são postas em prática em vários locais institucionais de confinamento (hospitais, prisões, escolas, quartéis) para as populações à medida que são produzidas por meio do que ele chama de "tecnologias de segurança" – seguro e garantia – que funcionam através da "regularização" do risco, profundamente diferente da regulação e dos modos regulatórios investidos em locais disciplinares. Em seu trabalho posterior, Foucault sustenta que a biopolítica desloca ou mesmo substitui a ênfase em disciplinar os sujeitos para a regulação das populações, com uma "sociedade normalizadora" como objeto e objetivo de ambos.[5]

Enquanto o poder regulatório é mantido mediante uma quantidade mínima de esforço para delinear interiores e exteriores, "poderes de exuberância" caracterizam a capacidade produtiva das economias informacionais, círculos fecundos que se multiplicam exponencialmente através de intersecções, sobreposições, correspondências, pontos de contato, coordenadas e contradições. O foco é regenerativo mais do que retaliativo, produzindo cada vez mais em vez de mediar a inclusão e a exclusão. Assim, ao contrário do poder que proíbe e exclui, ou inclui, organiza e gerencia, esse poder opera por cálculo e intervenção, e se caracteriza por tendências e graus, organizados por meio de ajustes e

---

[4] Simon, 2005, p. 16. Simon escreve: "O ícone para o hiperpanoptismo não é nem o olho nem a câmera, mas o banco de dados, ou ainda melhor, *o formulário*: a pesquisa de *marketing*, o formulário de censo, formulários de inscrição, formulários médicos etc.".

[5] Foucault, 2005, pp. 302, 306.

modulação, em vez de normalização.⁶ Há uma ênfase menor no exterior ou no interior para regular, uma ênfase menor em "local(is) fechado(s) diferenciado(s) de [...] outro local fechado"; em vez disso, locais fechados dão lugar ao "assustador treinamento contínuo do [...] monitoramento contínuo".⁷ Detalhando as trajetórias da mudança "da disciplina para o controle biopolítico", Patricia Clough argumenta que a governança e a política representacional, adaptando-se à "desorganização do capital organizado nacionalmente", transitam para modalidades expansivas de "gerenciamento de riscos, militarismo e policiamento",⁸ que deslocam ou dividem a coerência imaginada da contenção tanto de locais, como de categorias de identidade (raça, classe, gênero, sexualidade, nação) e do corpo como organismo: uma tensão entre a normatização disciplinar dos sujeitos e sua "expressão comportamental de normas sociais internalizadas"⁹ e o controle social de estoques de corpos humanos e não humanos. Assim, o "novo regime de regulação reforçada da homossexualidade", de que fala Hunter, deve ser entendido em conjunto com, e não separado de, perfilamento, vigilância e tecnologias da informação atualmente em uso.¹⁰

Neste capítulo, situo a decisão de *Lawrence-Garner* no contexto de uma série de excepcionalismos estadunidenses gerados por ideologias

---

⁶ Massumi, *paper* sem título, 2006.

⁷ Deleuze, 1992, pp. 215-216: "É certo que entramos em sociedades de 'controle' que já não são exatamente disciplinares. Foucault é com frequência considerado como o pensador das sociedades de disciplina, e de sua técnica principal, o confinamento (não só o hospital e as prisões, mas a escola, a fábrica, a caserna). Porém, de fato, ele é um dos primeiros a dizer que as sociedades disciplinares são aquilo que estamos deixando para trás, o que já não somos. Estamos entrando nas sociedades de controle, que funcionam não mais por confinamento, mas por controle contínuo e uma comunicação instantânea. [...] Pode-se prever que a educação será cada vez menos um meio, distinto do meio profissional – um outro meio fechado –, mas que os dois desaparecerão em favor de uma terrível formação permanente, de um controle contínuo".
Sobre Foucault e vigilância, ver também: Simon, 2005; e Wood, 2003.

⁸ Clough, 2004, pp. 4, 14.

⁹ *Idem*, p. 14.

¹⁰ Hunter, 2004, p. 1.528.

de contraterrorismo, que são empregadas dentro e através de arenas transnacionais e globais. O que a anulação da decisão da Suprema Corte de 17 anos que defendeu o direito de um estado de criminalizar a sodomia significa nesse clima político profundamente conservador e regressivo da expansão imperial dos EUA? A decisão foi proferida em 26 de junho de 2003, nem sequer quatro meses após a invasão do Iraque pelos EUA e menos de dois anos após a aprovação da Lei Patriótica dos EUA de 2001 e da ordem executiva de George W. Bush em 13 de novembro de 2001. Para Giorgio Agamben, esses eventos representam o mais flagrante abuso do poder presidencial no estado de exceção na história dos EUA, afirmando que "o estado de exceção apresenta-se como um patamar de indeterminação entre democracia e absolutismo".[11] É muito impressionante que a sodomia tenha sido descriminalizada nos Estados Unidos durante um período em que as versões orientalistas da sodomia e perversões relacionadas ressoem tão profundamente com os registros psíquicos conscientes e inconscientes do nacionalismo estadunidense (a despeito dos precedentes legais e da composição da Suprema Corte dos EUA). Um frenesi acelerado persegue a sodomia e seus espectros na guerra ao terrorismo, com reportagens sensacionalistas sobre a pedofilia entre as chamadas populações terroristas (como afegãos pashtuns), escândalos de abuso sexual e molestamento da Igreja católica, o "sexo gay" usado como tortura em Abu Ghraib e o espetáculo absurdo da mídia no julgamento de Michael Jackson, entre outros exemplos recentes.[12] A angústia com a sodomia é palpável. Podemos, como estudiosos críticos,

---

[11] Agamben, 2004a, p. 13.

[12] Para uma discussão bem desenvolvida sobre reportagens problemáticas da mídia ocidental sobre a sexualidade masculina Pashtun, consultar Skier, 2004. Ver *The Boston Globe*, 2006, um site que inclui "cobertura global dividida em nove categorias" e um arquivo de cobertura que começa em janeiro de 2002. Um encontro entre a guerra ao terror e o escândalo de abuso infantil de Michael Jackson ocorreu na primavera de 2005 com a circulação na internet de uma foto adulterada de dois garotos supostamente iraquianos segurando uma placa que dizia em uma fonte de computador: "Ainda mais seguro aqui do que com Michael Jackson" e um soldado estadunidense branco, todos os três sorrindo e dando sinal de positivo com as mãos.

ativistas e acadêmicos-ativistas, nos darmos ao luxo de separar a legalização da sodomia da política do racismo, do império e da guerra? Se nós resistíssemos à compartimentalização de públicos e privados, à analogia entre a sexualidade e a raça, esse momento histórico pareceria tão alegre?

Também me interesso em dar corpo às relações de convívio entre formas distintas, mas entrelaçadas, de poder, uma parte e uma parcela do que pode ser chamado de "ambientalidade", em vez de governamentalidade, de pertencimentos mutuamente reforçados, em vez de teleológicos ou seriais, entre a disciplina e o controle, as regulações e as regularidades. Algumas questões pertinentes a essa análise incluem o seguinte: qual é a força e o efeito da práxis e da crítica representacional queer, grande parte dela voltada para a dinâmica da inclusão e da exclusão de sujeitos de direitos humanos – o sujeito liberal queer de *Lawrence-Garner*, o sujeito de reabilitação, por exemplo – e seus silêncios e exclusões, voz e inclusão, diante do poder que recusa qualquer demarcação localmente singular? Qual é a cooperação que existe entre a política representational e a política dos afetos? Se existe uma superação da formação individual do sujeito, que tipos de sujeitos são formados por meio da construção da população, os sujeitos da capacidade regenerativa? Há uma alternância neste capítulo entre a sexualidade compreendida como um objeto incorporado, um instrumento, um alvo e um assunto de controle, e a sexualidade entendida como um termo em uma dialética (produtora do binário) eu-outro baseada na formação do sujeito.

Ver a imagem em ThreeSources.com, 2005. Agradecimentos a Andrew Mazzaschi que chamou minha atenção para essa e para outras imagens relacionadas.

LENDO LATERALMENTE, CONTRA AS ANALOGIAS

Siobhan Somerville argumenta que a prática de olhar para os precedentes legais, em oposição à leitura cruzada contemporânea, privilegia uma narrativa teleológica pela qual fragmentos isolados do passado são mobilizados a serviço de "naturalizar uma teleologia progressiva de direitos".[13] Essa narrativa encorajou negativamente o que Miranda Joseph chama de uma "inclusão analógica", que oferece conectividade com o intuito de tomar uma equivalência como uma igualdade.[14] As analogias parecem comparar objetos quando, na realidade, elas comparam relações, diferenciando e isolando componentes (nesse caso, raça como separada da sexualidade), enquanto assimilam essa diferença em uma forma de semelhança. Como Gayatri Chakravorty Spivak observa, cada componente análogo é internamente reificado enquanto "exclui os campos de força que os tornam heterogêneos, na verdade descontínuos", se não antagônicos.[15] Essa analogia entre raça e sexualidade tem uma história prolongada nos princípios liberacionistas gays, que eventualmente tornaram a sexualidade uma forma de minorização paralela à etnicidade e à raça.[16]

O argumento de analogia fundamental dos discursos dos direitos civis de gays e lésbicas procede da seguinte forma: gays e lésbicas são os últimos destinatários dos direitos civis que já foram concedidos às minorias raciais. Essa abordagem pouco cuidadosa não apenas propaga ingenuamente "uma leitura otimista da história dos direitos civis nos Estados Unidos do século XX", perpetuando uma crença de que as questões abordadas pela legislação de direitos civis para pessoas não brancas realmente foram resolvidas (como evidenciado pelo multiculturalismo).

---

[13] Somerville, 2005, p. 335. Ver também Somerville, 2000.
[14] M. Joseph, 2002, p. 149.
[15] Spivak, 1988, p. 156. Ver também Foucault, 2000, p. 30.
[16] Ver Jagose, 1997, pp. 59-63; e Seidman, 1993. Seidman detalha uma longa história da mudança da política liberacionista para a política de reconhecimento (como a mudança para um modelo de identidade étnico).

Mas também liberta gays, lésbicas e queers convencionais de qualquer responsabilidade perante as agendas antirracistas, produz a branquitude como uma norma queer (e a heterossexualidade como uma norma racial) e promove análises anti-interseccionais que postulam a identidade sexual como "similar" ou "semelhante à" raça. Um exemplo disso é encontrado na "analogia da miscigenação", que situa a descriminalização em 1967 do casamento heterossexual inter-racial como precursor da legalização de casamentos do mesmo sexo, separando assim a raça da homossexualidade e "pondo em prática uma espécie de amnésia sobre como o discurso legal dos EUA historicamente produziu narrativas da homossexualidade em relação à raça".[17]

Em alguns sentidos, essa amnésia permeou as comemorações consequentes à decisão de *Lawrence-Garner*. Franke, por exemplo, comenta: "Ativistas e estudiosos dos direitos dos gays se regozijaram. [...] De fato, alguns chegaram ao ponto de rotular a decisão em *Lawrence v. Texas* 'nosso Brown'".[18] Com exceção dos trabalhos de Franke, Hunter, Somerville, Nayan Shah e Kendall Thomas, a maioria dos comentários e exposições acadêmicas comemora a descriminalização da sodomia estritamente dentro dos parâmetros das narrativas históricas da inevitabilidade progressiva, emitindo enormes suspiros de alívio após essa reversão bastante impressionante do acórdão *Bowers v. Hardwick* de 1986, o caso que manteve os direitos dos estados de criminalizarem a sodomia.[19] Com essa prática de leitura, a euforia foi reduzida por teóricos queer que, como Hunter, são rápidos em apontar que a linguagem de *Lawrence-Garner* prescreve a privatização do sexo queer, tornando-o oculto e submisso ao terreno do doméstico (sujeito a formas insidiosas de vigilância), uma afronta para as culturas sexuais queers que buscavam trazer o privado para o público.[20]

---

[17] Somerville, 2005, pp. 335, 336.

[18] Franke, 2004, p. 1.399.

[19] Ver Chauncey, 2004; bem como a listagem e *links* para comentários sobre *Lawrence--Garner v. Texas* em SodomyLaws.org, 2006.

[20] Ver Califia, 2000; e Warner, 2000.

Como Somerville prevê, o foco único na orientação sexual separa a formação racial da sexualidade, um exemplo encontrado imediatamente nos detalhes do caso. A inter-racialidade do casal composto de Tyron Garner, um homem negro jovem, e John Geddes Lawrence, um homem branco mais velho, não é mencionada em nenhum documento judicial do caso. Nem o público em geral foi especificamente informado desse fato até que fotografias dos dois foram publicadas na mídia *após* a decisão.[21] Meu uso de *Lawrence-Garner*, em vez das práticas de citação de casos legais que normalmente usam o nome familiar do primeiro litigante, acentua a invisibilidade da negritude de Tyron Garner. De fato, a documentação histórica, o registro oficial e a exposição acadêmica garantirão que esse caso fique na história com o nome do homem gay branco envolvido.

Somerville demonstra as histórias interligadas da regulação racial e sexual nas duas décadas seguintes à Segunda Guerra Mundial, observando que a Lei de Imigração e Naturalização de Walter McCarren (1952) abandonou a linguagem da exclusão racial, mudando para uma retórica de inclusão através do sistema de cotas de origem nacional, ao mesmo tempo que adicionava novas linguagens, destacando criminosos sexuais, homossexuais e adúlteros.[22] Isso se sobrepôs à legalização do casamento inter-racial em 1967, coincidindo com a "crescente visibilidade e criminalização aberta da homossexualidade nas leis dos EUA". Essas históricas "mudanças nas construções jurídicas federais da homossexualidade [que] coincidem[diram] com grandes mudanças no discurso jurídico da raça" implicam que houve uma "negociação" da integração racial em troca da regulação sexual.[23] Na realidade, o sentido da regulação do desvio sexual foi colocado a serviço do policiamento de sujeitos racializados.[24] Da mesma forma, pode-se argumentar de

---

[21] Somerville, 2005a, p. 346.
[22] Somerville, 2005b.
[23] Somerville, 2005a, p. 337.
[24] Somerville, 2005b, p. 83.

maneira reversa: em nosso meio contemporâneo, a crescente visibilidade e "inclusão" de sujeitos gays e lésbicas na dobra legislativa nacional dos Estados Unidos (para não mencionar a interpelação do mercado) parecem ocorrer às custas de sujeitos racializados (sinalizados pelo fim do multiculturalismo crítico como um discurso pós-direitos civis e a escalada do perfilamento racial justificada pela guerra ao terror). Considerando a consolidação contemporânea de novas populações raciais, uma racialização da religião, implicando árabes, muçulmanos e sul-asiáticos e aqueles confundidos com eles ("que se parecem com terroristas"),[25] o impacto de *Lawrence-Garner* deve ser examinado nessa atmosfera racial intensamente carregada, que define repetidamente os contornos escorregadios das marcas raciais não apenas em relação a uma formação estadunidense branca dominante, mas também entre as próprias pessoas não brancas. Para aqueles que estão posicionados ou se posicionam como membros da população situada no cruzamento de *Lawrence-Garner* e de uma detenção indefinida – ou seja, duplamente interpelados por processos de outrificação sexuais *e* raciais de modos que são inseparáveis –, o clima político promove um policiamento regulatório especialmente pernicioso, cuja eficácia e brutalidade não devem ser subestimadas. Minha intenção aqui não é sucumbir a modos analógicos de análise, mas dar corpo aos "efeitos de identidade" de tais analogias dentro dos discursos jurídicos para os sujeitos que eles alegam abertamente proteger e para aqueles que eles secretamente ou abertamente rejeitam.

E, no entanto, o impacto de *Lawrence-Garner* será apresentado com mais força não apenas em termos dos sujeitos sexuais que ele libera em troca dos sujeitos raciais que aprisiona – uma abordagem que destaca o reconhecimento de sujeitos portadores de direitos análogos–, mas também pela política espacial da vigilância, da raça e da racialização e pela energia de incorporação dos aparatos de controle. As formas de perfilamento (por exemplo, a varredura do FBI em busca de materiais

---

[25] Volpp, 2002.

radioativos nas mesquitas e nas casas e empresas de muçulmanos)[26] operam através dos registros de inclusão – inclusão do *homo sacer* – não exatamente como a produção de outridade no perfilamento racial, mas num modo específico de produção de outridade que é tanto endêmico para uma reivindicação de incorporação quanto específico em seu direcionamento: não uma dinâmica hegeliana do eu-outridade, mas a outridade dentro da inclusão. Essas distinções nas operações de poder refletem as conexões entre o poder regulador do Estado e os diferentes regimes de controle difusos.

Ao ler sequencialmente, excluindo a simultaneidade, ou ler verticalmente, em vez de horizontalmente ou "lateralmente", como defende Somerville, o Estado-nação pode se vincular novamente a si mesmo, restringindo registros transnacionais dos quais os outros sexuais e raciais são constituídos.[27] Interesso-me em examinar lateralmente a leitura cruzada de *Lawrence-Garner* contra momentos aparentemente não relacionados e muitas vezes situados de forma disjuntiva e seus efeitos, traçando os limites de sua legalidade jurídica em um contexto de detenção indefinida, ação afirmativa, casamento gay e "escândalo de tortura sexual" de Abu Ghraib em maio de 2004. Começo com um breve esboço dos debates que são convencionalmente levantados ao ler *Lawrence-Garner* por meio de *Bowers*. Esta exposição não é de forma alguma abrangente, e certamente a descriminalização da sodomia nos Estados Unidos é um evento de tremenda importância e impacto. Traço os contornos da discussão – os resultados discursivos – em vez dos intrincados detalhes dos próprios casos. Em seguida, olho

---

[26] A notícia de última hora sobre o monitoramento de radiação foi de D. Kaplan, 2005. Para outras coberturas, incluindo respostas de organizações muçulmanas, ver Margasak, 2005; Wald, 2005; United Press International, 2005; e Council on American-Islam Relations, 2006.

[27] Ver a leitura útil de Sonia Katyal, 2006, do caso em relação à globalização dos quadros civis e de direitos humanos gays. Katyal argumenta que a lógica de contenção fundacional para a soberania sexual implícita na decisão de *Lawrence* não atravessa facilmente contextos culturais, nacionais e regionais variados.

para a atualização de um sujeito liberal queer nacional estadunidense perante a lei, encorajado não apenas pela legalização de seu ato sexual designado, mas também pela rerracialização da sodomia em um outro lugar que permite a higienização de seu ser sexual íntimo. Esse sujeito protegido se materializa com força particular durante as consequências do escândalo de Abu Ghraib, um argumento que desenvolvo a partir da minha análise da mídia e de comentário acadêmico no capítulo 2. Finalmente, proponho uma reconceitualização biopolítica da intimidade como uma modalidade afetiva central para a as operações de regulação e controle da decisão *Lawrence-Garner* e os efeitos ligados a ela. A partir da avaliação dos elementos espaçotemporais das práticas de detenção indefinida em andamento – práticas que alcançam efeitos espaciais cumulativos – em relação às famílias e comunidades muçulmanas no Brooklyn e no Queens, demonstro que a distribuição da intimidade é crucial para o gerenciamento biopolítico sexual-racial da vida, bem como para a propagação necropolítica da morte "pura".

SODOMIA, PÚBLICA E PRIVADA

> É uma forma curiosa de liberdade que o juiz Kennedy concebe em *Lawrence*. 'A liberdade protege a pessoa de intrusões injustificadas do governo em um domicílio ou outros lugares privados', escreve ele. 'A liberdade se estende além dos limites espaciais. A liberdade pressupõe uma autonomia de si que inclui liberdade de pensamento, crença, expressão e certas condutas íntimas'. No entanto, o princípio de liberdade sobre o qual a opinião se baseia é menos expansivo, mais geografizado e, no final, domesticado. Ele não é o sinônimo de um conceito liberal robusto de liberdade.
> – Katherine M. Franke, "The Domesticated Liberty of *Lawrence v. Texas*", 2004, p. 1041.

O caso da Suprema Corte dos EUA *Lawrence e Garner v. Texas* (2003) derivou-se da condenação em 1998 de um homem gay branco e um homem gay negro processados sob a lei de "Conduta Homossexual" do Texas, na qual a sodomia é considerada como "relações sexuais desviadas" entre pessoas do mesmo gênero. Respondendo a uma falsa denúncia de uma "perturbação com armas" em uma residência particular, a polícia do Texas encontrou John Geddes Lawrence e Tyron Garner envolvidos em relações sexuais anais no apartamento de Lawrence. Como não havia registro de essa lei ter sido usada no Texas na prisão por sodomia em um lar particular, pode-se supor que a raça de Garner e a miscigenação sodomítica estavam implicadas na chamada de distúrbio falsa e na prisão, um ponto ao qual retornarei mais tarde.[28] Na época da decisão de *Lawrence-Garner*, quatro estados (Oklahoma, Missouri, Kansas e Texas) proibiam a sodomia apenas para homossexuais, enquanto nove estados tinham leis criminalizando toda a sodomia, independentemente da configuração de gênero. Favorecendo o "argumento mais amplo de privacidade" sobre o "argumento mais limitado de proteção igual",[29] a decisão revogou a sentença *Bowers* de 1986, descriminalizando a sodomia consensual, homossexual e heterossexual a nível federal. Em 1986, *Bowers* confirmou um estatuto de sodomia da Geórgia que foi usado para prender, embora, em última análise, não processar, Michael Hardwick por sexo oral. Como os detalhes da prisão e do caso em si estão extensivamente documentados, não os repetirei aqui.[30] A questão principal para o meu argumento é que a linguagem e o enquadramento de *Bowers* costuraram, se não intensificaram, a relação entre homossexualidade e sodomia. Ou seja, no processo *Bowers*, o Tribunal deliberou estas mesmas questões: os homossexuais têm direito à sodomia consensual? Os direitos de privacidade se estendem à sodomia homossexual?

A força retórica dessas indagações foi eficiente na circunscrição discursiva da sodomia como ato homossexual por excelência. Impli-

---

[28] Somerville, 2005a, p. 346.
[29] Richard Kim, 2003.
[30] SodomyLaws.org oferece *links* para a cobertura da imprensa, bem como subsídios às decisões do tribunal arquivados em nome dos acusados, Lawrence e Garner, em 2006.

citamente relegando a sodomia heterossexual como impensável, essa demarcação da sodomia como o ato homossexual perverso encena a diferença entre identidades homossexuais e heterossexuais. Como Janet Halley argumenta, isso colapsa o ato sexual em identidade sexual; em outras palavras, o ato sexual define a identidade sexual de alguém. Isso também produz a sodomia como uma metonímia da homossexualidade, uma correspondência encorajada não apenas por grupos conservadores – "homofóbicos" – mas também por "homófilos" e grupos progressistas.[31] A definição técnica de sodomia como sexo oral-genital ou anal-genital (e em algumas definições, *fisting* e sexo oral-anal, embora na maior parte das vezes o *analingus* pareça não ser contabilizado)[32] desafia essa costura da sodomia à homossexualidade. Halley observa a regulação metonímica não apenas da identidade homossexual, que é estabilizada, homogeneizada e, portanto, ficcionalizada, mas também da identidade heterossexual, que deve negar o ato de sodomia para se produzir normativamente contra a homossexualidade, especificamente contra a sexualidade gay masculina (androcêntrica, apesar do uso de

---

[31] Halley, 1993.

[32] De acordo com o *Oxford English Dictionary*, a sodomia é "uma forma antinatural de relação sexual, especialmente a de um homem com outro". Conforme definido por *The People's Law Dictionary*: "Sodomia é a copulação anal por um homem inserindo seu pênis no ânus de outro homem ou de uma mulher. Se realizada à força, sem consentimento ou com alguém incapaz de consentir, a sodomia é um crime em todos os estados da mesma forma que o estupro. Sodomia homossexual (de homem para homem) entre adultos que consentem também foi considerada um crime, mas cada vez mais é descriminalizada ou raramente processada. A sodomia com uma mulher adulta que consente praticamente nunca é processada, mesmo nos estados em que permanece nos livros como um crime. No entanto, houve alguns casos, incluindo um em Indiana, em que uma agora ex-esposa insistiu que o marido fosse acusado de sodomia por atos sexuais enquanto viviam juntos. Tradicionalmente, a sodomia era chamada de 'um crime contra a natureza'. A sodomia não inclui a copulação oral ou atos sexuais com animais (bestialidade)". A história legal da sodomia nos Estados Unidos, de George Painter, "The Sensibilities of Our Forefathers", detalha a mudança para a acusação do sexo oral-genital na virada do século XX. A discussão de Painter, entretanto, não menciona o anilíngua, deixando dúvidas a respeito de se ou não o anilíngua teve uma história similar às atividades oral-genital.

leis de sodomia por vários motivos contra as lésbicas).[33] Além disso, uma série de "interpretações expansionistas de *Hardwick*" no período pós-decisão levou a um enraizamento mais profundo da sodomia (já vinculada ao incesto e ao adultério na decisão) como um "ato criminoso e repugnante" equiparado ao "desejo ou identidade homossexual".[34] Assim, como explica George Chauncey, essas interpretações criminalizantes expansionistas foram usadas para "justificar tudo, desde a exclusão dos gays do Exército até a remoção de crianças das casas de suas mães lésbicas. As leis de sodomia foram uma pedra angular ideológica no edifício legal da discriminação antigay".[35]

A decisão de *Lawrence-Garner* mudou os termos da discussão: da preocupação com a aparente singularidade da prática homossexual da sodomia em *Bowers* para a questão da posse da intimidade homossexual, dentro dos domínios doméstico e privado, para determinar "se os homossexuais possuem a mesma liberdade de intimidade nas relações físicas que os heterossexuais". O parecer *Lawrence-Garner* alegava denunciar *Bowers* inequivocamente, constatando que o enquadramento da questão foi completamente falho: "O Tribunal de *Bowers* focou em saber se os estados possuem o poder de regular e proibir atos sexuais, o Tribunal de *Lawrence* focou em saber se os estados possuem o poder de regular as relações pessoais".[36] Franke, no entanto, aponta para a "presença palimpséstica de *Bowers* na esteira de *Lawrence*", refletida na maneira como "*Lawrence* ecoa e reforça uma atração para a domesticidade na organização gay e lésbica atual", contando com um "lembrete para o mundo de que os gays também têm famílias".[37] Em resumo, a brilhante exposição de Franke das armadilhas solenes da decisão de *Lawrence-Garner* catequiza "a liberdade privatizada", declarando

---

[33] Halley, 1993.
[34] Katyal, 2002, pp. 106-107.
[35] Chauncey, 2004, p. 509.
[36] D. Gordon, 2003, pp. 4-5.
[37] Franke, 2004, pp. 1.400-1.401; Ruskola, 2005, p. 241.

que "o interesse pela liberdade em jogo está amarrado à privacidade doméstica. Repetidamente, o juiz Kennedy territorializa o direito em jogo como uma liberdade para se envolver em certas condutas no privado". Proteger a liberdade do sexo homossexual no privado, "escondido atrás das portas fechadas do quarto", argumenta Franke, implica recair em uma noção jurídica arcaica do privado historicamente operada dentro de litígios dos direitos de privacidade, descartando versões recentes de privacidade que são mais abstratas, menos literais e menos territoriais e que enfatizam uma "zona de autonomia pessoal e privacidade decisória". Uma conversão dos vilipendiados e repulsivos "sodomitas-fora da lei", para o que Franke denota como o gay civilizado "doméstico-normativo", também é realizada, sancionando relacionamentos homonormativos que mimetizam a domesticidade heteronormativa, enquanto ostraciza ainda mais a práxis sexual e de parentesco não normativa não apenas de homossexuais, mas também de heterossexuais.[38] Além disso, Franke menciona que o rebaixamento da sodomia descriminalizada para a esfera do privado doméstico, que se recusa a empoderar as *performances* públicas de expressão sexual, equivale a criminalizar novamente a sodomia e outras formas de encarnação sexual externas ao imediatismo do lar privado. O que Nayan Shah observa como "o foco da Suprema Corte na autonomia individual e na privacidade da conduta homossexual no espaço doméstico" é exemplificado na seguinte passagem da decisão: "Quando a sexualidade encontra expressão aberta em conduta íntima com outra pessoa, a conduta pode ser apenas um elemento em um vínculo pessoal que é mais duradouro".[39] Franke observa que "o juiz Kennedy considera como dado que o sexo entre John Lawrence e Tyron Garner ocorreu dentro do contexto de um relacionamento".[40] A suposição de vínculo conjugal é paradigmática do doméstico-normativo, deixando

---

[38] Franke, 2004, pp. 1.403-1.404, 1.416-1.417.
[39] N. Shah, 2005b, p. 276; *Lawrence v. Texas* 123 S. Ct. 2472, 2478 (2003), citado em Franke, 2004, p. 1.408.
[40] Framke, 2004, p. 1.407.

nítido que prostituição, sexo para ganho material, festas e clubes sexuais e outros atos queers excedem os limites protetores da decisão.

Após a celebração da libertação gay dos anos 1970 sobre o "direito à privacidade em público: uma zona de imunidade à regulação, vigilância e assédio do estado" promovendo "um direito de publicizar assuntos 'privados' considerados como ofensivos ao fantasma do 'público em geral'", *Lawrence-Garner* parece um pouco como limpar os sem-teto e removê--los da vista, uma higienização da imagem e do espaço físico e psíquico.[41] Lisa Duggan observa que, na década de 1980, forças antigay concederam "o direito à privacidade", definindo a privacidade como "uma espécie de confinamento, um cordão sanitário que protege as sensibilidades 'públicas'".[42] As feministas liberais ocidentais normalmente entendiam o privado como um espaço axiomático de subjugação das mulheres aos homens, o domínio doméstico que amarram as mulheres ao trabalho não remunerado em casa, às expectativas reprodutivas, à nuclearidade heteronormativa e à vulnerabilidade à violência doméstica: o "lar da família patriarcal". Feministas não brancas, no entanto, repreenderam Catherine MacKinnon e outras intérpretes feministas que entregam o Estado ao público e desconsideram as vicissitudes do racismo estatal que permeiam os domínios privados domésticos de mulheres não brancas e mulheres imigrantes. Ou seja, no liberalismo, o privado para as mulheres é teorizado como um espaço *fora da* e *intocado pela* intervenção estatal (muito necessária), enquanto o público é visto "como um espaço de recurso e como uma zona automaticamente situada fora de um 'espaço doméstico' facilmente e singularmente reconhecido". Nenhum dos dois, argumenta Ananya Bhattacharjee, são paradigmas úteis ou precisos

---

[41] Duggan, 2002, p. 181. Isso também conspirou com a contínua negação dos objetivos liberacionistas gays; além de tornar o sexo público, eles queriam desmantelar o casamento, acabar com o capitalismo e acabar com o militarismo imperialista. Algumas referências a textos liberacionistas gays explicitam esses objetivos, como a Revolução Gay do Terceiro Mundo (Nova York), 1992.

[42] Duggan, 2002, p. 181. As "guerras sexuais" também foram emblemáticas do impulso por privatizar o sexo não procriativo (e dividiu campos feministas) pelo controle dos locais de produção e consumo de pornografia. Ver Rubin, 1993, pp. 41-44.

para mulheres imigrantes, especialmente para aquelas que estão sem documento e para as quais o Estado é inevitável, mesmo no privado, cuja presença na maioria das vezes transparece como racismo de Estado.[43]

A interpretação liberal queer da relegação à privacidade como uma espécie de confinamento que é, no entanto, um vazio privilegiado da intervenção do Estado (a fantasia que o *Lawrence-Garner* promove) ilumina o acesso concedido à privacidade e levanta muitas questões sobre as formas não reconhecidas de privilégio necessárias para ceder a tal leitura. Quem é capaz de ocupar o privado da maneira que *Lawrence--Garner* ordena? A reivindicação do direito à privacidade não está sequer na tela do radar para muitos setores da sociedade, incompreensível para quem ser vigiado é um modo de vida. Discutindo a "visibilidade compulsória dos pobres que vivem de seguridade social", John Gilliom nos lembra que "a administração da seguridade social exige que uma cliente abra sua vida a eles na forma de verificação de renda, pareamento de computador e outras táticas no que só pode ser chamado de uma agressão da vigilância de grande escala".[44] Se quisermos examinar apenas uma outra coordenada de privação de direitos, como a juventude sem--teto, vemos que a juventude LGBTQI constitui de 25% a 40% da população total de jovens sem-teto, um indício de liberdade privada no espaço doméstico – se é que alguma vez houve uma.[45] O privado é, portanto, oferecido como um presente de reconhecimento àqueles investidos em certas interpretações normativas de domesticidade e como um antídoto, com muitos fios de ligação, àqueles que de outra forma não podem ou não querem evitar a vigilância pública ou que não podem recorrer ao privado de forma sustentada.

Mais importante, o privado é uma construção racializada e nacionalizada, na medida em que é concedido não apenas a heterossexuais, mas

---

[43] Bhattacharjee, 1997, pp. 312, 320.
[44] Gilliom, 2005, p. 78.
[45] The New York City Association of Homeless and Street-Involved Youth Organizations, "State of the City's Homeless Youth"; Earls, 2002; Ryan & Futterman, 1998, p. 25.

a certos cidadãos e negada a muitos outros e a não cidadãos. Como Mary Pat Brady observa:

> A análise espacial não considerou o grau em que as construções de raça e sexualidade constituem e mantêm juntas as distinções entre as esferas pública e privada, nem levou em conta que o oposto opera também, porque as distinções espaciais ajudam a estruturar a sexualidade, a raça e a classe.[46]

A existência entrelaçada entre a raça e a sexualidade marca os contornos do privado e do público, mesmo quando as fronteiras público-privado desagregam as sexualidades racializadas e as racializações sexualizadas. A liberdade privada de *Lawrence-Garner* não é meramente normativa em termos de gênero e parentesco, é também uma forma de privilégio racial e de cidadania. Os acenos doméstico-normativos de Franke para sujeitos homonormativos com privilégio de classe, raça, *status* legal e gênero que têm acesso material a esses privilégios *contra* o sujeito racializado sexualmente não normativo excluído discursivamente e, talvez, mesmo literalmente desses privilégios. Isso também produz o próprio critério pelo qual o homonormativo pode ser facilmente distinguido de sujeitos sexuais, de classe, nacionais e raciais não normativos.

Sem uma análise interseccional (e aqui, a interseccionalidade como uma heurística pode muito bem ser indispensável), o privado é naturalizado como um refúgio dado da inspeção do Estado. A crítica de Franke ressoa de forma mais contundente nas populações que se identificam principalmente por meio de uma visão de identidade de eixo único, que experimentam privação de direitos e regulamentação principalmente, se não inteiramente, por meio de sua orientação sexual. Aqueles que já desfrutam, em certa medida, de acesso não mediado ou tomado por garantido ao público e às zonas do espaço público – sejam áreas de pegação, clubes sexuais, banheiros, parques, áreas de lazer ou outros locais onde queers se encontram – ou da probabilidade de se verem refletidos na mídia popular, são sujeitos cujas visibilidades queer não são comprometidas por

---

[46] Brady, 2002, p. 87.

perfilamento racial, *status* de sem documentos ou fobia de gênero-queer. *Lawrence-Garner* pode oferecer proteção apenas àqueles que habitam a fantasia de, e podem marcar e atravessar, noções limitadas de público e privado. Em sua mediação, não obstante, fantástica dos ímpetos conservadores de *Lawrence-Garner*, Franke avalia o sujeito homonormativo vislumbrado pela decisão, mas os sujeitos com a mesma opinião que ela presume estarem em seu público leitor também habitam uma identidade queer míope particular na qual a raça está afastada: o liberal queer.

Franke, bem como Judith Butler, aborda esses regimes regulatórios através de uma lente identitária de eixo único da sexualidade, atividade sexual e seus respectivos arranjos de parentesco. Butler argumenta que o binarismo entre heterossexuais e homossexuais foi deslocado por uma ênfase em uniões ilegítimas e legítimas, através do impulso para a respeitabilidade por meio do casamento gay, da liberdade privada da sodomia e dos direitos civis gays e lésbicos.[47] Não há dúvida de que *Lawrence-Garner* faz isso: o parâmetro de legitimidade não é expandido nem desafiado; em vez disso, seus contornos são reificados e endurecidos, apesar de sua inauguração acolhedora de sujeitos anteriormente excluídos.[48] Mas a imagem de Butler não é, na verdade, um quadro totalmente preciso, pois outras hierarquias (classe, gênero, raça, cidadania) também são ressolidificadas nessa formulação de vidas legítimas e ilegítimas, sem mencionar a pergunta que nunca é tocada: o que a decisão diz, se é que diz alguma coisa, às mulheres? Às lésbicas? Ruthann Robson escreve que *Lawrence-Garner* "perpetua a invisibilidade das lésbicas e o mito de que não há história de perseguição contra as lésbicas".[49]

O precioso refúgio do privado, sempre um assunto relativo, tênue e muitas vezes impossível para pessoas não brancas e imigrantes, é ainda mais

---

[47] Butler, 2002, p. 18.

[48] Rubin, 1993, p. 11. *Lawrence-Garner* pode ser lido como sinalizando o movimento homonormativo em direção ao interior, a partir dos "limites externos" para o "círculo encantado" da "sexualidade boa, normal, natural, abençoada".

[49] Robson, 2004, p. 399. Ver também a decisão do Centro Nacional de Direitos Lésbicos, 2003.

contido espacialmente e temporalmente através da noção de intimidade. A "liberdade privada da intimidade" implica que o sexo acontece apenas na privacidade do espaço doméstico, e o ideal liberal de lar como santuário e como propriedade que se possui é expresso repetidamente na decisão. Há também um julgamento específico da qualidade ligada à relação e da segurança ligada ao lar e ao sexo que ocorre dentro dele. A prova de tal julgamento surge no compromisso definido por quadros normativos de linearidade e temporalidade, casamento gay ou civil ou união estável, possuir propriedades (conjuntas) e entrelaçamento financeiro. Consumo ostensivo, privilégio de classe ou sinais de pertencimento ou reabilitação de classe por meio da mobilidade ascendente – a "virilidade de mercado" de que Nast fala[50] unem estabilidade, longevidade e duração, modalidades afetivas nostalgicamente invocadas como atributos perdidos do pós--modernismo, para apresentar uma formação de parentesco reconhecida, bem integrada, publicamente valorizada e produtiva: trabalho, nação e fertilidade simulada – o cidadão produtivo. Na medida em que os sujeitos queer não devem ou não podem reproduzir a população nacional em termos convencionais, o produtivo aqui é entendido como a capacidade capitalista de adotar ou de "alugar úteros" dentro de formações que não apenas mimetizam a heterossexualidade, mas também replicam as normas raciais privilegiadas (branquitude) da heteronormatividade.[51] Esses são atributos da ascensão à branquitude que contrastam profundamente com

---

[50] Nast, 2002, p. 878.
[51] Anonymous, 2002; Human Rights Campaign Foundation, s.d. Três estados atualmente têm legislação que explicitamente ou efetivamente nega aos homossexuais ou a casais do mesmo sexo o direito de adotar. A Flórida tem uma lei que proíbe explicitamente a adoção por indivíduos gays e lésbicas e casais do mesmo sexo. O Mississippi proíbe a adoção para casais do mesmo sexo e para coprogenitor. Utah proíbe a adoção para qualquer casal que não esteja casado e, como resultado, discrimina todos os casais do mesmo sexo. Human Rights Campaign Foundation, 2006. Oito estados e o distrito de Columbia permitem a adoção para coprogenitores ou para coprogenitores de casais do mesmo sexo, enquanto quinze estados permitem a adoção para coprogenitores ou para coprogenitores de casais do mesmo sexo em algumas jurisdições. Quatro estados (Colorado, Nebraska, Ohio e Wisconsin) têm uma decisão judicial que não permite a adoção para coprogenitores ou para coprogenitores de casais do mesmo sexo.

a rainha negra da seguridade social, o muçulmano acusado de terrorista que deve se registrar no Serviço de Imigração e Naturalização ou expatriar a si mesmo e a sua família, e o negro ou latino encarcerado. Além disso, implícito na noção de privacidade favorecida pela decisão de *Lawrence--Garner*, bem como naqueles que comentam criticamente sobre isso, é uma suposição de que o sujeito gay pertence automaticamente à nação estadunidense como cidadão. Como Bhattacharjee escreve: "a ausência de análise do Estado-nação no feminismo hegemônico dos EUA leva à suposição acrítica e automática de um público cujo sujeito, então, é um cidadão dos EUA".[52] Eu acrescentaria que o mesmo vale para o cidadão dos EUA que pressupõe o direito ao privado, agora gay ou queer. O sujeito homonormativo de *Lawrence-Garner*, bem como o sujeito liberal queer que deve resistir à sua normatividade interpelativa, são *ambos* cidadãos dos EUA. A ausência de uma discussão e de uma análise das ramificações da decisão em termos de cidadania e cidadania sexual significa que não fazemos a pergunta: que tipo de cidadão sexual é o sujeito protegido de *Lawrence-Garner*?

Compreensivelmente, Franke, em completa frustração, exige respostas às seguintes perguntas:

> Como isso se tornou uma comunidade que privilegia tanto o reconhecimento, e parece ter abandonado algumas das estratégias e objetivos mais radicais alicerçados em uma política que buscava desestabilizar formas dominantes de sexualidade e parentesco, em vez de buscar ser estabilizada por elas? Poderia haver algo politicamente valioso em resistir a essa transformação do sujeito político gay de pervertido a casal domesticado? [...] Por que a conquista de direitos e a política de reconhecimento substituíram os objetivos políticos anteriores na comunidade gay que estavam comprometidos em tornar viável uma gama de relações sexuais e familiares diferentes daquelas que são estritamente doméstico--normativas?[53]

---

[52] Bhattacharjee, 1997, p. 317.
[53] Franke, 2004, pp. 1.418-1.419.

Figura 9. Daryl Cagle, *Decisão da Sodomia*, junho, 26, 2003. Reimpresso com permissão da PoliticalCartoons.com.

Uma resposta desanimadora, é evidente, não se concentra no colapso dos ideais radicais queer de parentesco e sexuais que agora parecem ser assimilativos (como Franke lamenta), mas nos leva à inter-relação entre o acesso à heteronormatividade e o acesso à branquitude. *Lawrence-Garner* participa do excepcionalismo dos EUA através de sua contribuição para sujeitos homonormativos nacionais. O caso deu largada a uma enxurrada de tentativas e realizações de casamentos gays em todo o país, não apenas, nem simplesmente, por causa dos desejos normativos em termos de acasalamento, parentesco, reprodução e procriação. Mais importante, o impulso para essas afirmações legislativas é alimentado por anseios conscientes e inconscientes para restabelecer os privilégios da branquitude, na verdade, a estadunidade branca. Os benefícios de *Lawrence-Garner* e as iniciativas de casamento gay desagregam os estratos de privilégio racial e privação racial de direitos ao mesmo tempo que a legalização oferece um retorno muito cobiçado à cidadania estadunidense que se perdeu com a aquisição de uma identidade sexual não normativa. Assim, a conservação das normas sexuais, de gênero e de parentesco não pode ser desagregada de seus impulsos nacionalistas, classistas e racistas, ou dos fundamentos liberais da formação do sujeito. A ascensão à branquitude não requer tanto a heterossexualidade quanto requer a heteronormatividade, ou seu mimetismo na forma de homonormatividade ou o que Franke chama de doméstico-normativo.

Esse f(r)accionamento da homossexualidade com privilégios brancos de raça, capital e cidadania a afasta de outras alianças homossexuais de raça e de classe que ela diversamente poderia encampar.[54] Essas dinâmicas são alimentadas por privilégios raciais e de cidadania não questionados e por racismo, xenofobia e nacionalismo não reconhecidos em comunidades e organizações gays, lésbicas e queer, uma faceta especial do álibi liberal branco que permite que alguém abandone até mesmo a remota possibilidade de perpetração de tal violência. Nessa conjuntura histórica, os desejos liberais homonormativos e queer pelo reconhecimento do Estado tornam-se indistinguíveis das exclusões raciais e nacionais sobre as quais tais afirmações pairam. Assim, a decisão de *Lawrence-Garner* produz eficientemente sujeitos homonacionais de acordo com os ideais nacionalistas estadunidenses, finalmente conferindo cidadania sexual, mas ao longo de linhas das mais restritas.

Além disso, o persistente quadro binário do público-privado é muitas vezes invocado para qualificar o doméstico como um cercamento interior, com o público equivalente ao Estado. Uma vasta literatura que problematiza as divisões público-privado foi desenvolvida, apontando para uma série de discrepâncias: mecanismos públicos que se intrometem na privacidade, operações do privado nas esferas públicas, dissolução da divisão por completo.[55] Por mais cansativo que seja, ele continua sendo o paradigma espacial orientador do discurso jurídico em geral e da regulamentação da sodomia em particular, informado por suposições de que as zonas públicas e privadas ainda funcionam

---

[54] Koshy, 2001.
[55] Ver Berlant & Warner, 1998.

como distinções ideológicas e espaciais operativas pelas quais as pessoas organizam suas vidas.

Se colocarmos em primeiro plano a regulação e a vigilância através de e para além de suas restrições disciplinares, no entanto, vamos além da delimitação nítida entre quem está observando e quem está sendo observado. Denominada pelos estudos de vigilância (nunca sugados para o pântano dos debates público-privado) como redes de controle que cruzam espaços públicos e privados, essa abordagem torna as noções discretas de público e privado implausíveis, incoerentes e obsoletas.[56] Redes de controle espiralam através daqueles que olham, veem, ouvem, reúnem, coletam, analisam, alvejam, escaneiam, digitalizam, contam, enviam por *e-mail* e tabulam, misturados com aqueles que são vistos, ouvidos, contados, coletados, colecionados, alvejados e assim por diante, os que fazem e aqueles que têm algo sendo feito a eles, indistinguíveis uns dos outros, juntos no mesmo corpo, em ambos os lados simultaneamente ou de forma alternativa em nenhum dos lados. O modelo deleuziano de sociedade de controle põe ênfase especificamente em uma ressonância afetiva, em como as tecnologias de vigilância ativam, infectam, vibram, distribuem, disseminam, desagregam; em outras palavras, como as coisas sentem, como as sensações importam tanto quanto, se não até mais do que como as coisas parecem, aparecem, aparentam, são visíveis ou são cognitivamente conhecidas. Interrogar o aumento da regulação de outros sexuais-raciais implica não deslocar, mas aprimorar modelos mais antigos de espaço e tempo discretos e finitos com gêneros espaço-temporais que são móveis e fluidos.

A partir desse giro teórico, a noção de intimidade é uma forma espacial moralmente carregada, mobilizada de forma articulada nos apoios apressados à descriminalização da sodomia. Como um bem que vale a pena proteger, uma prova de economia afetiva, a intimidade (juntamente com o medo, o terror, a segurança, a esperança) incorreu

---

[56] Para obter uma visão geral do campo crescente dos estudos de vigilância, ver Lyon, 2002.

em uma intensificação de investimento desde o 11 de Setembro de 2001 – pense na fixação por relacionamentos fechados, em um contato renovado com pessoas do passado, em não agir impulsivamente no sexo.[57] Nessa economia de seguros, a intimidade é rearticulada para além do domínio do privado ou provocada por meio de uma interação público-privado negociada. Enquanto Hunter argumenta que *Lawrence-Garner* "é importante menos por sua proteção explícita de uma esfera privada de tomada de decisão íntima do que por seu desmascaramento implícito da inter-relação entre sexualidade e Estado como uma esfera propriamente pública",[58] não é meramente que a intimidade continua a ser monitorada publicamente, mesmo que seja considerada um assunto propriamente privado. Em vez disso, a intimidade circula através de uma rede de troca espacial, por meio da qual a proximidade, a (in)segurança, a ansiedade, a qualidade, a abstração, a particularidade, a porosidade, a opacidade e a transparência, entre outras modalidades afetivas, são produzidas por meio de experiências de vigilância.

Para alegar um deslocamento completo na orientação dos direitos de privacidade, entretanto, da terra, da propriedade, da autonomia de si, da integridade corporal, da liberdade, e do espaço físico à catalogação de "corpos de dados e informação" se subestima o sistema integrado de perfilamento racial e vigilância por meio do qual a lucrativa parceria do panoptismo e do hiperpanoptismo cooperam.[59]

O PRETO É, O PRETO NÃO É

A questão silenciada no caso *Lawrence v. Texas* é a raça. Enquanto a raça não estava em julgamento, certamente era o elefante na sala. O componente

---

[57] Defert, 1991, p. 214.
[58] Hunter, 2004, p. 1.535.
[59] Sobre os sistemas geodemográficos de perfilamento e os dispositivos narrativos que eles não podem evitar, ver Curry, 2003.

inter-racial do relacionamento de Garner e Lawrence repugnava algumas pessoas – negras e brancas – tanto quanto eles serem gays. Muitos têm especulado que a chamada falsa para a polícia sobre um assalto de um vizinho curioso foi motivada também pelo racismo.
– Irene Monroe, "Justice Begins in the Bedroom", 2003.

Volto-me agora para a inter-racialidade silenciada que paira sobre o caso *Lawrence-Garner* para demonstrar a natureza "esgueirando-se pela porta dos fundos" dos imaginários liberais queer racistas e nacionalistas e a impossibilidade de entender completamente o impacto da decisão sem examinar seus ímpetos conservadores que coabitam o gênero e a sexualidade.[60] Não é acidental que o caso envolva um par inter-racial: um homem branco e um homem afro-estadunidense. (Digno de nota é a diferença de idade entre eles: Lawrence, 55 na época, e Garner, 31, que pode ou não ser secundária para os detalhes desse incidente; não abordo essa questão aqui.) Enquanto o caso de 1967 *Loving v. Virginia* que legaliza os casamentos inter-raciais é narrativamente determinado de forma excessiva como o termômetro histórico precursor do casamento gay na práxis genealógica reconhecidamente falha dos precedentes, raramente é mencionado em relação a *Lawrence-Garner* que, como a citação de Monroe nos lembra, poderia ser facilmente apreendido por suas implicações inter-raciais como pelas sexuais.

Também é altamente plausível que o resultado e as consequências da decisão – a própria decisão, como foi delimitada e a maneira como foi recebida e interpretada – também tenham sido influenciados explicitamente, mas mais frequentemente implicitamente, pela aparição que assombra esse caso. Da mesma forma, o efeito da decisão não pode escapar às implicações raciais de sancionar a privacidade sexual e a intimidade de um homem afro-estadunidense gay. Essa é uma corporeidade capturada dentro da órbita do debate dramático que

---

[60] O título desta seção é retirado de *Black Is... Black Ain't: A Personal Journey through Black Identity*.

patologiza os homens afro-estadunidenses não assumidos, as respostas geralmente míopes das comunidades afro-estadunidenses e das comunidades gays convencionais às crescentes taxas de soroconversão do HIV entre os homens afro-estadunidenses,[61] o espectro do sexo homossexual entre homens (negros) encarcerados e a força com a qual um binarismo mutuamente exclusivo entre as identidades gay e negra foi vigorosamente policiado.

Em *O negro é, o negro não é*, uma exploração pioneira das forças vitais desse binarismo, Marlon Riggs desafia a lógica ou/ou que produz infinitamente sujeitos racializados como heterossexuais e sujeitos gays como brancos, separando a raça da queeridade, deixando intocadas a homofobia nas comunidades negras e o racismo nas comunidades gays. Mas, mais significativamente, essa dinâmica prolifera a homofobia nas comunidades gays, a homofobia que não permite a tolerância de um tipo diferente – ou seja, não branco – de homossexualidade; a homofobia em relação aos homossexuais que são incomensuráveis aos quadros dominantes. Da mesma forma, o racismo nas comunidades afro-estadunidenses se assemelha a esse discurso: os homens gays não são negros, pois tal racismo repudia a negritude em sua plenitude. Essas formas mais sutis de discriminação etnossexual florescem, ocultas em meio à série de acusações contra a homofobia negra e o racismo queer. Além disso, a fixação na certeza de maior homofobia nas comunidades, culturas e atitudes negras serve bem à direita conservadora, desejosa da diversificação de seu círculo eleitoral por meio da agenda contra o casamento gay (também reforçando que os EUA branco é sempre mais tolerante com a homossexualidade, espelhando a dinâmica da superação sexual que dominava as análises da tortura em Abu Ghraib). Minimizar o apoio gay negro em favor do imaginário da homofobia negra tem uma economia máxima de representação. Como um comentador indica:

---

[61] C. J. Cohen, 1999.

Os estadunidenses são muito mais propensos a saber que Colin Powell se opôs a permitir que os gays servissem abertamente nas Forças Armadas do que saber que os partidários do casamento gay incluem afro-estadunidenses proeminentes como Coretta Scott King, o congressista John Lewis, a ex-cirurgiã geral Jocelyn Elders, a atriz Whoopi Goldberg, os aspirantes presidenciais democratas Al Sharpton e Carol Moseley Braun, e o Reverendo William Sinkford, presidente da denominação Universalista Unitária.[62]

Então, como devemos abordar a economia simbólica desse par inter-racial? E o que está em jogo nos silêncios dessa economia? Por um lado, o par inter-racial agita fortemente o reconhecimento das agendas incongruentes do eleitorado gay branco e da organização gay negra. Como o ativista gay negro Keith Boykin observa ironicamente:

> Para gays e lésbicas negros, a vida depois de *Lawrence* se parece muito com a vida antes de *Lawrence*. Enquanto os principais ativistas gays convencionais tramam seu próximo movimento, alguns pesquisadores negros gays [...] questionaram a relevância da agenda gay. O problema não é que os gays e lésbicas negros desaprovam o casamento entre pessoas do mesmo sexo ou qualquer outra questão da agenda gay. [...] Essas questões raramente estão no topo da lista de prioridades para a comunidade LGBT negra. Muitos gays e lésbicas negros estão tão preocupados com a Aids, cuidados de saúde, ações afirmativas, perfilamento racial e desemprego quanto com as uniões civis. As pessoas LGBT negras com quem falei não se sentem tão empoderadas pelo progresso dos últimos meses como seus correlatos brancos se sentem. [...] Os negros são representados raramente nas imagens visíveis da comunidade LGBT, e quando nós somos representados nós somos frequentemente retratados de forma negativa ou insensível.[63]

Boykin continua afirmando que o assassinato por crime de ódio de 11 de maio de 2003 da lésbica negra de 15 anos, Sakia Gunn, em Newark,

---

[62] Price, 2004.
[63] Boykin, 2003.

Nova Jersey, quase não recebeu atenção da mídia, comparativamente falando, ao de Matthew Shepard, em Wyoming, em 1998. Foram 507 reportagens nos primeiros dois meses para Shepard, em comparação com 11 para Gunn no mesmo período de tempo.[64] Além de simbolizar mundos divergentes, as uniões inter-raciais de gays e lésbicas entre negros e brancos também são sustentadas como uma modalidade de hibridização gay, lésbica e queer central para os discursos nos EUA de diversidade e multiculturalismo – pense em *The L Word* e *Six Feet Under* – além de evidenciar a dissipação ou mesmo a ausência do racismo gay branco.

Há dois pontos que gostaria de salientar aqui. Primeiro, a sodomia é e sempre foi percebida como um "ato racializado", e nos Estados Unidos foi declarada como tal. Por ato racializado, quero dizer que o ato em si já é lido a partir da racialidade dos atores, ao mesmo tempo que confere racialidade a esses atores. A pesquisa de Nayan Shah sobre casos de sodomia na virada do século XX sugere que "a identidade sexual não é o fator determinante para processar a sodomia, mas diferenciais de classe, idade e raça, bem como a sociabilidade migrante nos espaços público e privado [...] molda o policiamento que leva às prisões por sodomia e moral pública".[65] Uma forma rotineira de vigilância no vale central da Califórnia, as "varreduras de vadiagem" vasculhavam em busca de "depravação oriental" e "sodomitas hindus", elementos que "colocam em perigo o Estado, bem como a masculinidade nacional". Antissodomia, vadiagem e outras leis de indecência pública foram usadas para processar indivíduos em pares inter-raciais de forma desigual, por meio das quais "estrangeiros imorais" (ameaças externas) e "degenerados naturais" (ameaças internas: masculinidades estadunidenses irrecuperáveis) se tornaram posições notáveis, embora não sejam aquelas de "certeza categórica".[66]

---

[64] Kim Pearson, citada em *idem, ibidem*.
[65] N. Shah, 2005b, p. 277. Ver também N. Shah, 2003.
[66] N. Shah, 2005a, pp. 705, 714, 719-720.

Meu segundo ponto é que a figura de um homem afro-estadunidense como um cidadão estadunidense protegido – envolvido na atividade sexual com o mesmo sexo, em primeiro lugar – ressoa dentro da história tensa de relações comunitárias negras e imigrantes. Entre os imigrantes chamados de minoria modelo e as comunidades afro-estadunidenses, esse atrito gira em torno de diferenças de classe percebidas e concretas que são então sublimadas como diferenças culturais, religiosas e étnicas.

A manifestação mais recente dessa fissura ocorreu após o 11 de Setembro de 2001, quando os recursos policiais (na cidade de Nova York para um extremo, mas também nacionalmente) supostamente mudaram de bairros, estabelecimentos, famílias, igrejas e corpos negros para templos, mesquitas e *gurdwaras*, lojas e associações religiosas e comunitárias de sul-asiáticos, árabes estadunidenses e muçulmanos. Tais medidas de securitização ampliaram a animosidade de longa data entre os dois "grupos" alimentada por tratamento e acesso diferenciados a empregos e recursos estatais com base em privilégios de cidadania, bem como a hostilidade racista perpetuada pelos sul-asiáticos, para os quais o racismo em relação aos negros e latinos há muito tempo é um rito de passagem para a cidadania de minoria modelo. Esse rito de passagem é complementado pelo desinteresse na privação econômica e nas lutas contra a brutalidade policial das comunidades afro-estadunidenses. Embora dados de pesquisa provocativos acumulados após os eventos do 11 de Setembro sugerissem que altas porcentagens de afro-estadunidenses apoiavam o perfilamento de terroristas, Miles Parks Grier argumenta de forma convincente que as continuidades entre o "velho" perfilamento racial da guerra às drogas e o "novo" perfilamento devem estar no centro de qualquer exame do racismo estatal; não fazê-lo simplesmente expande a eficácia das práticas atuais de perfilamento, em parte porque "grupos de defesa [procedem] como se os suspeitos de terrorismo protegessem os negros e os latinos do racismo de Estado", perpetuando assim as divisões raciais. Grier também aponta o ponto óbvio, mas pouco reconhecido, de que afro-estadunidenses e africanos certamente compõem uma parte da população muçulmana detida.⁶⁷

Assim, a produção multicultural fica em débito com aqueles que não escapam ou não conseguem escapar plenamente das marcações da raça. Adicione a essa mistura a ação afirmativa ambivalente decidida em Michigan no verão de 2003.⁶⁸ Por um lado, o étnico (imigrante de minoria modelo, nativo) é o sujeito adequado e desejado de uma ação afirmativa, uma deposição de cidadãos-sujeitos afro-estadunidenses que se presta à fragmentação das coalizões pós-direitos civis, bem como a múltiplos sujeitos da negritude. (Uma pesquisa recente sugeriu que as elites da África são mais beneficiadas por políticas de ação afirmativa do que os afro-estadunidenses.⁶⁹) Por outro lado, as lutas por cidadania dos imigrantes não brancos são frequentemente entendidas como sendo de menos interesse para os afro-estadunidenses.

---

⁶⁷ Grier, 2006. Na Figura 10, consultar disappearedinamerica.org: "Coletivo Visível/ Naeem Mohaiemen trabalha em projetos que analisam identidades hifenizadas e pânico da segurança nacional. A maioria dos detentos nos últimos tempos de paranoia são cidadãos invisíveis que dirigem táxis, entregam comida, limpam mesas e vendem frutas, café e jornais. A única vez que os 'vemos' é quando olhamos para a licença na partição do táxi ou para o cartão de identificação do atendente. Enquanto detentos, deixam de existir na consciência. O impulso para criar uma dinâmica de *insider--outsider* [dentro/fora] com toques de 'lealdade' tem um longo pedigree: prisão na Primeira Guerra Mundial de alemães-estadunidenses; detenção de imigrantes em 1919 por medo de bombas anarquistas; internamento na Segunda Guerra Mundial de nipo-estadunidenses; execução dos Rosenbergs; 'perigo vermelho' do HUAC (Comitê de Atividades Antiestadunidenses); infiltração de Diáconos para Defesa e Panteras Negras; e a ascensão dos Minutemen [milícias]".

⁶⁸ Arensen, 2003.

⁶⁹ Rimer & Arensen, 2004.

AGENCIAMENTOS TERRORISTAS

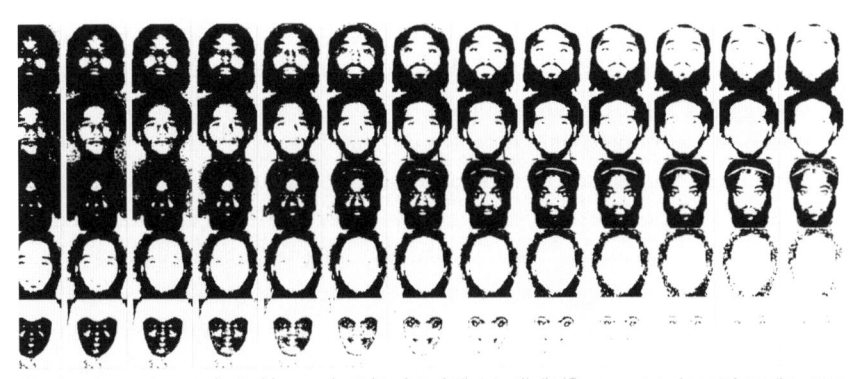

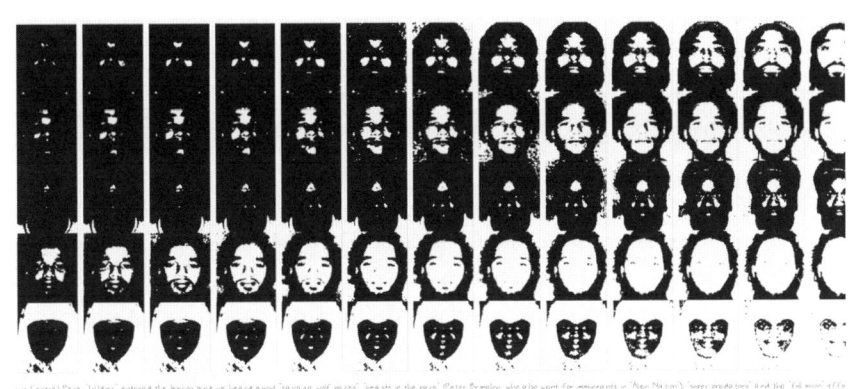

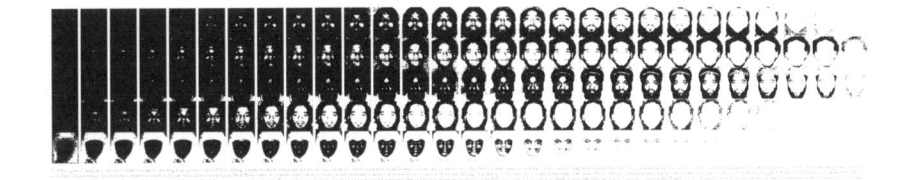

Figura 10. Coletivo Visível/Naeem Mohaiemen e Aimara Lin, *Dirigir sendo negro se torna voar sendo marrom*, 2006. Colagem de fotocópias, tinta sobre papel, 8 ft. × 2 ft. Originalmente instalado no Centro de Artes Yerba Buena, São Francisco. Reimpresso com permissão de Naeem Mohaiemen.

"'Selvagem' infecta o léxico quando vemos 'matilhas de lobos selvagens', 'bestas no parque', 'superpredadores' e o 'efeito da lua cheia' envolvendo o caso de estupro da corredora do Central Park. Pete Hamill sussurra: 'Eles estavam vindo para o centro de uma terra sem pais'. Aquela besta órfã hiper-racializada está estranhamente ausente da terrorfobia atual. Melanina suplementada por nomes, sotaques e assimilação para entender se os *wogs** estão aqui para enrolar um burrito honesto ou explodir o centro comercial. Nossos órfãos não se encaixam porque a solução de deportação entra em colapso. Os fantasmas adormecidos que ninguém quer perturbar são os de Robert Williams e dos Negros com Armas. 'Os EUA são uma casa em chamas. Liberdade agora! Ou deixe queimar, deixe queimar. Louve ao Senhor e passe a munição!'– um deus cristão em 1968, mas ainda uma mistura volátil de fúria justa e raiva negra. A carta de Eldridge Cleaver prefigura a lista do Não voar de hoje: '1) Eu não deveria sair de uma área de sete milhas; especificamente, eu não deveria atravessar a Bay Bridge. 2) Eu deveria manter meu nome fora das notícias pelos próximos seis meses; especificamente, meu rosto não deveria aparecer em nenhuma tela de TV. 3) Eu não deveria fazer mais discursos. 4) E eu não deveria escrever nada crítico ao Departamento de Correções da Califórnia ou a qualquer político da Califórnia. Em suma, eu deveria me fingir de morto, ou seria mandado de volta para a prisão.' A confiante tese de Goldberg sobre a ligação entre a Al-Qaeda e o franco-atirador na capital subitamente em crise – o franco-atirador acaba sendo muçulmano (bom!), mas também negro (não tão bom!) e veterano da Guerra do Golfo (terrível!). O maior grupo de muçulmanos são os negros (40%) seguidos pelos deshis (24%) e árabes (12%). Uma pirâmide invertida da soma dos nossos medos nacionais". (Legenda do artista)

Uma mensagem que o corpo negro de Tyron Garner *em conjunção com o corpo branco de Lawrence* envia aos cidadãos estadunidenses é que certos sujeitos homonormativos não brancos são agradáveis para o corpo político nacional. Isso não é para sugerir um resultado diferente do caso se um imigrante naturalizado (ou um imigrante com um *green card* ou vários vistos de trabalho, estudante ou turístico, ou seja, sujeito à

---

* Gíria racista para as pessoas do Mediterrâneo e do Oriente Médio (N. da T.).

deportação) estivesse implicado. É amplamente nítido que a racialização de Garner precisa ser assimilada em uma narrativa celebratória da queeridade multicultural, na melhor das hipóteses, e completamente ignorada, ou anulada, na pior das hipóteses. Estou, no entanto, colocando a decisão dentro de um contexto racial que continua a examinar, excluir e penalizar os que se parecem com terroristas por meio de formas evidentes e insidiosas de perfilamento racial orientalista, enquanto reabilita etnias emancipadas por meio da multiculturalização.

A esse respeito, a linguagem no acórdão de *Lawrence-Garner* é reveladora, mobilizando explicitamente noções de civilização ocidental, pela referência à legislação europeia. Cito do seu texto: "Na medida em que *Bowers* se baseou em valores que compartilhamos com uma civilização mais ampla, deve-se notar que o raciocínio e a detenção em *Bowers* foram rejeitados em outro lugar". E, contrariando o apelo do juiz Burger à "história da civilização ocidental" e aos "padrões morais e éticos judaico-cristãos", destacando seu próprio modelo civilizacional ocidental moderno, o Tribunal majoritário recolhe "relato[s] de outras autoridades apontando em uma direção oposta".[70] Em 1957, o Parlamento britânico defendeu a revogação de leis que puniam a conduta homossexual, detalhando essas recomendações no Relatório Wolfenden de 1963 da Comissão de Ofensas Homossexuais e Prostituição, e implementou a legislação em 1973. Uma decisão do Tribunal Europeu de Direitos Humanos sobre um caso na Irlanda de 1981, cinco anos antes de *Bowers*, *Dudgeon v. Reino Unido*, também está mobilizada como uma contranarrativa sobre a civilização ocidental:

> Um homem adulto residente na Irlanda do Norte alegou que ele era um homossexual praticante que desejava se envolver em conduta homossexual consensual. As leis da Irlanda do Norte proibiram-lhe esse direito. Ele alegou que tinha sido interrogado, que a sua casa tinha sido revistada e que temia uma acusação criminal. O tribunal considerou que as leis que

---

[70] *Lawrence v. Texas* 2003 U.S. LEXIS 5013, 524, 521 (2003).

proíbem a conduta eram inválidas nos termos da Convenção Europeia dos Direitos Humanos. [...] Com autoridade em todos os países que são membros do Conselho da Europa (21 nações na época, 45 nações agora), a decisão está em desacordo com a premissa em *Bowers* de que a alegação apresentada era insubstancial em nossa civilização ocidental.

E, mais adiante:

> Na medida em que *Bowers* se baseou em valores que compartilhamos com uma civilização mais ampla, deve-se notar que o raciocínio e a detenção em *Bowers* foram rejeitados em outro lugar. O Tribunal Europeu dos Direitos Humanos não seguiu *Bowers*, mas a sua própria decisão em *Dudgeon* v. *Reino Unido*. [...] Outras nações, também, tomaram medidas coerentes com uma afirmação do direito protegido dos adultos homossexuais de adotar uma conduta íntima e consensual. [...] O direito que os peticionários procuram neste caso foi aceito como parte integrante da liberdade humana em muitos outros países. Não foi demonstrado que, neste país, o interesse governamental em circunscrever a escolha pessoal seja de alguma forma mais legítimo ou urgente.[71]

Os discursos da civilização têm sido a pedra angular da justificativa obstinada da guerra ao terror e da dicotomia do mal em relação ao bem. Eles também submergem a face do terrorismo patrocinado pelo Estado dos EUA, a fim de destacar as formas "bárbaras" de violência especialmente imanentes ao fundamentalismo islâmico. A conveniência das teleologias civilizacionais, independentemente de sua utilização categórica no caso *Lawrence-Garner*, faz com que elas reverberem fortemente através dessas polêmicas islamofóbicas. David Palumbo-Lui postula:

> Em nossa atual encarnação do pensamento civilizacional, a dicotomia entre identidade nacional e pensamento civilizacional internacional entrou em colapso, as duas posições se misturam e se recombinam em

---

[71] *Idem, ibidem*, 522, 524. Ver Tribunal Europeu dos Direitos Humanos, *Dudgeon v. Reino Unido*.

uma posição ideológica potente, agora mobilizada pelos acontecimentos do 11 de Setembro. Ao inimigo interno (populações étnicas e diaspóricas) é agora adicionado um inimigo viável externo. [...] O inimigo será civilizacional: será o Islã.

A tese de Samuel Huntington em *Clash of Civilizations* [*Choque de civilizações*] (da qual Palumbo-Lui faz uma bela desconstrução) situa multiculturalistas (minorias étnicas) e "diaspóricos que mantêm a lealdade às suas pátrias" como a praga que atrai a "dupla erosão do caráter nacional". Dentro dessa "retórica inflamável das civilizações", a diversidade é tolerada apenas na medida em que o multiculturalismo é vivido por "novos grupos imigrantes, étnicos e diaspóricos [que] concordam em ser politicamente inativos".[72] A anexação de uma dupla de sodomia negro-branco à civilização pode ser lida de pelo menos duas maneiras: como a ascensão à branquitude alcançada por meio do casal híbrido sexual e racial, um símbolo de tolerância e diversidade que agora convida os homossexuais apesar ou talvez até mesmo por causa da identidade nacional se tornar mais hegemônica do que nunca; ou como uma cidadania substituta para sujeitos negros que permanecem economicamente desfavorecidos, a ponto de serem excluídos do étnico de minoria modelo, oferecendo a cidadania sexual diante dos fracassos da inclusão racial.

LIBERALISMO QUEER E ABU GHRAIB

Em maio de 2004, menos de um ano após a decisão de junho de 2003 *Lawrence e Garner v. Texas*, as fotos de Abu Ghraib começaram a chegar às bancas de jornais e explodir na internet. Uma das facetas mais curiosas da resposta às fotos foi o rápido carimbo metonímico da tortura à homossexualidade. Em grande parte classificada como

---

[72] Palumbo-Lui, 2002, pp. 118-122, 126.

tortura que simulava ou forçava "sexo homossexual", "sexo gay" e "atos homossexuais", essa associação provocou uma enxurrada de entrevistas com teóricos queer, comunicados de imprensa organizados por associações LGBTQI e artigos na grande mídia e na imprensa gay. Digno de nota foram os numerosos porta-vozes que discorreram com conhecimento sobre a "sexualidade muçulmana", proferindo opiniões sem qualquer hesitação aparente. Ainda mais preocupante, como discuti no capítulo 2, foi a razão dada para a exaustiva eficácia da tortura: o tabu, o *status* proibido e fora da lei da homossexualidade no islã, Iraque, Oriente Médio e todos e quaisquer referentes disponíveis, suplementado por uma aversão à nudez, à inclinação para o contato homem-homem e o recato sexual com o sexo oposto raramente visto.

Um rastreamento genealógico amplo – um traçado não necessariamente da origem dessa linha de pensamento, mas um retrato de sua intensa difusão e eco – revela que uma das passagens infinitamente citadas da "Tortura em Abu Ghraib" de Seymour Hersh foi a seguinte informação de Bernard Haykel, professor assistente de estudos do Oriente Médio na NYU.[73] Na matéria que revelou a história em 30 de abril, ele afirmou: "Os atos homossexuais são contra a lei islâmica e é humilhante para os homens estarem nus na frente de outros homens". Essa fala apareceu *ad nauseam*: deve ter sido um dos fragmentos sonoros mais citados de todo o espetáculo da mídia.[74] Transpondo um quadro explicativo cultural para

---

[73] "Torture at Abu Ghraib", de Hersh, foi postado em *The New Yorker* mais de uma semana antes do lançamento impresso. Ver www.newyorker.com.

[74] O artigo de Hersh foi amplamente divulgado e podia ser encontrado em *sites* antiguerra e/ou anti-islamofóbicos em julho de 2005, mais de um ano depois: Hersh, "The U.S.A.'s Abu Ghraib Torture Scandal", http://www.uslaboragainstwar.org; "Torture at Abu Ghraib", http://www.notinourname.net; "Torture at Abu Ghraib", http://www.november.org; "Torture at Abu Ghraib", http://www.globalpolicy.org.
Para exemplos de outros usos da palavra de Haykel, ver: Qidwai, 2004. Esse exemplo é particularmente interessante, pois o Centro Independente de Estudos e Análises Estratégicas (ICSSA) descreve seus objetivos assim: "No ICSSA, acreditamos que há uma necessidade de mudar as maneiras pelas quais interesses escusos estão forçando os formuladores de políticas e o público em geral a perceber os muçulmanos como 'o outro', que precisam ser civilizados, libertados e democratizados à imagem dos

contextualizações econômicas e políticas da tortura, essa afirmação foi proferida e reproduzida sem qualquer referência irônica ao fato de que a sodomia (colapsada como sexo homossexual) havia menos de um ano antes era ilegal em vários estados na lei estadunidense.

Atos homossexuais são contra a lei islâmica. Reitero essa frase porque me impressiono muito com essa evocação flagrantemente problemática que, no entanto, explicou para grande parte do público estadunidense, de uma só vez, o que era mais incômodo sobre Abu Ghraib, apontando facilmente para o destino que os prisioneiros moldaram para si mesmos. Os grupos conservadores, de forma previsível, retomaram o caminho da homofobia para colocar a culpa de Abu Ghraib em tudo, desde gays nas Forças Armadas, os costumes sexuais liberais ocidentais e até a pornografia gay. Em 11 de maio, uma postagem intitulada "Abu Ghraib: a raiz do problema", discutindo uma reunião do orgulho gay da CIA, foi espalhada por centenas de servidores.[75] Michael Savage, em seu programa de rádio *A nação selvagem*, chamou o abuso de "comportamento homossexual típico".[76] Mas a fala sobre o ato sexual homossexual, particularmente, é proveniente de um especialista em Oriente Médio e presumivelmente pretendia ser uma mobilização progressista de uma noção de diferença cultural radical para, primeiro, expressar indignação veemente e, segundo, contrariar fantasias coloniais orientalistas de desvio sexual e corrupção muçulmana. O que temos em seu lugar, no entanto, é um quadro de direitos humanos neo-orientalista emergente (e supostamente menos violento pelos padrões humanistas liberais) que se baseia na absoluta repressão sexual muçulmana.

---

demônios-deuses dominadores do mundo em Washington. [...] O ICSSA promove a interação com o público em geral no Ocidente e trabalha em escuta mútua pela simples razão de fornecer a eles a imagem real do mundo muçulmano, diferente da que eles foram submetidos através da distorção da realidade pela mídia 'dominante'"; Independent Centre for Strategic Studies and Analysis, "About Us". Ver também: Kennedy (um correspondente para o *Boston Phoenix*), 2004.

[75] MilitaryArticles.com, 2004.

[76] Savage é citado em "America's Laziest Fascist", de Dave Gilson.

No *The Charlie Rose Show* que foi ao ar em 3 de maio, Hersh e Haykel estavam presentes novamente, ambos destacando a simulação de atos homossexuais. Hersh alegou que o tratamento de John Walker Lindh, despido de suas roupas e deixado por dois ou três dias "nu, palavra crítica, nu", prenunciava táticas usadas como "o caminho para chegar ao que eles pensam que um árabe é", alegando: "Nós somos uma sociedade que funciona a partir da culpa. O mundo árabe, o mundo islâmico funciona baseado na vergonha".[77] O professor Haykel reiterou a fala sobre nudez e atos homossexuais, alegando que o que "torna esses crimes muito piores" é que os perpetradores "eram culturalmente sensíveis ao extremo e [...] sabiam exatamente o que incomodava os árabes".[78] Em outras palavras, enquanto os homofóbicos conservadores de direita estavam invariavelmente empenhados em produzir essa leitura das fotos, na verdade eram os fóruns progressistas e acadêmicos que aceitavam, sem hesitação ou análise, a linha de defesa da diferença cultural, reproduzindo-a a serviço de acentuar a humilhação dos prisioneiros iraquianos e a atrocidade da tortura. O testemunho dos guardas, bem como dos prisioneiros, elucida que as cenas homossexuais foram explicitamente planejadas e encenadas. Que não havia distinção entre o que as cenas de tortura teatral poderiam ter pretendido transmitir e as suposições orientalistas em que essas exposições se baseavam, retoricamente naturalizando a "diferença cultural árabe" ou "muçulmana".

O que é mais angustiante sobre essa naturalização é que a homossexualidade é usada para marcar o espaço da diferença cultural radical. A diferença cultural é incorporada pela homofobia e pela repressão sexual muçulmanas como uma realidade ontológica distinta que efetivamente considera irrelevante as estruturas discursivas de tais proclamações, elidindo os mecanismos regulatórios da modernidade que produzem a fantasia orientalista da homossexualidade como tabu. Uma leitura profundamente heterossexista (e racista e imperialista)

---

[77] Hersh, 2004c.
[78] Haykel, 2004.

da sodomia é mobilizada para enfatizar o extremo da violência, para fornecer o que é entendido, em essência, como uma leitura progressista, atenta, multicultural, uma interpretação pós-colonial da diferença cultural. Poderíamos apontar mais uma vez para a produção da repressão, a repetição da hipótese repressiva que Foucault tão cuidadosamente desconstrói. Como um núcleo crucial no mecanismo regulatório endêmico às ideologias liberais queer, gays e lésbicas, suas consequências performativas engendram materialmente a própria repressão que nomeiam.[79] Esse quadro explicativo funciona para consolidar o excepcionalismo das normas heterossexuais dos EUA, como qualquer leitura heterossexista da sodomia em outros lugares faria, pois o "problema" se reverte do comportamento dos guardas para um discurso sutil de culpar as vítimas por suas normas sexuais homofóbicas e repressivas. Esse enquadramento também funciona para consolidar o excepcionalismo das normas homossexuais dos EUA, normas aparentemente trabalhando a serviço, à la *Lawrence-Garner*, da intimidade em vez da sodomia.

Além disso, como demonstrei no capítulo 2, essa aceitação acrítica da sodomia como sexo homossexual foi difundida por todos os tipos de comentaristas liberais, de esquerda e progressistas, muitos deles das comunidades LGBTQI. A fusão metonímica da sodomia à homossexualidade, uma fusão que a decisão de *Lawrence-Garner* procurou ativamente *des*armar, exerceu sua força espetacular com as leituras orientalistas de Abu Ghraib. Ou seja, a sodomia como sexo homossexual é produzida fora dos parâmetros cada vez mais estreitos de

---

[79] De acordo com Joseph Massad, por exemplo, a "Internacional Gay e suas atividades são amplamente responsáveis pela intensidade dessa campanha repressiva", referenciando diretamente o caso Cairo 52; Massad, 2002, p. 383. Ver também Massad sobre "populações sempre já homossexualizadas": "Em contradistinção com as reivindicações libertadoras feitas pela Internacional Gay em relação ao que ela postula como uma população sempre já homossexualizada, argumento que é o discurso da Internacional Gay que tanto produz homossexuais, quanto gays e lésbicas, onde eles não existem, e reprime desejos e práticas entre o mesmo sexo que se recusam a ser assimilados em sua epistemologia sexual" (p. 363).

sujeitos estadunidenses homossexuais legítimos; aqueles protegidos por *Lawrence-Garner* agora estão isentos dessa fusão. Essa legislação obriga alguns homossexuais a dobrarem-se ao nacionalismo estadunidense e a tornarem-se cúmplices do expansionismo contemporâneo dos EUA. O corpo terrorista mantém uma conexão com a sodomia que o torna incapaz e indigno do tipo de sexo homossexual íntimo possível para sujeitos nacionais homossexuais adequados, uma distinção que projeta seus efeitos externamente, mas também para sujeitos dentro dos limites do nacionalismo e da cidadania dos EUA.

A resposta crítica ao festival midiático de Abu Ghraib demonstra que a sodomia ainda é o ato homossexual por excelência no imaginário nacional. Também demonstra, e isso não é surpresa, que a proteção legal oferecida pela decisão de *Lawrence-Garner* ainda não interrompeu os entendimentos populares sobre o que é sodomia e quem pode praticá-la. Determinado de maneira distinta excessivamente como sexo oral-genital, em oposição a sua referência mais comum do sexo anal-genital (embora seja a esse ato sexual que as formações de pirâmide estavam nitidamente em dívida), a sodomia não só deve ser repudiada totalmente pela heterossexualidade, a fim de manter sua distância da homossexualidade; ela deve ser deslocada da branquitude, a fim de manter sua capacidade demonizante de perversamente racializar os corpos. Obviamente, o arranjo de dois homens em um quadro de sexo oral-genital não pode escapar da inferência da homossexualidade; a confiança na noção de atos nesse discurso, como em "atos homossexuais", sugere que o ato em si já é sempre racializado e homossexualizado antes mesmo que os atores envolvidos possam ser localizados. O uso de outra terminologia, como sexo oral e sexo anal, é completamente excluído. Assim, ao destacar os atos sexuais homossexuais como de alguma forma profunda e intrinsecamente relevantes para a tortura em Abu Ghraib, vemos uma repetição insistente das lógicas sexuais que orientaram *Bowers*, as quais foram, pelo menos legalmente, derrubadas na decisão de *Lawrence--Garner*. Assim, uma versão perniciosa do excepcionalismo sexual dos EUA é posta em prática através das táticas discursivas por meio das quais as categorias de identidade de "homossexualidade" e "sexualidade muçulmana" são relegadas a espaços mutuamente exclusivos. Minha leitura cruzada sugere outro exemplo da fratura perpétua entre a raça e a sexualidade na raça do terrorista (não nacional ou estrangeiro, presumivelmente reprimido sexualmente, perverso ou ambos) e na sexualidade do sujeito gay (nacional, presumivelmente branco, gênero-normativo, masculino). Ressoando os efeitos do pensamento análogo ou vertical, o próprio veredito de *Lawrence-Garner*, que ideologicamente e textualmente recusa qualquer referência a *inflexões* de raça, assume a branquitude como uma norma queer, assim como as respostas críticas à decisão. Para verbalizar o óbvio, nem todos os atos de sodomia são equivalentes.

DETENÇÃO INDEFINIDA OU INFINITA?

> As modalidades de identidade social (etnia, gênero, ocupação) anteriormente disponíveis para expressar solidariedade, dissidência ou luto pareciam incomensuráveis com os materiais indisciplinados da vida biopolítica. Diante das alternativas desagradáveis do silêncio resignado ou da recusa contestatória de interpretar terroristas estereotipados em filmes de ação de Hollywood, Ahmed revisou sua rotina de comédia. Os regulamentos aeroportuários disponíveis forneceram bases suficientes para um monólogo com a intenção de abordar a discriminação racial, as ansiedades do ambiente pós-11 de Setembro provocadas por outros étnicos e a vontade histérica de regulamentação administrativa. Ahmed relata uma tentativa recente de embarcar num avião. Quando perguntado: "Você mesmo fez as malas?", ele responde no afirmativo e é imediatamente transportado pelas autoridades policiais.
> – Diane Rubenstein, "Did You Pack Your Bags Yourself?", 2003, p. 304.

Agora quero nos deslocar do sujeito liberal queer de *Lawrence- -Garner* para as monstruosidades escurecidas e queerizadas de populações terroristas sendo construídas através e contra os sujeitos queer e homonormativos portadores de direitos, desde a regulação de sujeitos até a regularização de populações, e do binarismo público-privado até as "redes de controle". Se refletirmos sobre a reorganização espaçotemporal implícita na decisão de *Lawrence-Garner*, o que emerge é uma reificação dos reinos da privacidade, agora relegados ao quarto conjugal do amor eterno, ou da monogamia em série. Essa despolitização do público, em troca do prêmio de consolação da proteção no privado, enfatiza uma noção liberal particular de intimidade que enraíza sua dignidade nos trajes da longevidade, proximidade, consistência, estabilidade e no entrelaçamento financeiro, social e reprodutivo e no *telos* normativo da passagem pelo casamento, nascimento e morte. Situar a decisão dentro do contexto de detenção indefinida denota maior redução de privacidade (além das limitações bem documentadas dos discursos de direitos de privacidade) e reconhece os múltiplos setores e pontos de vigilância, controle e captura, um estado de segurança apodrecido nos espasmos de seus quadros disciplinares sendo desafiados e, de acordo com alguns, gradualmente suplantados pelos de controle.

13 de novembro de 2001: nessa data, uma ordem militar de George W. Bush autorizou o julgamento por "convenções militares" e "detenção indefinida" para detidos. O Ato Patriótico dos EUA, de 26 de outubro de 2001, é muitas vezes condenado como a mais flagrante legislação de estado de exceção pós-11 de Setembro, pois "potencialmente exerce controles sobre cidadãos brancos que antes eram reservados para negros e não estadunidenses".[80] Na realidade, ele, no entanto, determinou a libertação de detidos dentro de sete dias após o encarceramento.[81]

---

[80] Kalra *et al.*, 2005, p. 129.

[81] Muitas organizações comunitárias que trabalharam incansavelmente contra as explorações do complexo industrial prisional, regulamentos de imigração e bem-estar social e brutalidade policial contra pessoas não brancas apontaram com raiva após o 11 de Setembro que o Ato Patriótico e a ordem militar subsequente dificilmente sinalizavam uma "erosão" de liberdades civis anteriormente seguras e sólidas. Em vez disso, as disposições de ambos, cujos antecedentes podem ser rastreados para as práticas repressivas do Programa de Contrainteligência a partir da década de 1950, são digeridas como uma intensificação viciosa das condições de possibilidade do

Agamben argumenta que a ordem militar revoga o *habeas corpus* e "anula radicalmente todo estatuto jurídico do indivíduo, produzindo, dessa forma, um ser juridicamente inominável e inclassificável".[82]

O estado de exceção não é apenas uma estrutura jurídica que muda a tomada de decisão da ala legislativa para a ala executiva, uma abnegação paradoxal *do* jurídico *pelo* jurídico. Ele também antagoniza os corpos; isto é, ele os desagrega e os taxonomiza. Os estados de exceção tornam os corpos legíveis ou ilegíveis, sancionados como vidas que têm valor ou que podem ser descartadas como "lixo humano".[83] Zygmunt Bauman traduz a teorização de Agamben da lei romana de *homo sacer* (uma vida sem valor, cuja morte não merece punição nem serve de sacrifício) para contextos contemporâneos: "Em sua versão atual, o *homo sacer* não é definido por nenhum conjunto de leis positivas nem por um portador de direitos humanos que precede as regras legais".[84] Agamben acrescenta que a biopolítica é definida pelo "poder de decisão sobre o limiar além do qual a vida cessa de ser politicamente relevante".[85] Os detentos exemplificam para Agamben e Bauman os atuais *homines sacri*.[86] Sua detenção indefinida, a tortura a que são submetidos e seus assassinatos são irrelevantes; suas mortes não justificam nenhuma punição, nem sequer têm peso arquetípico no âmbito da democracia liberal normativa, na medida em que suas vidas deixam de ser "politicamente relevantes". São, com efeito, entidades excepcionais. Judith Butler escreve sobre os detentos: "A linguagem com a qual eles são descritos nos EUA [...]

---

status quo; em outras palavras, mais do mesmo. Duas organizações comunitárias que articularam uma continuidade entre suas agendas pré e pós-11 de Setembro são Desis Rising Up and Moving (Drum), um grupo de defesa de imigrantes sem fins lucrativos, e o Audre Lorde Project, Inc. (Projeto Audre Lorde), um projeto de organização comunitária LGBT sem fins lucrativos para queers (e imigrantes queers) não brancos.

[82] Agamben, 2004a, p. 14.
[83] Bauman, 2004, p. 13.
[84] *Idem*, p. 32.
[85] Agamben, 2004b, p. 146.
[86] Slavoj Žižek caracteriza o destino dos detidos como sendo "entre duas mortes"; 2004a.

sugere que esses indivíduos são excepcionais, que podem até mesmo não ser indivíduos, que devem ser contidos a fim de não matar, que podem ser efetivamente reduzidos a um desejo de matar, e que os códigos criminais e internacionais comuns não podem ser aplicados a seres como esses".[87]

Embora tenha havido muita cogitação acadêmica sobre o *status* legal indeterminado (ou a eliminação do *status* legal por completo) dos detidos na Baía de Guantánamo e aqueles confinados nos Estados Unidos, pouco foi escrito, além de cartas de ativistas não brancos e mecanismos de organização (comunicados de imprensa, panfletos e documentos políticos) sobre o impacto da detenção indefinida sobre os detentos e sobre aqueles ligados a eles. Este não é um aceno para o recurso nativista à voz do povo; pelo contrário, é uma observação sobre as prioridades incomensuráveis dos discursos teóricos que escavam os contornos do sujeito e aqueles que mapeiam os efeitos espaçotemporais da produção da população.

No seu relatório de dezembro de 2004, "Mundos em pedaços: Como a deportação de imigrantes após o 11 de Setembro separou famílias e destruiu comunidades", uma de suas muitas publicações realizadas na mesma linha, a União Estadunidense de Liberdades Civis concentra depoimentos de detidos e suas famílias para pontuar o impacto da detenção indefinida nas comunidades de imigrantes. Declarando que "suas histórias variam amplamente", o resumo continua alegando que "as histórias desses homens são semelhantes de maneiras importantes. Todos vieram para os Estados Unidos em busca de uma vida melhor para si e suas famílias". O relatório detalha meticulosamente a política de "prender até que seja esclarecido", que efetivamente inverte o "inocente até que seja provado que é culpado" para "culpado até que seja provado que é inocente" para detentos que são frequentemente mantidos presos apesar da ausência de quaisquer acusações apresentadas contra eles ou de "provas críveis" de atividade criminosa; a eles são negados "acesso a

---

[87] Butler, 2019, p. 73.

advogados" e "liberdade sob fiança" e são mantidos em confinamento solitário, muitas vezes algemados. O formulário de depoimento funciona com grande eficácia, descrevendo os detentos que foram "despertados no meio da noite por oficiais de imigração", "arrastados à força para fora de suas casas no meio da noite na frente de esposas e filhos", incapazes de "contatar suas famílias com o seu paradeiro. Suas famílias também foram traumatizadas pelo que aconteceu".[88]

O relatório (e materiais semelhantes, dos quais há muitos) exemplifica o uso por excelência do depoimento pessoal para incitar indignação e dissidência. Não é minha intenção me aprofundar nos múltiplos debates sobre a tática precária do depoimento, um gênero que pode muito bem já estar cristalizado como racista, imperialista e heteronormativo em estrutura e forma, além de conteúdo.[89] Para meus propósitos, essa coleção de histórias trágicas é notável por duas razões. Primeiro, os Estados Unidos são nostalgicamente construídos como a pátria da qual se sente falta profundamente, mas apesar de seu amor não correspondido pelos EUA,

---

[88] American Civil Liberties Union, 2004b, pp. 1-2, 3.

[89] Para discussões sobre testemunhos e direitos humanos, ver Schaffer & Smith, 2004; e Rodriguez, 2003. Outros exemplos de enquadramentos heteronormativos por liberais e progressistas incluem American Immigration Lawyers Association, 2002, em que uma discussão do Ato Patriótico dos EUA explica que ele "preserva os benefícios de imigração para as famílias das vítimas dos ataques terroristas e outros impactados pelo ataque"; no entanto, ele "inclui várias disposições preocupantes. Ele inclui uma linguagem que permitirá a detenção e deportação de pessoas que se envolvem em atividades associativas inocentes e em discurso protegido constitucionalmente, e permite a detenção indefinida de imigrantes e não cidadãos que não são terroristas"; Human Rights Watch, 2004b, descreve na abertura para seu resumo executivo como os dois filhos de um homem, de 7 e 9 anos, foram "pegos" como uma técnica complementar à tortura por afogamento; Human Rights Watch, 1998, destaca a falta de comunicação dos detentos com as suas famílias; Ghani & Ganesh, 2004, abre com o texto de um relatório do *New York Times* sobre a prisão e iminente deportação de um homem e como isso foi experienciado por sua esposa e filha; e Anistia Internacional, 2002, enfatiza outra vez a falta do acesso à família, e particularmente a esposas, aos detentos. Em contraste, artigos publicados em *SAMAR: South Asian Magazine for Action and Reflection* são capazes de produzir críticas às detenções e deportações sem recuar a noções de família heteronormativa. Ver South Asians against Police Brutality and Racism, 2002; e Vimalassery, 2002.

há uma indicação nítida de que essas minorias étnicas e raciais anteriormente toleradas traíram a nação e, portanto, não são mais bem-vindas. A maioria das narrativas de depoimento tem falas explícitas sobre a angústia de não poder voltar para casa nos Estados Unidos ou valorizações sutis dos modos de ser estadunidense (do detento Ansar Mahmood: "Eu amo farinha de aveia de morango com bananas!").[90] Retratar os Estados Unidos como pátria e abraçar a lógica do retorno – um amante desprezado de coração partido pela rejeição da pátria – também acena para o início da formação de outra diáspora, uma diáspora dos EUA, uma diáspora informada pela deportação, expatriação, requerentes de asilo e exílio. (Como não ver a ironia dos requerentes de asilo que buscam refúgio no Canadá vindos dos Estados Unidos?).[91] "Muitos foram deportados para países onde não viviam há anos, onde as taxas de desemprego são altas e os salários baixos. Muitos foram assediados por causa de suas conexões com os Estados Unidos ou insultados por serem deportados".[92]

Figura 11. Coletivo Visível/Naeem Mohaiemen e Kristofer Dan-Bergman, *American Gothic* (*Casual, Fresh, American Style* Series), 2006. Cópia translúcida instalada em casa geminada. Instalado originalmente no Projeto Row House, Houston. Reimpresso com permissão de Naeem Mohaiemen.

---

[90] American Civil Liberties Union, 2004b, p. 5.
[91] Sobre a imigração para o Canadá, ver Kobayashi & Ray, 2005.
[92] American Civil Liberties Union, 2004b, p. 2.

O relatório enfatiza que, para muitos que fugiram ou foram deportados para o Oriente Médio ou o sul da Ásia, seus filhos nascidos nos EUA muitas vezes não falam idiomas locais, não são educados nos costumes locais e não são capazes ou dispostos a assimilar a cultura prontamente. A União Estadunidense das Liberdades Civis manipula respostas afetivas à deportação e expatriação para transmitir a conveniência da residência nos EUA e a necessidade econômica e cultural de repatriar os deportados. Há o reconhecimento da diferença, mas ela é subsumida a uma imagem homogênea do detento como um imigrante típico que escapa de seu país de origem politicamente inóspito, culturalmente atrasado, inabitável e economicamente carente. Apesar de condenar suas políticas fascistas de deportação, o relatório, no entanto, retrata os Estados Unidos como uma desejável terra de oportunidade para a própria população exilada de seu solo. Se, como afirma Bhattacharjee, "as leis de imigração privatizaram a nação",[93] para imigrantes, o privado é uma configuração espacializada do ilusório e aspira a um afeto de pertencimento nacional. Na maioria das vezes, esses discursos nacionalistas fazem parte das inclinações ideológicas da União Estadunidense das Liberdades Civis, cujo logotipo é a Estátua da Liberdade e cujo objetivo final é fazer com que o sistema jurídico dos EUA cumpra seus ideais declarados na Constituição. Mais desencorajadora é a retórica paralela mobilizada pelos esforços populares para libertar os detentos.

Em segundo lugar, o relatório da União Estadunidense das Liberdades Civis é notável por sua apresentação da detenção. A detenção indefinida cria novos registros espaçotemporais não apenas em termos de subjetividades raciais, religiosas, diaspóricas e nacionais, mas também por meio de sua regulação das formações de parentesco. A práxis de detenção pós-11 de Setembro produz uma ruptura das formações de parentesco heterossexual transnacional, já que homens muçulmanos – irmãos, maridos, pais, tios, avós – sumiram, desaparecendo do trabalho, enquanto iam buscar mantimentos ou em suas casas no meio da noite.[94]

---

[93] Bhattacharjee, 1997, p. 317.
[94] Visible Collective, s.d.

Os membros da família dependentes dessas figuras masculinas para uma renda primária ou *status* legal foram deixados procurando seu paradeiro. Nitidamente, o íntimo é um espaço protegido de cidadania, indisponível para membros de famílias muçulmanas cuja separação não merece consideração. Isso não é uma surpresa, dado que, como afirma Bhattacharjee, "a santidade da família é seletivamente respeitada pelo Estado-nação. [...] Para os lares de imigrantes, o Estado dificilmente pode ser acusado de inação – se é que há alguma coisa, ele está ativamente envolvido na determinação da própria existência da família".[95]

A radical negligência e rejeição com que essas relações familiares têm sido tratadas também desestabiliza qualquer pertencimento à heteronormatividade para essas populações. As consequências da detenção e da deportação desafiam a estabilização da intimidade nuclear heterossexual e do parentesco estendido dessas famílias. A heteronormatividade está fora de alcance, literalmente proibida pelo Estado, totalmente insustentável para essas famílias, reespacializando assim a heterossexualidade numa medida em que ela não pode mais ser, se é que já foi, heteronormativa. No entanto, essas práticas também reiteram e reforçam os parâmetros heterossexuais da cidadania estadunidense, tensionando ao mesmo tempo que exigem laços de parentesco heterossexual nuclear, delimitando severamente a visibilidade e talvez até mesmo impedindo a possibilidade de alianças domésticas alternativas, de parcerias e de criação de filhos. Se examinarmos a reespacialização devido a práticas governamentais de detenção indefinida, há tanto uma outrificação homossexual perversa em ação na construção do detento terrorista quanto um vasto alargamento do abismo que fissura a heterossexualidade e a heteronormatividade. Ou seja, essas práticas tornam a heterossexualidade uma ordem e, ao mesmo tempo, impossibilitam a heteronormatividade.

A heteronormatividade se consolida por meio do espaço físico da casa da família, imune às agitações, e de uma matriz espacial de entidades concatenadas: propriedade, cidadania, privacidade e intimidade, traba-

---

[95] Bhattacharjee, 1997, p. 316.

lhando para ampliar o fosso entre si e a heterossexualidade. Considerada não nacional e, portanto, lançada além do âmbito da normatividade, a reespacialização da detenção é um espaço digno de nota para a produção de arranjos de parentesco sexual transnacional não normativos, uma produção que é realizada contra a estabilidade, segurança e mobilidade cosmopolita das heteronormas multiculturais estadunidenses. Como uma formação anticosmopolita – pois apesar de suas dimensões globais, a mobilidade é proibitivamente contida – redes familiares de detentos sem domicílio ocupam o espaço da heterossexualidade perversa, mal vivida e indigna de proteção estatal. (Os principais advogados de imigração notaram com algum interesse que as mulheres muçulmanas também estão aproveitando essa oportunidade para escapar de relações e situações domésticas violentas. Também é o caso, no entanto, de mulheres que falam em nome de seus maridos, filhos, pais e irmãos desaparecidos, que se tornaram organizadoras altamente competentes dentro do ativismo antidetenção.[96]) Os obstáculos que bloqueiam o caminho para a heteronormatividade são uma abertura importante para a diferenciação racializada entre heteronormatividade e heterossexualidade; a ascensão à branquitude e a ascensão às heteronormas são camadas biopolíticas.

Talvez seja estratégico e irônico que, na literatura da União Estadunidense das Liberdades Civis e de outros ativistas, o apelo ao repatriamento seja enunciado por meio de termos heterossexuais normativos, reinscrevendo o romance familiar heterossexual ocidental, mesmo quando os próprios depoimentos atestam o completo desrespeito da política dos EUA com as redes familiares dos detidos.[97] O argumento para restabelecer a possibilidade de pertencimento à heteronormati-

---

[96] Jeanette Gabriel, 2005. Gabriel é uma organizadora de direitos civis. Ver detalhes sobre Uzma Naheed em Dow, 2002.

[97] Existem inúmeros exemplos de heteronormatividade sendo reinscrita em trabalhos de ativistas, desde o Visible Collective, *Disappeared in America*, até a União Americana de Liberdades Civis, *Worlds Apart*, até os filmes *Brothers and Others*, *Rising Up: The Alams*, e *Lest We Forget*, a *Under Attack: Asian, Muslim and South Asian Communities Since September 11th*, um audiodocumentário em CD.

vidade familiar e comunitária estadunidense reflete várias tendências. Primeiro, ele reflete e responde a um nacionalismo heteronormativo liberal geral que é incapaz de perceber ou levar em conta as múltiplas e alternativas formações familiares e comunitárias. Em segundo lugar, ele fala da confiança na e do reforço compulsório da heteronormatividade nuclear na lei de imigração. Em terceiro lugar, a repetição dessa heteronorma por organizações ativistas reconsolida e naturaliza noções de famílias e comunidades de imigrantes como singularmente heterossexuais e, portanto, por extensão, ontologicamente avessas à homossexualidade e propensas à homofobia. Em quarto lugar, ele sugere que o movimento antidetenção é implicitamente heterossexual e talvez reforce a heteronormatividade. Em quinto lugar, ele antecipa a posição excessivamente determinada dos patriarcas e marginaliza as experiências de mulheres que são detidas ou ligadas aos detentos.

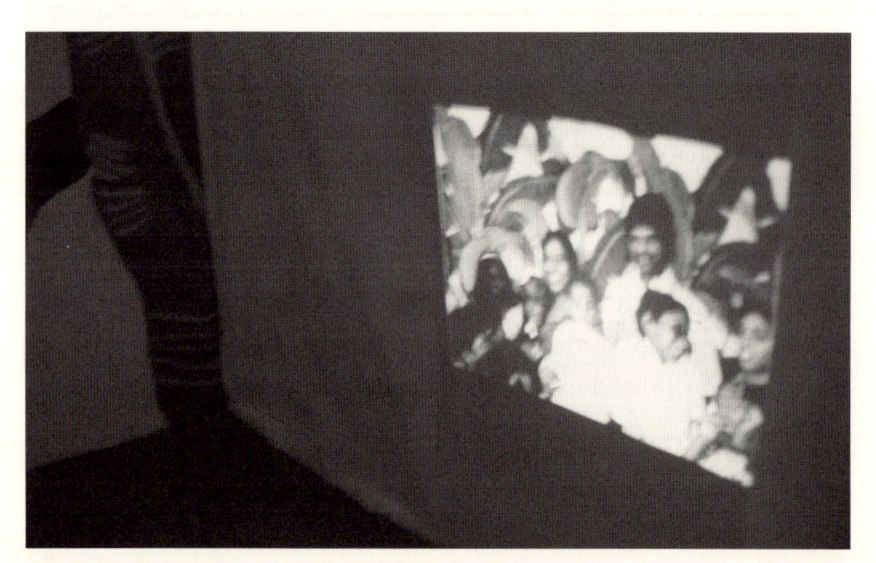

Figura 12a. Karthik Pandian, *Feliz Aniversário Karthik Ramanan*, 2000. Mídia mista com *slides*, projetor de *slides*, mala, pintura de parede, tecido, madeira, som. Instalação, Escola de Artes Visuais, Nova York. Essa instalação simula a sala de estar infantil do artista, com uma maleta projetando instantâneos de sua terceira festa de aniversário e uma estrondosa trilha sonora tâmil sul-indiana. Os visitantes da instalação podem entrar na sala de estar (primeiro escolhendo se devem ou não tirar os sapatos) ou espiar o reverso das imagens projetadas na tela através de um olho mágico do lado de fora. Reproduzido com a permissão do artista.

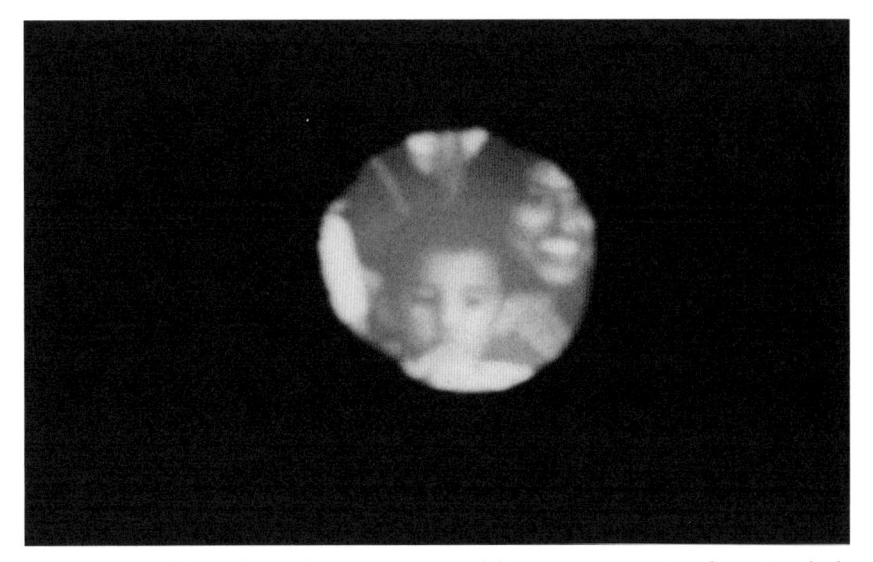

Figura 12b. Karthik Pandian, *Feliz Aniversário Karthik Ramanan*, 2000. Instalação, Escola de Artes Visuais, Nova York. Reproduzido com a permissão do artista.

As implicações espaçotemporais da produção de populações implicam uma redistribuição desordenada (semelhante a um torno mais apertado ou a uma rodada de dança das cadeiras) de estabilidade e segurança de emprego e residência; acesso a serviços sociais, imigração, asilo, seguro-desemprego e benefícios sociais; vistos de trabalho, estudante ou visitante; o truncamento de redes diaspóricas de habitação, de reprodução e financeiras, como instituições de caridade muçulmanas legítimas; e restrições sobre a segurança corporal e facilidade da mobilidade e do movimento. Imigrantes e outras pessoas não brancas são submetidas à inspeção ao longo de um contínuo de atividades: padrões de consumo; afiliações religiosas; transações financeiras;[98] comunicações pela internet e telefone; itinerários de viagem; infiltração e invasão de mesquitas e outros locais e instituições religiosas e comunitárias; invasão de escritórios e lares privados; investigação de resíduos domésticos, religiosos e comerciais; registro obrigatório, prisões secretas, audiências de deportação fechadas;

---

[98] Ver Jacinto, 2003; S. Roy, 2003; e Russ, 2003.

vandalização de mesquitas e *gurdwaras*, que incluem defecar, urinar na propriedade, incêndio criminoso; censura à liberdade acadêmica e a negação repetida de visto para certos acadêmicos e artistas pós-coloniais; e, como próximos e cúmplices do racismo de Estado, crimes de ódio contra mulheres de *hijab* e homens de turbante (agressões tacitamente sancionadas pelo Estado e pela população que devem ser lidas por sua repulsa em relação a identidades de gênero e sexuais não normativas, além da monstruosidade racial).

A "militarização do espaço urbano" é realizada em grande parte por meio do cerco aos circuitos rotineiros de conectividade diaspórica: viagens aéreas, remessas financeiras para a família em casa, contribuições para instituições de caridade, organizações e fundações políticas na terra natal, redes de comunicação.[99] Ela exige um nacionalismo unilateral (especialmente no caso do Paquistão, e exceto no caso da Índia), apertando e colocando em risco os locais e linhas de voo multinacionais que compõem o cerne da subjetividade diaspórica. A lista é interminável, e essas questões de qualidade de vida já estão sempre sob pressão para as populações imigrantes. Sally Howell e Andrew Shryock relatam que, mesmo na "capital dos EUA árabe", Detroit – uma cidade dominada por motivos multiculturais de inclusão e apelidada de "história de sucesso de imigrantes", notável pelo sucesso de seus empreendedores árabes – "o privilégio da identificação transnacional, ou seja, a capacidade de sustentar laços políticos e econômicos com locais de pertencimento e reprodução social que não são estadunidenses e não estão totalmente sujeitos à soberania dos EUA – tem sido a primeira vítima da guerra ao terror".[100] "Transações cotidianas" básicas – enviar presentes de casamento em dinheiro para o Irã, por exemplo – tornaram-se suspeitas, enquanto as práticas comerciais são monitoradas para "recompensar e punir os empresários árabes e as diásporas que eles apoiam", em outras palavras, para permitir os circuitos que conectam os EUA aos

---

[99] Graham, 2004, p. 185.

[100] Howell & Shryock, 2003, pp. 443, 445.

regimes que eles apoiam, enquanto proíbem outros, impelindo-os, para emprestar de Mahmood Mamdani, um cenário de "bom Muçulmano, mau Muçulmano".[101]

O Programa Especial de Cadastro do Serviço de Imigração e Naturalização, lançado em junho de 2002, também conhecido como Sistema de Cadastro de Entrada-Saída de Segurança Nacional, exigia registro obrigatório de homens de 14 anos ou mais de 24 países predominantemente muçulmanos (bem como da Coréia do Norte).[102] A União Estadunidense pelas Liberdades Civis afirma que o registro obrigatório impulsionou o êxodo em massa da população paquistanesa do Brooklyn. "Pequeno Paquistão", na zona de Midwood no Brooklyn, que já abrigou "pelo menos 100 mil paquistaneses", agora é assombrado por uma rua principal tranquila, a Coney Island Avenue, e a deportação ou voo preventivo de algo entre 15 mil e 45 mil habitantes.[103] (Alguns estimam que os paquistaneses compõem pelo menos 40% da população detida; a Embaixada do Paquistão em Washington informou que 15 mil paquistaneses haviam partido para o Canadá, Europa e Paquistão em junho de 2003.[104]) Pelo menos trinta empresas faliram nos três

---

[101] *Idem*, p. 451; Mamdani, 2005.

[102] Para obter informações sobre registro especial, ver U.S. Department of State, Bureau of International Information Programs, Usinfo, 2002; e U.S. Department of Homeland Security, U.S. Immigration and Customs Enforcement, 2003. As datas de chamada também foram agrupadas por país, presumivelmente por ordem de ameaça percebida pelos nacionais. Ver Brandeis University, International Students and Scholars Office, 2004. Para uma discussão sobre os efeitos do registro especial e políticas pós-11 de Setembro semelhantes, consultar American Immigration Law Foundation, "Targets of Suspicion". Para uma crítica da política de registro especial, ver Jachimowicz & McKay, 2003. Ver também o resumo do Comitê Consultivo de Nova York em 21 de maio de 2003, no fórum comunitário na cidade de Nova York: Comitê Consultivo de Nova York, 2004. Para a cobertura da prisão em massa de não cidadãos principalmente iranianos, ver Talvi, 2003, p. 3.

[103] American Civil Liberties Union, 2004b, p. 10.

[104] Iyer, "A Community on the Front Lines", 2003, pp. 43, 47, citando *Dawn*, 2003, e Powell, 2003. Ver também Rimer, 2001. O título do artigo é enganoso, em particular à luz das citações de Asif Kazi, um contador da cidade de Chester, Pensilvânia. Conforme relatado por Rimer: "'Ainda estou traumatizado', disse ele. 'Não consigo dormir

anos entre o 11 de Setembro e a data desse relatório, e aquelas que permaneceram sofrem uma queda de 30% a 40% dos clientes.[105] Em Jackson Heights, uma zona do Queens conhecida por suas diversas populações migrantes, bem como pela predominância visível de dhabhas, teatros, alfaiates, lojas de roupas e restaurantes sul-asiáticos, homens foram "desaparecidos" pelo Estado. Martin Manalansan relata que, ironicamente, a contenção de corpos terroristas médio-orientais e sul-asiáticos é complementada pela proliferação de uma cena gay vibrante, contraditórias "paisagens desintegradoras e carregadas de medo e uma emergente vida noturna gay vibrante", impulsionando ciclos de desaparecimento e emergência. Observando que a vigilância de esquinas, vagabundos, sem-teto e andarilhos se expande em vez de se localizar por meio da categorização racial, Manalansan escreve que "a evacuação relatada de cenas particulares e o suposto desaparecimento de grupos coincidiram com outros discursos em torno de Jackson Heights como a nova meca gay exótica", caracterizando as comunidades queers não brancas residentes de longa data através da linguagem de risco, aventura, perigo e consumo.[106]

Sunaina Maira escreve sobre as comunidades muçulmanas na grande área de Boston: "Há um [...] aumento da sensação de medo e vulnerabilidade [...] particularmente entre os imigrantes da classe trabalhadora que não podem pagar tão facilmente um advogado se forem assediados ou detidos. [...] Não seria muito dramático dizer que

---

direito. Não consigo comer. Você está preocupado com o medo do desconhecido. O que vai acontecer amanhã?'". "'Eles quebraram a porta', disse ele. 'Eles mantiveram ela [Palwasha Kazi, a esposa de Kazi] sentada à mão armada, na sala de jantar em uma cadeira. É o procedimento padrão. Não estou me queixando'". As declarações de Asif Kazi demonstram a gama limitada de respostas aos suspeitos de terrorismo após os eventos de 11 de Setembro. Ele pode descrever a experiência, mas não pode culpar ninguém por suspeitar dele ou da sua esposa de terrorismo. O artigo termina com a seguinte citação de Asif Kazi: "Se, Deus me livre, fiz algo errado, enforque-me no meio da estrada. Se não, deixe-me em paz".

[105] American Civil Liberties Union, 2004b, p. 11.
[106] Manalansan, s.d, pp. 147-148.

muitas dessas comunidades se sentem sob cerco". Ela argumenta que outro subproduto do programa do Sistema de Registro de Entrada-Saída de Segurança Nacional implica a fabricação de uma população que vive nas sombras, um "mundo subliminar e precário de indivíduos que não podem admitir plenamente que existem".[107] A efemeridade do controle simula afetos e intensidades homólogas com a detenção: medo, ansiedade, desconforto, desorientação, incerteza, desespero, raiva, vertigem, náusea. (Podemos ponderar o palimpsesto abundante: policiamento em eventos ativistas e dos próprios ativistas, patrulhamento de setores educacionais e da liberdade de expressão acadêmica, a onda de vigilância por vídeo em arenas públicas.[108]) Como Judith Butler se pergunta: "Que tipo de cultura pública está sendo criada quando uma certa 'contenção indefinida' ocorre fora dos muros da prisão, no metrô, nos aeroportos, na rua, no local de trabalho?".[109] Mas a metáfora da contenção não está certa, pois há distribuição em massa dessas "tecnologias da suspeita";[110] daí o deslizamento entre a detenção *indefinida* e a *infinita*. Trata-se do silêncio, então, do silêncio de uma população estadunidense discordante, ou do silêncio (em relação ao histórico e geográfico) dos protestos antiguerra dos EUA, ou do silêncio da academia, ou do silêncio de pessoas não brancas e de imigrantes, dos com ou sem documento; esses silêncios não apenas apontam para uma apatia política, um derrotismo, uma negação ou um desapego, mas também para os funcionamentos do controle que ultrapassam os muros da detenção. Outro sintoma do controle social é que aqueles que não são silenciosos – protestos globais, mídia alternativa, vertentes resistentes da política – raramente são ouvidos, vistos ou respondidos pelo Estado, em parte porque os aparatos de controle difundem o Estado como centro regulador de controle.

---

[107] Maira, 2004; pp. 220-221.

[108] Ver Reilly, 2003; e American Civil Liberties Union, 2004.

[109] Butler, 2019, p. 72.

[110] Para uma discussão sobre a distribuição da confiança por meio dessas tecnologias, ver N. Campbell, 2004.

A desocupação de bairros inteiros predominantemente muçulmanos no Brooklyn, Queens, Detroit, Boston e outras cidades sugere que os meios de controle se espalham muito além do aparato disciplinar da prisão. Ou seja, os afetos da detenção são mimetizados nas esferas públicas. De fato, os próprios locais de detenção se tornaram locais de ativismo e protesto, juntamente com protestos antiguerra e, portanto, de vigilância ampliada, enquanto a ferramenta de controle administrativo da "lista" é cúmplice da detenção e da deportação forçadas; na verdade, a lista traz resultados muito melhores do que o policiamento direto. O programa do Sistema de Registro de Entrada-Saída de Segurança Nacional agrega identidades nacionais, religiosas, étnicas e raciais de sujeitos em populações; isto é, a população "muçulmana" ou a população "que se parece com terroristas" é coletada como um alvo (a produção de um alvo acontece por meio da coleta) dessas regulações, assim como aqueles que se enquadram fora desses parâmetros ou podem atuar como se estivessem fora desses parâmetros.

CORPOS DE DADOS

A segurança da biopolítica é precisamente esse desafio de gerenciar uma rede de corpos, dados e suas interligações – avisos de viagem, alertas globais de saúde, protocolos de resposta a emergências, quarentenas seletivas, diagnósticos de alta tecnologia e a declaração médica e econômica de medicamentos mais novos e melhores. O problema da segurança para a biopolítica é o problema de criar limites que são seletivamente permeáveis. – Eugene Thacker, *The Global Genome*, 2005, p.27.

De modo assustador, o painel da TIA [Total Information Awareness – Conhecimento Total de Informação – do Departamento de Defesa] cita reverentemente Michel Foucault, realizando uma das maiores fraudes acadêmicas do final do século XX, para a proposição de que "a sociedade moderna funciona cada vez mais como um super Panóptico [torre de vigia da prisão] no qual o governo restringe o comportamento individual

> pela ameaça de vigilância". Deve-se esperar que essa seja a primeira e a última vez que um conselho consultivo do Departamento de Defesa invocou Foucault, uma vez que esse francês afetado, que apresentou a cultura ocidental como uma grande trama para suprimir a dissidência, a diferença e os direitos das minorias, não tem nada a contribuir para a defesa nacional. Como Foucault, que nunca se preocupou com evidências, os sábios de Washington não oferecem apoio para sua alegação de que o governo cada vez mais "restringe o comportamento individual pela ameaça de vigilância".
> – Heather MacDonald, "What We Don't Know *Can* Hurt Us", 2004.

O "sublime tecnológico" refere-se ao poder totalizante, abrangente e exagerado, falsamente atribuído à vigilância, hipérbole que convenientemente esquece que as interações entre usuário e interface são muitas vezes consensuais, que os sistemas de segurança e informação muitas vezes falham em seus objetivos e que o controle nem sempre defende ou molda os sistemas de valores.[111] Volto-me agora para um esboço preliminar das tecnologias de vigilância para construir uma compreensão superficial da intimidade e da segurança dentro das sociedades de controle. Não me interesso em avaliar a relativa intrusão ou os efeitos da vigilância que impedem a privacidade. Mais significativo é que a *percepção* de uma estrutura de vigilância abrangente, impenetrável e infalível gera afetivamente medo, terror e insegurança.

O privado nos discursos sobre direitos é esmagadoramente um "discurso achatado. Ignora amplamente a dimensão vertical e tende a olhar sobre em vez de fazer cortes em um panorama".[112] Eyal Weizman, por meio do que ele chama de "a política da verticalidade", detalha a reconceitualização espacial da mudança do espaço bidimensional – uma expansão de coordenadas horizontais e verticais, de posições latitudinais e longitudinais, aqui e ali, dentro e fora – para um espaço

---

[111] Maxwell, 2005, p. 9; Mosco, 2004, pp. 22-24; Lianos, 2003.

[112] Weizman, 2004.

tridimensional de volume, profundidade e verticalidade.[113] Abordando o achatamento do mapeamento e sua imprecisão ou inadequação, a política da verticalidade oscila do espaço representacional para o espaço informacional, das compreensões epistemológicas do espaço para as presenças e experiências ontológicas. As variações entre "olhar sobre" e "cortar através" impulsionam transformações nos fenômenos corporais de espaço, território e ocupação. O ponto de Weizman é que a força penetrante da vigilância também é vertical, em vez de apenas lateral, desalinhada e pontuada por "pontos de beijos" (um termo desagradável, dando uma doçura a tudo isso) e outros contatos momentâneos, em vez de invasão ou gentrificação. A política da verticalidade transgride uma noção de vigilância panóptica ativada através da propagação do olhar do alto e do além, capaz de testemunhar o corpo visivelmente aberrante em questão dentro dos locais de desvio prescritos (para queers, especialmente homens gays, isso convencionalmente significou zonas de pegação e bairros gays) para pensar em redes de contato e controle, de circuitos que cortam através das coisas.[114]

As redes de vigilância nessa configuração tridimensional e vertical não são distantes, abstratas ou coerentes, mas viciosamente íntimas: ao contrário do *apartheid* da separação, essas "novas e intrincadas fronteiras" inventadas para a dominação exigem intimidade, não apenas penetração, mas interpenetração, matrizes de camadas escalares que são descontínuas e transversais.[115] Elas são descontínuas na medida em que as proximidades íntimas são orquestradas para produzirem as efemeridades da não conexão, do não toque – não através de um vácuo de distância ou de um corte ou de uma separação, mas no desvio proativo e

---

[113] Estou extrapolando a teorização de Weizman sobre a verticalidade a partir de seu trabalho sobre o controle espacial dos Territórios Ocupados da Palestina. Ver a introdução a "The Politics of Verticality".

[114] Para uma amostra de textos formativos, bem como representativos, sobre sexualidade e espaço na disciplina de geografia, ver Myslik, 1996; Binnie, 1995; Knopp, 1995; Rothenberg, 1995; Valentine, 1996.

[115] Weizman, 2004, introdução.

provocativo do contato, a recusa do saber tátil; a descontinuidade é uma ruptura deliberada, não simplesmente uma conexão que está se perdendo ou perdida, mas um tipo de provocação íntima e brutal do *quase-mas--ainda-não*. A intimidade em termos biopolíticos não está vinculada à proteção no privado ou à exposição no público. Ela medeia relações entre transparência e opacidade, ondas de proximidade, observação e invisibilidade, olhares, traços e perfis, cargas elétricas e eróticas, passagem e desvio, aperto, frouxidão, conforto, ordem e caos, ordem e desordem, esfregando e resvalando contra. As redes de controle são sistemas de circuitos soltos, exuberantes, férteis, que provocam os limites do interior e do exterior e, mais importante, do início e do fim.

Figura 13a. Karthik Pandian, *SubText*, 2005. Instalação, Trem L, metrô de Nova York. Reproduzido com a permissão do artista.

A legislação após o 11 de Setembro de 2001 exacerbou um borrão já corrente na falta de similaridade entre a aplicação da lei e a inteligência. A primeira é uma atividade reativa, cujo objetivo é "capturar e processar criminosos". A inteligência, por outro lado, é proativa, "coleta para a prevenção de, e alerta sobre, ameaças à segurança nacional", permitindo a "escavação governamental de dados transacionais privados de terceiros", aliviando barreiras na obtenção de "mandados para vigilância eletrônica" e permitindo que o "FBI colete informações públicas e realize a vigilância em locais públicos ausentes de um vínculo com a suspeita de atividade criminosa".[116] O que também vemos é uma profunda oscilação no teor da temporalidade: o realinhamento do reativo para o preventivo é uma conversão da formação de sujeito no passado para o antecipação do sujeito futuro, do sujeito reabilitador cujos direitos violados podem ser reparados através da representação social e do reconhecimento jurídico, para populações regenerativas que são abatidas por antecipação.

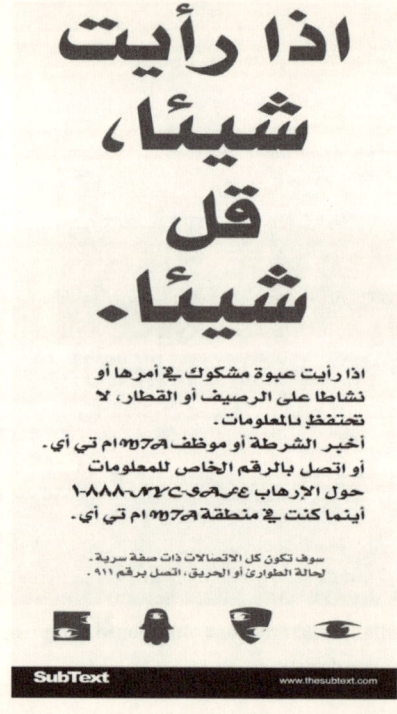

اذا رأيت شيئاً، قل شيئاً.

Figura 13b. Karthik Pandian, *SubText*, 2005. Etiqueta de vinil (um dos 300 adesivos impressos). A etiqueta é a tradução em árabe da campanha de vigilância da Autoridade Metropolitana de Trânsito "Se você vir alguma coisa, diga alguma coisa". Reimpresso com a permissão do artista.

---

[116] De Rosa, 2003, pp. 30-31, 33.

Felix Stalder observa: "Nossos corpos estão sendo encobertos por um 'corpo de dados' cada vez mais abrangente. No entanto, esse corpo sombrio faz mais do que nos seguir. Ele também nos precede", à espreita como um "sósia informacional".[117] Sistemas tal como o Conhecimento Total de Informação do Departamento de Defesa permitem que a escavação de "dados transacionais" localize "padrões de atividade terrorista".[118] Ao criar classificações de risco de mobilidade, acaba favorecendo naturalmente "viajantes frequentes de 'baixo risco'" através de acordos de "fronteiras inteligentes". Tais acordos incluem o sistema de Rede Eletrônica Segura para Inspeção Rápida de Viajantes (na fronteira dos EUA com o México ao sul de São Diego); o programa de Comércio Livre e Seguro (aliviando o congestionamento de caminhões em pontos de fronteira para entidades humanas e não humanas); Nexus (na fronteira EUA-Canadá, bem como, no futuro, nos aeroportos internacionais de Ottawa e Montreal); e o Sistema de Serviço Acelerado de Passageiros do Serviço de Imigração e Naturalização (em seis aeroportos dos EUA, incluindo o aeroporto internacional de Los Angeles). Um banco de dados de "viajantes confiáveis" permite que indivíduos selecionados ignorem as filas de segurança regulares.[119] O projeto do sistema de pré-triagem de passageiros assistido por computador II da Agência de Segurança de Transportes é projetado para "traçar o perfil de passageiros em potencial usando bancos de dados comerciais".[120] Tecnologias de reconhecimento de identidade envolvem reconhecimento biométrico facial e de íris; reconhecimento de geometria manual; "scanner[s] eletrônico[s] de corpo que vê através das roupas"; e o sistema de Identificação Humana à Distância que "identifica o estilo e os gestos de caminhada característicos de um indivíduo".[121] Um programa de "fronteiras virtuais" encomendado

---

[117] Stalder, 2002; C. Parenti, 2003, p. 4.
[118] De Rosa, 2003, p. 34.
[119] Andreas, 2003, pp. 97-98.
[120] De Rosa, 2003, p. 34.
[121] Andreas, 2003, p. 97.

pelo governo e desenvolvido pela Accenture visa padronizar o uso de dados biométricos não apenas nos portos de entrada dos EUA, mas antes da partida, no ponto de origem. Os requerentes de visto serão rastreados por meio de impressões digitais e novamente após a partida do país de origem para os Estados Unidos, o objetivo sendo fazer da "tecnologia e dos sistemas de informação a primeira linha de defesa e permitir que os inspetores de fronteira dos EUA se tornem a última linha de defesa". Uma descrição do programa é a seguinte: "As fronteiras virtuais dos Estados Unidos se estenderiam até o ponto de origem dos visitantes. A maior parte das verificações de segurança será realizada no momento do pedido de visto para visitar os Estados Unidos".[122]

Esses "agenciamentos vigilantes", que investem em testemunhar a mobilidade de atores humanos e não humanos, bem como um movimento afetivamente ondulante em si mesmo, criam a uniformidade da população através da democratização do monitoramento ao mesmo tempo que permitem e solidificam hierarquias – em outras palavras, o circuito entre o perfilamento e o perfilamento racial.[123] Apesar de relatos de que círculos terroristas estão recrutando não árabes e não sul-asiáticos que podem passar e, assim, realizar ataques, o perfilamento racial continua a ser uma medida de segurança importante.[124] No entanto, ao contrário de um modelo mais antigo de vigilância "masculinista como proteção", pelo qual a "lógica patriarcal dá aos serviços de proteção o direito de governar sobre aqueles que contam com sua *expertise* em vigiar e apreender",[125] na passagem da contenção e normatização do sujeito para o controle das populações (aqui devemos nos desvencilhar perpetuamente do sujeito como objeto de investigação, nem que seja por um momento), a autorregulação torna-se menos uma internalização de normas e diz

---

[122] Root, 2004.

[123] Hier, 2003.

[124] Exemplos de discussões sobre recrutamento não árabe incluem o Projeto de Gestão de Emergência Suburbana, 2004; e Kirkland, 2004.

[125] Young, 2003, pp. 224, 229.

mais sobre o monitoramento constante de si e dos outros, observando, esperando, ouvindo, ordenando, posicionando, calculando.

Vê-se emergir por meio dessas práticas não necessariamente a elaboração do sujeito individual coerente através da obediência ou da internalização das normas, mas agenciamentos de "corpos militarizados". Como explica John Armitage, esses compreendem "uma variedade de práticas que consistem na conversão de corpos civis para uso militar e na imposição em tais corpos de princípios militares".[126] Os corpos militarizados emergem tanto das forças militares convencionais do Estado-nação quanto de seus correspondentes supranacionais e subnacionais (milícias, grupos paramilitares) e também através de tecnologias que produzem zonas onde "a população 'redundante' convive com o resto 'útil' e 'legítimo'".[127] No contexto de civis que não têm vínculos diretos com espaços militares convencionalmente definidos, a força de mobilização assume um papel diferente. Indo além do significado ou das interpretações dos corpos nas Forças Armadas, a militarização é produzida por meio de fluxos de informações e de séries de atividades, as atividades cotidianas dos civis que participam e contribuem para o complexo militar. Esses vetores de militarização que permeiam o cotidiano mais uma vez produzem esferas públicas em que muitos afetos das celas de detenção são mimetizados. Assim, a militarização não é apenas aumentada e intensificada, não é apenas expandida em extensão ou alcance; de maneira agrupada, é disseminada de forma precisa e insidiosa, indo dos corpos para o entretenimento e para o consumo. Os corpos militarizados são criados através da disseminação e da difusão do controle, em vez de dentro de trechos concentrados e isolados de disciplina ou através de métodos evidentes de força. Essas redes de controle são distribuídas e interativas, com a intenção de mobilizar a população: a participação é, portanto, uma ordem patriótica.

---

[126] Armitage, 2003, pp. 1-2.

[127] Bauman, 2004, p. 71.

Para cidadãos militarizados excepcionais, os locais dessa difusão são mediados por várias figuras de cidadania patriótica adequada, todas imbricadas umas nas outras: o informante-cidadão com o espião vigilante (denúncias, Alerta Amber, passageiros de companhias aéreas exigindo a remoção de passageiros aparentemente estranhos, treinamento de síndicos de prédios de apartamentos em Nova York para detectar sujeitos suspeitos); o consumidor-cidadão (gastos patrióticos para impulsionar a economia, investimento financeiro autodidata como estética de segurança, rastreamento do uso da internet, empréstimos de livro e vídeo de biblioteca, transações financeiras e padrões de viagem, informações de mercado que também podem ser usadas para avaliar o risco, microchips incorporados no corpo que atuam como cartões de identificação e crédito);[128] o soldado simulado (*videogames* terroristas, casas de bonecas bombardeadas, como o Forward Command Post, filmes de guerra de Hollywood que são sucessos de bilheteria, campos de treinamento antiterrorista para civis, o Minute Men na fronteira México--EUA e outros vigilantes); o cidadão em conformidade (medidas de segurança do aeroporto, tecnologias biométricas, como reconhecimento facial e ocular, vigilância por vídeo, dispositivos de rastreamento em medicamentos prescritos e produtos do Walmart); o cidadão preparado (a mãe paranoica com segurança, fita adesiva, comprimidos de radiação, detectores de metal, *kits* de defesa contra bioterrorismo e outras formas de prontidão de emergência *faça você mesmo*); o cidadão-soldado fisicamente apto (exercícios, diretrizes de higiene e dieta, fisiculturismo); o estudante-cidadão (elegível para bolsas de pós-graduação em ciência, tecnologia e idiomas do Departamento de Segurança Interna dos EUA); e o cidadão-soldado mentalmente preparado (a proposta da Iniciativa Nova Liberdade, que administraria um teste padronizado para doenças mentais para todos os estadunidenses, e a política "Nenhuma criança deixada para trás" do governo Bush).

---

[128] Maxwell, 2005.

Enquanto a militarização dos corpos civis depende dos discursos de participação voluntária, a contenção corpórea apresentada sob o pretexto do multiculturalismo sintonizado e da autorregulação da "liberdade" liga os corpos civis terroristas e patrióticos através da disposição de tecnologias de militarização. As práticas multiculturais de detenção mimetizam as influências íntimas, sentimentais e sutis que moldam os corpos que constituem a oposição ao terrorista: cidadãos-soldados-patriotas livres, os corpos militarizados de Armitage. Coexistindo com práticas de tortura, a elaboração de afetividades corporais é um princípio central na acomodação e reconhecimento da diferença cultural. Formas de prática corpórea, mais insidiosas e menos evidentes que a tortura, preparam o corpo detido. O detento desafia a distinção entre a vida e a morte, colocando em crise a biopolítica e a necropolítica. O detento não é deixado para morrer, mas autorizado a viver. É crucial que ele ou ela permaneça vivo para transmitir seu conhecimento de segredos terroristas aos interrogadores corporativos terceirizados do contraterrorismo. Como é que o detento não é só deixado para morrer, por assim dizer, mas também preparado para a vida, preparado para viver *através* da morte dele ou dela?

Os detentos encarcerados na Baía de Guantánamo passam por um exame médico completo (intrusivo) (para alguns, supostamente o primeiro), são avaliados quanto a doenças mentais e depressão e ganham em média 5,8 quilos nos primeiros três meses após a chegada.[129] Eles recebem cópias individuais do Alcorão em árabe e inglês (nas quais os guardas foram acusados de urinar) e podem orar cinco vezes por dia ao lado de setas inscritas com o número de quilômetros de distância entre o Acampamento Raio-X e Meca. Esses corpos não estão apenas sendo comandados para a restauração do apropriadamente visível. (O nome do local de detenção, Acampamento Raio-X, sugere em si um profundo desejo pela transparência desses corpos, a capacidade de ver através deles e torná-los conhecidos, taciturnos, descorporificados). É a

---

[129] Para descrições das experiências dos detentos no Camp X-Ray, ver Human Rights Watch, 2004.

reterritorialização do corpo que deve ser realizada através do ritual de cortar e raspar o cabelo.

Como um mecanismo regulatório da população, o "detento" – não legal ou ilegal, mas *não*-legal – é uma maquinação de escrutínio cerimonial e pura dominação,[130] desautorizado pelas forças de reabilitação pressionadas e adotadas por outros. Butler argumenta que os detentos são submetidos a "redução [...] ao estatuto animal", enquanto José Esteban Muñoz se pergunta se eles são "bruxos de fronteira [...] assombrando a esfera pública".[131] Ilegíveis como sujeitos legais, esses corpos também são ilegíveis por meio de registros de identidade normativos, nem humanos nem animais, mas não humanos? Ou seja, poderíamos perguntar, esses corpos são queer? Eles têm uma raça ou um sexo? Como vemos, falamos, interpretamos, sentimos a matéria desses corpos? Butler faz uma pergunta semelhante: "Até que ponto existe um enquadramento racial e étnico por meio do qual essas vidas encarceradas são vistas e julgadas de tal forma que são consideradas menos que humanas, ou não fazendo parte da comunidade humana reconhecível?".[132] Ou o não humano trabalha em parte negando ou exigindo o abandono de todos os marcadores identitários? Eles são ilegíveis porque são não humanos ou são não humanos porque são ilegíveis?

Podemos supor duas possibilidades: que o momento da não legalidade afirma a já sempre impossibilidade do corpo racializado, sexualizado, generizado; ou que essas impossibilidades, o corpo não generizado, não racializado, não sexualizado, não nacionalizado, são as características inaugurais da formação do sujeito *homo sacer*. Em ambos os casos,

---

[130] A contraparte dos corpos terroristas, os corpos patriotas, também são instruídos, por meio de inúmeros livros de autoajuda sobre bioterrorismo, em temas de higiene, nutrição e exercícios, tudo em nome da redução do estresse e da preparação para um ataque bioterrorista. Em particular, consulte o capítulo 2: "Safe at Home: A Family Survival Guide", em *When Every Moment Counts*, de Bill Frist, promovido como um livro do único médico do Senado (assim conferenciando o *status* e a autoridade de governamentalidade científica).

[131] Butler, 2019, p. 73; Muñoz, 2002, p. 123.

[132] Butler, 2019, p. 56.

as particularidades da materialidade humana que são de outra forma concedidas como um direito intrínseco à inteligibilidade humana não são permitidas. A identidade é fundamental para o controle da população por meio do racismo de Estado e da divisão de corpos; simultaneamente, os marcadores de identidade são retirados à medida que as particularidades – afegãos, paquistaneses, iraquianos, sunitas, xiitas, árabes, palestinos, africanos e assim por diante – são incluídas na designação "detidos terroristas".

POPULAÇÕES, RAÇA E SEXO

> Há uma superação de uma política representacional de reconhecimento de sujeitos individuais em termos de comunidades de pertencimento por uma economia política de controle biopolítico onde a vida humana está sendo desterritorializada em populações estatísticas que se tornam a condição de possibilidade para a distribuição de probabilidades de vida e morte, saúde e morbidade, fertilidade e infertilidade, felicidade e infelicidade, liberdade e prisão.
> – Patricia Clough, "Future Matters", 2004, p. 16.
>
> A população não é apenas uma questão política, mas também uma questão biológica – e hoje, uma questão genética.
> – Eugene Thacker, *The Global Genome*, 2005, p. 27.

Patricia Clough descreve essa economia afetiva da informação que agrega e desagrega populações: "Perfis de classificação, listas de preferências, *status* de risco, ou seja, corpos de dados e informações (incluindo corpos humanos como dados e informações)" que permitem "uma modulação infinita dos modos, capacidades, afetos, potencialidades reunidas estatisticamente em códigos genéticos, números de identificação".[133] Como Foucault escreve no livro *Em defesa da sociedade*: o biopoder,

---

[133] Clough, 2004, pp. 14-15.

depois da "anátomo-política do corpo humano, instaurada no decorrer do século XVIII", é uma

> [...] nova tecnologia de poder [que] não é exatamente com a sociedade [...] não é tampouco com o indivíduo-corpo. É um novo corpo: corpo múltiplo, um corpo com inúmeras cabeças, se não infinito pelo menos necessariamente numerável. É a noção de 'população'. A biopolítica lida com a população, e a população como problema político, como um problema a um só tempo científico e político, como um problema biológico e como problema de poder.

Ele adverte que esse poder "não exclui a tecnologia disciplinar, mas que a embute, que a integra, que a modifica parcialmente e que, sobretudo, vai utilizá-la plantando-se de certo modo nela, e incrustando-se definitivamente graças a essa técnica disciplinar prévia".[134] Essa noção de população deixa o trabalho de demarcar quem está dentro e quem está fora das técnicas disciplinares; imanentes à geração de populações estão escalas, camadas, graus e estratos móveis, classificados e reordenados em termos de capacidade regenerativa biopolítica: todos são contabilizados e incluídos, no entanto, minimamente ou brutalmente. No controle biopolítico das populações, ninguém é deixado de fora, embora muitos sejam deixados para trás.

Como corpos com múltiplas cabeças, as populações não são, naturalmente, diametralmente opostas ou ontologicamente distintas; elas se cruzam, se contrapõem, se entrelaçam e se combinam em espaços. Eugene Thacker escreve que a biopolítica "universaliza e individualiza a população":

> A biopolítica é responsável por 'todo e qualquer' elemento da população, o individual e o grupo, e os grupos dentro do grupo (os pobres, os desempregados, o estrangeiro residente, os doentes crônicos). Nessa abordagem gradual, as populações podem existir em uma variedade de

---

[134] Foucault, 2005, pp. 288-289, 292-293.

contextos (definidos por território, grupos econômicos/de classe, grupos étnicos, divisões de gênero ou fatores sociais) – tudo dentro de um quadro que analisa os fluxos da atividade biológica característicos da população [...] não se trata apenas do sujeito individual, mas de um sujeito que pode ser definido de várias maneiras, marcando os limites de definição de cada agrupamento. Como sujeitos individuais, alguns podem formar o núcleo homogêneo de um grupo, outros podem formar seus limites, seus casos--limite. O método da biopolítica é, portanto, a informática, mas um uso da informática de uma forma que reconfigura a biologia como um recurso de informação. Na biopolítica, o corpo é um banco de dados, e a informática é o mecanismo de busca.[135]

Em termos estatísticos, raça e sexo são vivenciados como uma série de fluxos informacionais transacionais capturados ou ocorridos em momentos casuais que percebem e tornam os corpos transparentes ou opacos, seguros ou inseguros, perigosos ou em risco, habilitados ou desabilitados de risco, os vivos ou os mortos-vivos.

Os corpos terroristas como uma "população estatística" condensam-se por meio de uma coletividade mundial imaginada – o mundo muçulmano – que transcende perversamente as fronteiras nacionais e é metaforizado através de redes virais de contágio, infecção e frustração geradas pela inacessibilidade das células adormecidas que não precisam de contato para se reproduzir: mimetismo desenfreado, incontrolável, espontâneo e indetectável.[136] O corpo e sua cor – porque a cor e seu pertencimento e sua implantação contextuais ainda importam – sustentam a acumulação progressiva dessa população estatística e às vezes a superam. A população de "terroristas muçulmanos" vem à tona não só através da ligação metonímica orientalista de muçulmanos e terroristas dentro da economia do significado e da representação. Essa população é composta daqueles apanhados no violento vaivém caótico entre as ontologias de informação estatística consideradas "muçulmanas" e aquelas que começam

---

[135] Thacker, 2005, p. 25.

[136] Maxwell, 2005, p. 9.

a sangrar em "terroristas". Podemos dizer que esse processo de criação informacional de corpos vai muito além das formas de neo-orientalização ou racialização da filiação religiosa. "O muçulmano", sumariamente destituído de seu lugar como um sujeito do multiculturalismo, é uma raça emergente e incipiente, a raça muçulmana. O domínio (a ascensão, a dominação evolutiva) da branquitude é complementado e suplementado pela fabricação do muçulmano como raça.

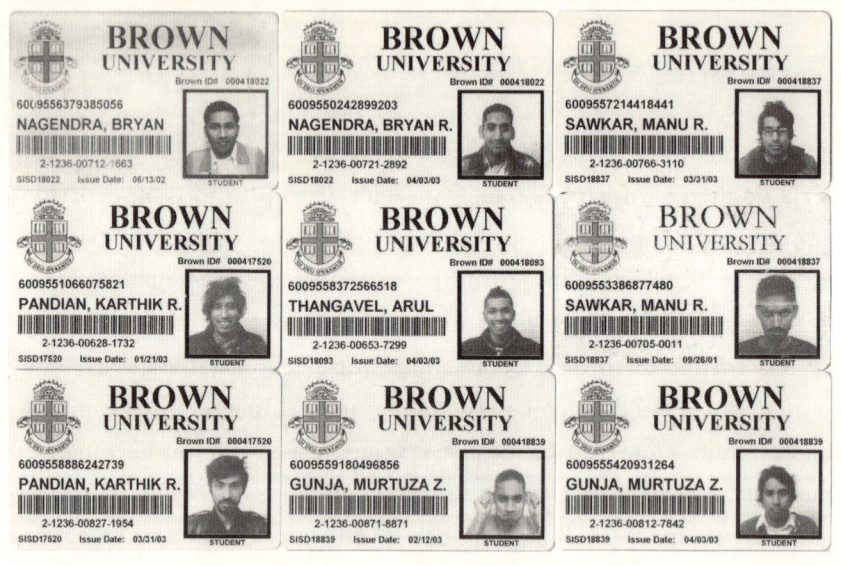

Figura 14. Karthik Pandian, Brown University, 2003. Cartões de identificação da Universidade Brown, arranjo variável. Baseando-se na suposição (precisa) de que o escritório do cartão não seria capaz de distinguir os sul-asiáticos diante deles das fotos que tinham em arquivo, o artista fez cinco homens sul-asiáticos pediram cartões de identificação emitidos em nome um do outro. Na conclusão do projeto, todos os que participaram tinham a foto de outra pessoa no seu cartão. Reproduzido com a permissão do artista.

A racialização tornou-se um processo mais difuso, não apenas informado pelo corpo biológico, o que ele parece e o que ele pode fazer, mas também desmontado no sub-humano e no humano-como--informação. A dança entre o perfil racializado e o perfil racial: uma rápida (re)virada às tecnologias da engenharia genética (pesquisa com células-tronco, clonagem, seleção de sexo, guerra biológica, manipulação de DNA, cirurgia plástica), fragmentos informativos encontrados aleatoriamente ou deliberadamente (as linhas curvas da mão, o padrão da íris, a maneira de andar, o isolamento de vários traços e maneirismos do corpo para discernir o confiável do não confiável: qualquer pessoa pode não ser confiável até que se prove confiável, mas não vice-versa) interagindo com os números e fatos que importam (situação de visto, local de residência, país de origem, atividade estudantil, número de seguridade social, situação de risco de viagem, antecedentes criminais, hábitos de consumo e qualquer evidência de comportamento não assimilativo). A coleta de dados permite um mapeamento da raça por meio de agregamentos e desagregamentos que, como Thacker demonstra, "se bifurcam ao longo de linhas genotípicas (código genético), fenotípicas (características visíveis) e informativas (estatísticas)", enquanto o sexo é removido de suas associações com atos sexuais, sexualidade, orientação sexual e erótica e conformado em "termos genéticos e informáticos: *sangue, sexo, dados*".[137] O perfil estabelece o indivíduo como imbricado em populações múltiplas (não em comunidade – a designação a uma população desumanizante em vez do comunitarismo da comunidade é significativa).

A desterritorialização das comunidades de pertencimento – aquelas comunidades que trabalham sob os sinais identitários de raça, sexualidade, gênero, etnicidade e nacionalidade para garantir o *status* e o reconhecimento do sujeito (e sua voz, história, comunidade, coordenadas interseccionais) –, em vez disso, embaralha as populações estatísticas. O sujeito é dividido em partículas sub-humanas de conhecimento que, no entanto, excedem os limites do corpo, mas também é multiplicado e espalhado através, sobre e entre populações que se cruzam e se sobrepõem, partindo de paradigmas de identidade interseccionais na medida em que a compartimentação ou a análise de componentes, separadamente ou em conjunto, é insustentável. Nessa desterritorialização, os empiricismos

---

[137] Thacker, 2005, pp. 141-142.

epistemológicos da população estatística são mal interpretados como verdades ontológicas sobre o sujeito e sua cultura, identidade, realidade. Novamente, uma versão de cultura triunfa ou se desvincula dos circuitos do capital e da economia política que a produz. A política da identidade, tanto um sintoma quanto uma resposta a essas redes de controle, rende-se mais uma vez para perseguir o espaço de retribuição ao sujeito. O controle mascara a si mesmo, ou mascara seus efeitos, dentro do percurso infinito para recuperar o sujeito resistente. Devemos, em vez disso, defender que a resistência dê lugar à delinquência.[138]

GRADES GENEALÓGICAS

O valor estatal, público e pessoal de uma família deve basear-se no reconhecimento íntimo que ocorre entre duas pessoas, na escolha do amor e no amor que circula por meio dessa escolha. Não importa que uma das principais características de distinção da intimidade moderna seja a expectativa de um ofuscamento da escolha e da compulsão no contexto do amor, de uma dinâmica entre o risco de si e elaboração de si, transcendência pessoal e a queda de volta ao eu. De fato, o amor tematiza e indica o local afetivo onde a escolha e a compulsão estão borradas.
– Elizabeth A. Povinelli, ["Notes on Gridlock"] "Notas sobre Gridlock".

Na brilhante exposição de Elizabeth Povinelli sobre o impasse da intimidade e da genealogia, ela nos lembra que "práticas e relações que ficam de fora da grade genealógica" são consideradas ilegíveis ou incomensuráveis em relação às ofertas de reconhecimento do Estado.[139] Como uma elaboração do eu interior, a intimidade registra tendências afetivas – intensidade, turbulência, química, atração, repulsão, ondas sonoras – entrelaçadas com e entre corpos humanos, e portanto, ordenando e fixando esses corpos ao longo da grade genealógica. Como tecnologia

---

[138] Deleuze, 1992, p. 216.
[139] Povinelli, 2002, p. 227.

legitimadora, a intimidade vai além do estabelecimento da heteronormatividade; é a base sobre a qual o eu é julgado como tendo valor, mérito, substância. Miranda Joseph observa que a virada para a intimidade produzida pela "mudança da produção das esferas domésticas para as esferas públicas" dotou a família com o "papel compensatório como o local de privação do trabalho público".[140] O que a fantasia da intimidade oferece e reflete com mais força é a capacidade de se desvincular das relações e condições políticas capitalistas específicas que tornam a noção liberal de intimidade imaginável em primeiro lugar. Além disso, o amor íntimo como o amor de ou entre pessoas é estendido ao amor pelo país,[141] tornando bastante nítida a continuidade entre a orientação doméstico-normativa e a orientação emocional adequada da cidadania estadunidense. Para os corpos muçulmanos orientalizados, o amor é substituído pela estrutura social – negócios, clã, tribo, totem, parentesco – que se presta à poligamia, segregação sexual, casamento arranjado, casamento dentro das famílias (reais) e sexo entre homens decorrente da falta de contato íntimo com as mulheres. Ou seja, o amor nobre não é operante e, portanto, a intimidade está ausente. Esse pode ser o único julgamento em que o Oriente recebe o espaço do racional, mas que é deficiente de alma, em contraste com as compulsões apaixonadas do Ocidente. Mas é coerente com a valorização do individualismo liberal, carregado por um sujeito evoluído, em contraste com a mentalidade de grupo daqueles que são vistos como propensos a ceder toda tomada de decisão ao coletivo.

A teoria queer, observa Povinelli, torna visível uma ruptura entre intimidade e genealogia; ela cita o trabalho de Michael Warner sobre "intimidade estranha", o de Candace Vogler sobre "intimidade despersonalizada" e o de Lauren Berlant sobre "intimidade utópica crítica" (também podemos adicionar a "esfera pública íntima" de Berlant, onde as políticas

---

[140] M. Joseph, 2002, pp. 164-165.
[141] Povinelli, 2002, p. 228.

públicas de contenção são sublimadas no privado).[142] Essas explicações desvinculam de forma útil a intimidade da família, e a centralidade da sexualidade para a família, desafiando os limites da intimidade legítima e ilegítima, diversificando e até certo ponto democratizando as modalidades de intimidade. No entanto, a centralidade do sexo e das experiências corporais de sexualidade e sensualidade permanece.

Enquanto esses teóricos expandem enormemente o alcance da intimidade legítima, desconstruindo e interrogando os termos sobre os quais a intimidade concede legibilidade a quem toca ou não deve tocar quem, o terreno da intimidade é retrabalhado apenas na medida em que novos atores recebem o direito a ele, não em termos do que a intimidade realmente é e *como* ela é. Pensar a intimidade como uma tecnologia de legibilidade deve ir além da edipização, além dos corpos sexualmente conectados de sujeitos à militarização dos corpos e aos múltiplos corpos da população dos quais Foucault fala. E quanto à intimidade com máquinas, por exemplo, a intimidade com o olhar dos agenciamentos maquínicos não orgânicos da tecnologia, como os *scanners* de vigilância biométrica? (O que é o *reality* de televisão, se não a relação íntima constante com o equipamento de vigilância onipotente?) Ou até mesmo intimidades com outras espécies (lembre-se de Donna Haraway e seus cachorrinhos),[143] superfícies, espíritos e outros seres etéreos e presenças sobrenaturais além deste mundo.

Ao reorientar nossa atenção dos paradigmas público-privado para o íntimo, parece quase ridículo indagar sobre o espaço do íntimo para o suspeito terrorista, o detento, o imigrante exilado. A intimidade em sua forma de fantasia liberal é historicamente a província da heteronormatividade e agora, como argumentei, da homonormatividade. Assim, heteronormatividade e homonormatividade são lugares espaçotemporais que são reforçados, duplamente, através de *Lawrence-*

---

[142] Idem, p. 234, citando Vogler, 1998; Warner, 2002; e Berlant, 1998. Ver também Berlant, 1997.

[143] Haraway, 2021.

-*Garner* e da detenção infinita. O território privado fictício da decisão *Lawrence-Garner* do sexo queer estadunidense (a filha do vice-presidente Dick Cheney, Mary Cheney, e o ex-governador de Nova Jersey Jim "Eu sou um estadunidense gay!" McGreevy podem recuar com nobreza para a proteção de sua liberdade privada) existe apenas em e através da vasta contradistinção com os completamente infiltrados – não são mais e talvez nunca foram – confins privados do acusado imigrante-terrorista (entre, não nos esqueçamos, outras figuras desprovidas de privilégios).[144]

Portanto, ao mapear os regimes emergentes de regulação acentuada da (homo)sexualidade que Hunter reconhece, a intimidade não é um objeto a ser tido, concedido ou negado. A intimidade é uma parte crucial de uma economia afetiva dentro dos sistemas de vigilância que provocam, subordinam e abafam sentimentos e emoções, mas também sensações, alucinações, palpitações, anseios de segurança e insegurança. Além disso, a intimidade do privado irradia para além de um local físico cercado de poder disciplinar para uma forma de capital cultural, uma mercadoria que circula dentro das redes de poder de controle.

Nas sociedades de controle, a vigilância imprime sua presença muito além de uma intrusão completa da privacidade ou da intimidade, como tem sido teorizado no caso de espaços disciplinares panópticos. Dar a entender que apenas a privacidade e a intimidade dos corpos são violadas por tais práticas corporais íntimas de vigilância reproduz uma fantasia liberal sobre a integridade corporal, uma projeção de totalidade que a muitos não é concedida, um marcador privilegiado de subjetividade liberal, bem como um marcador de subjetividade liberal privilegiada. As experiências

---

[144] Para a cobertura inicial da infame declaração de McGreevey: "Sou um estadunidense gay", ver CNN, 2004a. Uma abordagem mais crítica para o escândalo McGreevey foi escrita por Musto, 2004. Sobre Mary Cheney, ver R. Cohen, 2004, em que ele discute o uso da homossexualidade de Mary Cheney pelas campanhas tanto de Kerry quanto de Bush-Cheney durante a campanha presidencial de 2004. Uma abordagem diferente de Mary Cheney pode ser encontrada em www.dearmary.com, um *site* dedicado a pressioná-la a parar a agenda antigay da administração Bush-Cheney: DontAmend. com e The Equality Campaign, Inc.

de intimidade são qualitativamente alteradas devido à regularização do monitoramento de que Foucault fala. Pode-se até argumentar que não há o dentro da intimidade para violar, penetrar ou perturbar do lado de fora, nenhuma profundidade que seja salvaguardada. A construção fantasmática desse interior, dessa profundidade ou intimidade interior salvaguardada é o trabalho prescritivo do controle biopolítico. Isso não quer dizer que a vigilância não seja violadora, penetrante, perturbadora, mas que a percepção da intrusão é diluída em vez de concentrada, difusa em vez de focalizada, múltipla em vez de singular. Acenar para uma visão de controle biopolítico de contato, proximidade, transparência e corporeidade implica um desprendimento parcial da primazia do revezamento eu-outro da formação do sujeito para a regularização dos modos afetivos cotidianos de ser/pertencer e reconhecer, tatilidade que condensa populações e distribui momentos, contatos, atritos, olhares, olhares fixos e toques.

Parece que viajei para muito longe do caso *Lawrence-Garner* com o qual comecei este capítulo. Acredito que isso seja sintomático de uma análise que revela conectividade em lugares onde geralmente se assume que ela não existe. Em resumo, e na tentativa de conectar os pontos da estrada que acabei de percorrer, *Lawrence-Garner* transmite incisivamente que, no contexto da guerra ao terror, na desconstrução de quadros analógicos entre raça e sexualidade, a cidadania continua sendo uma faceta crítica, mas pouco teorizada, da regulação sexual nos Estados Unidos. À medida que a regulação desloca objetos em vez de diminuir seu alcance ou efeitos, o policiamento da sexualidade será deslocado ou fortificado por meio de uma série de outros mecanismos de vigilância; a práxis associada à tortura, à detenção infinita e à deportação são exemplos primordiais. Sujeitos muçulmanos (homens) não são apenas incapazes de realizar ou pertencer à heterossexualidade adequadamente; eles também são considerados impróprios para uma homossexualidade (nacional) vertical. Como tal, a decisão de *Lawrence-Garner* pode ser pensada como uma ferramenta subsidiária na busca pela ascensão à branquitude. Ao *regularizar a queeridade*, ela patrulha os limites entre sujeitos queer que são convidados para a vida e populações queer que passam a existir por meio de seus atributos e histórias sexuais-raciais perversos.

4. "O TURBANTE NÃO É UM CHAPÉU": A DIÁSPORA QUEER E AS PRÁTICAS DE PERFILAMENTO

"O turbante não é um chapéu" tornou-se o *slogan* de uma cruzada sikh educacional, um refrão central de organização para vários grupos nacionais de defesa dos sikhs logo após o 11 de Setembro de 2001, que estavam lidando com uma onda de relatos de agressões a homens com turbante confundidos com terroristas muçulmanos.[1] A primeira vítima desses assassinatos por crimes de ódio foi, de fato, um sikh de turbante, Balbir Singh Sodhi, de 52 anos, que foi baleado cinco vezes nas

---

[1] Uma das imagens mais duradouras do circo midiático do 11 de Setembro, além do decisivo choque e da batida de aviões e da grandeza perversa das torres em queda, foi a de um homem sikh de turbante sendo energicamente puxado para fora de um trem da Amtrak, sob mira de arma por multidões de policiais. Sher Singh foi o primeiro suspeito preso após o 11 de Setembro, e a primeira vítima de uma doutrina de liberdades civis já comprometida por lógicas racistas e xenófobas. Como Sher Singh descreve, em 13 de setembro, enquanto estava no trem em Providence, Rhode Island, ele foi abordado por policiais com "armas enormes gritando palavras profanas para mim" (como retratado em *Targeting the Turban: Sikh Americans after September 11*, um documentário dirigido por Valerie Kaur Brar). Sua culpa foi estabelecida pela mera coincidência de seu itinerário de viagem e, naturalmente, porque ele se parecia com um terrorista. Seu turbante, complementado por um bigode grande e barba longa, desempenhou um papel fundamental na validação de sua culpa. A mídia disseminou essa imagem de Sher Singh compulsivamente e sem levar em conta sua identidade sikh, criminalizando o corpo de um homem sikh de turbante por si só e reativando uma trilha genealógica mais antiga do terrorista sikh. Para um rastreamento de crimes de ódio contra pessoas presumidas como muçulmanas após os eventos de 11 de Setembro, incluindo uma lista de crimes de ódio ocorridos em cada estado durante a semana seguinte, ver: Jannah.org, 2001.
Os sikhs também experimentam discriminação religiosa com base no uso de *kirpans*, independentemente de seu gênero. Ver Suan, 1994; Sikh Coalition, s. d. b.

costas em um posto de gasolina em Mesa, Arizona, em 15 de setembro de 2001.² Seu assassino, Francisco Silva Roque, proclamou: "Eu sou estadunidense. Prendam-me e deixem esses terroristas correrem soltos".³ Sodhi posteriormente se tornou o garoto-propaganda de um cidadão sikh estadunidense injustiçado, a evidência simbólica e material do fato de que os sikhs certamente não eram muçulmanos. Naquela época, eu estava envolvida com os esforços da Associação Sikh do Estado Jardim* (Garden State Sikh Association – GSSA; uma comunidade de templos em Nova Jersey a qual pertenci durante toda a minha infância e parte da minha vida

---

* O estado de Nova Jersey é conhecido como o Estado Jardim, pelo seu grande número de parques e jardins. (N. da T.)

2 Na época, no entanto, sua morte não era notícia; nenhuma foto desse homem sikh de turbante circulou na televisão ou na mídia impressa nacional; o *New York Times* relatou sua morte na página A17 sem comentários. Ele permaneceu em grande parte sem rosto, e somente devido aos esforços de organizações comunitárias os detalhes de sua morte foram disseminados. Seu turbante, certamente, tornou-o em grande parte sem importância como vítima de uma reação racial pós-11 de Setembro. O irmão de Sodhi, Lakwinder, declarou publicamente: "Meu irmão foi morto por causa de seu turbante e barba". Quando perguntado pelos repórteres: "O que você está sentindo sobre os estadunidenses?", Lakwinder Sodhi respondeu com raiva: "Por que você está me perguntando isso? Nós também somos estadunidenses". A morte de Sodhi provocou um telefonema do primeiro-ministro indiano Atal Bihari Vajpayee a G. W. Bush para "garantir a segurança dos sikhs que vivem nos EUA"; CNN.com, 2001. Uma reportagem investigativa detalha o movimento de grupos supremacistas brancos no Vale, a área onde Sodhi foi baleado, um ano antes de sua morte. Os crimes de ódio na região continuam aumentando. Menos de um ano depois, em 4 de agosto de 2002, Sukhpal Singh, outro irmão de Balbir Singh Sodhi, e um taxista de turbante em São Francisco, também foi baleado e morto durante o trabalho; Hanashiro, 2002. Poucos sabem das mortes duplas desses irmãos. Na época do segundo incidente, crimes de ódio contra homens sikh de turbante, confundidos com terroristas, foram neutralizados e absorvidos pelo sensacionalismo da mídia em torno do 11 de Setembro. Para obter as respostas dos grupos de defesa de direitos, consultar a Sikh Mediawatch and Resource Task Force, 2003b; e C. Leonard *et al.*, 2001.

3 Thomsen, 2001. Roque também declarou: "Eu sou um patriota. Sou um maldito estadunidense até o fim", de acordo com Goodstein & Lewin, 2001. Em 2003, Roque foi considerado culpado de assassinar Sodhi e recebeu a pena de morte. Ele também foi considerado culpado sob acusação de tiroteio, tentativa de assassinato em primeiro grau e ameaça e recebeu mais 36 anos. Em resposta ao juiz perguntando se ele tinha algum comentário, Roque afirmou: "Só que eu sinto muito que tudo isso tenha acontecido"; Associated Press, 2003.

adulta) para proteger seus membros, especialmente homens de turbante enfrentando vários incidentes de turbantes rasgados e arrancados, muitos deles trabalhando em postos de gasolina e em pequenas vendas.[4] Nossa comunidade *gurdwara*, como aconteceu com muitas nos Estados Unidos, na Grã-Bretanha e na França, esforçou-se ao máximo para encenar uma *performance* de fidelidade à nação, sustentada pela exibição de ideais heteronormativos de minoria modelo.

Juntamente com as típicas táticas assimilacionistas, mas autopreservacionistas – vigílias à luz de velas, bandeiras cobrindo o templo, turbantes vermelho, branco e azul e declarações patrióticas alinhando-se aos cidadãos estadunidenses como vítimas – empresas de relações públicas foram contratadas para gerenciar o controle de danos e "lidar com esse mal-entendido entre o público estadunidense", enquanto um fluxo interminável de advogados foi a Washington para se reunir com senadores e outros funcionários públicos para expor o compromisso dos sikh com

---

[4] A GSSA de Bridgewater, Nova Jersey, produziu uma série de materiais públicos após os eventos de 11 de Setembro. Em 14 de setembro de 2001, eles emitiram um comunicado à imprensa que condenou os ataques e Osama bin Laden. Em resposta à cobertura da mídia sobre Bin Laden e o Talibã, eles argumentaram: "O que é lamentável é que as imagens dos prováveis autores tornaram suspeitos e vítimas as comunidades sikh. [...] Nos dias seguintes ao ataque, os sentimentos antiárabes, antimuçulmanos e anti-sikh cresceram constantemente". Eles chamam "pela mídia, pelos defensores públicos e pelos políticos para ter cuidado e precisão sobre as distinções entre várias afiliações religiosas, nacionais e étnicas que estão implicadas na retórica sobre quem é o responsável pelas explosões". O comunicado de imprensa foi seguido por panfletos, incluindo um intitulado "Nossos companheiros estadunidenses e o presidente Bush precisam do nosso apoio para vencer a guerra contra o terrorismo", um folheto informativo afirmando "OS SIKHS SÃO DA ÍNDIA e NÃO têm nenhuma relação com OSAMA BIN LADEN ou o TALIBÃ" e um folheto final que afirma: "Sikhs não são muçulmanos". Apesar da oposição geral aos crimes de ódio, os materiais da GSSA nitidamente estão imbuídos em distanciar os sikhs dos muçulmanos e em apresentá--los como profundamente patrióticos. Os materiais não pressionam por uma análise que reconheça que não se pode assumir as alianças políticas de uma pessoa com base em características como religião, identidades nacionais e étnicas. Ver Garden State Sikh Association, 2001a; 2001b; s.d.a; s.d.b.

a vida cívica estadunidense.⁵ O grito de "identidade confundida" tornou-se central para os esforços dos lobistas sikh. Organizações como a

---

⁵ A Sikh Mediawatch and Resource Task Force (Smart) respondeu com um comunicado de imprensa: "Estadunidenses sikh denunciam o ataque terrorista e pedem aos estadunidenses para se unirem". Os sikhs realizaram vigílias para lamentar o 11 de Setembro em conjunto com os *pogroms* de 1984; a United Sikhs in Service of America realizou uma vigília à luz de velas em memória dos *pogroms* de 1984 e do 11 de Setembro no sábado, 8 de dezembro de 2001, no Madison Square Park (Sikh Coalition, 2001b). Sobre se unir com os estadunidenses sob a rubrica de "vítimas de ataques terroristas", ver: *Times of India*, 2001; Sikh Coalition, 2001b; Singh, 2001; 2000. Outra tática foi o apoio a corredores sikh na Maratona de Nova York em 2003 (Newindpress, 2003).
Inicialmente, o governo indiano respondeu à violência contra os sikhs usando a frase "identidade confundida"; (Parasuram, 2001) Embora grande parte desse "controle de danos" conspire com as agendas nacionalistas hindus para descreditar os muçulmanos e o Paquistão, o primeiro-ministro Vajpayee foi efetivamente repreendido por grupos sikh por sugerir que as mulheres usassem bindis para se passar por hindus e também por pedir ao governo dos EUA que protegesse os sikhs contra crimes de ódio, sem mencionar a necessidade de proteger os muçulmanos estadunidenses. Ver: Sikh Mediawatch and Resource Task Force, Sikh-Sewa (N.Y.), Sikh Youth Federation of North America, United Sikhs in Service of America, Sikh Heresy Regulation Board, Sikh Network, Sikh Sisterhood, e Columbia University Sikhs, "Americans of Sikhs [*sic*] Extraction".
Reportagens sobre os crimes de ódio estadunidenses contra os sikhs e respostas da comunidade apareceram em jornais na Índia, assim como em jornais indianos com sede nos EUA, incluindo Swapan, 2001; IndiaExpress Bureau, 2002b; Associated Press, 2003b; Indo-Asian News Service, 2003. Ver o comunicado de imprensa de SikhNet, Sikh American Association, Sikh Coalition, Sikh Council on Religion and Education, Sikh Mediawatch and Resource Task Force, e The Sikh Communications Council, "Sikhs Respond". As organizações autoras do comunicado de imprensa afirmam: "Como sikhs e como estadunidenses, estamos profundamente angustiados com os comentários que o Representante Saxby Chambliss fez em 19 de novembro a um grupo de policiais em Valdosta, Geórgia. Ele aludiu a 'colocar o xerife para prender todos os muçulmanos que cruzarem a fronteira do estado'. Nós, nos EUA, pedimos para os nossos oficiais eleitos por liderança e orientação responsáveis". O Conselho Sikh de Religião e Educação se descreve da seguinte maneira: "Fundado em 1998, o Conselho Sikh de Religião e Educação (Score), com sede em Washington, serve como um *think tank* [fábrica de ideias] e representa os sikhs em vários fóruns e locais. Sua liderança tem sido convidada repetidamente pela Casa Branca, pelo Congresso e por várias organizações não governamentais para apresentar a perspectiva sikh desde o seu início e, mais recentemente, desde a tragédia do 11 de Setembro. O Conselho Sikh promove a compreensão através da educação e das relações inter-religiosas, promovendo o conceito de comunidade e trabalhando para garantir uma sociedade justa para todos"; s.d. A Coalizão Sikh emitiu uma "Resolução sobre crimes de ódio contra sikh-estadunidenses: pacote de informações do Congresso", em 28 setembro de 2001.

Sikh Mediawatch and Resource Task Force (Smart; um grupo de defesa dos direitos civis sikh estadunidense) divulgaram declarações, pontos de discussão e fotos explicando as diferenças entre "aqueles" turbantes e turbantes sikh.[6] (Os próprios ataques estavam se tornando cada vez mais bizarros em sua execução. Muitas vezes, o turbante em si era o objeto da agressão, e o desvendar do cabelo significava uma submissão humilhante e íntima, sugerindo matizes homossociais).[7] As comunidades sikh foram inundadas com comunicados sobre como passar pela segurança do aeroporto e promover a troca inter-religiosa e também divulgaram muitos documentos.[8] Um desses documentos é "O turbante não é um chapéu",

---

[6] Ver SikhNet, 2001c. Em 11 de dezembro, três meses após a tragédia do 11 de Setembro, a liderança sikh de todos os Estados Unidos e Canadá se reuniu sob a cúpula do Capitólio dos EUA para o primeiro "Programa Memorial Unido de Uma Nação" anual promovido pelo Conselho Sikh de Religião e Educação sediado em Washington; participaram membros do Congresso, funcionários do governo e grandes líderes do comércio, do trabalho e das comunidades inter-religiosas. Esse foi o primeiro evento desse tipo da comunidade sikh sediado em Washington. A senadora Hillary Rodham Clinton afirmou: "Nós sempre lembraremos os sacrifícios que foram feitos pela comunidade sikh após os terríveis ataques terroristas do 11 de Setembro. Nenhuma comunidade sofreu tantas perdas assim como reação às terríveis perdas" do 11 de Setembro. Líderes de comunidades muçulmanas, árabes e sikh se reuniram com o procurador-geral John Ashcroft em 16 de outubro de 2001, para expressar suas preocupações sobre crimes de ódio; Frieden, 2001.

[6] Ver Sanders, 2001 e Pradhan, 2002. Sobre a Smart: "SMART foi fundada em 1996 para promover o retrato justo e preciso dos estadunidenses sikh e da religião sikh na mídia e na sociedade estadunidenses. A Sikh Mediawatch and Resource Task Force (SMART) é uma organização sem fins lucrativos, não partidária, baseada na afiliação de membros. Sua missão é combater a intolerância e o preconceito, proteger os direitos e liberdades religiosas dos estadunidenses sikh, e fornecer recursos que empoderem a comunidade estadunidense sikh". (Sikh Mediawatch and Resources Task Force, 2001c, http://www.saldef.org/).

[7] Ver Mahabir & Vadarevu, 2004.

[8] Para um resumo do trabalho da Aliança Estadunidense Sikh, uma colaboração entre Score, a Coalizão Sikh, o Conselho de Comunicações Sikh e a Smart, ver Pradhan, 2002. Pradhan relata que a campanha "Diminuindo o ódio aumentando a consciência" tinha um plano de três frentes: melhorar as relações comunitárias (participando de orações, vigílias, esforços de ajuda e jantares inter-religiosos); produzir materiais de relações públicas para a mídia (comunicados de imprensa, vídeos educacionais); e criar ligações mais fortes com funcionários do governo (reunindo-se com os departamentos de Transporte e Justiça, convidando políticos para eventos comemorativos).

que instruiu os sikhs que lidavam com a segurança do aeroporto a insistir que seus turbantes, caso fosse requisitado serem examinados em busca de armas, que eles fossem escaneados com um detector de metais portátil, em vez de serem removidos e colocados através de máquinas de raio X ou desenrolados à força, ambas as práticas predominantes na época. Na esperança de evitar a inspeção por completo, a Smart instruiu os sikhs a afirmarem que o turbante não poderia ser removido sem ser desenrolado: "O turbante não é um chapéu. É um símbolo obrigatório da religião Sikh. Não posso simplesmente removê-lo; ele deve ser desenrolado".[9] As amplas campanhas realizadas por grupos de defesa sikh liberais para educar "estadunidenses ignorantes" sobre os sikhs, também responderam a uma série de *videogames* ofensivos (como *Hitman 2*) e tiras de história em quadrinhos ("A Field Guide to Turbans" [Guia Fácil para Turbantes] e "Randy bin Laden" [Sexy bin Laden], de Carol Lay), bem como a exigências de que o turbante fosse removido para a carteira de motorista e fotos relacionadas ao trabalho e outros empregos administrativos e procedimentos

---

[9] Ver SikhNet, 2001a; Sikh Mediawatch e Resource Task Force, 2001a e 2001b. Afirmando que muitos casos de "remoção de turbante têm ocorrido em aeroportos pequenos ou médios", como Raleigh-Durham, Albany e Phoenix, mas também em aeroportos maiores como o JFK, a Smart incita os sikhs a iniciarem fóruns educacionais para trabalhadores de segurança e funcionários de companhias aéreas sobre turbantes e siquismo e desenvolveu apresentações e outros recursos para esse fim. Ver também SikhNet, 2001b. A Administração Federal de Aviação (FAA) publicou um conjunto de diretrizes detalhando métodos para a condução da segurança aeroportuária com base em informações apresentadas pela Coalizão Sikh e outras organizações sikh (Score Sikh Communications, Smart e Ussa) "sobre o perfilamento racial que fez com que os sikh-estadunidenses que usam turbante fossem negados ao transporte aéreo enquanto eram humilhados e envergonhados publicamente". "Esse tipo de tratamento a estadunidenses leais faz com que muitos se sintam humilhados, nus em público, vitimizados e mais importante, indesejáveis no país em que muitos de nós nascemos", disse Harpreet Singh, diretor de Relações Comunitárias da Coalizão Sikh. "É especialmente perturbador, já que os terroristas se esforçam muito para usar roupas típicas estadunidenses para não se destacarem. Somos gratos por a FAA ter tomado uma posição tão firme contra esse tipo de perfilamento racial, pois é contra tudo o que os EUA e os estadunidenses defendem". Ver também: Departamento de Transportes dos EUA, Administração Federal de Aviação, s.d; Sikh Coalition, s.d.d; s.d.f.; Sikh Mediawatch and Resource Task Force, 2001; SikhWomen.com, 2002; Shenon & Toner, 2001.

relacionados ao trabalho. Na maioria das vezes desconsiderando que há uma grande variação de estilos de turbante, cores, materiais, tamanhos e até usos *entre* sikhs de diferentes locais diaspóricos, origens de classe e até mesmo gêneros – mulheres sikh também podem usar turbantes, embora seja raro – esses esforços foram impulsionados por um desejo de habitar uma heteromasculidade estadunidense sikh adequada, um significativo afastamento das sexualidades perversas atribuídas a corpos terroristas.[10] Além disso, a hipótese de identidade confundida como o principal fator causal dos crimes de ódio pós-11 de Setembro, juntamente com o impulso liberal para educar um cidadão ignorante, depende de várias premissas: que o espectador (assumido como branco, apesar da proliferação desses ataques por pessoas não brancas) está aberto e disposto a discernir as diferenças visuais entre os turbantes sikh e os turbantes muçulmanos; que os ideais do multiculturalismo promulgados pela educação liberal reconhecem que diferenças dentro da diferença importam; que a reação violenta em relação aos sikhs é um deslocamento da hostilidade ao

---

[10] O distanciamento de Osama bin Laden e tudo o mais que ameaça manchar a imagem de minoria modelo envolve recurso ao profissionalismo de classe média, ao patriotismo multicultural benigno e à heteronormatividade. A esse respeito Gayatri Gopinath escreve: "O boom de Bollywood [...] incorpora sul-asiáticos ao imaginário nacional dos EUA como espetáculo puro para ser consumido com segurança, mantendo intacta sua alienação e diferença essenciais; tal incorporação mantém em segurança os não cidadãos marginalizados que funcionam sob o signo de terroristas e 'inimigos interiores'"; Gopinath, 2005, p. 162. Vale mencionar as particularidades de classe e religiosas dessa estratificação: as tensões contemporâneas entre a versão de Bollywood da diáspora sul-asiática (a minoria modelo que se tornou global, como na figura do indiano não residente) e a versão terrorista sikh/muçulmana (sustentada por representações de populações da classe trabalhadora: taxistas, trabalhadores de postos de gasolina, imigrantes indo-caribenhos) são emblemáticas de uma nova articulação de uma dinâmica mais antiga: a polarização crescente entre as populações e discursos de minorias modelo diaspóricas daqueles que podem complicar ou contaminar tais discursos. A partir dessa polarização vemos uma crescente paranoia pública e política em relação aos sikhs, paquistaneses, bengaleses e indianos muçulmanos paralelamente a formas amplificadas de excepcionalismo dos EUA e aumento do conservacionismo das minorias modelo capazes de realizar esses excepcionalismos. Sikhs e muçulmanos, hipervisíveis por causa do *hijab* e do turbante, testam a ambivalência das ideologias de minoria modelo e sinalizam seu excesso desagradável.

objeto legítimo, os muçulmanos "reais". Assim, essas táticas políticas encorajaram a amnésia dos ataques a turbantes que remontam ao final do século XIX, quando a "maré dos turbantes" veio para o noroeste dos Estados Unidos, e das ondas mais recentes, como a que se seguiu ao assassinato de Indira Gandhi em 1984.[11] Como limite aqui, então, está o reconhecimento das masculinidades perversas criptografadas em corpos sikh, especificamente através da reescrita dessas masculinidades por meio de uma expressão do sentimento antimuçulmano. A rejeição das queeridades perversas acopladas a corpos terroristas muçulmanos, portanto, funciona como um rito de iniciação e assimilação à cidadania heteronormativa dos EUA.

Ao mesmo tempo, eu também fazia parte de um grupo de ativistas que trabalhavam em conjunto livremente, muitos dos quais faziam parte da Associação de Lésbicas e Gays Sul-Asiáticos, com sede em Nova York (South Asian Lesbian and Gay Association – Salga). Nos meses seguintes ao 11 de Setembro de 2001, membros da Salga em toda

---

[11] No início dos anos 1900, o termo "cabeças de trapo" já estava sendo usado no noroeste dos Estados Unidos para se referir a homens de turbante, principalmente sikhs. Em 1907, centenas de trabalhadores brancos se rebelaram em Bellingham, Washington, "invadiram residências indianas improvisadas, apedrejaram trabalhadores indianos e orquestraram com sucesso o não envolvimento da polícia local" (Shukla, 2003, pp. 33-34). Alguns sikhs despejados de Bellingham se estabeleceram em Everett, Washington, onde foram posteriormente expulsos em outro motim (Hess, 1998, pp. 109-110). Sobre a violência em Everett e Billingham, ver também Takaki, 1989, p. 297. A exposição *on-line Echoes of Freedom* contém uma imagem de um artigo de 28 de janeiro de 1910, *New York Times*, "Hindus Driven Out: Citizens at Marysville, Cal. Attack Them – British Consul Informed", descrevendo brevemente um ataque a 70 "hindus" que os expulsou de Marysville; Biblioteca, Universidade da Califórnia, Berkeley, *Echoes of Freedom*. Ver também Street, 2004, pp. 481-489, para um relato das tensões entre trabalhadores punjabis e japoneses.
Sobre as tensões entre as comunidades hindus e sikh no Canadá após o assassinato de Indira Gandhi em 1984 e a queda do voo 182 da Air-India em 1985, ver Martin, 1985. Sobre a reação contra os sikhs nos Estados Unidos após a explosão da Air-India, ver Howe, 1985, que cita Jagjit Singh Mangat, presidente da Sociedade Cultural Sikh: "Fomos apelidados de terroristas". Sobre a reação após a Crise dos Reféns do Irã em 1979, ver Chhibber, s.d, que cita Surinder Singh, de Atlanta: "Eu tinha cortado meu cabelo, mas mantive minha barba depois da situação de reféns do Irã quando eu fui importunado em todo lugar".

Figura 15. Ilustração do *Bellingham Morning Reveille*, 1909. O texto da imagem diz o seguinte: "Este é o tipo de homem afastado desta cidade como resultado da manifestação de ontem à noite por uma multidão de 500 homens e meninos". Cortesia do Centro de Estudos do Noroeste do Pacífico, Western Washington University e *The Bellingham Herald*.

a área dos três estados* relataram numerosos ataques sexuais, verbais e físicos contra sul-asiáticos queers que foram assaltados, espancados e molestados. Estávamos lutando para estabelecer uma relação entre o espancamento de queers e o que era definido estritamente como crimes de ódio racistas, uma conexão que estava sendo notoriamente ignorada pelas principais organizações antiviolência queer, como o Projeto Antiviolência de Nova York (New York Anti-Violence Project), e apenas abordada preliminarmente por muitos grupos árabes estadunidenses, sul-asiáticos e muçulmanos, alguns dos quais estavam admiravelmente tentando abordar questões sobre a sexualidade pela primeira vez. Certamente parecia ser o caso de que nossas comunidades sul-asiáticas queer estavam duplamente vulneráveis a esses ataques, especialmente aqueles mais visivelmente marcados por traços visíveis associados à

---

* A região metropolitana de Nova York, que se estende pelos estados de Nova York, Nova Jersey e Connecticut. (N. da T.)

não normatividade de gênero, às origens da classe trabalhadora e dos trabalhadores pobres, e aos corpos e à fala dos imigrantes. Algumas dessas pessoas agredidas experienciaram referências bastante específicas à viadagem ou outros insultos homofóbicos. Mas, em geral, era mais óbvio que a invocação da palavra "terrorista" nesses crimes sempre já traía um pré-requisito implicitamente instalado de sexualidade perversa, queeridade e não normatividade de gênero para além da pálida sexualidade cidadã adequada, tanto heteronormativa quanto homonormativa. Trabalhamos para produzir materiais e recursos para a comunidade sul-asiática queer que abordavam especificamente crimes racistas e homofóbicos, reconhecendo que a perversidade queer dos corpos terroristas estava sendo tanto *interpretada a partir de* seus corpos quanto *imposta sobre* seus corpos; ou seja, a queeridade era tanto uma modalidade identificatória produzindo corpos individuais quanto uma rubrica generalizada aplicada às populações. Os interstícios entre o sujeito queer marrom que é chamado de terrorista e o terrorista que sempre já é patologicamente queer emergiram como um ponto cego complexo no ativismo, que desafiou os limites de nosso trabalho (uma limitação que tem tudo a ver com uma compreensão da queeridade que é incapaz de abordar suas tendências muitas vezes subterrâneas em relação às sexualidades que são inflexivelmente seculares). Ironicamente, os sujeitos diaspóricos queer sul-asiáticos estavam e continuam a estar sob uma pressão ainda maior para se produzirem como sujeitos estadunidenses excepcionais, não necessariamente como heteronormativos, mas como homonormativos, mesmo que as queeridades desses mesmos corpos sejam usadas simultaneamente para patologizar populações configuradas como terroristas. Em resposta, um movimento duplo foi aberto: um convite a dobras queer e homonormativas do patriotismo estadunidense para participar em e reproduzir narrativas do excepcionalismo queer dos EUA em contradistinção com as sexualidades perversas (orientalistas) *e* reprimidas (discurso neo--orientalista de direitos humanos) do Oriente; ou um investimento para colocar em primeiro plano e reivindicar as perversidades sexuais do terrorista marrom implícitas na queerização de populações terroristas. Nesse último movimento, no entanto, parecia haver uma figura, ou devo dizer um objeto, no limite dessa estratégia: o turbante, e o corpo em que ele se coloca em cima. Suas ligações históricas à hipermasculinidade, à heterossexualidade perversa (e às vezes à pedofilia e à homossexualidade) e à militância guerreira tornaram esses corpos de turbante excluídos dos limites de uma subjetividade queer respeitável e também não dignos de uma intervenção queer que encenasse uma recuperação da perversidade sexual-racial, sugerindo que é um corpo quase *perverso demais para ser lido como queer*, uma problemática que é específica de certos contextos diaspóricos e não generalizável para os próprios sul-asiáticos. Como contágios que perturbam os excepcionalismos das diásporas sul-asiáticas queer, os corpos de homens sikh de turbante são lidos como patriarcais por lógicas diaspóricas queer, porque desafiam os limites da identidade diaspórica queer, que recusa a não normatividade dos corpos de turbante (mesmo que admita as representações patológicas e sexuais-raciais dos corpos terroristas). Muitos sul-asiáticos queer em Nova York, durante o outono de 2001, estavam trabalhando com organizações comunitárias sul-asiáticas, como Desis Rising Up and Moving, o Fundo de Defesa Legal e Educação dos asiático-estadunidenses (Asian American Legal Defense and Education Fund), Manavi (uma linha telefônica de ajuda para mulheres sul-asiáticas) e a Aliança de Trabalhadores de Táxi de Nova York (New York Taxi Workers Alliance). No entanto, apesar dos melhores esforços dos organizadores queer sul-asiáticos e líderes comunitários *gurdwara*, as duas iniciativas ativistas que acabei de esboçar – mesmo à luz das semelhanças óbvias de circunstâncias e preocupações sobre perfilamento racial, vigilância e segurança – não se aproximaram e nem ousaram se aproximar.

Por um lado, um sujeito diaspórico queer pode contestar os limites do sujeito liberal de *Lawrence-Garner*, produzido por meio de privilégios de classe, branquitude e normatividade de gênero; por outro, esse sujeito pode ser incapaz de responder à vítima sikh de turbante e à figura relacionada do terrorista muçulmano, ambos vistos como conservadores heteronormativos e antiqueer, ainda que nas sexualidades perversas atribuídas a eles sejam quase queer demais para serem reabilitados. Mas o ponto em que eles convergem é crucial: esses sujeitos da resistência, de uma forma ou de outra, falham. Além disso, em maior ou menor grau, tanto as respostas da diáspora queer quanto as do GSSA dependem do especular como o condutor para a transferência de informações corretas, o primeiro por meio do recurso a uma visibilidade queer que exclui o corpo de turbante como um objeto digno de uma intervenção queer e o último pelo privilégio de "ver" como uma atividade naturalizada que pode ser facilmente interrompida para corrigir o desconhecimento e reorganizar as configurações de gênero, sexualidade e raça.

DIÁSPORAS QUEER

Brian Keith Axel, em seu desbravador ensaio "The Diasporic Imaginary" ["O imaginário diáspórico"], apresenta duas modificações radicais ao estudo da diáspora, conforme tem se desenvolvido na antropologia, nos estudos culturais e nos fóruns interdisciplinares. Fazendo referência ao seu estudo das diásporas sikh, ele argumenta primeiro que "em vez de conceber a pátria como algo que cria a diáspora, pode ser mais produtivo considerar a diáspora como algo que cria a pátria". Axel está acenando para além da pragmática locacional material do mito do retorno, da importância econômica e simbólica dos movimentos nacionalistas de indianos não residentes [Nonresident Indian – (NRI)], do Calistão e do Hindutva financiados por dinheiro diaspórico, ou das modalidades de pátria que são recriadas na diáspora. A pátria, ele propõe, "deve ser entendida como um processo afetivo e temporal, em vez de um lugar". Mas se não é o fato do lugar, o que impulsiona uma sensibilidade ou uma coletividade diaspórica? O "aspecto temporal e afetivo da subjetivação" envolvido na criação da pátria maneja "a pátria para a relação com outros tipos de imagens e processos, [...] diferentes corpos ou imagens corporais e formações históricas de sexualidade, gênero e violência".[12]

A formulação de Axel pode ser produtivamente retrabalhada para questionar ainda mais o *habitus* da nação e suas coordenadas geográficas. O paradigma da diáspora queer reequipa a noção de diáspora para explicar a conectividade além ou diferente de compartilhar uma pátria ancestral comum.[13] Ou seja, afastar-se da origem por um momento permite que outras formas de entidades diaspóricas afiliativas e catárticas – para Axel, principalmente a dos corpos – possam mostrar seus poderes de afiliação. Isso é especialmente crítico, dado que, para os sikhs, "a terra natal" (Calistão) é uma fantasia perpétua e não um fato político atual; assim, uma experiência de temporalidade já é comandada para a futuridade, em vez de apenas organizada por meio da tradição, de um passado comum, de uma origem. Além disso, uma perturbação do local de origem (ou seja, nação) como um dos dois termos de ligação da diáspora, de fato arranca a progressão ancestral do alcance automático da diáspora, permitindo narrativas queer de parentesco, pertencimento e lar. Enquanto Axel está principalmente interessado em *imagens* do corpo de homem sikh torturado, eu diria que focalizar no afeto revela como corpos reais podem estar em múltiplos lugares e temporalidades simultaneamente, não (apenas) amarrados através da nostalgia ou memória, mas dobrados e trançados em intensificações. A sensação de lugar é, portanto, uma das múltiplas intensidades investidas pela distância. Para estender a formulação de Axel, a pátria não é representada apenas como um lugar demográfico, um lugar geográfico, nem primariamente por meio da história, da memória ou mesmo do trauma, mas se torna coesa através de sensação, vibrações, ecos, velocidade, ciclos de *feedback*, dobras recursivas e sentimentos. Axel argumenta que a pátria é um fenômeno espacial em vez de um fenômeno locacional ou centrado num lugar, sendo

---

[12] Axel, 2002, p. 426.
[13] *Idem, ibidem*.

amalgamada por meio de corporalidades, afetividades e, eu acrescentaria, temporalidades múltiplas e contingentes, tanto quanto como é a memória do lugar, das redes (de viagem, comunicação e troca informacional), o mito do retorno iminente à origem e o *telos* progressivo de origem para a diáspora.

A teorização diaspórica queer enfatizou o parentesco autofabricado, redes eróticas e afetivas ou linhas de afiliação, mais do que de filiação. A escrita maravilhosamente produtora de David Eng sobre a diáspora queer é instrutiva aqui:

> Reconceituando a diáspora não em termos convencionais de dispersão étnica, filiação e rastreabilidade biológica, mas em termos de queeridade, afiliação e contingência social [,] 'diáspora queer' emerge como um conceito que fornece novos métodos de contestação das estruturas familiares e de parentesco tradicionais – reorganizando comunidades nacionais e transnacionais com base não na origem, nem na filiação ou na genética, mas no destino, na afiliação e no ato de assumir um conjunto comum de práticas sociais ou compromissos políticos.[14]

Fundamentar as afiliações diaspóricas queer, vinculadas pela adoção consciente de redes alternativas, pode tornar coeso e centralizar um sujeito queer de agência pré-discursiva, que cria efetivamente circuitos diaspóricos não assimiláveis, em vez de elucidar as presenças ontológicas que constituem e são constitutivas de diásporas queer. Mudar o foco para o afeto também desestabiliza uma preocupação de longa data com práticas representacionais diaspóricas queer. Passamos de: o que significa este corpo? Para: o que e quem este corpo afeta? O que este corpo faz? Enquanto a noção de contágio é, às vezes, excessivamente determinada em relação a corpos indesejados e aflitivos, nesse caso estou sugerindo não que corpos específicos sejam lidos como contágio, mas

---

[14] Eng, 2003, p. 4. Para outros estudiosos teorizando a diáspora queer, ver Gopinath, 2005b; J. Lee, 1998; Manalansan, 2003; Fortier, 2003; Eng & Hom, 1998; Sánchez-Eppler & Patton, 2000.

que todos os corpos podem ser pensados como contagiosos ou atolados em contágios: corpos infectando outros corpos com sensação, vibração, irregularidade, caos, linhas de fuga que traem a expectativa de lealdade, linearidade, a demarcação de quem está dentro e quem não está. Os contágios são autônomos, desregulados, suas vicissitudes são apenas perifericamente ancoradas por entidades conhecíveis. Eles invocam a linguagem da infecção e da transmissão, forçando-nos a perguntar: como alguém pega algo cujo traço é incipiente ou pouco discernido? Os contágios conduzem os efeitos do tato, do olfato, do paladar, da audição e da visão – os cinco sentidos primários (do ponto de vista da ciência ocidental) – em arrepios, suor, rubor, calor e dor, entre muitas outras sensações. Assim, os contágios complicam até mesmo as articulações mais complexas de afiliação; isto é, o contágio retorna o processo de afiliação à indeterminação e à contingência. Essas oposições que subtendem a proposição de Eng – origem/destino, filiação/afiliação, genética/sociopolítica – são assim desafiadas pela imprevisibilidade de contágios, cujas forças não regulamentadas não designaram *a priori* afinidades nem adversários, coagulando em vez disso por meio de afeições. Contágios acrescentam um fator importante nessa equação, pois ignoram a questão do que constitui uma afiliação viável. Essa pergunta nos traz de volta ao cenário ativista do início, pelo qual os setores *gurdwara* sikh e os diaspóricos queer sul-asiáticos são vistos como afinidades ou afiliações incomensuráveis.

É esse deslocamento da origem em direção à afetação, do sul da Ásia como pátria unificadora em direção aos contágios – o agenciamento da bicha-terrorista-monstro, por exemplo – que perturba os excepcionalismos diaspóricos queer, mas também impulsiona sua fortificação e proliferação exponenciais. As comunidades diaspóricas queer sul-asiáticas nos Estados Unidos (bem como na Grã-Bretanha) são impactadas desproporcionalmente pela produção de corporeidades terroristas, navegando pelas figuras do terrorista muçulmano, do homem sikh de turbante tantas vezes confundido com ele e da mulher com *hijab* que deve ser resgatada deles. Essas figuras produtoras, sempre já sexualmente patológicas, falam da fertilização prolífica e da incubação cruzada de corporeidades terroristas em meio às diásporas queer sul-asiáticas. Como tal, as diásporas queer sul-asiáticas devem lutar não apenas com a estigmatização de suas comunidades por meio desses corpos terroristas perversos, mas também com as formas de queerização como excepcionalismo que muitas vezes são oferecidas em resposta a essa estigmatização. Como um constructo regulatório, esse excepcionalismo queer pode mimetizar formas de excepcionalismo de minoria modelo (dos EUA),[15] postulando a queeridade como um local exemplar ou libertador desprovido de impulsos nacionalistas, um excepcionalismo que narra a queeridade como emulando o maior potencial transgressivo da diáspora. Mas as tensões – e as sobreposições – entre a agora fetichizada drag queen *desi* ou até mesmo a *hijra* (pense nas *performances* de *Bombay Dreams* nos palcos britânicos e da Broadway) e a pessoa de turbante, ou então sikh ou muçulmana, identificada como terrorista, invariavelmente modificam esse excepcionalismo.

Desde o 11 de Setembro de 2001, por exemplo, muitos ativistas e membros da comunidade da Associação de Lésbicas e Gays Sul-Asiáticos [South Asian Lesbian and Gay Association – Salga], em Nova York, expressaram sentimentos semelhantes a este, como afirmou um homem queer muçulmano paquistanês: "Minha sexualidade ficou em segundo plano em relação à minha etnicidade".[16] Essa declaração revela um certo reenraizamento das relações organizacionais longe dos queers convencionais, uma recomposição das categorias de raça e nação, uma reformulação da interseccionalidade como uma estrutura de identidade viável e o impacto diferencial da óptica de vigilância. Além disso, a guerra contra o terrorismo exige um duplo homonacionalismo, uma vez que as lealdades ao Estado-nação da Índia são involuntariamente ou muitas vezes deliberadamente rearticuladas através de lealdades aos

---

[15] Ver Koshy, 2001, sobre a história do excepcionalismo estadunidense sul-asiático.

[16] Atif Toor, entrevista do autor, Nova York, julho de 2004. Toor é organizador de Salga desde 1990.

Estados Unidos. (Isso é reflexo da recente ascensão de um casamento poderoso entre a Índia e os EUA.[17]). Formas de queeridade regulatória que conspiram com e estão enraizadas na busca por uma obtenção representacional diaspórica queer, operando em conjunto com a narrativa histórica dos sul-asiáticos como uma população minoritária modelo nos Estados Unidos, devem lidar com os contágios de corpos terroristas que são queer de modo diferente. Temos novamente a tentativa da cisão do sujeito liberal queer – dessa vez emergindo como o sujeito minoritário modelo diaspórico queer excepcional, regulatório na medida em que deve repudiar os contágios de populações vizinhas, regulado na medida em que é *domesticado por* e *domesticador* de populações nacionais submissas e restritas espacialmente e temporalmente, nesse caso, indiana e estadunidense – de conexões e associações com corpos terroristas.[18] A mudança que podemos destacar, então, é que esses sujeitos diaspóricos queer estão sob pressão, talvez mais do que qualquer outra população nessa conjuntura histórica, para naturalizar ou normativizar

---

[17] Como o projeto "India Shining" estabelece o sujeito normativo hindu do norte da Índia de casta superior como um ator econômico, cultural, e cosmopolita na cena global, a queeridade nacional indiana, uma vulnerabilidade em casa em relação à política Hindutva, é uma forma de capital cultural, ainda que tênue, no mercado consumidor global e nas arenas de direitos humanos e ONGs. Isto é, a queeridade indiana hindu, como um paradigma de identidade em dívida com a modernidade, trabalha a serviço de consolidar a modernidade indiana normativa, tanto no país de origem quanto em suas diásporas. Isso é especialmente verdade, por exemplo, com as populações indo-caribenhas, que historicamente e contemporaneamente funcionam como "modernidade rejeitada"; ver Niranjana, 2006. Se as populações indo-caribenhas nos Estados Unidos (predominantemente Nova York e Miami) já são marginalizadas pelos protótipos de minoria modelo sul-asiáticos dominantes, formações diaspóricas queer sul-asiáticas que deixam suas próprias dinâmicas e representações hindu-centradas não interrogadas podem de fato realçar essas formas dominantes em vez de serem excluídas delas, como normalmente se supõe.

[18] Entrevistas com membros atuais e antigos da Salga revelam que a islamofobia e o sentimento antimuçulmano continuam presentes nos membros da Associação de Lésbicas e Gays Sul-Asiáticos. Agora temos partidários de direita do BJP que se recusam a marchar na parada do Dia da Índia ou na Parada do Orgulho Gay se cartazes condenando a violência comunitária, especificamente do genocídio dos muçulmanos em Gujarat, estiverem presentes.

sua excepcional estadunidade ou americanidade, não por meio de uma ordem heteronormativa, mas por meio da homonormatividade, no exato momento em que a queeridade é uma modalidade de nominalização que demarca exatamente esses mesmos corpos como terroristas.

Por mais que a teorização diaspórica queer busque apresentar a elaboração de um sujeito diaspórico queer transgressor com agência, gostaria de oferecer uma interpretação do afeto que não exige que o sujeito (diaspórico?) queer (com agência) seja lido de acordo com uma ressonância afetiva ou emocional, nem que o sujeito queer seja produzido através dessas ressonâncias. Não me interesso em ler o corpo de turbante como corpo queer ou queerizar o corpo de turbante. Como uma figura que perturba profundamente a segurança da nação, o corpo de turbante pode ser rearticulado de modo mais frutífero, não apenas como um corpo encaixotado em tradição e atraso, tentando dotar-se de modernidade, nem como um corpo queer dissidente, mas como um agenciamento, um movimento que faço tanto para expandir as expectativas e suposições de práticas de leitura queer (descritivas e prescritivas) e para abalar as teorizações de longa data de quadros de referência heteronormativos para a nação e o corpo feminino como o portador primário ou único de honra e respeito culturais. Meu objetivo é repensar corpos terroristas de turbante e populações terroristas em relação a e além do ocular, ou seja, como entidades afetivas e afetadas que criam medo, mas também sentem o medo que criam, um agenciamento de contágios (novamente, isso é distinto do corpo perverso como contagioso), unido não através da identidade ou da identificação, mas sim da concatenação de linhas de fuga desleais e irreverentes – parciais, transitórias, momentâneas e mágicas. (Nesse sentido, estou me afastando da convenção que emerge atualmente da teoria queer sobre o afeto, ou sobre o afeto queer, que discuto com mais detalhes na conclusão). Essa releitura de corpos de turbante oferece uma contranarrativa crítica tanto para os sujeitos queer que regulam os termos da queeridade (nesse caso, insinuando a exclusão de um sikh de turbante diaspórico queer, homem ou mulher, um sujeito que é distinto das queeridades que muitas vezes têm sido atribuídas às masculinidades sikh) quanto para as queeridades patológicas atribuídas às populações terroristas que as comunidades sikh *gurdwara* procuram evitar. Ligado de maneira crucial a isso, a suposta coerência e coesão do corpo orgânico está em jogo aqui, como quando sugiro, em primeiro lugar, que a mistura do orgânico com o turbante inorgânico precisa ser teorizada para além de uma cisão orgânico/inorgânico, um agenciamento maquínico e, em segundo lugar, que as tecnologias de controle informacionais e de vigilância produzem tanto o corpo como informação quanto também impactam o corpo orgânico através de uma interface – novamente, tecnologias orgânicas e maquínicas que interagem a pontos de dissolução mútua. Minha leitura, assim, elabora a biopolítica da população que racializa e sexualiza corpos não inteiramente através de suas qualidades visuais e afetivas (como são adquiridas historicamente e discursivamente), mas por meio dos dados que agenciam, o que também são conhecidos como "corpos de dados", corpos materializados através de informações e estatísticas. Apresento aqui algumas especulações sobre as conexões e divergências – a dança – entre o perfil e o perfil racial, mantendo em tensão um com o outro o ocular, o afetivo e o informacional. Qual é o conceito de raça no perfilamento se não privilegiarmos o visível, o conhecível, o epistemológico? O corpo informacional, o corpo de dados que nos precede e nos segue é racial, ou racista? E, se for assim, como ele é articulado dentro do perfilamento? Isso é particularmente preocupante para mim, em parte, porque a noção de "agenciamentos de vigilância" que está emergindo atualmente do campo dos estudos de vigilância, ao mesmo tempo que procede de maneira correta ao desprivilegiar o campo visual em favor do afeto e da informação, tende a desconsiderar e descartar o visual e sua capacidade de interpelar os sujeitos. Francamente, essa desconsideração não é politicamente viável, dadas as mudanças em torno das formações de raça e sexo que estão em andamento em resposta a uma nova categoria visual, aquele "que tem a aparência de terrorista" ou aqueles que "se parecem terroristas".

TURBANTES TORNANDO-SE ESTRANHOS ATRATIVOS

O turbante está acumulando as marcas de uma masculinidade terrorista. O homem de turbante – não mais apenas a figura de uma tradição durável e equivocada, de um patriarca comunitário e familiar, uma postura antiassimilacionista resistente – agora habita o espaço e a história da monstruosidade, daquilo que nunca pode se tornar civilizado. O turbante não está apenas imbuído dos símbolos nacionalistas, religiosos e culturais do Outro; ele revela e esconde o terrorista, um deslizamento constante entre o que pode ser disciplinado e o que deve ser proibido. Apesar das taxonomias do turbante, suas genealogias regionais e locacionais específicas, sua colocação no tempo e no espaço, sua singularidade e sua multiplicidade, o turbante como monólito incomoda e perturba profundamente os imaginários nacionais estadunidenses e suas consequentes noções de segurança.

O turbante apareceu e desapareceu da consciência histórica dos EUA.[19] Em 1923, Bhagat Singh Thind, um homem sikh de turbante, solicitou à Suprema Corte dos EUA que concedesse aos indianos o *status* de cidadãos. Argumentando que os indianos do norte têm uma ancestralidade ariana caucasiana semelhante à dos estadunidenses brancos, Thind forçou a

---

[19] No início da década de 1900, os sikhs punjabi de turbante constituíram a maioria em número dos primeiros imigrantes da Índia a chegar nos Estados Unidos, trabalhando principalmente em ferrovias e fazendas e em madeireiras na Califórnia, Oregon e Washington. Enquanto a imprensa inicial sobre esses trabalhadores recém-chegados os descreveu como sikhs, eles foram rapidamente assimilados no léxico da categorização racial da imigração dos EUA, apesar de uma crescente identidade separatista sikh estar emergindo na Índia nesse momento (isso está documentado em *Roots in the Sand*). Renomeados como "Hindoo", um termo que significa "do Hindustão", os sikhs foram simultaneamente transfigurados como se fossem representativos do indiano majoritário, como hindus, bem como foram abnegados precisamente por meio da diferença para com os hindus que eles procuraram incorporar. Turbantes, especificamente turbantes sikh, marcam proativamente e intencionalmente uma distinção para com os hindus, que não usam turbante (exceções são eventos como casamentos). Durante a Partição da Índia, os turbantes foram um fator primário para distinguir hindus de sikhs e muçulmanos.

questão da exclusão racial em relação à cidadania, apesar de, por fim, perder seu caso. Nas literaturas de estudos étnicos, sul-asiáticos, de migração e asiático-estadunidenses, o caso *Thind* é considerado um marco sobre o *status* racial dos sul-asiáticos nos Estados Unidos, mas na ampla extensão citacional do caso, poucos comentários foram feitos sobre as marcas específicas dos corpos (sikh) que foram representados nessa ação.[20] Ainda assim, a presença do turbante confirma *a priori* o homem sikh propriamente religioso dentro do pensamento histórico sikh essencialista. A própria linguagem da decisão fala da importância da "semelhança" entre "cidadãos cultos":

> O termo 'raça' é aquele que, para os propósitos práticos do estatuto, deve ser aplicado a um grupo de pessoas vivas que agora possuem em comum as características necessárias, não a grupos de pessoas que supostamenteou realmente são descendentes de algum remoto ancestral comum, mas que, quer se assemelham a ele em maior ou menor grau, deixaram, de qualquer forma, de se assemelhar um ao outro. Pode ser verdade que o escandinavo loiro e o hindu marrom tenham um ancestral comum nos *rincões escuros da antiguidade*, mas o *homem* médio *sabe* perfeitamente que existem diferenças inconfundíveis e profundas entre eles hoje".[21] (*ênfase minha*)

---

[20] O capítulo de Ronald Takaki "Tide of Turbans" em *Strangers from a Different Shore* fala sobre turbantes de maneira geral: "Metros sobre metros de algodão, calicô ou seda são envoltos sobre suas cabeças, formando turbantes, em forma de cone ou redondo como um botão de cogumelo, com ondas ou pontos diretamente no meio de suas testas". Escrevendo que os indianos representavam o espectro do novo Perigo Amarelo, Takaki cita Herman Sceffauer, que escreve para a revista *Forum*: "Dessa vez, a quimera não é a máscara saturnina, de olhos de amêndoa, a cabeça raspada, a cauda de porco serpenteante do chinês multitudinário, nem as cabeças-de-bala tosquiadas do japonês suave e sorridente, mas um rosto de características mais finas, erguendo-se, com turbante, para fora do Pacífico e trazendo uma nova e ansiosa questão"; Takaki, 1989, pp. 63, 296-297.

[21] *United States v. Bhagat Singh Thind*, 1923 U.S. LEXIS 2544, 617.

Ao invocar a experiência cotidiana da raça acima das evidências científicas e antropológicas apresentadas por Thind, a decisão confirma a ansiedade em relação às imagens dominantes dos trabalhadores marrons "Hin-doos" de turbante naquela época.[22] A decisão é, portanto, sintomática não apenas da demanda por semelhança fenotípica, mas também por *ressonância* das propriedades viscerais do corpo. Não é só que o escandinavo loiro não pode se ver no hindu marrom, e vice-versa. Em vez disso, os corpos habitam diferentes economias táteis e afetivas, na medida em que o toque, a textura, a sensação e o turbante como apêndice produzem a impossibilidade de ressonância, de parecer sentir o mesmo. Há uma recusa em permitir a habitação

Figura 16. Bhagat Singh Thind, ca. 1918. Reimpresso com permissão de David Bhagat Thind.

---

[22] O caso *Thind* também deve ser lido no contexto de uma série de decisões sobre imigração na época, incluindo a Zona de Barragem Asiática (criada pela Lei de Imigração de 1917), uma série de outras petições de cidadania por asiáticos (incluindo *Takao Ozawa v. United States, julgada em 1922 e trazida por um homem japonês; In re Mohan Singh* em 1919; *In re Sadar Bhagwab Singh* em 1917; *In re Akhay Kumar Mozumdar* em 1913; e *United States v. Ali* em 1925), e o declínio do movimento revolucionário GADHR que tentou derrubar o colonialismo britânico na Índia. Além disso, como indica a pesquisa de Nayan Shah sobre o policiamento e a acusação da sodomia, havia crescentes ansiedades ligadas às masculinidades e sexualidades dos migrantes asiáticos, especificamente "sodomitas hindus", que eram frequentemente vistos como predadores da juventude branca. A pesquisa de Shah sobre os casos jurídicos de Arjun Singh, de Jamil Singh, de Rola Singh, e de Keshn Singh revê as descrições que a polícia deu das posições aparentemente sexuais em que esses homens foram encontrados, sem mencionar turbantes; não está nítido se isso sinaliza sua ausência ou se eles eram tão proeminentes a ponto de serem um atributo tomado como dado. Ver N. Shah, 2005a.

simultânea de economias táteis que atravessam e cruzam essas divisões representacionais.²³

Figura 17. Homens Sikh no S. S. *Minnesota*. Fotografia de Asahel Curtis, 1913. Reimpresso com permissão da Sociedade Histórica do Estado de Washington.

Assim, a pressão para naturalizar o cidadão aspirante se reflete no apagamento da nomenclatura e no ato psíquico de tirar o turbante (como castração?) que promove uma avaliação representacional, mas não ontológica, do impacto histórico do caso *Thind* (embora a decisão possa suprimir corporificações de turbante, ela nunca as esquece completamente). Como uma forma de desvelamento, o ato de tirar o turbante funciona para permitir que a verdadeira natureza do Hindoo surja e seja reconhecida; as práticas corporais envolvendo cabelo, barba, turbante e o corpo cultural estão sob pressão para se conformar. Além

---

²³ Podemos ler o caso *Thind*, então, como um exemplo em que o ocular-especular é aclamado, mas o recurso à "semelhança" é realmente sobre senso comum, instinto ou "alguma coisa que todo mundo sabe".

disso, a alegação de ancestralidade ariana se conecta a um sistema de crença fundacional do nacionalismo hindu, que afirma centralmente a verdade dessa conexão; a pureza e a superioridade racial, cultural e civilizacional hindu em relação aos muçulmanos, bem como o estado indiano de Hindutva, também são cúmplices da produção de corporeidades terroristas sikh e muçulmanas.[24]

---

[24] Finalmente, o deslize do sikh para o hindu, embora inicialmente pareça semântico, é na verdade o prenúncio dos discursos de minoria modelo pós-1965 e de como e quem esses discursos excluem e incluem. Ou seja, entre as populações sul-asiáticas, o hindu normativo passou a personificar a idealização do constructo de minoria modelo. Embora isso possa ser corretamente atribuído a fatores estruturais, tais como os econômicos, padrões de imigração e a consolidação de modelos burgueses de famílias imigrantes, a variável pouco teorizada é simplesmente que os sikhs e muçulmanos *têm aparências* diferentes. Tal ponto foi trazido durante a Guerra do Golfo em 1991, mas mais recentemente e vigorosamente em um clima racial pós-11 de Setembro de caça a bodes expiatórios. Uma ironia especial é a celebração global de ser Desi, não apenas pela crescente popularidade dos filmes de Bollywood, mas também na moda, comida, estilo de vida e no louvor da presença tecnológica-industrial da Índia (presença, no entanto, cada vez mais contrariada pela resistência à terceirização transnacional de empregos). Essas questões formam o enquadramento composto em "India Shining". Complementada pela consolidação da direita hindu na Índia e seus crescentes negócios e relações políticas com os Estados Unidos (e menos abertamente, Israel), a indústria cinematográfica de Bollywood frequentemente representa personagens sikh como infantilizados, idiotas, alívio cômico ou como patologicamente violentos e hipermasculinizados, apesar da proeminência da música Bhangra punjabi. A carga erótica do turbante também é um ponto focal de filmes de Bollywood como *Ghadhar*, cuja cena mais sensual e sexualmente sugestiva é o enrolar lânguido do turbante na cabeça do protagonista por sua esposa. *Mission Kashmir* é um exemplo de um tratamento de Bollywood do sikh emasculado: um solitário soldado sikh tem medo de pular de uma plataforma que fica em cima de explosivos plantados por medo de detoná-los. Eventualmente, ele urina em si mesmo enquanto outros soldados indianos não sikhs o ajudam a saltar. Amit Rai argumentou que, em *Mission Kashmir*, o terrorista islâmico é "uma infecção que se move através do corpo político"; Rai, 2003. Personagens sikh adultos são frequentemente retratados com o *patka*, uma peça de roupa embaixo do turbante, que é tipicamente usado por meninos até que eles cheguem à idade adulta. O filme *A Lenda de Bhagat Singh* também foi criticado por ignorar a aparente retomada do siquismo por Singh nos últimos anos de sua vida.
Os turbantes sikh funcionam como um significante ambivalente de inclusão e expulsão, marcando tanto a incorporação de sikhs na nação indiana quanto a violência infligida a eles através dessa incorporação. Há uma história complexa que liga as comunidades sikhs ao discurso do terrorismo. Como é sabido, durante a maior parte da década de 1980, o Estado indiano esteve envolvido em um trabalho ideológico massivo, bem como

Figura 18. Artista desconhecido, *Um Novo Problema para o Tio Sam*. Originalmente publicado em *San Francisco Call*, 13 de agosto de 1910.

em uma sangrenta repressão policial que procurou marcar grupos sikh no Punjab e na diáspora como de fato terroristas e para conter o movimento pelo Calistão (um Punjab separatista). Essa história posiciona a identidade sikh em uma relação ambivalente com a atual guerra contra o terrorismo: por um lado, os sikhs na Índia e na diáspora, especialmente as comunidades *gurdwara*, enfrentam severas repercussões do Ato Patriótico dos EUA; por outro lado, seu autoposicionamento como vítimas tanto do terrorismo patrocinado pelo Estado (por exemplo, dos distúrbios de 1984 em Nova Délhi) quanto como patriotas estadunidenses, vítimas do terrorismo "islâmico" do 11 de Setembro, invoca simultaneamente um duplo nacionalismo: nacionalismos sikh e estadunidense. *OMB Watch* afirma: "O 'Ato Patriótico dos EUA' (PL 107-56) pode representar grandes problemas para as organizações sem fins lucrativos, especialmente aquelas que defendem mudanças na política externa dos EUA ou que fornecem serviços sociais a indivíduos que se tornam alvo de investigações governamentais. O problema central é uma definição vaga e abrangente de um novo crime, o 'terrorismo

Confundidos com hindus no início do século XX e agora confundidos com muçulmanos, os sikhs de classe média, facções conservadoras e progressistas igualmente, adotaram a hipótese de identidade confundida como o principal fator causal para crimes de ódio pós-11 de Setembro, seguindo, assim, em paralelo à resposta oficial da administração Bush.[25] Desde o 11 de Setembro de 2001, os homens sikh usando turbante, tomados como parentes de Osama bin Laden, foram desproporcionalmente afetados por crimes de ódio racistas. Reflitamos por um momento sobre a extensão da violência: assédio verbal (sendo chamados de "Bin Laden", "filho de Bin Laden", "Osama"), especialmente ao telefone e enquanto

doméstico'. Além disso, poderes de busca e vigilância muito expandidos podem ser invocados sob um limiar reduzido, exigindo apenas que os investigadores afirmem que as informações buscadas são relevantes para uma investigação de inteligência estrangeira"; OMB Watch, 2001.
Para elogios ao Ato Patriótico dos EUA pelas organizações sikh, ver o comunicado de imprensa da Coalizão Sikh, s.d.c.. Esse comunicado de imprensa também foi postado no fórum de discussão de www.sikhnet.com pelo criador do site, Gurumuskuk Singh Khalsa. Khalsa aumenta o comunicado de imprensa, escrevendo: "Parabéns! Como resultado de seus esforços as Resoluções da Câmara e do Senado foram incluídas no Ato Patriótico, aprovadas na Câmara e no Senado, e aprovadas em lei pelo Presidente dos Estados Unidos!". O comunicado de imprensa diz, em parte: "S.Con.Res.74 e H.Res.255 condenam crimes contra os estadunidenses sikh como consequência dos ataques terroristas do 11 de Setembro e atos estatais de violência contra os estadunidenses sikh devem ser prevenidos e processados. [...] 'Essa lei representa um marco significativo para os estadunidenses sikh, pois aborda a natureza única das questões enfrentadas pelos sikhs após o 11 de Setembro, e pede proteção de nossas liberdades civis, juntamente com as de todos os estadunidenses', disse Gurpreet Singh Dhillon, membro do Conselho Consultivo da Associação Sikh Estadunidense." (Sobre a Coalizão Sikh: "a Coalizão Sikh foi iniciada como um esforço para educar a grande comunidade norte-americana sobre sikhs e siquismo, a coalizão busca salvaguardar os direitos de todos os cidadãos, bem como promover a identidade sikh e comunicar os interesses coletivos de sikhs à comunidade em geral. A coalizão serve como um recurso para todas as organizações e indivíduos, bem como um ponto de contato para pessoas sikh".)

[25] Uma exceção era a Alliance of South Asians Taking Action: "Como sul-asiáticos, estamos em solidariedade com as comunidades não brancas, incluindo as comunidades médio-orientais/oeste-asiáticas (afegãos, árabes, árabes-estadunidenses, iraquianos e iranianos), em vez de tentarmos nos distanciar deles, a fim de garantir segurança. Também reconhecemos que muitos sul-asiáticos são muçulmanos e merecem estar livres de preconceitos e discriminação como muçulmanos"; "Press Release".

dirigem; perseguição; cartas de ódio; defecar e urinar em *gurdwaras* sikh, mesquitas islâmicas e templos hindus, levando em alguns casos ao incêndio criminoso; bloquear a entrada de um templo sikh em Sacramento com um trator e um caminhão e saltar na água sagrada do templo; jogar tijolos, bombas de gasolina, lixo e outros projéteis em casas de sikhs e árabes e rasgar pneus de carros; ameaças de morte e ameaças de bomba; tiros fatais em taxistas, a maioria dos quais eram sikhs de turbante; assédio verbal e físico de crianças do ensino fundamental e médio, bem como estudantes estrangeiros em *campi* universitários; e ataques com tacos de beisebol, pistolas de *paintball*, cigarros acesos e sangue de porco.[26] Essa enumeração é fornecida para detalhar a criatividade prolífica desenvolvida nesses ataques, a fim de situar a importância do turbante não como uma entidade que meramente representa quaisquer significados dados nessas instâncias, mas como um vetor de informação, um ponto de contato, uma transferência e um condutor de turbulência.

O ato de tirar o turbante realizado por um grande número de homens sikh foi uma manifestação da domesticação exigida pela estadunidade, em que a remoção funciona como uma reorientação para a identidade patriótica masculina. Mais importante, o ato de tirar o turbante, com as estatísticas de crimes de ódio, sublinha os custos de uma associação com corpos terroristas. Os ataques a homens com turbante continuam a aumentar, atribuídos em parte a um "ressurgimento da reação" desde o início da guerra no Iraque; a Coalizão Sikh estima que em 2003 houve um aumento de 90% nos incidentes de preconceito desde 2002, e que a grande maioria dos crimes não é relatada por causa das barreiras

---

[26] krac.com, 2001. O perpetrador, John Lucas, se entregou, afirmando que cometeu esses atos por "patriotismo sem sentido" depois que os sikhs não baixaram a bandeira no *gurdwara*: "Eu não sabia que era uma bandeira religiosa. Pensei que era uma bandeira de aldeia. Não entendi por que não podia ser baixada para aqueles que morreram". O noticiário inclui a seguinte descrição das suas atividades: "Os investigadores disseram que Lucas, em um ato de desafio, também saltou para dentro de uma fonte de água benta no templo – água transportada da Índia". Ver também Human Rights Watch, 2001.

linguísticas e da falta de familiaridade com a legislação sobre crimes de ódio.[27] A natureza desses ataques também se tornou mais sofisticada e mais complexa. Ataques recentes (nos Estados Unidos, mas também globalmente) envolvem não apenas comandos verbais para tirar o turbante – "Ei, maldito terrorista, tire esse turbante!" –, mas também o arrancar, desvelar ou bater e puxar a cobertura da cabeça. Não é à toa que, em um incidente de crime de ódio após o outro, os turbantes são agarrados violentamente e o cabelo solto é puxado, ocasionalmente até cortado. A intimidade de tal violência, nesse caso convencionalmente definida em termos de autonomia e privacidade liberais, não pode ser exagerada. De fato, é muitas vezes o *turbante propriamente dito*, uma corporificação da substância metafísica, que é o objeto de desejo da violência, sugerindo que ele é entendido como muito mais do que um apêndice. Dentro dos contextos da comunidade Sikh, destronar o turbante de alguém é o insulto supremo ao usuário, a forma mais humilhante de desrespeito, cuja força bruta é geralmente desconhecida para os perpetradores dos crimes de ódio. O ataque funciona como uma dupla emasculação: a retirada é uma ofensa para o (geralmente) homem representante da comunidade, e o corte do cabelo implica submissão por e para masculinidades patrióticas normativas. No entanto, a colisão entre discursos de imposição patriótica normativa – "Tire esse turbante, seu terrorista de merda" – e vergonha da comunidade é digna de nota, sugerindo que, mesmo sem qualquer compreensão do significado contextual do turbante, sua magnitude é de alguma forma compreendida.

Como corporificações substitutas para um fugidio Osama bin Laden, os sikhs são um alvo de crimes de ódio sancionado pelo que Muneer Ahmad tem chamado de "uma emoção socialmente adequada [expressa]

---

[27] Ver Kong, 2003; Healy, 2003; Menchaca, 2003; IndiaExpress Bureau, 2002b. Em resposta ao fuzilamento de um motorista de caminhão, Avtar Singh, que sobreviveu ao ataque, a Liga Antidifamação ofereceu uma recompensa por informações sobre seus agressores; Associated Press, 2003; Liga Antidifamação, "ADL Offers Reward". Ver Coalizão Sikh, 2003. A violência do ódio continuou um ano depois de 11 de Setembro de 2001. Ver Associated Press, 2002.

de maneiras socialmente inadequadas".[28] Não sendo mais notáveis, esses crimes de ódio tornaram-se normalizados dentro de uma paisagem racial remodelada.[29] Mas, mais significativo, eles se tornaram imanentes aos objetivos de contraterrorismo do Estado, operando como um braço estendido da nação, estimulando as capacidades de vigilância e ataque da grande população patriótica.[30] A dualidade em funcionamento aqui

---

[28] Ahmad, 2002, p. 108.

[29] Outros incidentes iniciais incluíram o fuzilamento fatal de Adel Karas em São Gabriel; Associated Press, 2001. Em São Petersburgo, Flórida, uma mulher com hijab que dirigia para casa teve seu carro espancado com tacos de beisebol; uma mesquita em Ohio foi atingida por um carro; um homem sikh de turbante de 66 anos foi espancado por quatro jovens com um taco de beisebol em frente um *gurdwara* sikh em Queens, Nova York; Bishnoi, 2002. Um lojista paquistanês foi morto em Dallas, Texas; IslamOnline e News Agencies, 2001. Relatórios adicionais incluem CNN, 2001; Mangat, 2001; Bradford, 2001; Nanda, 2001; Purewal, 2001; e Naim, 2001 (inclui "Mensagem importante para todos os operadores e membros estadunidenses da NetIP"). Para uma coleção de crimes de ódio relatados que ocorreram no primeiro mês após o 11 de Setembro de 2001, consultar Hamad, 2001. As ações descritas incluem terem jogado sacos de sangue em um escritório de imigração e em um escritório de advocacia em São Francisco; a tentativa de atropelar uma mulher muçulmana na estrada em São Petersburgo, Flórida; atacar, roubar e cortar o pênis de um homem indiano em Fort Wayne, Indiana; deixar um esquilo mutilado e uma nota em uma caixa de correio em Mineápolis; espancar uma mulher a caminho da oração em Memphis; e numerosas explosões. Essa lista nitidamente não é exaustiva, e as atividades abrangem várias formas de assédio verbal e violência física dirigidas a pessoas e lugares que se presume estarem ligados a muçulmanos e/ou árabes, bem como perda de emprego e perfilamento racial.

[30] Como uma amplificação lógica do Sistema de Informação e Prevenção ao Terrorismo, por exemplo, os crimes de ódio funcionam em nome do Estado-nação, sancionando um mecanismo de policiamento que o próprio Estado multicultural liberal não pode propagar abertamente. Assim, funciona em benefício do Estado condenar crimes de ódio racial, por um lado, ao mesmo tempo que institui medidas crescentes para o perfilamento racial, por outro. Implorando por tolerância, o presidente George W. Bush visitou mesquitas árabe-estadunidenses e fóruns comunitários muçulmanos e sikh (em parte para fortalecer alianças dos EUA com regimes árabes conservadores) durante a mesma semana em que ele iniciou a aprovação da Lei Antiterrorismo, agora conhecida como Ato Patriótico dos EUA; Milbank & Wax, 2001. O seu adversário na campanha presidencial de 2004, o senador John Kerry, ligou publicamente os sikhs ao terrorismo. Kerry pediu desculpas sob pressão dos grupos sikh dos EUA; ver United News of India, 2004. Richard A. Gephardt publicou uma declaração que se prendia a uma mensagem contra a violência e se referia ao "vergonhoso erro de colocar nipo-

– a centralidade do multiculturalismo e da diversidade para o discurso da cidadania, juntamente com a vigilância, domesticação, quarentena e contenção das corporeidades que tentam se aproximar desses ideais democráticos – possibilita a emergência do multiculturalismo liberal não apenas como um projeto de consumo e como um processo de inclusão, incorporação, normalização e assimilação, mas, de maneira mais perniciosa, como uma forma de governamentalidade.[31] Escrevendo em dezembro de 2003, durante o auge dos debates na França sobre a proibição de véus religiosos, Timur Yuskaev e Matt Weiner afirmam:

-estadunidenses em campos de internamento onde foram despojados de seus direitos, sua dignidade, seus bens" durante a Segunda Guerra Mundial; 2001.

[31] O Registro Nacional de Vistos dos EUA para o Esquema de Loteria do Green Card, por exemplo, requer uma foto do candidato, que não deve estar usando chapéu ou cobertura para a cabeça. Um residente britânico, Harjit Singh, teve seu pedido devolvido porque em sua foto ele estava, obviamente, usando seu turbante. O Registro Nacional de Vistos escreveu: "NENHUMA cobertura na/ao redor da cabeça é permitida (nas que você enviou, você estava usando um chapéu, o que NÃO é permitido)". Os novos requisitos de foto, que também afirmam que o requerente não pode estar usando uma "cobertura religiosa no rosto", foram supostamente autorizados pelo Departamento de Estado dos EUA em agosto de 2001, um mês antes dos ataques de 11 de Setembro. Harjit Singh explica assim ao Cartório: "Como é a coroa para o soberano, assim é um turbante para um sikh. [...] Para um sikh, o turbante é a fronteira da fé e da incredulidade. Considera-se que dá ao sikh dignidade, consagração e humildade majestosa". O Cartório respondeu à explicação de Singh sobre o significado religioso do turbante, solicitando novamente uma foto sem o turbante, afirmando: "Há muitos aqui que entendem a diferença, não apenas entre as duas fés, mas entre aqueles de qualquer fé que defendem o uso da violência e aqueles que não defendem. [...] Por favor, não pense que a exigência está relacionada com o incidente do 11 de Setembro". No Alabama, uma política pós-11 de Setembro que afirmava que nenhum tipo de cobertura na cabeça poderia ser usado ao tirar uma foto para a carteira de motorista, proibindo assim hijabs, turbantes e hábitos de freiras, foi revogada em fevereiro de 2004, após uma campanha da União Estadunidense de Liberdades Civis em conjunto com os sikhs locais; Rawls, 2004. Um problema semelhante foi enfrentado por Chitratan Singh quando ele tentou obter uma carteira de motorista; Sikh American Legal Defense and Education Fund, 2002.

Para lutas sobre se os turbantes (e até certo ponto, pelo menos em termos de relatos, coberturas de cabeça) são roupas de trabalho apropriadas, incluindo aqueles que servem nas Forças Armadas e na polícia, ver Jewett, 2004; Sikh Coalition, s.d.a.; Gardiner, 2002; Purnick, 2004; Donohue, 2004.

Como consequência do 11 de Setembro, o modelo estadunidense de um Estado secular que é tolerante à diferença religiosa funcionou muito bem, embora não perfeitamente. A ansiedade do público sobre o 'inimigo interno' muçulmano estava mais alta do que nunca. *No entanto, nada oficial pediu aos muçulmanos para se tornarem invisíveis e removerem seus véus ou turbantes.* A política oficial era proteger a liberdade de ser visivelmente muçulmano. Se o governo tivesse agido de outra forma, teria ficado do lado dos valentões ignorantes que assediaram e atacaram fisicamente tantos muçulmanos, árabes e sikhs. (ênfase minha)

Essa exaltação dos Estados Unidos em contraste com a França é extremamente irônica, pois a função do Estado em manter a visibilidade da diferença religiosa dificilmente é benevolente. Em vez disso, o Estado depende dessa diferença isolada, a diferença tão celebrada (de comida, vestuário, literatura, arte, turismo, cinema) que permite vigiar e atacar esses corpos diferentes, daqueles "cuja diferença é difícil de engolir".[32] Nenhum pedido oficial é necessário: a dupla imposição de discursos de cidadania para os sikhs – normalização e expulsão – não é meramente realizada na forma de negociações culturais ou discursivas. O Estado trabalha duplamente para promulgar a retórica anti-sikh, por um lado, enquanto, por outro, acolhe os sikhs como uma população protegida sob a legislação de crimes de ódio.[33]

---

[32] Yuskaev & Weiner, 2003.

[33] Por exemplo, o Escritório de Assuntos Públicos do Departamento de Estado dos EUA divulgou um vídeo educacional acompanhado de materiais curriculares intitulado *Terrorism: A War without Borders*; 15 mil exemplares foram distribuídos para escolas de ensino fundamental e médio em todo o país. Nessa primeira tentativa do Departamento de Estado de divulgar informações sobre o terrorismo aos estudantes, os sikhs são categoricamente chamados de terroristas – terroristas sikhs (não há nomeação de terrorismo de direita cristão ou muçulmano) – e a ocupação de 1984 do Templo Dourado (Darbar Sahib) em Amritsar, Índia, é retratada como um cerco pelos terroristas sikh. Tal como acontece com os outros atos terroristas destacados, incluindo as explosões de Oklahoma City e o atentado suicida de 1997 do Hamas, as complexidades do incidente de 1984 e do movimento do Calistão são suavizadas e o terrorismo de Estado indiano não é mencionado. No entanto, o vídeo destaca o equilíbrio delicado para os sikhs diaspóricos que devem habitar uma identidade dividida: terrorista na Índia, patriota nos EUA. Grupos de defesa dos direitos sikh

Turbantes, em seu peso simbólico, são os correlatos masculinos para véus, e seu uso irrevogavelmente liga sikhs e muçulmanos, significando honra, dignidade, pureza, virgindade, castidade; um *sardar* remove seu turbante como um oferecimento de sua palavra, um compromisso com uma promessa. Minha intenção aqui não é desenhar nenhuma analogia simples ou equivalência entre as práticas, mas destacar as maneiras como elas convergem (e divergem nos imaginários queer, feministas e nacionais ocidentais). Semelhante à maneira como os véus geraram fantasias orientalistas de submissão feminina, emergiram como uma fixação nodal, foram estabelecidos como um tópico de discussão padrão no currículo de estudos femininos e se tornam um marcador fácil de uma feminilidade outra (muçulmana/árabe/islâmica) – um dos mecanismos mais potentes de produção de si/outro na história dos feminismos ocidentais –, os turbantes estão emergindo como um sinal de uma "masculinidade outra". Dentro desses quadros heteronormativos, o homem de turbante é o líder guerreiro da comunidade, o patriarca violento e, ao mesmo tempo, o viado feminizado de cabelos longos, uma figura de masculinidade fracassada em contraste com as masculinidades hegemônicas (brancas). Como a burca, o *hijab* e o véu, os turbantes marcam o gênero (embora as mulheres, geralmente sikhs estadunidenses brancas convertidas, usem turbantes), a religião e a região, bem como sinalizam, para o olho destreinado, os componentes mais perniciosos das culturas e tradições patriarcais opressivas atrasadas, aquelas que falharam na modernidade. Turbantes tornaram-se estranhos atrativos, forças centrípetas para as quais o olho é instantaneamente atraído. Tal como acontece com os véus, o turbante é múltiplo. Tamanhos, formas e cores designam gênero, casta, religiosidade, militância, estado civil e idade. Agenciados através de uma taxonomia de diferenças regionais e religiosas (sikh, muçulmano, Oriente Médio, sul-asiático, indiano do

---

não conseguiram convencer o Departamento de Estado a revisar o vídeo; mais significativo, em suas respostas eles foram incapazes de retratar o dilema dessa posição liminar e escancarada. Ver também: Kaur & The Sikh Sentinel, 2003; e E. Khalsa, 2003.

norte, sunita, xiita), os turbantes marcam não apenas a diferença dentro dos discursos dos EUA sobre multiculturalismo banal, mas também as diferenças raciais e sexuais entre as comunidades sul-asiáticas, médio--orientais e árabes. De fato, eles são veementemente usados *dentro de* comunidades para demarcar aquele que está dentro *versus* aquele que está fora, o crente devoto *versus* o falso religioso. Ainda assim, os turbantes alcançam um *momentum* singular bizarro, a pura força da multiplicidade desmoronada em uma miríade estagnada de significado. Como o véu, o turbante gera ansiedade no observador, a sensação de inacessibilidade, de algo estar fora do lugar e fora do tempo, de incompreensibilidade.

Ao contrário do véu, no entanto, os turbantes não preocuparam a erudição feminista ocidental e organizações interessadas em práticas missionárias liberacionistas; nesse sentido, os turbantes reiteram uma centralidade masculinista de normas culturais e religiosas, e como tal não têm sido alvo de protestos sociais buscando libertar aqueles considerados subjugados. Essa é uma distinção crucial, que orienta os debates contemporâneos sobre coberturas de cabeça em várias partes do mundo (França e Grã-Bretanha, por exemplo).[34] Embora o véu, e não o turbante, nas comunidades migrantes tenha sido a principal fonte de inquietação na França, onde tais práticas são mais visíveis, os turbantes têm sido o foco central do debate na Grã-Bretanha. Isso é parcialmente consequência da história de incorporação dos sikhs às Forças Armadas coloniais britânicas na Índia, um disciplinamento que estabeleceu os sikhs como

---

[34] Uma questão persistente que sublinha essa diferença é: por que o turbante está isento, por enquanto, da proibição francesa de coberturas de cabeça religiosas, destinada a lenços de cabeça islâmicos, quipás judeus e crucifixos cristãos grandes? Embora os sikhs tenham sido arbitrariamente solicitados a remover turbantes, por exemplo, quando Jagmohan Singh foi solicitado a remover seu turbante para entrar em um prédio do governo de Paris em janeiro de 2004, o ministro da Educação francês Luc Ferry afirmou que os turbantes seriam permitidos, desde que fossem "invisíveis". Isso foi interpretado pelos sikhs franceses como significando que os sikhs seriam autorizados a usar uma rede de cabelo como substituto, invisibilizando assim o turbante; R. Z. Ahmed, 2004. Pouco antes desse comentário, Ferry afirmou que o véu é "um sinal militante que exige contrassinais militantes", enquanto o turbante, se for permitido permanecer de modo "discreto", não seria um problema; Sciolino, 2004.

guerreiros, mas também como cúmplices com a ocupação imperial britânica e como figuras de culpa e traição ao movimento anticolonial. No entanto, como uma forma de continuidade cultural e manutenção da tradição, a situação dos homens usuários de turbante problematiza décadas de investigação feminista que localiza as mulheres como portadoras e transmissoras de cultura autêntica.[35] Assim, minha concentração no perfilamento de turbantes, que desloca a conversa sobre a reação racista contra as mulheres de hijab, ou sobre a violência contra as mulheres em geral, está, no entanto, comprometida em trazer à luz as questões muitas vezes obscurecidas de gênero e sexualidade em relação à masculinidade e à efeminização. O turbante é um ícone contestado imbuído das possibilidades de remasculinização e nacionalismo. Ou seja, atender à vulnerabilidade dos corpos de homens de turbante também abre a possibilidade de sua própria restauração, sua refalicização e recentralização dentro dos nacionalismos patriarcais, uma restauração que este capítulo relutantemente corteja (talvez alimentado por sua grande deficiência, a ausência de discussão específica sobre mulheres de turbantes).

Turbantes também são carregados com o peso da vitimização, um discurso determinado em excesso pelo trauma e pelo sofrimento de homens sikh de turbante, o fetiche da injúria. Essa vitimização, que antecede o 11 de Setembro de 2001, é frequentemente envolvida em

---

[35] Do "Argélia desvelada" de Frantz Fanon (que nomeia as mulheres como o eixo central da nação) até a "Questão das mulheres" em primeiro plano nos movimentos anticoloniais e descolonizadores indianos (Partha Chatterjee argumenta que as mulheres defendem o espaço doméstico interno da espiritualidade, cultura, tradição e lar; os homens são as faces externas da modernidade), os corpos das mulheres têm sido demarcações liminares de dentro e fora, tradição e modernidade, em termos de fisicalidade (roupas, cabelos, véus, modéstia, rituais), comportamento (castidade, conformidade heterossexual, reprodução) e simbolismo (mitos, "língua materna", território/terra). O nacionalismo cultural nessas narrativas feministas depende de uma matriz heterossexual do sexo (biologia), do gênero (subjetividade) e do desejo (sexualidade): o homem é masculino e deseja a mulher, a mulher é feminina e deseja o homem (Butler); tudo o que se desvia é patológico. No caso dos sikhs, embora se espere que as mulheres mantenham o cabelo comprido, os homens incorporam os veículos mais visíveis de adesão cultural ou traição. Ver Fanon, 1964; Chatterjee, 1990.

discursos sobre racismo e encontros racistas, em parte narrados por meio de relações com o olhar branco, restabelecendo assim a ascendência à branquitude. O que Ahmed chama de "injúria como identidade",[36] essa narrativa excepcional de vitimização – a alegação de que os homens sikh encontram mais racismo do que as mulheres sikh, por exemplo, convenientemente apagando as desigualdades de gênero entre homens e mulheres sikh – é complementada por uma recuperação do turbante como uma forma de excelência religiosa e multicultural. Esse exemplo destaca, mais uma vez, os imperativos heterossexuais de pertencimento nacional, um circuito que envolve sujeitos homonacionais, heterossexualidade de minoria modelo e populações perversamente queerizadas. Esse circuito pinta comunidades de imigrantes e comunidades não brancas como "mais homofóbicas" – solidificando-as, ironicamente e de maneira simplista, como heterossexuais (sem pensar, reproduzindo de modo descuidado) ou heteronormativa de forma não cosmopolita e regressiva (incapaz ou não disposta a participar da individuação familiar nuclear do capitalismo de mercado que promove a criação de crianças e o parentesco como projetos de consumo) – abrindo assim maiores possibilidades liberacionistas para sujeitos brancos queer liberais e homonormativos e impedindo, em uma expressão de "negação interessada",[37] sujeitos queer não brancos. Além disso, a queeridade regulatória (liberal, homonormativa ou mesmo diaspórica) denota sikhs queer de turbante (homens ou mulheres) como sujeitos improváveis, se não impossíveis.

OCULAR E AFETIVO

Judith Butler, em seu exame do caso Rodney King, escreveu: "O campo visual não é neutro em relação à questão da raça; ele é em si mesmo uma formação racial, uma episteme, hegemônica e impositiva". O campo

---

[36] S. Ahmed, 2005, p. 49.
[37] Ver Spivak, 1990, p. 125.

do visível é um terreno racialmente em disputa. "Ver" não é um ato de percepção direta, mas "a produção racial do visível, o funcionamento de restrições raciais sobre o que significa 'ver'". Portanto, o ato de ver é simultaneamente um ato de leitura, uma interpretação específica do visual. Mas essa leitura se faz passar como um enxergar, uma atividade natural, escondendo a "interpretação contestável" do que é visto. Essa organização e disposição racista do visível também trabalha para definir o que se qualifica como evidência visual; assim, as distinções *oculares* entre vários turbantes – a evidência visual de suas diferenças – podem ser tornadas sem sentido antecipadamente, "pois, quando o visual é totalmente esquematizado pelo racismo, a 'evidência visual' à qual se refere sempre e apenas refutará as conclusões baseadas nele; pois é possível dentro dessa episteme racista que nenhuma pessoa negra possa buscar o recurso ao visível como o fundamento seguro da evidência". O que Butler chama de "projeções invertidas da paranoia branca" – nesse caso, estendida a uma paranoia nacionalista – postula o receptáculo da violência, o *objeto* da violência, como o *sujeito* da violência, a ameaça da violência iminente que foi justificadamente cerceada.[38] Da maneira que o campo visual situa o corpo do homem negro como já sendo sempre o local da violência e uma fonte de perigo para os brancos e as minorias modelo, o sikh de turbante já está sempre circunscrito como aquele que parece um terrorista perigoso ou um aspirante a terrorista. O lugar principal do tempo futuro antecipatório assegura a necessidade do ataque preventivo: o agressor infantilizado, com necessidade de proteção, localiza o corpo prestes a ser atacado como o local e fonte de perigo e, convencido do desejo do indivíduo de turbante de se tornar um terrorista, defende--se contra a conversão iminente por meio do ataque. Essa narrativa dá coerência ao agressor como um vigilante patriótico e obscurece a leitura da violência do agressor em favor da localização da provável violência do agredido, sempre prestes a ocorrer. Butler afirma que isso completa o circuito da paranoia branca, pelo qual os agressores iniciam "a projeção

---

[38] Butler, 1993b, pp. 16-17.

de sua própria agressão, e a subsequente consideração dessa projeção como uma ameaça externa". Isso pode ser pensado como "a reversão e o deslocamento da intenção perigosa", de modo que o agredido venha a representar "a origem, a intenção e o objeto da mesma brutalidade. [...] Ele é o começo e o fim da violência".[39]

O relato de Butler, embora atento à materialização do corpo negro violento, não elucida como o corpo negro, além de sua bagagem discursiva, passa a ser temido como tal. Há também uma confiança no próprio ato de ver que Butler problematiza; ainda que elu critique a relação entre ver e o que então conta como evidência visual, elu, não obstante, centraliza o corpo negro visível cuja diferença é vista em vez de *sentida*, cuja episteme não pode escapar da cadeia de sinais de perigo qualificada como o início, o fim, a origem, a intenção e o objeto. Para complementar Butler, recorro à exploração de Sara Ahmed sobre o ódio e o medo: "O ódio não reside em um determinado sujeito ou objeto. O ódio é econômico; circula entre os significantes nas relações de diferença e deslocamento". Nesse desafio à localização do medo em um corpo, a materialização do corpo temido ocorre por meio de um regime racial visual, bem como a impossibilidade da contenção de corpos temidos. A ansiedade dessa impossibilidade de contenção subentende relegar o medo a um objeto distinto, produzindo a falsidade de um objeto temido. Além disso, é justamente a não residência das emoções, sua circulação entre os corpos, que une os sujeitos, criando uma miríade de corpos suspeitos. Inspirada em Fanon, assim como Butler, Ahmed não se concentra no corpo negro que atacará, mas naquele que passa por:

> O homem negro torna-se ainda mais ameaçador se ele passar por. [...] A economia do medo trabalha para conter os corpos dos outros, uma contenção cujo 'sucesso' depende de seu fracasso, pois deve manter abertos os próprios fundamentos do medo. Nesse sentido, o medo trabalha como uma economia afetiva, apesar da maneira como ele parece direcionado

---

[39] *Idem*, pp. 19-21.

para um objeto. [...] É essa falta de residência que permite que o medo deslize através dos sinais, e entre os corpos. Esse deslizamento fica preso apenas temporariamente, na própria anexação de um sinal a um corpo, pela qual um sinal adere a um corpo, constituindo-o como objeto de medo, uma constituição assumida pelo corpo, cercando-o com um medo que se torna seu.

Essa é uma reivindicação diferente de uma temporalidade antecipatória e preventiva: o perigo real, por assim dizer, não é que ele irá atacar, *mas que ele vai passar por*, o ataque iminente desconhecido em termos de quando, onde, como ou se. Passar, ou passar por, levanta a possibilidade de que a diferença seja imperceptível: a injúria é infinitamente adiada para o futuro. O objeto que antes parecia conter o medo e, portanto, era contido, em vez disso, contamina e se multiplica em muitos corpos por meio de um deslizamento que funciona metonimicamente para escorrer e infiltrar esses corpos uns nos outros, "construindo uma relação de semelhança entre as figuras: o que as torna iguais pode ser sua 'diferença' de 'nós'". A aderência implica que o alívio temporário concedido pela passagem é silenciado por resquícios residuais e ecos de corpos mais antigos que se espalham, deixando vestígios de quase saírem limpos: "A palavra *terrorista* gruda em alguns corpos à medida que reabre as histórias passadas de nomeação, assim como desliza em outras palavras".[40] Tanto Butler quanto Ahmed fundamentam suas análises na significação: para Butler, o corpo negro visível é *a priori* significado como ameaçador, enquanto para Ahmed as emoções circulam entre os corpos e, portanto, os signos aderem, mesmo que momentaneamente. Uma emoção desancorada, como o medo, desliza em meio a corpos, ficando presa neles: é o medo que é pegajoso? Ou os corpos que já são significados de algum modo como pegajosos? Ou ambos? Mas há duas temporalidades distintas de antecipação e prevenção em ação aqui. Butler focaliza o sujeito perigoso que precisa de reabilitação, uma temporalidade

---

[40] S. Ahmed, 2004, pp. 119, 124, 127, 131.

de prevenção onde o corpo negro, já conhecido como assustador, deve ser subjugado antes que ele seja capaz de subjugar primeiro. O sujeito é criado, conhecido e confirmado à medida que o corpo é subjugado. Na perspectiva de Ahmed, alguns sujeitos são conhecidos, mas outros são antecipados: o circuito de passar por-deslizamento-aderência implica que as emoções deslizantes devem invariavelmente aderir aos corpos, dando a outros corpos seu (novo ou acentuado) signo. Os sujeitos podem ser antecipados, mas nunca conhecidos com certeza; o corpo contagioso que passa (mesmo se estivermos certos do perigo desse corpo) infecta outros corpos. A força preventiva não está centrada em um corpo, nesse caso, o homem negro ou o terrorista de turbante; em vez disso, a aderência pode levar a questionar quase qualquer pessoa nessa economia afetiva do medo: miríades de corpos, populações. A diferença entre Butler e Ahmed pode ser qualificada como a diferença entre uma posição defensiva (estou pronto para atacar para antecipar seu ataque) e uma posição defendida (estou antevendo completamente as *condições de possibilidade* para seu ataque, muito menos o próprio ataque). Em outras palavras, a posição ou postura defendida tenta antecipar a necessidade de uma posição defensiva. O que está sendo prevenido não é o perigo do sujeito conhecido, mas o perigo de não saber.

    O deslocamento de Ahmed da residência para a circulação pode levar a uma compreensão frutífera das forças de construção da população, seu controle necessitado não por saber quem eles são, mas pela impossibilidade de conhecer plenamente como essa circulação "trabalha para diferenciar alguns outros de outros outros, uma diferenciação que nunca está 'finalizada', pois espera por outros que ainda não chegaram". O deslizamento funciona para criar semelhanças – relações de objetos temidos entre si – entre diferenças que, apesar de tal variação, parecem ser distintamente diferentes do "nós" em jogo. O fato de o medo não residir em um corpo, mas poder ser materializado em qualquer corpo dentro de uma determinada faixa de perfil, permite que a figura do terrorista retenha sua potente ambiguidade significativa histórica, ao mesmo tempo que permite que o medo "torne-se aderente" a corpos que "poderiam ser" terroristas.⁴¹ O foco de Ahmed na *semelhança* permite que as emoções deslizem para e entre corpos, impulsionando a aderência dos signos e criando as relações de semelhança de objetos temidos entre si. Assim, a economia afetiva do medo que Ahmed estabelece é uma espécie de democratização: ela não se baseia apenas em posicionamentos internos e externos (homem negro, policial branco); em vez disso, modula diferenciais de medo de populações que são capturadas dentro, conformadas, suturadas, bem como apartadas dessas semelhanças. O cenário nunca está finalizado.

Figura 19. Vinanti Sarkar, imagem de capa do filme *Identidade confundida: Sikhs em América*, 2003. Reproduzido com a permissão do artista.

---

⁴¹ *Idem*, pp. 123, 135.

No contexto da identidade confundida, a passabilidade funciona duplamente como uma modalidade em que as distinções entre turbantes podem ser incompreensíveis – o sikh passa por terrorista ou o terrorista passa por sikh – e em que o sikh deve passar por estadunidense e, nesse sentido, pode passar, por assim dizer. A prova oferecida em qualquer performatividade de lealdade é traída pela demanda de articular-se como estadunidense, essa demanda atuando justamente como a evidência de que o sujeito não é constituído nem compreendido como estadunidense. O turbante é, portanto, um significante "pegajoso", operando como um objeto fetichista do medo, e o devir ontológico do sikh de turbante é intrinsecamente ligado à lógica temporal de antecipar sua futuridade, uma morte adiada, um devir que é suturado através de seu fracasso, de sua decadência. É o medo, então, à medida que materializa o turbante, e não o próprio turbante, que cria o abismo entre sujeito e objetos e faz a mediação do convívio entre objetos; esses limites não existem primeiro e, em seguida, produzem medo, mas é o medo que produz esses limites. Como Ahmed argumentou: "O outro é lido como temível somente *por meio* de um reconhecimento equivocado" (ênfase minha), não apesar dele.[42] A visibilidade é uma rubrica inadequada por causa de um antigo dilema liberal – a visibilidade convida à vigilância –, mas também porque os regimes de afeto e tateabilidade conduzem informações vitais para além do visual. A mudança da visibilidade para o afeto nos tira de um quadro de reconhecimento equivocado, dependente do visual para discernir o erro ("Pensei que você fosse um deles"), para a noção de semelhança, um quadro afetivo mais amplo no qual a razão para a semelhança pode ser vaga ou reprimida ("Você me lembra um deles"): de "tem a aparência de" para "parece se parecer com". Diferente do "tem a aparência de" relegado às restrições ópticas de visibilidade, o "parece se parecer com" está impregnado por economias táteis carregadas, um espaço afetivo que empurra o "parece se parecer com" em direção a "sinto que" e até mesmo, para explicar a convicção da diferença radical, "não parece com nada que

---

[42] *Idem*, pp. 126, 128.

eu possa alguma vez ter sentido" ou "nada que eu já tenha sentido antes". O "confundido com" em si mesmo não é um erro, na medida em que ele é o ponto principal. A alegação de ter cometido um erro funciona como um álibi, um corte, para o predomínio da semelhança, indicando que o Sikh é um substituto satisfatório (um outro vale tanto quanto mais um outro) ou uma substituição (o Outro é indiferenciado e precisa permanecer assim); ambos refletem a economia circulatória do medo proferida por Ahmed: corpos temidos são contagiosos.

Figura 20. *Flyer* criado por Harneet Pasricha, 2001. Reproduzido com a permissão do artista.

As amplas campanhas empreendidas por grupos liberais de defesa dos sikhs para educar "estadunidenses ignorantes" sobre os sikhs, concentrando-se tanto em quem os sikhs são (não terroristas, mas bons estadunidenses amantes da paz, imigrantes de minoria modelo, nossos turbantes têm a aparência *disso*) quanto em quem eles não são (muçulmanos, terroristas, nossos turbantes não se parecem com *aquilo*), embora importantes, não abordam as economias afetivas que misturam semelhança com reconhecimento equivocado.[43] O ato de inundar a

---

[43] Os diálogos de fés cruzadas e inter-religiosos fazem parte dessa missão; ver: IndiaExpress Bureau, 2002.

mídia e a internet com "imagens positivas" dos sikhs usa uma correção representacional para um dilema ontológico, em que o que se "sabe" sobre "o turbante" ainda está preso em uma economia ocular epistemológica, e se assume que as diferenças dentro e entre as diferenças realmente importam.[44]

Tal como usa Ahmed, "um afeto", por mais útil que seja seu emprego, permanece dentro do reino da significação. Significação, narrativa e coerência epistemológica – conhecida ou desconhecida – é o que está subtendido e faz a mediação da aderência, ou o deslizamento, dos objetos. Para Ahmed e Butler, o medo ainda é produzido predominantemente, se não exclusivamente, por signos. À medida que o comentário incisivo de Butler sobre o julgamento de Rodney King fica evidente, o visual é saturado por um esquema racial que é construído sobre camadas de conhecimentos raciais e desconhecimentos deslocados do temível e violento corpo do homem negro. Mas entendemos pouco o sentido de como o corpo do homem negro passa a ser temido como tal. De forma semelhante, no esquema de Ahmed, podemos questionar: como os corpos se tornam pegajosos em primeiro lugar? "História" é a resposta de Ahmed. Os corpos já devem ser significados como algo pegajoso para se tornarem ainda mais pegajosos? A aderência é apenas um produto de significação, de formação epistêmica em vez de ter propriedades ontológicas? A suposição que impulsiona a análise de Ahmed do afeto é uma forma de conhecimento discursivo narrativizado que ironicamente funciona como uma necessidade pré-discursiva para que a "aderência"

---

[44] Por exemplo, o documentário *Mistaken Identity: Sikhs in America* é anunciado como um filme que mostra "uma estadunidense branca, a jovem estudante Amanda Gesine, tentando desmistificar o enigma dos estadunidenses sikh enquanto compartilha as esperanças e desejos dos estadunidenses de todas as origens étnicas que procuram se unir contra o preconceito e o ódio. Amanda interpreta a apresentadora e jornalista investigativa em uma busca para descobrir os seus vizinhos estadunidenses sikh". Aqui, os sikhs são considerados criaturas exóticas desprovidas de quaisquer traços modernistas: o sentido de seu "enigma" expressa fantasias orientalistas. Em suma, a linha de raciocínio da identidade confundida articula uma fantasia sobre a diferença cultural que se comporta como se o racismo não existisse. Asians in Media, 2004.

tenha alguma força. (Ou seja, o corpo já é conhecido discursivamente como um corpo a temer; sua significação é uma necessidade pré-discursiva para um argumento que afirma que a ligação de signos aos corpos é a principal maneira como eles vêm a ser temidos.) Como surgiu a aderência? Isso não está muito nítido. Só aprendemos como é sentir medo, nunca como é ser temido. (Butler e Ahmed se baseiam em atos de leitura para contestar verdades epistemológicas; ou seja, a lógica da visibilidade é desafiada por meio da lógica da visibilidade ao apontar a instabilidade da evidência visual, em vez de deixar de lado o visual, ainda que momentaneamente, como o principal terreno epistemológico do conhecimento racial. De forma semelhante, a lógica da significação é contestada através da indicação da instabilidade dos signos.)

Brian Massumi, cujo trabalho em *Parables for the Virtual* [*Parábolas para o virtual*] é uma base crítica para o meu projeto, insiste em laços para processos afetivos que mediam o conhecimento cognitivo e epistêmico. A "sensibilidade visceral" do corpo precede a percepção do sentido: "Ele antecipa a tradução da percepção da visão ou do som ou do toque em algo reconhecível associado a um objeto identificável". Assim, os pulmões espasmam antes mesmo que os sentidos identifiquem a presença de uma sombra em uma "rua escura à noite em uma parte perigosa da cidade". A "parte perigosa da cidade" e a sombra são então os objetos identificáveis para os quais a força epistêmica só é confirmada depois ou, mais precisamente, quando a resposta afetiva tomou lugar.[45] O que temos, então, entre Butler, Ahmed e Massumi, são diferenciais da participação corporal: Butler lendo significados na epiderme do corpo negro; Ahmed localizando cadeias de sinais entre os corpos, nesse caso aqueles já propensos à aderência em torno da figura do terrorista; e Massumi colocando em primeiro plano o corpo que conhece antes de se tornar cogniscível, um corpo antecedente, distinto da prevenção da temporalidade antecipatória. Para Massumi, no entanto, apesar de sua

---

[45] Massumi acrescenta: "Chame isso de 'algo reconhecível', uma qualidade (ou propriedade)"; 2002, pp. 60-61.

atenção à matéria dos corpos, em sua reprodução talvez não intencional do corpo genérico da ciência, a raça parece também ser relegada ao cultural, ao discursivo. Colocando em primeiro plano os "encontros fenotípicos em espaços públicos", Arun Saldanha oferece uma noção diferente da aderência de Ahmed através da "figura da *viscosidade*":

> Nem perfeitamente líquido nem sólido, o viscoso invoca a tensão de superfície e a resistência à perturbação e à mistura. A viscosidade significa que as características físicas de uma substância explicam seus movimentos originais. Há espessamentos locais e temporários de corpos interagindo, que então coletivamente se tornam pegajosos, capazes de capturar mais corpos como eles. [...] Sob certas circunstâncias, a coletividade se dissolve, com os corpos constituintes fluindo livremente novamente. O mundo é uma imensa massa de viscosidades, tornando-se mais espessas aqui, e mais finas acolá.[46]

Diferentemente da interpretação de Butler sobre o fenótipo, que existe dentro da significação discursiva, e da aderência de Ahmed, que também só tem força por meio de signos, Saldanha está interessado na questão do fenótipo e como o fenótipo importa.[47] Saldanha argumenta que "os corpos gradualmente [se tornam] pegajosos e [se agrupam] em combinações", por causa de como "certos corpos *aderem* a certos espaços, como eles são acorrentados pela fome, frio, escuridão, lama, pobreza, crimes, olhares cheios de inveja e ansiedade". Se alguém concorda que "a raça é engenhosa em inventar novas maneiras de acorrentar corpos", esse encadeamento ou essa ligação ocorre não apenas através da força de significantes historicamente deteriorados que metonimicamente se ligam e sangram uns nos outros, como Ahmed sugere. Eles também ocorrem através do encontro de olfato, suor, descargas de calor, dilatação das

---

[46] Saldanha, 2006, pp. 13, 18.
[47] Curiosamente, todas as três autorias – Butler, S. Ahmed e Saldanha – leram o trabalho de Fanon para fazer seus argumentos divergentes. Talvez esteja faltando alguma reflexão sobre o potencial de uma releitura de Fanon a partir do trabalho de Massumi (ou melhor, uma releitura de Massumi a partir do trabalho de Fanon).

pupilas, os impulsos que os corpos captam uns dos outros, os contágios dos quais sabemos pouco, a sensação de ser tocado sem ter sido fisicamente tocado, de ter visto sem ter visto fisicamente, "que conexões imanentes [corpos] forjam com coisas e lugares, como eles trabalham, viajam, lutam, escrevem, amam [...] tornam-se viscosos, desaceleram, adquirem certos hábitos, participam de certas coletividades, como cidade, estrato social ou formação racial".[48] Saldanha privilegia o encontro da própria diferença fenotípica: não apenas vinculada à representação visual ou à significação histórica da diferença fenotípica, mas ao fenótipo experimentado fora ou além do visual, através do tátil em que o visual induz à sensação de toque. De forma presumida, a experiência de diferença fenotípica está onde o peso representativo (da negritude, por exemplo) pode realmente romper e desarmar em vez de reificar infinitamente.

Figura 21. Vishavjit Singh, *O Grito*, 2006. Publicado originalmente em www.SikhToons.com. Reproduzido com a permissão do artista.

---

[48] Saldanha, 2006, pp. 10, 19, 20.

MODERNIDADES DE TURBANTE

> Ele inicia a minha identidade e acaba com a minha identidade. Tirá-lo mata uma parte de você.
> –*Targeting the Turban: Sikh Americans after September 11*, dirigido por Valerie Kaur Brar.
>
> Não é uma coisa estranha ser tão marcado por um objeto que é limitado em termos temporais, requer recriação em uma base diária e, fora do corpo de quem veste, é simplesmente de três a cinco metros de pano de algodão, tingido em vários tons?
> – Virinder S. Kalra, "Locating the Sikh *Pagh*", 2005, p. 75.

Na edição inaugural de *Formações Sikh: religião, cultura, teoria*, o primeiro periódico dedicado a promover estudos culturais sikhs críticos que divergem das abordagens antropológica, sociológica, teológica e de estudos de área sobre os sikhs e o sikhismo, uma meditação sobre turbantes (conhecidos como *paghs* ou *paghardis*) é apresentada pelo estudioso sul-asiático britânico Virinder Kalra. Argumentando que o advento da modernidade Sikh depende de o turbante ser percebido como apenas mais uma peça de roupa, Kalra afirma que o turbante é, afinal, apenas um pedaço de pano. Uma incapacidade de compreender essa simplicidade torna os sikhs "em alguma escala de meio-termo entre tradição e modernidade" por causa da norma de policiamento de uma "cabeça sem turbante", bem como pela significação duradoura do turbante e pelos laços ferozes com a tradição, eternamente "adiados em relação ao tempo do presente", um binário tradição-modernidade que é, com efeito, produzido como uma dicotomia religioso-secular. Perguntar se "o *pagh* pode se tornar [...] apenas uma vestimenta aceita de uma pessoa moderna" através de uma "aproximação com o moderno, uma remoção secular" ou até mesmo se tornar um "acessório de moda" através de mercados consumidores redentores, que agora defendem uma modernidade flexível a partir da combinação de jeans e turbantes, como na Turquia, Kalra declara: "Algo mais está em jogo do que apenas a questão de 5,48 metros de tecido. A questão que se coloca é, em última análise, se uma modernidade sikh é de alguma maneira possível". Kalra aponta corretamente para a incorporação colonial britânica de sikhs de turbante (uma masculinidade narrada contra uma masculinidade hindu efeminada) em unidades militares, possibilitada pela oscilação do turbante como "uma marca de disciplina e obediência" e também como um traço de selvageria e falta de domesticação, significados duplos delicadamente ligados um ao outro.[49] O colonialismo britânico é, portanto, cúmplice da fusão do turbante no final do século XIX com uma identidade sikh emergente, ironicamente ridicularizada e difamada na Grã-Bretanha contemporânea.[50]

Embora os termos desse debate sejam de grande importância, gostaria de me afastar momentaneamente desse imbróglio. Pensar turbantes por meio de agenciamentos nos permite escapar dessa questão da temporalidade que obstinadamente liga todas as formas culturais que navegam o ontem da tradição com a futuridade do moderno, para inspirar novamente outras possibilidades temporais e espaciais. Por um lado, há o fato do ritual diário como é repetido manhã após manhã, de selecionar, amarrar, ligar, fixar, dobrar, enrolar o que pode parecer quantidades infinitas (certamente abundantes) de pano, alterando em uma base rítmica a cor e a forma e o contexto em que ele está envolvido. O quadro temporal diário, portanto, está na verdade operando de forma diferente em sua relação com os limites. A repetição é fundamental; ela permite não apenas a repetição do familiar e do tempo gasto, mas também o devir de algo aberto ao futuro, a repetição com uma diferença. Cada turbante

---

[49] Kalra, 2005, pp. 77, 82, 84.

[50] Sobre a história do fascínio colonial britânico pelos turbantes sikh, ver Axel, 2001, especialmente "The Maharaja's Glorious Body" (pp. 39-78) sobre a viagem para a Grã--Bretanha do Marajá Duleep Singh, o "último governante sikh de Punjab" (p. 39). Axel traça a emergência do sujeito sikh entre a metade e o final do século XIX dentro da "cena colonial de rendição" (p. 41), marcada predominantemente pela identificação visual de um corpo de homem sikh de turbante (p. 42). Esse reconhecimento visual produz o homem de turbante sikh como uma figura reguladora e o sujeito sikh por excelência, mas simultaneamente produz esse sujeito como "uma figura de sujeição à coroa [britânica]" (p. 49). A análise histórica de Axel demonstra que a "imagem do corpo do homem sikh tornou-se cada vez mais translocal" (p. 63), clivando e colapsando vários corpos de homens sikh: sardares, amritdharis e o corpo torturado.

é único; a repetição nunca é a mesma. Cada turbante é preso de forma tênue, à medida que a rigidez do tecido áspero desaparece ao longo do dia. A repetição também está aberta a grandes variações ao longo da vida, à medida que os turbantes são adotados, descartados, usados um dia, mas não no próximo, usados para ocasiões especiais e usados com cabelos despenteados e tosquiados. Assim, a vida temporal dos turbantes não deve ser definida principalmente pela longevidade, mas pela repetição, pelo ritmo, pela flutuação e pelas linhas de fuga que sempre mantêm aberta a chance de uma ruptura dos termos exatos da mimese.

A leitura dos turbantes como apêndices e próteses postula o turbante como uma extensão do corpo, geralmente considerada uma extensão fálica ou uma extensão do falo, ou o corpo como uma extensão do turbante, considerando como dado o corpo como um todo, que corresponderia exatamente ao corpo como organismo. Essa noção desse corpo orgânico discreto persiste mesmo no pensamento de Massumi. Ele presume a discrição de um corpo orgânico em relação a uma "coisa":

> O que é um corpo perceptivo além da soma de suas percepções, reais e possíveis? O que é uma coisa percebida além da soma de seu ser-percebido, real e potencial? De modo separado, cada um é sem ação, sem análise, sem antecipação, sem coisa, sem corpo. A coisa é o seu ser-percebido. Um corpo é suas percepções. 'Corpo' e 'coisa' e, por extensão, 'corpo' e 'objeto' existem apenas implicados um no outro. [...] Corpo e coisa são extensões um do outro. São implicações mútuas: copensamentos de uma percepção de duas cabeças. Essa percepção de duas cabeças é o mundo.
> Extensões. A coisa, o objeto, pode ser considerada *prótese* do corpo – desde que seja lembrado que o corpo é igualmente uma prótese da coisa.[51]

Embora haja uma relação mútua aqui entre corpo e coisa, essa relação mútua depende da separação nítida e finita das duas entidades. Além disso, assume-se que a coisa é não orgânica, sem qualquer força própria, e é apenas uma coisa com relevância na medida em que é uma soma de

---

[51] Massumi, 2002, p. 95.

seu total ser-percebido: como o corpo percebe a coisa é a coisa em si. Aparentemente, o corpo não é uma coisa. O corpo percebe e a coisa é percebida; a possibilidade de uma inversão não é bem-vinda. Mas e se a coisa perceber? Ou se o corpo e a coisa perceberem juntos, percepção de uma única cabeça em vez de duas cabeças? Ou, de modo mais direto, e se o desempenho dessa relação de perceber e ser percebido mudar completamente essa separação da percepção? Ou seja, e se perceber e ser percebido não puderem mais ser processos separados, nem processos que atuem como extensões um do outro? Esta seria uma diferença (dentre muitas) entre apêndice e agenciamento: pensar no homem de turbante como um homem com um apêndice e pensar no homem de turbante como um agenciamento que atravessa delineamentos tão fáceis entre corpo e coisa, um agenciamento que funde, mas também que mistura em combinações caóticas, turbante em corpo, pano em cabelo, pele, óleo, poros, desestabilizando a organicidade presumida do corpo. Sobre os agenciamentos, Deleuze e Guattari escrevem:

> Segundo um primeiro eixo, horizontal, um agenciamento comporta dois segmentos, um de conteúdo, o outro de expressão. Por um lado, ele é *agenciamento maquínico* de corpos, de ações e de paixões, mistura de corpos reagindo uns sobre os outros; por outro lado, *agenciamento coletivo de enunciação*, de atos e de enunciados, transformações incorpóreas sendo atribuídas aos corpos. Mas, segundo um eixo vertical, o agenciamento tem, de uma parte, *lados territoriais* ou reterritorializados, que o estabilizam e, de outra parte, picos *de desterritorialização* que o arrebatam.[52]

Mesmo que o turbante seja de fato testemunhado como um apêndice que é o total de seu ser-percebido, muitas vezes ele é representado pelo usuário como parte de seu corpo, não como um apêndice ou coisa que tem propriedades e qualidades separadas do corpo. O eixo horizontal de "ações e paixões" *entre* corpos revela os "encontros fenotípicos" de que Saldanha escreve, mas também implode corpos a partir de *dentro*,

---

[52] Deleuze & Guattari, 2011, p. 24.

atravessando e ultrapassando fronteiras corporais. Cúmplice disso é a representação do turbante como "parte do corpo".

O turbante está, portanto, sempre no estado de devir, o devir de um corpo de turbante, o turbante devindo parte do corpo. Em todas as suas múltiplas singularidades, ele se tornou um objeto de fetiche perverso – um ponto de fixação (certamente reproduzido neste texto) –, uma espécie de força centrípeta, um estranho atrativo através do qual a densidade da ansiedade se amplia, e se acumula. Para o usuário, os rituais e as sensações ligados a essas partes do corpo – os cheiros durante a engomada semanal dos tecidos, o alongamento de metros de tecido grosso para induzir o amaciamento, o envolvimento e a fixação do turbante no lugar – são experiências na eminência de devir, de modo qualitativo, diferente de antes. Retrabalhando a noção de Michael Taussig de "conhecimento tátil",[53] May Joseph afirma de maneira eloquente:

> Para culturas cujas formas de conhecimento social têm sido fragmentadas e mutadas por múltiplas experiências de conquista e de contato cultural [...] práticas táteis são difíceis de ler e contêm múltiplos significados. Tais intercâmbios são frequentemente eventos informais intrínsecos à vida cotidiana por meio dos quais o conhecimento cultural é citado, transmitido ou reapropriado. Os sentidos adquirem textura.

Como aquilo que "imerge os sentidos além da lógica estruturante da visão e desaloja a memória como a teia que estrutura a história", os conhecimentos táteis instalam traços normatizantes de perigo, medo e melancolia nos corpos racializados que se parecem com terroristas.[54] (Deleuze e Guattari alertam contra o uso do termo "tátil", afirmando que ele força uma divisão entre ver e tocar, preferindo em vez disso o termo "háptico", como aquele que "deixa supor que o próprio olho pode

---

[53] Taussig, 1993.
[54] May Joseph, 2000, p. 46. Sobre melancolia racial, ver Eng & Han, 2003.

ter essa função que não é óptica".⁵⁵ No entanto, acredito que Joseph está usando o termo de forma condizente.) As economias táteis reafirmam o conhecimento ontológico em vez do epistemológico e destacam o toque, a textura, a sensação, o olfato, o sentimento e o afeto sobre o que se supõe ser legível através do visível. Mesmo dentro do estudo do "sensório humano", como aponta Rey Chow, ver e ouvir têm sido as rubricas privilegiadas de análise, "ditando as questões representacionais que estão sendo discutidas".⁵⁶ (Assim, qualquer dicotomia percebida entre afeto e representação é fabricada, obscurecendo a questão de *quais* funções sensoriais são privilegiadas nas práticas e análises representacionais.)

No caso dos homens sikh de turbante, a noção de reação racista também invoca o confinamento temporal do "retorno do reprimido", um mecanismo de bode expiatório que insinua que o ódio racial, anteriormente submerso e, portanto, disciplinado e conquistado, emerge novamente durante as crises de recursos estatais e capitalistas. Lembremos, no entanto, de que, para Foucault, o racismo não está ligado à teoria da escassez, nem é um projeto ideológico guiado por noções de diferença ou desprezo entre raças, um deslocamento de hostilidade ou a produção do Outro a fim de consolidar o Mesmo, mas sim sobre a destruição da "raça inimiga". O racismo é, portanto, endêmico à produção de populações e às demarcações mutáveis e difusas entre biopolítica e necropolítica, bem como a espaços ambíguos multifacetados, que poderíamos chamar de espaços de adiamento ou desvio da morte. Como Foucault escreve na obra *Em defesa da sociedade*: "Com efeito, que é o racismo? É, primeiro, o meio de introduzir afinal, nesse domínio da vida de que o poder se incumbiu, um corte: o corte entre o que deve viver e o que deve morrer". A separação dos grupos em populações ou aqueles que existem dentro das populações é, escreve Foucault, "a primeira função do racismo: fragmentar, fazer cesuras no interior desse contínuo biológico".⁵⁷

---

[55] Deleuze & Guattari, 2011, p. 180.
[56] Chow, 1999, p. ii.
[57] Foucault, 2005, pp. 304-305.

Em vez de corpo e evento, um corpo que sofreu um evento traumático, temos o "corpo como evento" de Massumi e o trauma do crime de ódio reescrito como "intensificação": "A melhor palavra para um imediatismo complicador da relação consigo mesmo é intensidade".[58] Seguindo Joseph novamente, a memória (do trauma) é deslocada como o principal árbitro da lembrança (e do esquecimento). Essa é uma leitura que pode ser potencialmente mobilizada politicamente para abordar as narrativas das vítimas de racismo contra homens de turbante que desconsideram as experiências de racismo das mulheres sikh. Os três domínios de "intensificação" relevantes para os sikhs – a Partição da Índia, a Operação Bluestar e a perseguição de minorias após o assassinato de Indira Gandhi em 1984, e os atos terroristas de 2001 – na verdade articulam ataques de preconceito não como eventos ou fenômenos traumáticos singulares, mas como um processo em andamento e não linear de coleta e descarga de intensidades.[59]

---

[58] Massumi, 2002, p. 14.

[59] Os sikhs, em particular os homens, tornaram-se objeto de um sentimento anti-sikh renovado, mesmo de facções supostamente progressistas das comunidades sul-asiáticas. A romancista sul-asiática Bharati Mukherjee, criticada por suas generalizações deploráveis sobre não hindus e aclamada por suas representações da aculturação de imigrantes (como aparece, por exemplo, em *Jasmine*), afirmou em uma entrevista em 2 de maio de 2003, com Bill Moyers, que os sikhs haviam estabelecido "células terroristas adormecidas" em todos os Estados Unidos e Canadá; 2003. Seus esforços para transpor a ansiedade ligada ao vocabulário do terror da rede da al-Qaeda são reforçados por sua acusação mais tarde na entrevista de que, desde o 11 de Setembro, os sikhs têm conduzido levantamentos de fundos terroristas em mesquitas em escala transnacional. Nessa confusão intrigante de templos de adoração sikh com mesquitas muçulmanas, as declarações ultrajantes de Mukherjee seriam hilárias se ela não fosse considerada um exemplo de discurso de minoria modelo, seus romances sendo imensamente e amplamente populares entre os leitores estadunidenses sul-asiáticos e liberais (brancos). Sua conduta é consistente com suas representações literárias de sikhs punjabis, homens sikh em particular, como fanáticos religiosos militantes, inerentemente violentos, hipermasculinizados, "lascivos, sujos e incivilizados, especialmente quando eles [bebem], e eles [bebem] o tempo todo" (ver *Wife*, como um caso em questão); em contraste, o sujeito homem hindu se disfarça de sujeito secular, como o sujeito indiano central, paradigmático. A Sikh Mediawatch and Resource Task Force respondeu à entrevista escrevendo uma carta para Moyers: "Na verdade, a comunidade sikh não abriga nenhuma inimizade em relação aos Estados Unidos ou ao Canadá,

Além disso, os usuários de turbante, geralmente homens, carregam o fardo de salvaguardar e transmitir a cultura e de simbolizar a pureza da nação tipicamente atribuída às mulheres. Mas isso não automaticamente ou apenas feminiza homens de turbante. E aqui somos pressionados a repensar a raça, a sexualidade e o gênero como concatenações, agenciamentos instáveis de energias giratórias rotativas e regressivas, em vez de coordenadas interseccionais. A fusão de cabelo, óleo, sujeira, suor, tecido, pele, o orgânico se fundindo no não orgânico, torna um turbante não como parte de um corpo queer nem como uma parte queer do corpo, mas como um objeto externo aculturado nas intimidades de um corpo entre matéria orgânica e não orgânica, borrando a distinção entre eles, borrando o dentro e o fora, falando com os campos de força – entidades não orgânicas que têm força – em relação e fundidas com o orgânico, o corpo e o turbante dobrando-se sobre si mesmos, literalmente, como dobras pressionam outras dobras, dobras de tecido e pele. Sobre o corpo dobrando-se sobre si mesmo, Massumi escreve: "Um franzir de sobrancelhas ou franzir dos lábios é uma ação autorreferencial. Sua sensação é uma virada sobre si mesmo da atividade do corpo, de modo que a ação não se estende em direção a um objeto, mas enreda-se no seu ponto de emergência: sobe e desce em sua própria incipiência, no mesmo movimento".[60]

---

nem os sikhs estão arrecadando dinheiro para quaisquer campanhas terroristas. Não há nenhuma 'célula terrorista adormecida'"; "Entrevista com Bharati Mukherjee". Esse exemplo demonstra as naturezas intrinsecamente ligadas entre os nacionalismos hindu e estadunidense: a refutação mais rigorosa do nacionalismo hindu pode ser melhor (e talvez apenas) alcançada por meio de um anúncio de lealdade e fidelidade aos Estados Unidos. Para a portadora de turbante feminizada, a convergência do patriotismo heteronormativo cáustico dos EUA e o aprofundamento da política nacionalista hindu na Índia e na diáspora tornam os sikhs e os muçulmanos duplamente vulneráveis. A transcrição *on-line* da entrevista é agora precedida por uma declaração de que um "erro de edição" resultou em "mal-entendido e confusão" e que Mukherjee não queria sugerir "que ela acredita que os sikhs estavam envolvidos em atividades de arrecadação de fundos em apoio às atividades de terrorismo do 11 de Setembro". Essa mudança na transcrição, que insere "[terroristas muçulmanos]" na entrevista antes das alegações de Mukherjee sobre a captação de fundos terrorista, é o resultado das atividades da Smart; ver Sikh Mediawatch and Resource Task Force, 2003c.

[60] Massumi, 2002, p. 139.

É esse agenciamento de visualidade, afeto, posição feminizada e disrupção corporal de divisões orgânico-não orgânico, o corpo não totalmente orgânico e não totalmente não orgânico, que explica a figuração queer do turbante no cálculo de um crime de ódio. E essa linha de análise nem sequer aborda considerações teológicas dos turbantes, seu significado e domínios afetivos do divino, do espiritual, do etéreo que habitam os turbantes e que os turbantes habitam. Além disso, de acordo com os princípios religiosos, os sikhs praticantes e batizados não cortam, raspam ou arrancam o cabelo de qualquer parte de seu corpo, e a modificação do corpo (*piercings*, tatuagens) é proibida. O turbante, portanto, teologicamente significa não uma modificação para um corpo puro e intacto, mas faz parte de um corpo que é deixado sem modificações.

O curioso enfraquecimento da distinção entre entidades orgânicas e não orgânicas que me interesso em afirmar em corpos com turbante ressoa com outros corpos de nossos tempos de guerra: a mulher-bomba, a figura com burca (mulher? Homem passando por mulher?), o monstruoso terrorista-viado, a ativista esmagada por uma escavadeira na Palestina, os civis iraquianos brutalmente torturados por soldados estadunidenses em Abu Ghraib, o estranhamente carismático (*sexy*, até?) Osama bin Laden. Os devires desses corpos, muitos borrando as distinções entre o maquínico e o orgânico, têm capacidades disruptivas e eruptivas.

Presa precisamente por esses polos – tradição *versus* modernidade –, essa atribuição permite a rejeição das sexualidades com turbante por sujeitos diaspóricos queer que procuram aproximar-se do *status* cosmopolita, bem como sujeitos diaspóricos queer que procuram abraçar as sexualidades ilegítimas e perversas atribuídas a corpos terroristas (novamente, o turbante é quase perverso *demais*). Além disso, a preocupação das comunidades sikh com uma representação positiva continua, mesmo que nos Estados Unidos o sikh de turbante possa performar, especialmente em comunidades de classe média, fidelidade à cidadania estadunidense moderna por meio da fé e da convicção religiosas, assemelhando-se a um compromisso com o fundamentalismo cristão, em vez de uma identidade predominantemente secular que vê o turbante simplesmente como uma forma de vestir. A confiança em excesso nas narrativas de visibilidade por todos esses discursos – queer, respeitabilidade sikh e a regulação estatal da diferença visível – tanto privilegia um conhecimento epistemológico sobre um devir ontológico quanto privilegia um processo de perfilamento racial panóptico, desconsiderando outros usos contemporâneos do perfilamento.

PERFIS RACIAIS E INFORMACIONAIS

Em um artigo do *New Yorker* de 2006 que contrasta o perfilamento de *pit-bulls* como cães perigosos, cruéis e constitucionalmente violentos ao perfilamento de terroristas, traficantes de drogas e outros criminosos móveis e detectáveis, Malcolm Gladwell descreve a política do Departamento de Polícia de Nova York contra o perfilamento racial como foi instituída por Raymond Kelly, comissário de polícia de Nova York. Uma lista de 42 traços suspeitos foi substituída por uma lista de seis "critérios amplos": "Há algo de suspeito na aparência física deles? Eles estão nervosos? Existe inteligência específica visando essa pessoa? O cão farejador aciona um alarme de aviso? Há alguma coisa errada na sua papelada ou nas suas explicações? Foi encontrado contrabando que envolve essa pessoa?".[61]

Essa é uma mudança de "generalizações instáveis" (raça, etnicidade, gênero, bem como o que as pessoas fazem: chegaram tarde da noite, chegaram cedo, chegaram à tarde; primeiro a desembarcar do avião, último a desembarcar, desembarcou no meio) para "generalizações estáveis": como as pessoas parecem. Um patrulhamento do afeto altera os termos de "que tipo de pessoa" seria um terrorista ou contrabandista,

---

[61] Gladwell, 2006, p. 42.

reconhecendo que o terrorista (terrorista é marrom *versus* terrorista é irreconhecível) poderia se parecer com qualquer pessoa e *fazer as coisas* como todos, mas pode *parecer* outra coisa. ("Após as reformas de Kelly, o número de buscas conduzidas pelo Serviço de Alfândega caiu cerca de setenta e cinco por cento, mas o número de apreensões reais melhorou vinte e cinco por cento".[62]). Mas nesse quadro revisado, o ocular, o afetivo e o informacional não são grades de poder ou esferas de controle separadas; em vez disso, eles trabalham em conjunto – não sinteticamente, mas como matrizes em interface.

Sobre as práticas contemporâneas de perfilamento e seus antecedentes históricos, Horace Campbell escreve: "O perfilamento racial e o alvejamento de suspeitos de terrorismo nos Estados Unidos trazem as ideias e a organização da opressão racial do passado de acordo com as novas tecnologias e o movimento eugenista contemporâneo". Assim, o perfilamento é a versão moderna e biotecnológica estendida da eugenia (leis de escravos fugitivos, leis e práticas de esterilização, experimentos de Tuskegee), enquanto também é estendido pela biotecnologia, engenharia genética (clonagem, pesquisa de células-tronco), vírus como a Aids e o ebola (se não foi projetada em laboratório como experimentos de guerra biológica, as respostas políticas à pandemia da Aids certamente sugerem matar por negligência).[63] O perfil, como um tipo de composto, também funciona, como Deleuze sustenta, como um mecanismo de coleta e análise de informações que tabula informações de *marketing*, demografia, hábitos de consumo, uso de computadores (*cookies*), dados de políticas públicas, alertas de passageiros de aviões e listas de bloqueio de ativistas políticos e intelectuais públicos.[64]

---

[62] *Idem, ibidem.*

[63] H. Campbell, 2003, p. 31.

[64] Como tal, o caso *Thind* prevê, por meio de seu aparato disciplinar, a proliferação das tecnologias de detenção; na verdade, os espaços de inclusão da cidadania oferecidos através de discursos liberais multiculturais de minoria modelo operam como espaços de dissidência e extensões de celas de detenção hipervisíveis – ou seja, a detenção não é mais apenas um aparato disciplinar de isolamento, mas o controle é mais

E agora voltemos ao corpo de turbante. Então, se o turbante não é um chapéu, da mesma forma que os *quipás* e os *hijabs* são considerados coberturas de cabeça religiosas, o que ele é? "Isso não é um trapo, é uma bandeira", é assim que começa uma música do músico *country* Charlie Daniels, escrita em outubro de 2001. "E nós não usamos isso em nossas cabeças".[65] Como discutido na abertura deste capítulo, grupos de defesa sikh receberam queixas de que homens com turbante estavam sendo solicitados a remover e desenrolar seus turbantes em pontos de verificação de segurança de aeroportos para verificar se havia armas; as alternativas recomendadas por grupos de defesa sikh incluíam o uso de tecnologia de raios X (detector de metais portátil, máquina de raios X) para escanear os turbantes. Esse cenário – como monitorar o turbante e o corpo ao qual ele está ligado – reflete as operações conjuntas de perfilamento ocular, afetivo e informacional. O corpo de turbante está não apenas disponível para ser disciplinado, nem apenas para possibilitar a internalização do sentido de estar sendo observado. Sobre os efeitos dessa internalização, Butler observa: "É uma espécie de patrulhamento do árabe fantasmático, nas ruas e nas cidades dos EUA. Parece-me uma maneira de definir quem é estadunidense, quem está em alerta, vigiando e quem não está, quem é vigiado, monitorado".[66] Mas este é novamente um modelo singular de disciplina: há locais, posições e distinções fixos entre aqueles que são vigiados e aqueles que não são, aqueles que observam. Sobre um modelo biopolítico de controle, Deleuze escreve: "O controle é de curto prazo e de duração rápida, mas também contínuo e ilimitado, ao passo que a disciplina era de longa duração, infinita e

---

insidiosamente distribuído dentro da esfera pública. Agradeço a Amit Rai por uma síntese da cidadania como uma forma de detenção.

[65] Indivíduos de turbante nos EUA multicultural têm sido frequentemente referidos como "cabeças de toalha" e "cabeças de trapo"; o congressista estadunidense James Cooksey (R-LA) os chamou de "fraldas". Ver McKinney, 2001. Ver também a Sikh Mediawatch and Resources Task Force, 2001b, quando a Smart inicia uma campanha nacional de escrita de cartas e telefone protestando contra as observações de Cooksey.

[66] Butler, entrevista.

descontínua".⁶⁷ Na medida em que o perfilamento racial do panóptico trabalha para disciplinar o patriota, o perfil informacional trabalha para acusar antecipadamente a formação do sujeito. O panóptico serve para isolar, centralizar e deter; o perfil dispersa o controle através de circuitos que capturam vários locais de ansiedade que se penetram entre si. Como estratégias de vigilância, o panóptico e o perfil trabalham simultaneamente para produzir o terrorista e o patriota em um corpo, o corpo de turbante. O panóptico e o perfil trabalham juntos, não de modo sintético (isto é, não estou defendendo aqui uma noção de síntese dessas tecnologias diferentes), mas por meio de camadas interligadas de vulnerabilidade que são produzidas e distribuídas em seu rastro.

A intimidade de desenrolar o turbante e a intimidade da tecnologia de vigilância que radiografa o turbante são, dessa maneira, bifurcadas: o primeiro produz o sujeito violado da regulação, a penetração do privado sagrado, semelhante ao sujeito liberal queer de *Lawrence--Garner*, que depende de uma fantasia liberal de integridade corporal, uma projeção de totalidade. Podemos dizer que parte do policiamento panóptico pressuposto nesse tipo de ritual de submissão deve-se a regimes de heteronormatividade regulatória *assim como* de homonormatividade regulatória e até mesmo de queeridade regulatória; o corpo de turbante parece não ser suscetível a nenhum desses quadros, mas mesmo assim tenta-se a reabilitação. Em segundo lugar, o turbante que parte na esteira rolante, tombado, ligeiramente inclinado no movimento de entrada no aparelho de

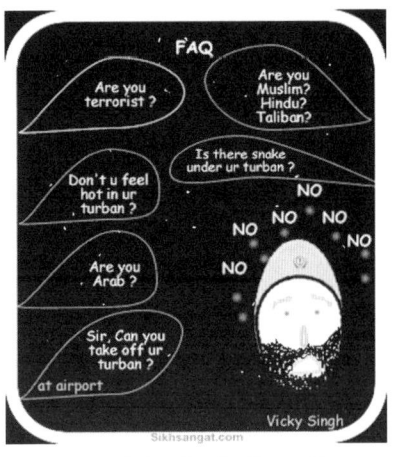

Figura 22. Vicky Singh, É você?, 2003. Publicado originalmente em www.SikhToons.com. Reproduzido com permissão de Vishavjit Singh.

---

⁶⁷ Deleuze, 1992, p. 224.

raios X, ou o sensor manual que escaneia o tecido e as dobras, são partes integrantes de um controle afetivo da população, que reescreve os corpos e suas intimidades à medida que os vigia, a percepção da intrusão difusa em vez de penetrante ou focalizada, múltipla em vez de singular. Em ambos os cenários, permanecem os agenciamentos mutáveis momento a momento dos corpos com turbante, dos sem turbante e daqueles que recolocam o turbante. Temos vários corpos aqui: o "corpo do excesso" que é constitutivo de qualquer leitura que privilegia os excessos raciais e sexuais do corpo visual e representacional (aqui, o gênero do corpo de turbante recebe substância); o corpo afetivo (passando de homem de turbante ou mulher de turbante para agenciamento de turbante), cujas transformações e potencialidades transformativas estão em seus *contágios*, suas transmissões energéticas, ou seja, sua capacidade afetiva para afetar;[68] os dados ou corpo informacional unificado por meio de *bits* digitalizados. O corpo é tanto *visto* quanto *se vê através* dele. O visual é expandido através de um certo tipo de transparência, não só olhando para o corpo, mas olhando através dele. A radiografia do turbante é um evento de vigilância que não desmonta ou desagrega o corpo unificado pedaço por pedaço; ao contrário, é uma rematerialização do corpo, um desdobramento do corpo através de vários registros que demarcam os termos de intimidade, intensidade e interioridade. Combinando procedimentos biométricos que capturam a íris do olho, a geometria da mão, o jeito de andar, essas tecnologias de controle informacionais e de vigilância digitalizadas produzem um corpo de dados ou o corpo-como-
-informação e também impactam e transformam os contornos do corpo orgânico através de uma interface de tecnologias maquínicas orgânicas e não orgânicas que tentam a dissolução mútua de suas fronteiras.

Nessa economia da visão, poder "ver" o terrorista não depende da vigilância de todo o corpo; ao contrário, a securitização que visa tornar algo visível para garantir sua captura depende de um agenciamento de capacidades subindividuais. Essas tecnologias de "atenção que suspendem

---

[68] Rai, *paper* sem título, 2006.

certas suposições para criar outras", afirma Massumi, "perturbam para tornar perceptível".[69] A raça e o sexo são relidos não apenas através do sujeito queer regulatório (ou seja, resistente), mas através da regularização dessa rematerialização do corpo. A questão central aqui é a noção de capacidade, em outras palavras, a habilidade de desenvolver e propagar a biopolítica da vida projetando a potencialidade como futuridade. Uma indicação disso é realizada pela própria submissão a essas tecnologias de vigilância que geram esses dados. Seguindo a afirmação de Rey Chow de que a biopolítica é implicitamente sobre a ascendência à branquitude, os termos da branquitude não podem permanecer apenas no campo da identificação ou do fenótipo raciais, mas se estendem à capacidade de ter capacidade: ou seja, a capacidade de dar vida, sustentar a vida, promover a vida – os registros de fertilidade, saúde, sustentabilidade ambiental e capacidade de risco. Raça e sexo não são, portanto, descartadas como categorias analíticas, mas suplementadas por sua redefinição como a capacidade de regenerar, categorias de identidade que trabalham com os tipos de racismos estatísticos que veem algumas populações como dignas de vida e outras como decadentes, como destinadas à morte. Otimizar o corpo implica a oscilação entre o sujeito da reabilitação, um sujeito já unificado que pode e deve ser representado, e populações de regeneração, voltadas para o futuro, corpos regenerativos que parecem ter a capacidade de ter capacidade.

Assim, não é necessário eliminar o homem de turbante (como está implícito na proibição francesa de véus) nem sequestrá-lo – muito pelo contrário. Turbantes funcionam em múltiplos locais de poder de monitoramento perpétuo ligados entre si para estimular um circuito e um regime de controle contínuos, caminhos interconectados de vigilância e disciplina. O turbante não existe como um local fechado de diferenciação, mas entre vetores de captura que se proliferam: na segurança do aeroporto, enquanto dirige ou em um veículo, em uma cela de detenção, em uma foto da carteira de motorista que proíbe "chapéus",

---

[69] Massumi, *paper* sem título, 2006.

em uma força policial que proíbe o uso de turbantes por causa do chapéu do uniforme oficial, em um *videogame* terrorista, por meio de imagens da internet e da mídia rapidamente disseminadas e repetidas. O erro em si (cometer o erro) da identidade confundida deve estar disponível em múltiplas economias táteis, seja através do copia e cola do Photoshop, do simulacro de *videogames*,[70] da impressão da imagem repetida de Sher

---

[70] Como um exemplo: Em *Hitman 2: Silent Assassin*, um *videogame* lançado em 2002 pela Eidos Interactive, personagens sikh e dalit se unem para combater um herói ocidental. O jogo orientalista leva o jogador para Punjab, Índia, onde um local de derramamento de sangue é um templo de adoração sikh, um *gurdwara*: "Um magnífico, antigo *gurdwara* (templo sikh) – completo com ornamentos de mármore, azulejos esmaltados, divisórias com filigranas, pinturas de parede antigas e cúpulas de ouro inestimáveis – é acompanhado por um *qila* (forte antigo) e protegido por muros altos, bem como por crentes fanáticos – na frente, um labirinto de pequenas lojas e *bangalas* (pequenas casas) dá evidências de riquezas e prosperidade nessa região remota de Punjab no norte da Índia, com seus arredores tomados de pobreza. *Loos* implacáveis (ventos quentes e secos que sopram através das planícies do norte da Índia durante o verão) mantém esse pequeno oásis isolado do mundo exterior. Uma revolta sikh nessa região em meados dos anos 1980 foi impiedosamente reprimida por tropas enviadas pelo governo, e muitos inocentes foram mortos – desde então, nenhum estranho ousou se aventurar nesse território por medo de represálias", citado em SikhNet, 2002. O que o *videogame* permite vai muito além do dilema representacional abordado pelos grupos de defesa dos direitos sikh, que argumentam que a violência gera violência e a representação "negativa" da mídia deve ser erradicada e suplantada com uma representação educacional. A Coalizão Sikh escreve: "*Hitman 2* envia mensagens para jovens engajados com a trama do jogo que matar pessoas que parecem diferentes e matar de maneira geral é um valor celebrado na sociedade atual. Essas noções perigosas perpetuam a intolerância entre as pessoas em uma aldeia global bastante multicultural"; s.d. Entretanto, na realidade a simulação da guerra terrorista permite uma extensão do imaginário do contraterrorismo, uma produção do patriota dócil como indispensável à guerra contra o terrorismo não apenas através das forças da vigilância disciplinar, mas também do combate e do ataque, além da compressão tempo-espaço pós-moderna, a partir do colapso da velocidade, do tempo, do lugar e das corporalidades virtuais e materiais. Como muitos teóricos críticos têm argumentado, essas imagens não fazem simplesmente o trabalho de representação – reflexão e (re)produção –, mas também funcionam como armas de guerra, como intrínsecas à própria perpetuação, experiência e manutenção da guerra; ver Butler, 1992, p. 11; Mitchell, 2001. É por meio dessa atividade de morte simulada que o autor do crime de preconceito da identidade confundida tem seu álibi revelado como uma falácia. Essa experiência do jogo é apoiada por proliferantes tecnologias de participação voyeurística, em que Hollywood, internet, *blogs*, CNN, simulações de aviões, vídeos de *rap* terrorista, tiras de quadrinhos adulteradas

Singh − não apenas em termos de um espaço representacional (imagens positivas *versus* negativas), mas também em termos de velocidade, ritmo, repetição e fluxos informacionais. O que está em jogo aqui é a repetição e a retransmissão das imagens onipresentes, não seu significado simbólico ou representacional.

Figura 23. Painel publicitário do Sindicato Sikh Mundial perto da saída 15 da I-78 E na Pensilvânia.
Fotografia de Lucas Gravely, 2006. Reproduzido com a permissão do artista.

engajam-se em verossimilhanças de ausência e presença, pretensões e ocultações, e foram desenvolvidos em conjunto com tecnologias de mídia utilizadas no combate militar: GIS, fotografia de vigilância por satélite, radar, sonar, campo de batalha eletrônico, simulações de treinamento militar, por exemplo, simuladores de aviões como F-Stealth, Apache; *videogames* como *Battlefield 1942*. Ver também a simulação por Frasca, s.d. No que Horace Campbell chama de "cultura de armamentos", a união da indústria do entretenimento e instituições militares tem raízes profundas: consultores militares são usados para as indústrias cinematográfica e televisiva para "simular situações que unem emocionalmente os cidadãos à ideologia e às práticas do militarismo"; alianças corporativas entre o Pentágono, Hollywood e o Vale do Silício abundam; H. Campbell, 2003, p. 28. Ver também M. Parenti, 1992; Derian, 2001; ver também Information Technology, War and Peace Project, *InfoTechWarPeace*. De fato, a linguagem da simulação de vídeo, o alvo que é o pontinho na tela, faz parte da linguagem corriqueira dos militares.

Invariavelmente, esta análise participa da própria fixação ou fetichização de corpos de turbante que procura romper, e novamente esse é um empreendimento fundamental para a coagulação das diásporas sikh. Eu também argumentaria, no entanto, que a minha leitura sugere que essa análise pode ser aplicada a todos os tipos de corpos outros para desestabilizar a pressuposição de que o corpo discursivo, por mais socialmente construído que possa ser, sempre já é presumido como um corpo orgânico totalmente discreto, intacto e totalmente capacitado. Seria um erro, e seria a interpretação mais danosa deste trabalho, transpor esta leitura para os corpos mais óbvios que se prestam a um discurso de alteridade cultural (corpos com burcas ou véus, corpos deficientes ou desmembrados, corpos doentes). Embora o quadro que proponho ainda possa privilegiar os corpos que estão envolvidos pela tecnologia, agenciamentos que são de algum modo maquinados conjuntamente, todos os corpos são em certo sentido maquínicos; nesse caso, o turbante não é de modo algum extraordinário. Retornamos, embora obliquamente, ao nexo da modernidade sikh que Kalra propõe, que exige uma neutralização da diferença dos turbantes, ironicamente através da mercantilização de sua suposta alteridade. Mas em vez de serem etiquetados como ostentando apenas mais um acessório de moda, os corpos de turbante se juntam a todos os outros corpos na desestabilização das fronteiras entre entidades e forças orgânicas e não orgânicas. Para as comunidades LGBTQI, é esse tipo de leitura que pode tornar possível repensar a violência contra queers e estratégias para combater crimes de ódio. Essa leitura pode também incentivar as masculinidades sikh que transcendem ou refutam o estatuto de vítima, mas sem recorrer a um nacionalismo másculo. Finalmente, as organizações queer e *gurdwara* podem abrir conjunturas políticas criativas que não estão vinculadas através das políticas de identidade, mas podem materializar-se, em vez disso, de maneira ainda transitória e contingente, por meio das políticas de afeto.

CONCLUSÃO
TEMPOS QUEER, AGENCIAMENTOS TERRORISTAS[1]

Por ter perdido o poder de interpelar sujeitos como sujeitos racializados, a imagem racializada não pode mais intermediar processos de formação de identidade e lutas pelo reconhecimento social e, com efeito, permanece em vigor apenas como instrumento de técnicas sociais de identificação e exclusão. O resultado é um profundo paradoxo do nosso momento contemporâneo: os próprios sujeitos que são alvos dessas técnicas racistas podem apenas se reconhecer equivocadamente nas imagens que, precisamente por essa razão, gerenciam ainda mais efetivamente para exercer sua violência sobre eles.
– Mark Hansen "Digitizing the Racialized Body, or, The Politics of Universal Address", 2004, p.126.

Quanto mais resistente (isto é, do lado de fora) X é imaginado ser ou estar, mais inevitavelmente ele está para perder sua especificidade (ou seja, tornar-se apropriado) no quadro maior da produção sistemática das diferenças, enquanto as circunstâncias que tornam esse quadro possível (isto é, que permitem que ele se desdobre e progrida como uma interioridade permanentemente auto-reguladora) permanecem incontestadas. Essa é, creio eu, uma das razões pelas quais tantos novos projetos de articulação de identidades, culturas e formações de grupos alternativas muitas vezes parecem tão semelhantes no final. Se o que está em questão é um trabalho étnico particular ou a identidade de uma pessoa étnica, o que se tornou previsível – literalmente, já dito

---

[1] Uma versão bem preliminar dessa conclusão apareceu como "Queer Times, Queer Assemblages". *Social Text* 23, no. 3-4, 84-85, Fall-Winter, 2005, pp. 121-140.

> – é precisamente a invocação compulsiva da diferença com termos intercambiáveis, como 'ambivalência', 'multiplicidade', 'hibridismo', 'heterogeneidade', 'disruptividade', 'resistência' e afins; e não importa o quão novo um objeto de estudo possa parecer ser, ele é obrigado a perder sua novidade uma vez que o processo de diferenciação temporal é colocado em movimento.
> – Rey Chow, *The Age of the World Target*, 2006, p. 68.

Estes são tempos queer, de fato, agenciamentos temporais ligados a uma série de paradigmas modernistas duradouros (teleologias civilizacionais, orientalismos, xenofobia, militarização, ansiedades fronteiriças) e erupções pós-modernistas (homens-bomba suicidas, estratégias de vigilância biométrica, corporalidades emergentes, contraterrorismo em alta). Com suas ênfases nos corpos, desejos, prazeres, tato, ritmos, ecos, texturas, mortes, morbidez, tortura, dor, sensação e punição, nosso presente-futuro necropolítico considera imperativo rearticular o que a teoria queer e os estudos da sexualidade têm a dizer sobre as metateorias e a *realpolitik* do império, muitas vezes entendidas, como observa Joan Scott, como "o verdadeiro negócio da política".[2] Tempos queer exigem modalidades de pensamento, análise, criatividade e expressão ainda mais queer, a fim de elaborar sobre formações nacionalistas, patrióticas e terroristas e suas formas imbricadas de sexualidades perversas racializadas e disforias de gênero.

Ao longo deste livro, tratei das práxis queer de futuridade que insistentemente desembaraçam as relações entre representação e afeto, e propõem a queeridade não como uma identidade, nem como uma anti-identidade, mas como um agenciamento que é espacial e temporalmente contingente. As limitações dos modelos identitários interseccionais emergem progressivamente – por mais queer que sejam – à medida que trabalho através dos conceitos de afeto, tateabilidade e ontologia. Enquanto são desmanteladas as ordens representacionais da política

---

[2] Scott, 1999, p. 46.

identitária de visibilidade que alimenta narrativas de excepcionalismo sexual, análises sobre os afetos podem abordar queeridades que são desconhecidas ou não conhecidas de maneira convincente, que estão no caminho de se tornarem, que não se mostram imediatamente e visivelmente como insurgentes, opositoras ou transcendentes. Essa mudança nos força a perguntar não só o que as corporalidades terroristas indicam ou significam, mas, mais insistentemente, o que elas fazem? Nesta conclusão, reviso essas tensões entre afeto e representação, identidade e agenciamento, colocando as problemáticas das formações nacionalistas e terroristas como desafios centrais para os estudos culturais queer e feministas transnacionais.

Proponho o agenciamento como um quadro político e teórico pertinente dentro das sociedades de controle. Rearticulo corpos terroristas, em particular o do homem-bomba suicida, como um agenciamento que resiste à queeridade-como-identidade-sexual (ou anti-identidade) – em outras palavras, paradigmas interseccionais e identitários – em favor de convergências, implosões e rearranjos espaciais, temporais e corpóreos. A queeridade como um agenciamento afasta-se do trabalho de escavação, desprivilegia uma oposição binária entre sujeitos queer e não queer e, em vez de manter a queeridade exclusivamente como dissidente, resistente e alternativa (tudo o que crucialmente a queeridade é e faz), ressalta a contingência e a cumplicidade com as formações dominantes. Colocar o agenciamento em primeiro plano permite dar atenção à ontologia em conjunto com a epistemologia, ao afeto em conjunto com as economias representativas, dentro das quais os corpos se entrelaçam, rodopiam juntos e transmitem afetos e efeitos uns aos outros.

Isso também ajuda a contornar a esgotada "diferenciação temporal" de paradigmas de identidade resistentes do Outro, que Chow problematiza. Invariavelmente, argumenta Chow, a autorreferencialidade pós--estruturalista produz temporalidades alternadas de "não coincidência". A mistificação exotiza o Outro através de um giro referencial para dentro de uma "temporalidade como uma desconstrução de si", que recusa a continuidade entre o eu e o outro, produzindo a diferença como uma completa disjunção que não pode existir dentro dos mesmos planos temporais que o Mesmo. Concomitantemente, a futurização ocorre quando a "temporalidade como alocronismo" produz o Outro como a "promessa perpétua" que é realizável, mas apenas com um tempo de atraso, nunca no presente.[3] Hansen e Chow sugerem os limites da identidade. Chow sugere que atender à especificidade do outro ironicamente se tornou um projeto universalizador, enquanto Hansen propõe que a produção do outro não é mais movida pelo processo hegeliano de interpelação. Enquanto a linguagem do "reconhecimento equivocado" se atrela de maneira problemática a um modelo marxista mais antigo da falsa consciência, Hansen afirma que assumir a posição do Outro apenas faz sucumbir aos modos de dominação e de vigilância estatais e capitalistas.

AFETO, RAÇA E SEXO

Análises representacionais, políticas de identidade e o foco em sujeitos de direitos estão sendo complementados com o pensamento sobre o afeto e sobre a formação populacional que reconhece aqueles que vivem não apenas através de sua relação com a subjetividade, mas que estão sob controle como parte de uma ou muitas populações, não indivíduos, mas "divíduos".[4] Norma Alarcón afirmou o mesmo em seu brilhante ensaio de 1990, "The Theoretical Subject(s) of *This Bridge Called My Back* and Anglo-American Feminism". Nesse ensaio, ela pergunta: "Temos que fazer um sujeito do mundo inteiro?", sugerindo que o sujeito moderno está exausto, ou melhor, que esgotamos o sujeito moderno.[5] Nós o multiplicamos para acomodar todos os tipos de diferenças (ou seja, uma política de inclusão), o interseccionando com cada variável de identidade

---

[3] Chow, 2006, pp. 66-69.
[4] Deleuze, 1992, p. 222.
[5] Alarcón, 1990, p. 361.

imaginável, o dividimos para explicar os reinos desconhecidos do subconsciente, o infundimos com maiores direitos individuais (o sujeito portador de direitos). As próprias provocações de Foucault incluem a reivindicação de que a sexualidade é *uma intersecção*, em vez de uma identidade interpelativa, do corpo e da população. Podemos ler essas duas declarações como tentativas de destacar o que Rey Chow chama de "miscigenação categórica": que raça e sexo são, na maior parte das vezes, não apenas indistinguíveis e indiferenciáveis entre si, mas são uma série de contingências temporais e espaciais que mantém uma aversão teimosa a ser lida.[6] Enquanto a formação de Foucault aclama a heurística feminista da "interseccionalidade", ao contrário da teorização interseccional que, em primeiro plano, separa uma analítica da identidade que realiza a inseparabilidade dos sujeitos holísticos, as entidades que se interseccionam são o corpo (não o sujeito, vamos lembrar) e a população. Não obstante minha própria dependência e apelos a abordagens interseccionais, as limitações das teorias feministas e queer (e queer não brancas) da interseccionalidade estão mais vinculadas, em certo sentido, com a presença tida-como-certa do sujeito e suas permutações de conteúdo e forma, do que com uma investigação do predomínio da própria categoria de sujeito. Apesar da crítica anti-identitária que a teoria queer lança (isto é, a queeridade é uma abordagem, não uma identidade ou ligada à identidade), o sujeito queer, um sujeito que é contrário à identidade, que é transgressivo mais do que libertador (gay ou lésbico), ainda assim emerge como um objeto que necessita de escavação, elaboração ou especulação.

A "virada afetiva" na compreensão pós-estruturalista recente indica, creio eu, que não importa o quão interseccionais sejam os nossos modelos de subjetividade, não importa o quão sintonizados com a política localizada do espaço, lugar e escala, essas formulações ainda podem nos limitar se presumirem a primazia e a singularidade

---

[6] Foucault, 2005, pp. 308-309; Chow, 2002, p. 7.

automáticas do sujeito disciplinar e sua interpelação identitária.[7] Patricia Clough recentemente consagrou esse ressurgimento do interesse pelo afeto na investigação pós-estruturalista da "virada afetiva", marcada pelas esferas da crítica à tecnociência (Massumi, Hardt, Hardt e Negri, Clough, Parisi, De Landa) e pela teoria queer sobre emoções e saberes táteis (Muñoz, Ahmed, Sedgwick, Cvetkovich).[8] Enquanto reflexo dos efeitos do esgotamento pós-estruturalista das análises representativas – em ambos os sentidos spivakianos de retrato (*Darstellung* [Representação]) e procuração (*Vertreten* [Representar])[9] – uma interessante genealogia dividida está emergindo nesses esforços. Há aqueles escritores que empregam o afeto como uma reflexão particular das ou um apego às "estruturas do ser" ou do sentir (como em Raymond Williams; ou seja, um estado anterior à interpelação) que, caso contrário, permanece sem articulação. Em muitos casos, o afeto nessas obras está situado em um *continuum* ou se torna intercambiável com a emoção, o sentimento, o sentimento expressivo ("vergonha gay" é uma fixação sobredeterminada). A outra genealogia para a qual podemos apontar está situada dentro de um quadro deleuziano, em que o afeto é um fenômeno fisiológico e biológico, sinalizando por que a matéria corporal importa, o que escapa ou permanece fora das formas discursivamente estruturadas e, portanto, mercantis da emoção, do sentimento. Brian Massumi, por exemplo, postula o afeto como o que escapa de nossa atenção, como o que assombra

---

[7] Um exemplo mordaz pode ser encontrado nos debates sobre o Katrina quanto à relação dos afro-estadunidenses com a categoria "refugiado". Enquanto esse debate se arrastava, muitos perderam o que estava realmente em jogo: não como os deslocados pelos furacões da Costa do Golfo deveriam ser nomeados, mas onde colocá-los, isto é, onde eliminá-los. Assim, as diferenças jurídicas no *status* de cidadãos *versus* refugiados tornaram-se ingredientes potentes para ocultar ou mascarar as conexões reais que estão sendo feitas através da união de afro-estadunidenses e outras populações negras aos refugiados, ou seja, a construção de populações de "lixo humano" (Bauman, 2004), de mortos-vivos, ou daqueles que ocupam espaços de morte adiada, a conexão entre refugiado, fugitivo, detento. "Sem documentos" assume uma nova entonação aqui.

[8] Clough, 2000; Massumi, 2002; Hardt, 1999; Hardt & Negri, 2001; Parisi, 2004; De Landa, 2002; Muñoz, 2000; S. Ahmed, 2005; Sedgwick, 2003; Cvetkovich, 2003.

[9] Spivak, 2018.

o domínio representacional, em vez de apenas infundi-lo com a presença emotiva. Ele considera o afeto nos termos de uma emergência ontológica que é liberada da cognição, a emoção codificada sendo a evidência do excesso que escapa, que é o afeto. Ele escreve sobre a autonomia do afeto:

> O afeto é sinestésico, implicando uma participação dos sentidos uns nos outros: a medida das interações potenciais de um ser vivo é sua capacidade de transformar os efeitos de um modo sensorial em um outro. [...] Se não houvesse fuga, nenhum excesso ou resíduo, nenhum desvanecimento para o infinito, o universo estaria sem potencial, seria pura entropia, morte. Na verdade, as coisas existentes e estruturadas vivem dentro e através daquilo que lhes escapa. Sua autonomia é a autonomia do afeto.[10]

Esse debate um tanto tortuoso sobre a relação do afeto com a representação ainda deixa ambas as trajetórias mergulhadas na problemática original: se as teorizações do afeto estão sendo empregadas atualmente para suplementar ou contrariar análises representacionais, então se o afeto é "equivocadamente" (como os teóricos da tecnociência podem reivindicar) aclamado na forma representacional da emoção ou, em vez disso, no excesso da emoção como ele é representado (por meio do qual o projeto se torna representar a irrepresentabilidade intrínseca do afeto), ele está, de qualquer maneira, preso à lógica que procura desafiar. O projeto coletivo, já que tudo que nós podemos realmente expressar é um esquema representacional do afeto, é o que nós estamos desenvolvendo agora: uma epistemologia da ontologia e do afeto.

Mas a pergunta permanece: por que o afeto, afinal? Por que o afeto, agora? E, para o meu propósito aqui, por que o afeto e a teoria queer? O que é um afeto queer? Este trabalho queer sobre o afeto indica um desejo de delinear algo que pode ser nomeado e isolado como um afeto queer? Ou seria o caso de que há algo queer sobre o afeto, que o afeto é queer em si mesmo, sempre já um desafio para os registros de identidade passíveis de crítica queer? E há algo específico sobre o nosso momento

---

[10] Massumi, 2002, p. 35.

político contemporâneo que torna a virada afetiva muito mais urgente, mais eficaz, mais pertinente, ou seja, tanto um produto das quanto uma resposta às formas necropolíticas, anatômicas, sensoriais de dominação e opressão? O que fazemos com os circuitos econômicos que já investiram totalmente no afeto – gestão de risco, por exemplo – e nosso conluio com esses esforços capitalistas por meio de nossa produção de teorias do afeto?

Uma resposta parcial a essas perguntas é indicada, eu sugeriria, no que o suposto "equívoco" de fundamentar o afeto em uma economia simbólica revela sintomaticamente. Pois, apesar do que essas genealogias grosseiramente mapeadas podem ter em comum – desejos de ir além das críticas representacionais do pós-estruturalismo e um interesse em uma crítica "pós-foucaultiana" além do sujeito disciplinar –, outro ponto importante de divergência envolve a incorporação de comunidades de pertencimento. Talvez o que esses deslizes entre emoção, sentimento e afeto estão realizando em uma crítica queer sejam esforços contínuos para elaborar modalidades diferentes e alternativas de pertencimento, conectividade e intimidade, uma resposta, de fato, a paradigmas que privilegiaram a desterritorialização das sociedades de controle a tal ponto que os quadros identitários não parecem mais relevantes diante da descentralização dos sujeitos interpelados. Em seu artigo "Feeling Brown" ["Sentindo/sentindo-me marrom"], por exemplo, José Esteban Muñoz analisa as formas oficiais do "afeto nacional" e do "afeto étnico", afirmando: "O afeto dos latinos/as está frequentemente fora. Pode--se até argumentar que é perto-mas-fora do branco".* Descrevendo o afeto público como os laços que unem a comunidade utópica, Muñoz evoca o afeto como estando já sempre dentro da significação, dentro da narrativa, funcionando como uma forma de resistência crítica aos modos dominantes de ser e de devir.[11]

---

* Trocadilho entre "*off*" [fora, ausente, distante, desligado] e "*off-white*" [quase branco], termo usado para descrever a cor de roupas e outros produtos (N. da E.)

[11] Muñoz, 2000, pp. 67-79.

Uma outra tensão notável entre Muñoz e Massumi é refletida na distinção entre considerar afetos específicos e emoção como elementos gerados por, possuídos por e vinculados a sujeitos e às comunidades que representam (melancolia racial, sentindo-se marrom ou quase branco), e o lugar dos corpos biológicos com relação aos processos afetivos. Como Amit Rai argumentou recentemente, colocar o corpo em primeiro plano como um local criativo de indeterminação promove "uma confusão afetiva", que permite que novos afetos e, portanto, novas políticas, emerjam.[12] O corpo em questão, afirma Elizabeth Wilson, não seria necessariamente ou apenas "o objeto social, cultural, experiencial ou psíquico que toca o domímio biológico apenas de forma leve, discreta e higiênica". Argumentando contra uma disjunção autoevidente ou automática entre o corpo material e o cultural, Wilson escreve: "Apesar de um interesse declarado no corpo, há uma aversão persistente pelos detalhes biológicos" porque, de fato, "a ideia de construção *biológica* [tornou-se] ininteligível ou ingênua". Ela continua: "O corpo biológico é codificado nesses projetos rotineiros como o corpo não teorizado, o corpo mecânico, tangível, sem arte" – em outras palavras, um corpo a ser sobrescrito por uma sobreposição de construção cultural.[13] Compreensivelmente, os estudos de sexualidade e a teoria queer, como formações de conhecimento paradigmáticas de estudos culturais, historicamente tiveram relações ambivalentes e questionáveis com os estudos científicos e os discursos biológicos em geral.[14] (O trabalho emergente sobre "deficiência queer" procura revitalizar o estudo da matéria biológica, enfatizando como os corpos se movem, se encontram, se misturam e se entrelaçam com a

---

[12] Rai, *paper* sem título, 2006.
[13] Wilson, 1998, p. 15.
[14] Como uma exceção importante, ver o trabalho anterior de Elizabeth Grosz, 1994. Um artigo mordaz de Miriam Fraser, cujo título é "What Is the Matter of Feminist Criticism?", esboça o trabalho de outros teóricos importantes nesse debate que não pude incorporar devido às restrições de tempo e espaço: Karen Barad, Vicky Kirby e Pheng Cheah. Ela também aponta para o trabalho formativo de Donna Haraway.

tecnologia, a arquitetura e os objetos).[15] Como Arun Saldanha aponta, no entanto, os debates sobre raça e racismo são atravancados por meio de um dilema bastante peculiar: tendo argumentado contra as interpretações biológicas do racismo científico por meio do discurso, da cultura e do construtivismo social, muito do pensamento pós-estruturalista deixou em aberto questões da matéria biológica do corpo – por exemplo, como um fenótipo poderia operar afetivamente além do significado de cor. Com fervor especial dirigido ao livro *Against Race* [*Contra a raça*], de Paul Gilroy, Saldanha defende uma "ontologia da materialidade da raça" que não se baseia apenas em interpretações epistemológicas da materialidade dos corpos; "simplesmente há muito em jogo para continuar deixando de lado o biológico como 'prática discursiva'". Rejeitando uma dialética hegeliana do eu-outro através de uma releitura de Elizabeth Grosz sobre "mil pequenos sexos", ele sugere que o fenótipo seja pensado como o agenciamento de "mil pequenas raças":

> Toda vez que o fenótipo faz outra conexão maquínica, há uma hesitação. Cada vez que os corpos estão ainda mais entrincheirados na segregação, por mais brutal que seja, precisa haver um tipo de investimento afetivo. Este é o momento de ruptura para intervir. A raça não deve ser eliminada, mas *proliferada*, e suas muitas energias direcionadas à multiplicação das diferenças raciais, de modo a torná-las alegremente cacofônicas.[16]

Este livro é um trabalho de paixão que, em seu abraço sincero à análise e à crítica representativas, investe contra suas limitações à medida que o texto se desdobra, efetivamente desfazendo o livro conforme ele foi escrito e conforme ele foi lido. Eu argumentaria que as contradições e discrepâncias disseminadas neste empreendimento – equívocos criativos, talvez – não devem ser reconciliadas ou sintetizadas, mas mantidas juntas em tensão. Eles são menos um sinal de compromissos intelectuais

---

[15] Para exemplos desse trabalho, ver McRuer, 2002 e 2004; Chinn, 2003; Clare, 2001; Shildrick, 2004.

[16] Saldanha, 2006, pp. 18, 20-22.

vacilantes do que sintomas da impossibilidade política de *estar de um lado ou de outro*. Não pretendo situar de modo adequado o que Wilson chama de "conjunção fenomenologia-cientificismo", mas coloco a problemática do corpo material em relação ao afeto para destacar que "separar o afeto do biológico, cibernético e neurológico é inadequado".[17] Isso não é desconsiderar o construtivismo como uma força social, mas retomar o dilema das relações entre o biológico e o discursivo, o orgânico e o não orgânico. Ao definir "sexo abstrato", Luciana Parisi escreve: "Na era da cibernética, o sexo não é mais um ato privado praticado entre as paredes do quarto. Em particular, o sexo humano parece não envolver mais o conjunto de códigos sociais e culturais que caracterizavam a identidade sexual e o casal reprodutivo". Ela argumenta que os agenciamentos do sexo coagulam com os planos da tecnologia, virtualidade, clonagem, transmissão de informações, genética, cibernética, um "borramento da fronteira entre sexo artificial e natural", uma interface da biologia e da tecnologia que é "o agenciamento das forças da reprodução com as das máquinas técnicas". Crucialmente, esses agenciamentos do sexo funcionam por meio de substratos e planos materiais, psíquicos, energéticos, tecnológicos, estéticos e geográficos que "não visam reiterar a identidade da diferença sexual e da feminilidade na formação disciplinar".[18] Enquanto Saldanha e Parisi ainda estão em dívida com as categorias de "raça" e "sexo" para nomear seus agenciamentos ou, talvez com mais precisão, para nomear a função de seus agenciamentos (respectivamente, para minar os discursos de identidade racial e para minar os discursos de diferença sexual), Patricia Clough elucida os agenciamentos que não reiteram tais distinções:

> Raça, etnicidade, sexualidade, gênero e classe devem ser tratados politicamente como elementos de um agenciamento maquínico, temas de uma produção desejante que não se reduz ao desejo de um indivíduo, mas aponta para as ligações diretas entre microintensidades e vários territórios

---

[17] Wilson, 1998, p. 3.
[18] Parisi, 2004, pp. 1, 99, 102.

CONCLUSÃO

– corpos humanos, cidades, instituições, ideologias e tecnologias. Nesse sentido, raça, classe, sexualidade, etnicidade e gênero não são simplesmente questões de identidade do sujeito, [...] eles são repensados em termos das conexões e desconexões em um plano de consistência, do entrelaçamento de determinadas materialidades do corpo humano e das inscrições culturais, entregues, no entanto, às velocidades de desterritorialização e reterritorialização, às vulnerabilidades de exposição, subexposição e superexposição aos acontecimentos midiáticos, de modo que a política envolve o quando, onde ou como reconhecer, elaborar, resistir ou recusar as marcações visíveis e invisíveis e os efeitos da produção desejante.[19]

Um apelo polêmico, então, para recusar o "futurismo reprodutivo", o termo cunhado por Lee Edelman para descrever a fixação contemporânea pela preciosa criança e todo o seu potencial, também comete um erro.[20] Ao assumir que a reprodução está no centro da futuridade e na plataforma contra a qual a política queer deve ser orientada, Edelman, apesar de seu apelo para o fim da futuridade, um fim que localiza a si mesmo fora da reprodução e do parentesco normativo e da hegemonia da cultura da adulação infantil, ironicamente recentraliza a própria política de privilégios infantis, orientada para o futuro, que ele procura recusar. Em vez disso, devemos incentivar genealogias da sexualidade que suspendam, por um momento, as rubricas do desejo, prazer, erotismo e identidade que tipicamente pressupõem "atos sexuais", mas simultaneamente evitam o colapso da sexualidade em um quadro biopolítico estreito de reprodução, hetero ou homo. Pois se a raça e o sexo devem ser pensados cada vez mais fora dos parâmetros da identidade – como Clough, Parisi e Saldanha nos exortam– como agenciamentos, como *eventos*, o que está em jogo em termos da capacidade biopolítica não é, portanto, a capacidade de *reproduzir*, mas a capacidade de *regenerar*, cujos termos são encontrados em todos os tipos de registros para além da reprodução heteronormativa. A criança é apenas uma dessas figuras em um espectro de chances

---

[19] Clough, 2000, p. 135.
[20] Edelman, 2004, p. 4.

estatísticas que sugerem saúde, vitalidade, capacidade, fertilidade, "virilidade de mercado" e assim por diante. Para a política queer, o desafio não é tanto recusar um futuro por meio do repúdio à futuridade reprodutiva, o que Edelman saúda como a recuperação e a aceitação do lema "Sem futuro", que ele afirma já estar sempre ligado aos corpos gays,[21] mas entender como a biopolítica da capacidade regenerativa já demarca conjuntos populacionais estatísticos racializados e sexualizados como aqueles em decadência, destinados a nenhum futuro, com base não em se eles podem ou não reproduzir crianças, mas em quais capacidades eles podem e não podem regenerar e que tipos de agenciamentos eles compelem, repelem, estimulam, esvaziam.

INTERSECCIONALIDADE E AGENCIAMENTO

Não há nenhuma entidade, nenhuma identidade, nenhum sujeito queer ou sujeito ao queer; em vez disso, há queeridades vindo até nós de todas as direções, gritando seu desafio, sugerindo um movimento da interseccionalidade para o agenciamento, uma conglomeração afetiva que reconhece outras contingências de pertencimento (aliança, fusão, viscosidade, solavanco) que podem não cair tão facilmente no que é às vezes pensado como formações de comunidade reativas – política de identidade – por teóricos de controle. O agenciamento, como uma série de redes dispersas, mas mutuamente implicadas e confusas, reúne enunciação e dissolução, causalidade e efeito, forças orgânicas e não orgânicas. Para Deleuze e Guattari, os agenciamentos são coleções de multiplicidades:

> Inexistência, pois, de unidade que sirva de pivô no objeto ou que se divida no sujeito. Inexistência de unidade ainda que fosse para abortar no objeto e para 'voltar' no sujeito. Uma multiplicidade não tem sujeito nem objeto, mas somente determinações, grandezas, dimensões que não podem crescer sem que mude de natureza (as leis da combinação crescem então com a

---

[21] *Idem*, p. 17.

multiplicidade). [...] Um agenciamento é precisamente este crescimento nas dimensões numa multiplicidade que muda necessariamente de natureza à medida que ela aumenta suas conexões. Não existem pontos ou posições. [...] Existem somente linhas.[22]

Ao contrário de um modelo interseccional de identidade, que pressupõe que componentes – raça, classe, gênero, sexualidade, nação, idade, religião – são analíticas separáveis e podem, portanto, ser desmontadas, um agenciamento está mais sintonizado com forças entrelaçadas que fundem e dissipam tempo, espaço e corpo contra a linearidade, a coerência e a permanência.[23] A interseccionalidade exige o conhecimento, a nomeação e, portanto, a estabilização da identidade no espaço e no tempo, contando com a lógica de equivalência e analogia entre vários eixos de identidade e gerando narrativas de progresso que negam os aspectos fictícios e performativos da identificação: você se torna uma identidade, sim, mas também a atemporalidade trabalha para consolidar a ficção de uma identidade estável contínua em todos os espaços. Além disso, o estudo de identidades interseccionais muitas vezes envolve separar identidades imbricadas uma por uma para ver como elas influenciam uma à outra, um processo que trai o impulso fundador da interseccionalidade, que as identidades não podem ser clivadas tão facilmente. Podemos pensar na interseccionalidade como uma hermenêutica da *posicionalidade* que busca dar conta da localidade, da especificidade, da colocação, de junções. Como uma ferramenta de gestão da diversidade e um mantra do multiculturalismo liberal, a interseccionalidade colabora com o aparato disciplinar do Estado – censo, demografia, perfilamento racial, vigilância – no qual a "diferença" está envolta em um recipiente estrutural que simplesmente deseja a confusão da identidade em uma grade de padrões, produzindo analogias em seu

---

[22] Deleuze & Guattari, 2011, pp. 15-16.
[23] Tive muitas conversas incríveis com Patricia Clough especificamente sobre os agenciamentos, como sobre a filosofia deleuziana no geral. Só posso esperar transmitir uma pequena parte do que aprendi com ela aqui.

rastro e engendrando o que Massumi chama de "engarrafamento": um "encaixotamento em seu lugar no mapa da cultura". Ele elabora:

> A ideia de posicionalidade começa subtraindo o movimento da imagem. Isso captura o corpo em um quadro de congelamento cultural. O ponto de partida explicativo é uma identificação, um ponto zero de equilíbrio. Quando o posicionamento de qualquer tipo torna-se um primeiro determinante, o movimento se torna uma problemática secundária. [...] Certamente, um corpo que ocupa uma posição na grade pode ter sucesso em fazer um movimento para ocupar uma outra posição. [...] Mas isso não muda o fato de que o que define o corpo não é o movimento em si, apenas seus começos e pontos finais. [...] Há um 'deslocamento', mas nenhuma transformação; é como se o corpo simplesmente saltasse de uma definição para a próxima. [...] 'O espaço da travessia, as lacunas entre as posições na grade, caem em uma terra de ninguém teórica'.[24]

Muitas feministas, teoristas dos novos movimentos sociais, teoristas críticos da raça e pesquisadores dos estudos queer argumentam que a mudança social só pode ocorrer através de uma responsabilidade precisa para e pelo posicionamento. Mas a identidade é revelada por Massumi como a complexidade do processo sacrificada para a "garantia" do produto. Na quietude da posição, os corpos na verdade perdem sua capacidade de movimento, de fluxo, de mudança (social). Destacando os "paradoxos de passagem e posição", Massumi defende a identidade que aparece como tal apenas em retrospecto: um "ordenamento retrospectivo" que só pode estar "trabalhando para trás a partir do fim do movimento". Novamente segundo Massumi: "Gênero, raça e orientação sexual também emergem e reformam a sua realidade. [...] Grades acontecem. Assim, as determinações sociais e culturais retroalimentam o processo do qual elas surgiram. Indeterminação e determinação, mudança e congelamento de quadros, agem juntos".[25]

---

[24] Massumi, 2002, pp. 3-4.
[25] *Idem*, pp. 5, 6, 8, 10.

Por exemplo, intervindo nos debates tortuosos dos "estudos lésbicos" sobre a preocupação da invisibilidade da sexualidade lésbica em formatos representacionais, Annamarie Jagose desencoraja tentativas de restaurar a integridade de uma figura lésbica, contrariando seu *status* derivado por meio das táticas representacionais de escavação, restauração e visibilidade. Para Jagose, a "priorização [da] sequência sobre a visibilidade" não é uma substituição de tropos. Em vez disso, a sequência informa a própria lógica que impulsiona os desejos de visibilidade, tanto cronológica (lésbica como segunda ordem em relação às primeiras ordens da heterossexualidade, em relação à sexualidade e homossexualidade masculina, em relação ao gênero) quanto retrospectiva (lésbica como anacrônica e tardia, ligada ao "projeto reparador de construção da história lésbica"). Em vez disso, ela argumenta, é a própria lógica regulatória e "autolicenciadora da sequência sexual" que produz hierarquias de inteligibilidade para *todas* as sexualidades e, portanto, deve ser questionada, em vez de restaurar a lésbica à visibilidade representacional adequada, uma tática que apenas reitera a centralidade do sequenciamento sexual em vez de desconstruir seu quadro, reificando a política de reconhecimento, retribuição e reabilitação em vez de transformar sua utilidade. Abraçar o *status* derivativo revela, afirma Jagose, que "as próprias categorias de registro sexual, e não a lesbianidade em particular, são sempre secundárias, sempre formações anteriores, sempre em atraso". A "especificação certificada da diferença lésbica" é, portanto, um esforço tautológico pelo qual "problema e solução, causa e efeito assumem repetidamente a forma umas das outras".[26]

"As grades acontecem". Como tal, as identidades interseccionais e os agenciamentos devem permanecer como interlocutores em tensão, pois se seguirmos a linha de pensamento de Massumi, as identidades interseccionais são os subprodutos das tentativas de silenciar e reprimir

---

[26] Jagose, 2002, pp. x, xi, 144-145.

o movimento perpétuo dos agenciamentos, capturá-los e reduzi-los, para aproveitar sua mobilidade ameaçadora. Devires infinitos emergem em nossas telas de radar quando, com base no filósofo Henri Bergson, Massumi nos diz:

> A posição não vem mais em primeiro lugar, com o movimento como uma problemática secundária. Ela é secundária ao movimento e deriva dele. É um movimento retrospectivo, um resíduo de movimento. O problema não é mais explicar como pode haver uma mudança dado o posicionamento. O problema é explicar o milagre de que pode haver equilíbrio, dada a primazia do processo.[27]

Vinculado a isso está o que Massumi chama de "diferença ontogenética" ou "prioridade ontogenética", um conceito que reescreve a temporalidade externa às unidades administrativas que são mobilizadas para capturar os processos indisciplinados de um corpo:

> Dizer que a passagem e a indeterminação 'vêm primeiro' ou 'são primárias' é mais uma declaração de prioridade ontológica do que a afirmação de uma sequência de tempo. Elas têm privilégio ontológico no sentido de que constituem o campo da emergência, enquanto os posicionamentos são o que emerge. O artifício é expressar essa prioridade de uma forma que respeite a inseparabilidade e a contemporaneidade das dimensões disjuntivas: sua diferença ontogenética.

E mais adiante:

> O campo de emergência não é pré-social. É abertamente social. [...] Uma das coisas que a dimensão da mudança é ontogeneticamente 'anterior a' é, portanto, a própria distinção entre indivíduo e coletivo, bem como qualquer modelo dado de sua interação. Essa interação é precisamente o que toma forma.

---

[27] Massumi, 2002, pp. 7-8.

Os modelos dados de interação seriam essas distinções bifurcadas entre o corpo e o social (sua significação), de modo que as distinções desapareçam. O movimento que Massumi faz da ontologia (ser, devir) para a ontogênese também é relevante para a forma como ele discute afeto e cognição e os processos do corpo:

> *Feedback* e avanço, ou recursividade, além de converter distância em intensidade, dobra as dimensões do tempo entre si. O campo de emergência da experiência tem que ser pensado como um *continuum* espaço-tempo, como uma dimensão ontogenética anterior à separação do espaço e do tempo. O tempo linear, como o espaço gradeado em posições, seriam qualidades emergentes do evento da auto-relação do mundo.[28]

Essa dimensão ontogenética que é "anterior", mas não "pré", reivindica sua anterioridade não por meio da temporalidade, mas por meio de seu *status* ontológico como aquele que produz campos de emergência; o anterior e a emergência são, porém, "contemporâneos". "Prioridade ontológica" é uma temporalidade e uma espacialização que ainda não foi imaginada, uma propriedade mais do que uma delimitação pelo espaço e pelo tempo. A dimensão ontogenética que articula ou ocupa múltiplas temporalidades de vetores e planos também é aquela que permite uma bifurcação emergente do tempo e do espaço.

A identidade é um efeito do afeto, uma captura que propõe o que se é, mascarando sua ordenação retrospectiva e, portanto, sua dimensão ontogenética – o que se era – através do disfarce de uma futuridade ilusória: o que se é e se continuará a ser. No entanto, isso é tudo menos uma mudança entre o equilíbrio e o fluxo; a posição é apenas uma derivada de sistemas em constante movimento, alinhados com trajetórias erráticas e projéteis indisciplinados. Se as dimensões ontogenéticas do afeto tornarem o afeto como anterior à representação – anterior a categorias como raça, classe, gênero, sexo, nação, mesmo que essas categorias possam ser o

---

[28] *Idem*, pp. 8-9, 15.

mapeamento mais pertinente ou fazer referência ao afeito em si –, como a identidade-como-ordenamento-retrospetivo amplificaria, em vez de inibir, a práxis de organização política? Se transferirmos nossa energia, nossa turbulência, nosso ímpeto da defesa da integridade da identidade e nos submetermos a essa idealização afetiva da identidade, que tipos de estratégias políticas, de "política de final aberto",[29] poderíamos tropeçar descaradamente? Em vez de refazer os prós e contras da política da identidade, podemos pensar em vez disso em uma política afetiva?

Deslocando a queeridade como uma identidade ou modalidade que é visível, audível, legível ou tangencialmente evidente – o corpo que se parece queer em um "quadro de congelamento cultural" –, os agenciamentos nos permitem sintonizar movimentos, intensidades, emoções, energias, afetividades e texturas à medida que habitam eventos, espacialidade e corporeidades. A interseccionalidade privilegia a nomeação, a visualidade, a epistemologia, a representação e o significado, enquanto o agenciamento sublinha o sentimento, a tateabilidade, a ontologia, o afeto e a informação. Além disso, na passagem das sociedades disciplinares (onde o panóptico "funcionava principalmente em termos de posições, pontos fixos e identidades") para as sociedades de controle, o diagrama de controle, escreve Michael Hardt, é "orientado para a mobilidade e o anonimato. [...] As performances flexíveis e móveis das identidades contingentes e, portanto, seus agenciamentos ou instituições são elaborados principalmente por meio da repetição e da produção de simulacros".[30] Os agenciamentos são, portanto, ferramentas conceituais cruciais que nos permitem reconhecer e compreender o poder para além dos modelos regulatórios disciplinares, nos quais as "partículas, e não partes, se recombinam, onde forças, e não categorias, se chocam".[31]

O mais importante, dado o aspecto da máquina da morte acentuado do nacionalismo em nosso terreno político contemporâneo – uma

---

[29] Harasym, 1998.
[30] Hardt, 1998, p. 32.
[31] Parisi, 2004, p. 37.

CONCLUSÃO

dominação sensorial e anatômica aumentada, indispensável para a necropolítica de Mbembe –, os agenciamentos trabalham contra as narrativas do excepcionalismo dos EUA que protegem o império, desafiando a fixidez das taxonomias raciais e sexuais que informam as práticas de vigilância e controle do Estado e confundindo o "nós contra eles" da guerra contra o terrorismo. (Em uma nota mais cínica, o trabalho recente de Eyal Weizman sobre o uso da filosofia de Gilles Deleuze, Félix Guattari e Guy Debord pelas Forças de Defesa de Israel demonstra que não podemos ignorar conceitos como máquinas de guerra e agenciamentos maquínicos, pois eles já são fortemente cultivados como táticas instrutivas na estratégia militar.[32]) Pois enquanto a interseccionalidade e seus fundamentos – uma vontade epistemológica incansável pela verdade – pressupõe identidade e, portanto, rejeita a futuridade ou, mais precisamente, antecipa prematuramente e, assim, fixa uma permanência para sempre, o agenciamento, em sua dívida com a ontologia e sua adesão ao que não pode ser conhecido, visto ou ouvido, ou ainda não foi conhecido, visto ou ouvido, permite devir além do ser ou sem ser.[33]

AGENCIAMENTOS TERRORISTAS

> O fato de que abordamos o atentado suicida com tanto receio, em contraste com a forma como abordamos a violência da dominação colonial [...] indica a violência simbólica que molda nossa compreensão do que constitui a violência ética e politicamente ilegítima.
> – Ghassan Hage, "'Comes a Time We Are All Enthusiasm'", 2003, p. 72.

---

[32] Weizman, 2006.

[33] Isso não é para rejeitar ou minimizar as importantes intervenções que a teorização interseccional torna possível e continua a colocar em cena, ou os espaços críticos feministas que deram origem a análises interseccionais. Para exemplos desse trabalho e ensaios de revisão bastante compreensivos, consultar K. W. Crenshaw, 1991; Combahee River Collective, 2000; Lorde, 1984; Stasiulis, 1999; McCall, 2005; Blackwell & Naber, 2002.

Ghassan Hage se pergunta "por que o atentado suicida não pode ser falado sem ser condenado primeiro?", observando que, sem uma condenação inequívoca, quem fala sobre isso é uma "pessoa moralmente suspeita" porque "apenas a condenação não qualificada servirá". Ele afirma: "Há um risco político nítido em tentar explicar os atentados suicidas".[34] Com tais riscos em mente, meu desejo aqui é suspender momentaneamente esse dilema combinando uma análise desses riscos representacionais com uma leitura das forças do afeto, do corpo, da matéria. Ao ponderar as modalidades desse tipo de terrorista, nota-se um pastiche de esquisitices: um corpo maquinado conjunto através do metal e da carne, um agenciamento do orgânico e do inorgânico; uma morte não do Eu nem do Outro, mas de ambos simultaneamente e, talvez mais precisamente, uma cena de morte que oblitera completamente a dialética hegeliana do eu/outro. A autoaniquilação é a forma última de resistência e, ironicamente, atua como autopreservação, a preservação do eu simbólico habilitado através do "maior capital cultural" do martírio, uma doação de vida para o futuro das lutas políticas – de maneira nenhuma um sinal de "desinteresse em viver uma vida significativa". Como Hage observa, nessa economia de significado limitada, mas, no entanto, inabalável, os homens-bomba são "um sinal de vida" emanando das condições violentas da impossibilidade de vida, a "impossibilidade de fazer uma vida".[35] Esse corpo força uma reconciliação de opostos por meio de seu inevitável colapso – uma habitação perversa de contradição.

A devastadora e brilhante reflexão de Achille Mbembe sobre a necropolítica observa que a base histórica da soberania que é

---

[34] Hage, 2003, pp. 66-67. Hage estende sua observação na epígrafe para elucidar por que muitas facções de esquerda resistiram a abraçar a causa palestina: "a resistência violenta do povo palestino está no caminho entre eles (os esquerdistas) e seus radicalismos. Quanto mais cedo os palestinos trocarem as bombas por garrafas de uísque ou gim, melhor. Então, os esquerdistas radicais podem tornar-se verdadeiramente radicais e indignados com as condições do povo palestino sem perturbar violentamente seu esquerdismo" (p. 82).

[35] Hage, 2003, pp. 74, 77.

dependente de uma noção de racionalidade política (ocidental) requer um enquadramento mais preciso: o da vida e da morte, a subjugação da vida ao poder da morte. Mbembe presta atenção não apenas ao representacional, mas também à produtividade informacional do homem--bomba (palestino). Indicando os devires de um homem-bomba, uma experiência corpórea de "balística", ele pergunta: "Que lugar é dado à vida, à morte e ao corpo humano (especialmente o corpo ferido ou morto)?". O agenciamento aqui aponta para a incapacidade de delinear nitidamente uma distinção temporal, espacial, energética ou molecular entre um corpo biológico discreto e a tecnologia; as entidades, partículas e elementos se unem, fluem, se separam, fazem interface, se tocam levemente, nunca são estáveis, mas são definidas por meio de sua interface contínua, não como encontro de objetos, mas como multiplicidades emergentes de interações. A dinamite amarrada no corpo de um homem-bomba não é meramente um apêndice ou prótese; a intimidade da arma com o corpo reorienta a integridade espacial assumida (coerência e concretude) e a individualidade do corpo que é a ordem das identidades interseccionais: em vez disso, temos a arma-corpo. A ontologia do corpo transforma-o em um novo devir corpo:

> O candidato a mártir transforma seu corpo em uma máscara que esconde a arma que em breve será detonada. Ao contrário do tanque ou míssil, que é claramente visível, a arma contida na forma do corpo é invisível. Assim dissimulada, faz parte do corpo. Está tão intimamente ligada ao corpo que, no momento da sua detonação, aniquila o corpo de seu portador e leva consigo outros corpos, quando não os reduz a pedaços. O corpo não simplesmente esconde uma arma. Ele é transformado em arma, não em sentido metafórico, mas no sentido verdadeiramente balístico.[36]

As narrativas temporais de progressão são retomadas como morte e devir fundidos em um: à medida que o corpo morre, o corpo se torna a

---

[36] Mbembe, 2018, pp. 20, 63.

máscara, a arma, o homem-bomba. Não só o corpo balístico surge sem a ajuda de pistas visuais que marcam sua transformação, mas também "carrega consigo os corpos dos outros". Sua própria energia penetrante envia fragmentos de metal e carne rasgada girando para o éter. A arma--corpo não atua como metáfora, nem no domínio do significado e da epistemologia, mas nos obriga a ontologicamente perguntar de novo: que tipo de informação o corpo balístico transmite? Esses corpos, estando no meio do devir, borram o interior e o exterior, infectando a transformação através da sensação, ecoando o conhecimento através da reverberação e da vibração. O eco é uma temporalidade queer – na transmissão de informação afetiva entre e em meio a seres, a sequência de reflexão, repetição, ressonância e retorno (mas com uma diferença, como no mimetismo) – e traz ondas do futuro rompendo para o presente. Gayatri Spivak, precursora em chamar nossa atenção para a textualidade polivalente do suicídio em *Pode o subalterno falar?*, lembra-nos em suas reflexões que o terrorismo suicida é uma modalidade de expressão e comunicação para o subalterno (há a radiação do calor, o fedor da carne queimando, o impacto do metal sobre as estruturas e o solo, o respingo de sangue, partes do corpo, pele):

> A resistência suicida é uma mensagem inscrita no corpo quando nenhum outro meio passará. É tanto execução quanto luto, para si e para os outros. Para que você morra comigo pela mesma causa, não importa de que lado você esteja. Porque não importa quem você é, não há assassinados designados no atentado suicida. Não importa de que lado você esteja, porque eu não posso falar com você, você não responderá a mim, com a implicação de que não há desonra em tal morte compartilhada e inocente.[37]

Temos a proposta de que não há lados e que os lados estão sempre mudando, dobrando e multiplicando, desaparecendo e reaparecendo, incapazes de delinear satisfatoriamente entre aqui e ali. O colapso espacial

---

[37] Spivak, 2002.

dos lados é devido à interrupção temporal queer do homem-bomba, projéteis sendo expelidos em todas as direções. Como um agenciamento queer – distinto da queeridade de uma entidade ou identidade – raça e sexualidade são desnaturalizados através da impermanência, da transitoriedade do homem-bomba, da identidade fugaz repetida em sentido contrário através de sua dissolução. Essa dissolução de si mesmo em outro/s e de outro/s em si mesmo não apenas apaga a marca absoluta de si mesmo e outro/s na guerra ao terror, mas produz um desafio sistêmico para toda a ordem da racionalidade maniqueísta que organiza a rubrica do bem *versus* o mal. Entregando "uma mensagem inscrita no corpo quando nenhum outro meio vai passar", homens-bomba suicidas não transcendem ou reivindicam o racional nem aceitam a demarcação do irracional. Em vez disso, eles colocam em primeiro plano as premissas temporais, espaciais e ontológicas imperfeitas sobre as quais tais distinções florescem. Orgânico e inorgânico, carne e máquina, isso acaba sendo tão importante (e talvez tão ameaçador), se não mais importantes, quanto o simbolismo do homem-bomba e sua defesa ou condenação.

A Figura 24 é a capa de novembro/dezembro de 2004 de uma revista chamada *Jest: Humor for the Irreverent* (*Gracejo: humor para os irreverentes*), distribuída gratuitamente no Brooklyn (ver também Jest.com) e publicado por um grupo de artistas e escritores contraculturais. Aqui temos toda a força do dilema da identidade confundida: a silhueta característica – na verdade o perfil, que remete ao visível, literalmente apagando-o – do homem de turbante sikh *amritdhari* (ou seja, turbante e barba não aparada que sinalizam sikhs batizados), exibido (equivocadamente?) como um homem-bomba suicida (muçulmano), repleto de dinamite através das pulsações vibrantes de um anúncio do iPod. Totalmente moderno, animado por meio de tecnologias de som e explosivos, esse corpo não opera apenas ou mesmo principalmente no nível da metáfora. Mais uma vez, para tomar emprestado de Mbembe, é realmente um corpo balístico. O contágio, a infecção e a transmissão reinam, não o significado.

Figura 24. *Jest Magazine*, imagem da capa, novembro/dezembro de 2004.

O corpo do homem-bomba suicida de Mbembe ainda é, no entanto, o de um homem, e nessa masculinidade universalizada, é ontologicamente puro, indiferente à localização, à história e ao contexto. Considerando que, para Mbembe, a sexualidade – como a dissolução dos limites corporais – é elaborada por meio do evento balístico erótico da morte, para as mulheres-bomba suicidas a sexualidade ainda é anunciada com

CONCLUSÃO

antecedência: as pequenas mãos bem cuidadas, a beleza mística ("beleza misturada com violência") e as características de seu rosto e corpo são comentadas de uma maneira não requisitada para os homens-bomba; a importância política das ações da mulher-bomba suicida é generificada fora ou dentro de ilusões sobre seus supostos sofrimentos emocional e mental irracionais.[38] As mulheres-bomba suicidas interrompem a proposição prosaica de que o terrorismo é criado diretamente pelo patriarcado e que as mulheres são intrinsecamente manifestantes da paz. Essa lógica é reescrita, no entanto, quando os observadores proclamam que as mulheres expulsas ou afastadas por composições tradicionais de gênero e sexualidade (muitas vezes acusadas de serem lésbicas) são mais propensas à violência. Na medida em que as mulheres-bomba suicidas são orientadas dentro de organizações masculinistas, Spivak observa: "A mulher-bomba suicida, assim persuadida, não faz uma ação generificada [...] não há uma recodificação das lutas generificadas".[39] Esses marcadores discursivos de identidade refletem as capacidades duradouras da interseccionalidade – não podemos deixá-la completamente para trás – mas também suas limitações: estamos mais uma vez presos dentro de um circuito binário de cumplicidade-resistência.[40] O agenciamento é possível não através dos marcadores de identidade que condensam esse corpo, mas das reordenações temporais e espaciais que o corpo itera à medida que é maquinizado em conjunto e conforme ele explode. O agenciamento é momentâneo, até mesmo fugaz, e dá lugar a marcadores identitários normativos, mesmo em meio ao seu novo estado de devir.

---

[38] Ramachandran, 2003; *Guardian*, 2001.

[39] Spivak, 2004b, pp. 96-97.

[40] Para uma interessante coleção de ensaios curtos que tentam subverter e desconstruir a repetição problemática desses binarismos de resistência/cumplicidade, mártir/perpetrador, vida/morte em relação à militância de mulheres em geral e mulheres suicidas em específico, ver o livro *to kill, to die: female contestations on gender and political violence*; (Dayan, 2004); ver também Rajan, 2004; e uma entrevista com Drucilla Cornell, 2004.

FUTURIDADE QUEER

> O poder pode ser invisível, fantástico, monótono e rotineiro. Ele pode ser óbvio, pode te atingir pelo cassetete da polícia, pode falar a língua de seus pensamentos e desejos. Ele pode parecer um controle remoto, pode ser excitante como a libertação, pode viajar através do tempo, e pode te afogar no presente. Ele é denso e superficial, pode te causar fratura corporal, e pode te prejudicar sem sequer parecer que ele está te tocando. Ele é sistémico e é particularista e é, muitas vezes, ambos ao mesmo tempo. Ele produz sonhos de vida e sonhos de morte.
> – Avery Gordon, *Ghostly Matters*, 2008, p. 3.

Mbembe e Spivak articulam, sem querer, como a queeridade é constitutiva do homem-bomba e do corpo torturado: a queeridade, desvinculada da identidade sexual para sinalizar, em vez disso, divisões temporais, espaciais e corporais, é um pré-requisito para que o corpo funcione simbólica, pedagogica e afetivamente. A dispersão dos limites dos corpos força um desafio completamente caótico às convenções normativas de gênero, sexualidade e raça, desobedecendo às convenções normativas de práticas corporais "apropriadas" e à santidade do corpo capaz. Aqui, então, está uma possível releitura desses corpos terroristas – tipicamente entendidos como cultural, étnica e religiosamente nacionalistas, fundamentalistas, patriarcais e muitas vezes até homofóbicos – como agenciamentos. A importância política desta releitura queer não deve ser subestimada: na agitação da retórica "conosco ou contra nós" da guerra ao terror, uma práxis queer de agenciamento permite um embaralhamento de lados que é ilegível para as práticas estatais de vigilância, controle, banimento e extermínio.

Esses corpos terroristas não excepcionais não são heteronormativos, se considerarmos (e devemos considerar) que a nação e a cidadania estão implícitas no privilégio da heteronormatividade. Seguindo Cathy Cohen, que argumenta que a heteronormatividade é tanto sobre privilégios raciais (brancos) e de classe (média a alta) quanto sobre identidades, identificações

CONCLUSÃO

e atos sexuais,[41] a nação (imperialista estadunidense) também figura como um importante eixo de identificação psíquico e material, lançando repetidamente esses corpos no holofote da perversidade sexual. Ao atentar para processos afetivos, aqueles que colocam em primeiro plano práticas corporais normativas e resistentes para além do sexo, gênero e escolha de objeto sexual, a queeridade é expandida como um campo, um vetor, um terreno, que deve consistentemente, não esporadicamente, considerar o nacionalismo e a raça dentro de seu escopo, bem como desemaranhar insistentemente as relações entre a representação queer e a afetividade queer. O que essa releitura e rearticulação trazem à noção já expansiva de Cohen de política de coalizão queer? Que tipos de redes de afiliação poderiam ser imaginadas e geradas se adotássemos as mecânicas e agenciamentos já queer – ameaças à nação, à raça, às práticas corporais sancionadas – de corpos terroristas?

Os agenciamentos terroristas não apenas combatem os excepcionalismos sexuais, reivindicando o contágio – o não excepcional – dentro do olhar da segurança nacional. Na mistura da monstruosidade queer e da modernidade queer, elas também embaralham de maneira criativa, poderosa e inesperada o terreno do político dentro de projetos organizadores e intelectuais, enfraquecendo a tênue conspiração do sujeito disciplinar e da população para o controle. Não podemos conhecer os agenciamentos de antemão, provocando assim a asfixia temporal que assola a política da identidade para a qual Chow chama nossa atenção. Desalojando a política de visibilidade como uma preocupação primária dos movimentos sociais queer, os agenciamentos demonstram a importância de teorizar as economias afetivas queer que impactam e gravam, mas também anunciam, rastreiam e exaltam corpos queer: homens-bomba suicidas, o homem sikh de turbante, a bicha-terrorista-monstro, o corpo muçulmano torturado, a mulher de burca, a drag queen diaspórica sul-asiática, para citar alguns. Esses agenciamentos terroristas, uma cacofonia de fluxos informacionais,

---

[41] C. J. Cohen, 1997.

intensidades energéticas, corpos e práticas que minam a identidade coerente e até mesmo narrativas queer anti-identidade, contornam inteiramente o *continuum* foucaultiano de "agir para a identidade" que informa muitas organizações LGBTQI globais, um *continuum* que privilegia o polo da identidade como a forma evoluída da modernidade ocidental.[42] No entanto, reinvidicar o não excepcional é apenas parcialmente o ponto, pois os agenciamentos permitem cumplicidades de privilégios e a produção de novas normatividades, mesmo que não possam antecipar espaços e momentos de resistência, resistência que não é caracterizada principalmente por posições de oposição, mas inclui forças de atrito, encontros desconcertantes e surtos de delinquência não sincronizada (a compressão sobre infraestruturas tecnológicas e informacionais, como subterfúgios de *hackers* subterrâneos, vírus, modelos móveis de multidão em protestos antiguerra). Esses agenciamentos terroristas incognoscíveis não são espectadores casuais ou parasitas; a nação assimila o desconforto efusivo da incognoscibilidade desses corpos, produzindo assim afetivamente novas normatividades e excepcionalismos através da catalogação de incognoscíveis. Abrir-se às maravilhas fantásticas da futuridade, portanto, é a mais poderosa das estratégias políticas e críticas, seja por meio de agenciamentos ou para algo ainda desconhecido, talvez até mesmo para sempre incognoscível.

---

[42] Foucault, 2005.

POSFÁCIO
HOMONACIONALISMO EM
TEMPOS DE TRUMP

4 de fevereiro de 2017: hoje houve uma manifestação LGBTQ realizada no Stonewall Inn, na cidade de Nova York. Enquanto a multidão em espiral ao redor da rua Christopher, no Greenwich Village, tornava difícil avaliar o quão grande era a participação, não havia dúvida, a julgar pelos níveis de ruído, a densidade da multidão, a distância do pódio principal e o eco dos autofalantes, de que era enorme, facilmente milhares e talvez mais de 10 mil. Em contraste com várias outras manifestações de que participei na semana anterior, nessa os cartazes eram mais mornos. Muitos referenciaram os direitos LGBT; os quadros dos direitos humanos dominaram os discursos dos oradores, que incluíam numerosos membros do conselho da cidade de Nova York e outros políticos eleitos. Havia muito poucos sinais denunciando a supremacia branca e o que veio a ser chamado de "proibição muçulmana", uma faceta prolífica de protestos desde o início do governo Trump. A multidão também parecia visivelmente mais branca do que outras multidões com as quais me juntei recentemente, embora talvez a declaração mais incisiva seja que havia visivelmente poucos corpos negros e marrons lá. Um orador proclamou: "Saudamos os muçulmanos LGBTQ que fogem da perseguição de seus países de origem!", reformulando assim a mesma lógica que Trump evidenciou após o massacre de Orlando, quando afirmou que as comunidades LGBTQ precisavam ser protegidas dos terroristas muçulmanos. Embora Trump ainda não tivesse revogado a ordem executiva (OE) de Obama, que proíbe a discriminação no local de trabalho contra as pessoas LGBTQ, nem lançado a OE das Liberdades Religiosas que ele vinha ameaçando durante

a semana toda, havia uma sensação de que Trump viria atrás de "nós" em seguida. Qualquer alívio era temporário, até mesmo delirante. Logo desmoronariam quaisquer salvaguardas contra a homofobia e a transfobia concedidas pela administração através da sua atual utilização da retórica e da política islamofóbicas. Havia um comportamento distinto em tudo isso de "não no meu quintal". Os comentaristas nas mídias sociais apontaram que salvaguardar os direitos LGBTQ enquanto se perseguem imigrantes não faz um estado liberal, assim como as pessoas que assistiram ao vivo a manifestação no Facebook zombaram repetidamente de manifestantes queer por apoiarem países que eles julgavam estuprar, enforcar e matar pessoas LGBTQ. Foi um ensaio rápido e tosco dos silogismos raciais pós-11 de Setembro. O homonacionalismo estava vivo e muito bem, certamente porque articulava tanto a lógica quanto as réplicas à proibição muçulmana.

Nesse dia, o roteiro terrorista parece praticamente inalterado desde o momento do pós-11 de Setembro. Não há necessidade em excepcionalizar o trauma do cenário político atual, do qual Trump é um sintoma, não a causa. Debates sobre a ruptura e a continuidade dispensam análises mais incisivas sobre escala, intensificação, afeto, velocidade, contrações, expansões e táticas. O abalo de Trump não é porque ele revelou algo até então desconhecido, mas porque ele acelerou e expandiu vastamente a escala do desprezo, estendendo a precariedade para, sim, seu quintal: está no seu quintal. Em meio a constantes refrões sobre o horror do nosso cenário político contemporâneo, eu me impressiono continuamente com as ressonâncias discursivas e materiais com a guerra ao terror.

Desde que Trump assumiu o cargo, muitas pessoas perguntaram o que eu acho que é o homonacionalismo ou o que ele poderia ser durante o governo Trump. Não é uma questão prosaica, mas estou cética de que ela seja a mais notável. É nítido que os mecanismos habituais de oscilação do excepcionalismo estão em ação: Trump assina uma ordem executiva que proíbe financiamento aos países que discriminam nos eixos da raça, do gênero e da orientação sexual. Dias depois, há a ameaça de uma ordem executiva que elevará a liberdade de prática religiosa como um modo de discriminação contra solicitantes de serviços e funcionários LGBTQ.

Trump rescinde a ordem executiva de Obama que decreta o direito de usar o banheiro escolhido. De vez em quando ele ameaça acabar com a igualdade matrimonial. O terreno do homonacionalismo sempre foi contraditório e flutuante, e nunca se preocupou se uma nação tem ou não proteções de direitos para as populações LGBTQ. Em vez disso, trata-se do uso desses direitos dentro de modos de governamentalidade global como um marcador de *status* civilizado, e como um quadro para entender por que e como a "homofobia" e sua contraparte liberal, a tolerância, são usados para louvar populações com certos atributos em alguns momentos e, em seguida, difamar outras populações (racializadas) por esses mesmos atributos. Ao contrário do pós-11 de Setembro, no entanto, o uso da islamofobia como um ocultamento para a homofobia, ou o uso de uma homofobia antecipatória em face de uma islamofobia manipulável, parece ser um discurso de que agora muitos estão verdadeiramente conscientes, muito mais do que dez anos atrás. Parece mais possível afrouxar o laço desses dois discursos. Maior agora é o conhecimento da islamofobia como uma forma específica de racismo, que desenha sua lógica em parte pela figura do terrorista muçulmano como uma ameaça especial às comunidades LGBTQ. Além disso, conexões entre ativistas que se organizam contra a islamofobia e contra o racismo antinegro são vibrantes, expandindo significativamente o escopo da resistência antirracista. Com Trump no cargo, o terreno do homonacionalismo é menos indulgente do que antes, rendendo menos tolerância do Estado, enfatizando assim o trabalho contingente, precário e tênue do homonacionalismo. A ameaça de reverter as vitórias duramente conquistadas, por mais problemáticos que sejam os quadros teleológicos de progresso, parece – para alguns – como perder terreno. Ah, a ironia de se preocupar com a revogação do casamento entre pessoas do mesmo sexo. E ainda assim, para outros, tantos outros, é um terreno que nunca foi totalmente cedido. O governo Obama aperfeiçoou as vitórias dos direitos civis LGBTQ locais, enquanto estendeu o escopo das ações militares estadunidenses no Oriente Médio e arrematou ainda mais o financiamento internacional dos EUA com as expectativas homonacionalistas.

POSFÁCIO

Escrevi *Agenciamentos terroristas* durante as consequências do 11 de setembro de 2001. Esse período de tempo redefiniu enormemente a qualidade e o escopo da organização das comunidades queer não branca, imigrante queer e sikh na cidade de Nova York e seus arredores, exigindo de maneira insistente atenção à sua urgência do "aqui e agora", enquanto os quadros temporais do passado/presente/futuro já não pareciam fazer muito sentido (comum). A Associação de Lésbicas e Gays Sul-Asiáticos e o Projeto Audre Lorde, ambos em Nova York, foram os principais espaços onde aprendi sobre a convergência entre a justiça sexual e racial. Essas conversas reverberaram com numerosos fóruns colaborativos acadêmico-ativistas nos Estados Unidos na década de 1990, que questionavam as relações da sexualidade com o nacionalismo. (Estou pensando na conferência Nações Negras / Nações Queer e também na Conferência da CLAGS em 1998 sobre Homossexualidades Locais / Queer Globais). Eu estava organizando na área da Baía de São Francisco, de 1994 a 2000, com grupos asiáticos contra o abuso doméstico e antiviolência, especificamente com Narika, uma linha telefônica de ajuda contra a violência doméstica para mulheres sul--asiáticas, a Rede de Mulheres Asiáticas e, também, Trikone, a primeira organização queer sul-asiática. Muitos debateram como e por que circuitos de ativismo queer e teoria queer poderiam reproduzir estruturas neocoloniais de identidade, às vezes involuntariamente, na tentativa de desafiar formações nacionalistas. Durante esse tempo, preocupei-me cada vez mais com o *slogan* padrão do discurso feminista transnacional, bem como com teorias queer que vociferavam que a nação é heteronormativa e que o queer é inerentemente um fora da lei para o Estado-nação. A frase "nacionalismo heteronormativo" era um descritor padrão em meus dias de pós-graduação, e fazia parte das concepções feministas queer e transnacionais. Minha pesquisa de dissertação sobre a organização de gays e lésbicas em Trinidad e alianças raciais e sexuais indo e afro-trinitina, baseadas no trabalho de M. Jacqui Alexander, começou a me mostrar que mesmo em um Estado que "tornou a homossexualidade fora da lei", as hierarquias raciais que congelam a heterossexualidade normativa e não normativa também informam as construções de homossexualidades percebidas ou antecipadas. Enquanto os afro-trinitino eram constituídos como os sujeitos modernos de Trinidad e Tobago, os indo-trinitinos eram vistos não apenas como requerentes ilegítimos de Trinidad, mas também ocupavam os espaços de significação dos primitivos, dos atrasados, das sexualidades selvagens. Os afro-trinitinos foram, portanto, projetados como modernos o suficiente para serem não apenas heteronormativos, mas também homonormativos, enquanto os indo--trinitinos foram construídos como heterossexualmente inapropriados e homossexualmente perversos e lascivos. Eu não sabia na época, mas a minha percepção de que o pertencimento nacional costurava, mais do que negava, uma versão particular da homossexualidade em Trinidad foi o precursor do conceito de homonacionalismo.

Ironicamente, as preocupações visionárias desses fóruns, de que lésbicas, gays e queers poderiam se tornar um marcador hegemônico neoimperialista do domínio euro-estadunidense dentro de circuitos globais (mesmo quando esses marcadores contestam formas nacionalistas), às vezes assumiam sua própria práxis dissidente em que, na minha opinião, examinamos menos o nacionalismo conservador dos EUA dentro de nossos próprios espaços. Ou seja, enquanto atentos aos efeitos globalizantes do léxico da queeridade, e à prescrição de normas nacionais dos EUA em outros lugares, os efeitos nacionalizadores da queeridade nos Estados Unidos foram pouco interrogados, confundindo ainda mais a crítica do nacionalismo heteronormativo como prova de que o nacionalismo em si não estava presente em nenhuma forma na queeridade. Da mesma forma, pouca atenção foi dada para a relação da teoria queer com o império, e da teoria queer como imersa em um projeto de produção de conhecimento imperial. Além disso, a produção teórica queer e os arquivos de comunidades do Sul global eram frequentemente elogiados como a evidência particular de outros lugares, como os dados brutos do "local". Muitas vezes designados como estudos da sexualidade (quando em outros contextos seriam simplesmente abraçados como teoria queer), esses arquivos eram lidos como desafiadores e que modificavam o "global", em vez de serem incorporados como uma teoria queer propriamente dita (uma teoria queer que é, ao mesmo tempo, transcendente e, no entanto, particular aos Estados Unidos). Nesse ponto, a teoria queer, naquela época e discutivelmente até hoje, funciona de forma mais convincente como estudos de área, de fato como estudos estadunidenses. A cisão entre a teoria queer-como-estudos estadunidenses e estudos da sexualidade é tanto geopolítica, pois é produzida por meio da divisão internacional do trabalho, quanto é, também, uma divisão disciplinar persistente, na medida em que a teoria queer é abordada nas humanidades enquanto estudos da sexualidade ocorrem de maneira mais frequente na antropologia e na sociologia.

Buscando desembaraçar algumas dessas questões, desafiei o hegemônico "queer fora da lei" a partir do conceito de "homonacionalismo", que nomeou o uso de "aceitação" e "tolerância" para temas gays e lésbicos como a medida pela qual a legitimidade e a capacidade de soberania nacional são avaliadas. O homonacionalismo também promove as relações entre comunidades racializadas dentro dos espaços nacionais e agrupa essas comunidades como racializadas através de expectativas homonacionalistas. Embora tenha planejado *Agenciamentos terroristas* mais como uma incitação ao debate do que como uma correção, parecia para mim que o queer fora da lei para o modelo da nação reforçou uma versão perniciosamente não interseccional de queeridade, que reproduziu seu próprio privilégio através de uma reivindicação de vulnerabilidade. A edição especial de 2005 de *Social Text* intitulada "O que há de queer nos estudos queer agora" expressou preocupações semelhantes na introdução escrita por David Eng, Jack Halberstam e o falecido José Esteban Muñoz. Com um senso de urgência sobre o estado do campo, eles escreveram:

> Um renovado [campo de] estudos queer, além disso, insiste em uma consideração ampliada das crises globais do final do século XX que configuraram relações históricas entre as economias políticas, a geopolítica

da guerra e do terror e as manifestações nacionais de hierarquias sexuais, raciais e de gênero.

Recentemente, Maya Mikdashi e eu seguimos essa diretriz com uma breve provocação, "Teoria queer e guerra permanente", em que defendemos tanto uma escrita da teoria queer que é responsável por sua dívida com o colonialismo e as relações do império dos EUA, quanto por uma provincialização dos Estados Unidos em relação à legibilidade de circuitos de teorização queer daqueles anteriormente chamados de "locais".[1]

Estamos em uma conjuntura semelhante de reavaliação. Seguiria-se que o homonacionalismo nos tempos de Trump exige uma reformulação

---

[1] Continuamos nosso texto argumentando o seguinte: "Nós chamaríamos para uma política em teoria queer que trabalhe para deslocar os Estados Unidos como a força abrangente para o futuro de todos os outros – o ponto de chegada em uma jornada transnacional do progresso. Ou seja, por que a crítica da produção do nacionalismo dos EUA dentro da própria teoria queer não é central, em vez de incidental, à teorização queer, uma vez que o local privilegiado dos Estados Unidos molda o que é queer, o que ele pode fazer e como forma um campo de conhecimento que pode afetar a representação de corpos queer em outros lugares? A teoria queer nos EUA é de fato homonacionalista, devedora de um nacionalismo não questionado, a fim de promover sua capacitação, seu alcance (imperial)?". "Também questionamos quais são as figuras legíveis dos sujeitos da teoria queer e como a teoria queer poderia emergir e conversar com as perdas corporais em massa e as debilidades da guerra. A teoria queer (ainda) requer um corpo sexual ou de gênero ou uma injúria sexual ou de gênero – particularmente se o projeto do homonacionalismo é produzir e estabilizar formas transnacionais, imperiais e coloniais de injúria sexual e de gênero? Talvez, pensando em um local onde a guerra e a colonização são contextos cotidianos de vida, como postulamos, devemos precisar repensar o que é injúria sexual e o trabalho político e militar econômico que as designações de injúria e violência sexual ou de gênero fazem em primeiro lugar." No momento em que escrevemos, decidimos usar o termo *guerra permanente* porque tínhamos enumerado o Oriente Médio como um local de luta, morte e debilitação perpétuas, assolado pelas incursões imperiais dos Estados Unidos. Só tardiamente me ocorreu que, obviamente, também nos referíamos aos Estados Unidos como um local de guerra permanente. Essa reflexão posterior sobre os Estados Unidos como um local de guerra permanente parecia de fato sintomática da própria coisa que estávamos procurando interromper, a centralidade dos EUA como um ocupante colonial de povoamento, dentro da qual a teoria queer estabelece, pelo menos em seus parâmetros globais, uma sustentação hegemônica. Ver Mikdashi & Puar, 2002.

das táticas e estratégias de teorização queer, contínua e repetidamente. Queer foi agora produzido para ser produtivo para o governo biopolítico. Como atributo cada vez mais desejável de modernidade, ele é mobilizado como uma função retórica positiva na luta pela superioridade civilizacional, integrada aos movimentos de solidariedade globais que refletem na saudação da "internacional queer" na organização da libertação Palestina, um modo de interpelação nos discursos de direitos humanos gays e lésbicos, um nicho de mercado nas economias neoliberais... Podemos continuar a nomear a infinidade de maneiras que queer e, também, por extensão, a teoria queer, agora funciona a serviço da reprodução do racismo biopolítico da população. Parece-me, e este é o principal argumento de *Agenciamentos terroristas*, que devemos lidar com os sucessos do queer, que inclui seu disciplinamento e sua utilização a serviço de fins muito problemáticos. Por isso, penso que o projeto de teorizar os EUA como um local de guerra permanente – como o gerador da guerra permanente, da guerra global contra o terror, no Afeganistão, Iraque, Paquistão, Síria e Iêmen –, como o terreno fértil da maioria da produção teórica queer, é mais urgente do que nunca, dado o clima político atual, que não quero excepcionalizar, mas também que não quero subestimar. O que a teoria queer oferece agora, na forma de sustentação política, organização antiocupação, anti-imperialista e antirracista, nos modos de abordar a desintegração das esferas públicas do discurso e os desafios perante a indústria de *fake news*, numa época em que o pós-estruturalismo se tornou errático e em um mundo de pós-verdade, no qual os campos de concentração se tornam centros de concentração: como a teoria queer pode nos ajudar?

Desde a publicação de *Agenciamentos terroristas* há dez anos, ocorreram inúmeros exemplos angustiantes e dolorosamente ilustrativos de violações *desiguais* e constitutivas dos discursos de direitos. O desmantelamento da Lei de Defesa do Casamento no mesmo dia em que as principais disposições de execução da Lei de Direitos de Voto foram revogadas, abrindo a porta para a privação de direitos baseada na raça e na classe, continua a pressionar e trazer nuances para a relevância do homonacionalismo.[2] A proibição de homossexuais nas Forças Armadas dos EUA – a política "Não pergunte, não diga" – foi revogada em 18 de dezembro de 2010, o mesmo dia em que o Senado dos EUA interrompeu (temporariamente) o Programa Dream (Desenvolvimento, Alívio e Educação para Menores Estrangeiros), um ato legislativo que legalizaria milhões de estudantes sem documentos e permitiria que eles buscassem uma educação superior e, ironicamente, o alistamento militar. No outono de 2009, A Lei de Prevenção de Crime de Ódio Mathew Sheppard James Byrd Jr. – a primeira legislação federal que criminaliza crimes de ódio contra gays, lésbicas e trans – foi aprovada, ironicamente, em grande parte porque foi anexada a uma lei de assistência estatal aos militares. Notável como o progresso queer não apoia a guerra ao terror, não é?[3] A legalização do casamento entre pessoas do mesmo sexo em 2015, à sombra da crise financeira de 2008 e da privação massiva de proprietários de casas afro-estadunidenses e latinos explorados pelo fiasco da taxa de

---

[2] Ver Reddy, 2011; Mascaro & Muskal, 2010; Greenhouse, 2003.

[3] Mesmo antes de se saber que o projeto de lei estava sendo manipulado para reforçar fins militares, o Projeto Audre Lorde, o Queers for Economic Justice, o Projeto de Lei Sylvia Rivera, FIERCE! e INCITE lançaram conjuntamente uma declaração tomando uma posição contra a passagem supostamente "histórica" do projeto de lei de crimes de ódio, argumentando que a intervenção legal seria tão prejudicial que seria melhor não criminalizar esses crimes de ódio específicos. Essas organizações postularam que a legislação sobre crimes de ódio alocaria maiores recursos para a "militarização" das forças policiais e para a vigilância administrativa e o assédio de pessoas não brancas (especialmente jovens não brancos, a priori promovidos como mais homofóbicos do que seus correspondentes brancos), em particular latinos e afro-estadunidenses, cujo encarceramento desproporcional nos Estados Unidos é um fato conhecido. Historicamente, nos Estados Unidos, essas populações não têm sido capazes de depender da proteção do Estado e da polícia contra a violência, mas têm, em vez disso, sido alvo de violência desses serviços supostamente protetores. Além disso, novas populações são agrupadas através da coleta de informações estatísticas, demográficas, financeiras e pessoais para mover aqueles entendidos como alvos de crimes de ódio para o âmbito da produção de conhecimento para se tornarem os "objetos" da vigilância estatal, sob o pretexto de serem os "sujeitos" da proteção estatal. Essas advertências sobre a eficácia limitada da intervenção legal foram descartadas pelas principais organizações nacionais de gays e lésbicas; nem essas organizações comentaram os efeitos severos e injustos dos compromissos feitos para permitir sua passagem.

hipoteca *subprime*, tornou literal a relação da gentrificação (gay) com a securitização da casa e da pátria, seja ela uma casa heterossexual ou homossexual.

Minha intenção em *Agenciamentos terroristas* não era apenas demonstrar simplesmente uma relação entre a instrumentalização de corpos queer pelo Estado dos EUA, ou apenas a incorporação de interesses nacionalistas e muitas vezes xenófobos e imperialistas dos Estados Unidos por comunidades queer. O homonacionalismo destaca fundamentalmente uma crítica de como os discursos dos direitos liberais lésbicos e gays produzem narrativas de progresso e modernidade que continuam a conceder a algumas populações acesso a formas culturais e legais de cidadania em detrimento da expulsão parcial e total desses direitos para outras populações. Simplificando, o homonacionalismo é o aumento simultâneo do reconhecimento legal, consumista e representativo de sujeitos LGBTQ e a restrição de serviços de bem-estar, direitos de imigrantes e a expansão do poder do Estado para vigiar, deter e deportar. Esse processo se baseia na proteção da respeitabilidade dos sujeitos homossexuais em relação à reiteração performativa da sexualidade perversa patologizada (homo e hétero) dos outros raciais, especificamente, outros muçulmanos sobre os quais são lançadas projeções orientalistas e neo-orientalistas. No entanto, em *Agenciamentos terroristas* olhei não só para a proliferação da queeridade como uma norma secular cristã branca, mas também para a proliferação do homonacionalismo em comunidades queer sul-asiáticas nos Estados Unidos, onde muitas vezes convergem as formas de secularismo hindu e nacionalismo indiano. O homonacionalismo, portanto, não é um sinônimo de racismo gay, uma crítica às exclusões raciais e à branquitude das comunidades LGBT convencionais, ou outra maneira de marcar como as identidades gays e lésbicas se tornaram disponíveis para imaginários políticos conservadores.

O conceito de homonacionalismo foi adaptado e reutilizado para atender a diferentes necessidades, diferentes estratégias, diferentes políticas. Ele criou sinergia entre e através de vários movimentos e lutas políticas e gerou paradigmas teóricos amplos, bem como debates importantes sobre as relações frágeis entre academia e ativistas, teoria e práxis.[4] O texto e seu aparato conceitual se moveram por diferentes terrenos disciplinares e geopolíticos, cruzando a divisão acadêmica--ativista muitas vezes e reverberando na organização iniciada no norte da Europa, Oriente Médio, Índia e Estados Unidos. Um debate potente sobre homonacionalismo está acontecendo na França, onde curiosamente o livro tem sido, em alguns círculos, denunciado por seu impulso interseccional queer. Alguns interlocutores questionam a relação do homonacionalismo com o *pinkwashing* (lavagem rosa) israelense.[*] Outros retomam a teorização da interseccionalidade e do agenciamento, observando, corretamente, que não considero propriamente a história ou a precariedade das teorias feministas negras em relação à centralidade institucional da canonicidade masculina branca. Este é um erro e uma lacuna que tento corrigir em um artigo posterior. Como alguém que vem se baseando no trabalho formativo de feministas negras e também insiste em produzir estudos interseccionais há duas décadas, meu interesse em repensar a interseccionalidade nunca foi sobre uma fidelidade à teoria do agenciamento, mas um compromisso com o que Mel Chen chama de "metodologias ferais".

Eu mesma não penso no homonacionalismo como uma identidade, uma posição ou uma acusação – não é um outro marcador destinado

---

[4] Na Europa, o termo é muito usado, particularmente na França (onde há um grupo chamado "Não ao homonacionalismo"), na Holanda (onde os discursos civilizacionais entre a identidade nacional e o Outro imigrante continuam a tomar conta através de medidas de tolerância sexual) e na Alemanha (onde testes de migrantes que exigem lealdade às normas homossexuais foram promovidos). Meu trabalho recente sobre Palestina/Israel sugere que a convergência entre o colonialismo de ocupação e as acomodações neoliberais da diferença posicionam o Estado israelense como um pioneiro do homonacionalismo. Na Índia, a (breve) permanência na criminalização da sodomia deu licença aos mais proeminentes organizadores gays e lésbicas do país para proclamar a entrada da Índia no século XXI.

[*] Conceito faz referência ao uso estratégico dos direitos e da diversidade como *marketing* que alavanca o turismo gay, mas que dissimula a imagem de um Estado que continua abertamente violento contra os palestinos. (N. da T.).

a clivar um "bom" queer (progressivo / transgressivo / politicamente à esquerda) de um "mau" queer (vendido / conservador / politicamente falido). Sinto que é especialmente inútil como uma acusação, como se alguns de nós estivéssemos magicamente isentos do homonacionalismo (por virtude, na maioria das vezes, reivindicando a posição do "queer" como uma das vanguardas políticas ou como politicamente puro, transcendente ou inerentemente imune à crítica) e outros de nós estão intrinsecamente predispostos a isso. A acusação do homonacionalismo trabalha para negar nossas próprias cumplicidades inevitáveis e complexas com o "queer" e com a "nação".[5] Como uma analítica (em vez de um identificador, uma postura ou uma posição), ele atenta com maior força à apreensão das consequências dos sucessos dos movimentos de direitos liberais LGBT, usado para entender e historicizar como e por que o *status* de uma nação como amigável aos gays se tornou desejável em primeiro lugar. Como a modernidade, podemos resistir ao homonacionalismo e ele pode ser ressignificado, mas não exatamente se pode optar deixá-lo: somos todos produzidos como sujeitos por meio dele, mesmo que sejamos contra ele. Não é algo que se está dentro / incluído ou contra / fora – mas é uma força estruturante da formação do sujeito neoliberal. Como Maya Mikdashi explica de modo construtivo:

> [...] o homonacionalismo não é o objetivo final de uma 'internacional gay' conspiratória, mas é apenas um aspecto do retrabalho do mundo de acordo com as lógicas neoliberais que mantém não apenas o equilíbrio de poder entre os Estados, mas também dentro deles".[6]

O processo de chamada e resposta que continua a depender da oposição de um "queer convencional/global" contra um "queer não branco/queer não ocidental" muitas vezes falha em questionar o complexo campo social dentro do qual o "queer" está sendo produzido como um

---

[5] Massad, 2013.
[6] Mikdashi, 2011.

referente privilegiado *através* dessas fronteiras, com efeitos dentro de várias áreas nacionais, regionais e locais. Embora o trabalho de Joseph Massad não seja impreciso sobre a história da sexualidade e as viagens do sinal mestre da "sexualidade" através de instituições administrativas coloniais, sua interpretação da "internacional gay", privilegiando a figura do sujeito sexual subalterno nativo imaculado por esses circuitos transnacionais, reifica as diferenças entre o Ocidente e o resto, que ele insiste que devem ser minadas e desafiadas.

O homonacionalismo é, portanto, uma faceta estruturante da modernidade (em vez de uma aberração ou de um "liberalismo que deu errado") e uma mudança histórica marcada pela entrada de (alguns) corpos homossexuais como dignos de proteção pelos Estados-nação, uma reorientação constitutiva e fundamental da relação entre o Estado, o capitalismo e a sexualidade. Este momento histórico pode ser chamado de homonacional na medida em que se deve entender o homonacionalismo, em primeiro lugar, como a condição de possibilidade para a política nacional e transnacional. E aqui reside a feiura do homonacionalismo, sua capacidade bifocal em um caso de anexar e entrincheirar corpos ainda mais profundamente para a força disciplinar da sexualidade por meio de suas ofertas (ouçam Foucault lembrando-nos de que não queremos libertar a sexualidade, mas libertar-nos da sexualidade) e ainda assim promover um liberalismo convincente, mas brutal, contra os Outros em nome desse apego. Trump não fará menos do que já suspeitamos: puxar como um ioiô, ameaçando a retirada da proteção em um momento, elogiando essas mesmas proteções para difamar outros países, religiões e raças em outro. O agenciamento do homonacionalismo fornece a Trump, e aos Estados-nação em geral, um impressionante arsenal de ferramentas: uma estrutura da modernidade (conectada a outra estrutura duradoura da modernidade, o Estado-nação); uma convergência de forças geopolíticas e históricas; interesses neoliberais na acumulação capitalista por meio de "diferenças multiculturais" tanto culturais quanto materiais (o queer como consumidor emerge alinhado com outros nichos de mercado, principalmente os étnicos); práticas estatais biopolíticas de controle populacional; e investimentos afetivos em discursos de liberdade, liberação e direitos (principalmente aplicados aos discursos de direitos humanos sexuais e de gays e lésbicas, mas também como um agenciamento afetivo, na medida em que é uma leitura de apegos; o apego ao Estado-nação se ergue como reivindicação legítima ou um direito). Rearticulado como um campo de poder, em vez de uma atividade ou propriedade de qualquer Estado-nação, organização ou indivíduo, o homonacionalismo só é útil no modo como ele oferece uma maneira de rastrear mudanças históricas nos termos da modernidade, mesmo que tenha sido mobilizado dentro das próprias mudanças que foi produzido para nomear. O que isso também significa, proponho, é que somos todos sujeitos produzidos através, não apesar ou contra, do homonacionalismo. E isso nos deixa com questões complexas sobre agência e responsabilidade, que não são mais discretas ou localizadas em corpos humanos singulares ou entidades concretas, mas dispersas por inúmeras entidades. Assim, a questão torna-se, para mim, não tanto quem pode ou não ser chamado de homonacionalista, ou quais projetos organizadores são ou não homonacionalistas, mas como as expectativas estruturais para o homonacionalismo – expectativas que estão se tornando hegemônicas – são negociadas por grupos que podem muito bem querer resistir a essa interpelação, mas precisam articular essa resistência através das mesmas lógicas do homonacionalismo. Como o homonacionalismo está funcionando ou sendo manipulado estrategicamente de forma diferente em diferentes contextos nacionais/geopolíticos? E existem homonacionalismos que se tornam produtivamente intrínsecos aos projetos de libertação nacional em vez de projetos nacionais imperialistas/expansionistas?[7]

---

[7] A breve discussão a seguir sobre o homonacionalismo em relação ao *pinkwashing* e a Palestina pode ajudar a demonstrar as maneiras complexas pelas quais não vejo o homonacionalismo como uma identidade e nem como uma posição política. O homonacionalismo e o *pinkwashing* não devem ser vistos como fenômenos paralelos. Em vez disso, o *pinkwashing* é uma manifestação e prática tornada possível dentro e por causa do homonacionalismo. Ao contrário do *pinkwashing*, o homonacionalismo

O homonacionalismo nomeia, assim, uma mudança histórica na produção de Estados-nação, da insistência na heteronormatividade para a inclusão crescente da homonormatividade. O processo de inclusões--exclusões homonacionalista não se torna coerente através do 11 de Setembro como um momento temporal solitário. O 11 de Setembro às vezes parece funcionar como um gatilho originário, promovendo uma reificação histórica perigosa (o que às vezes é cinicamente referido nos EUA como a "indústria do 11 de Setembro"). Olhando para trás agora, através do momento do 11 de Setembro, meu interesse em *Agenciamentos terroristas* esteve no período de 40 anos da era pós-direitos civis que, por meio da política de inclusão liberal, continuou a produzir o Outro

não é uma prática estatal em si. Em vez disso, é a convergência histórica das práticas estatais, dos circuitos transnacionais de cultura de mercadorias queer e dos paradigmas de direitos humanos, e fenômenos globais mais amplos, como o crescente entrincheiramento da islamofobia. Essas são apenas algumas das circunstâncias através das quais os Estados-nação estão agora investidos com o *status* de "amigável aos gays" versus "homofóbico". A conflação entre homonacionalismo e *pinkwashing* pode resultar em críticas bem-intencionadas ou posturas políticas que acabam reproduzindo o excepcionalismo queer do homonacionalismo de várias maneiras. Assim, é importante mapear as relações entre o *pinkwashing* e o homonacionalismo ou, mais precisamente, as condições globais do homonacionalismo que tornam uma prática como o *pinkwashing* israelense possível e legível em primeiro lugar. Ao conectar o *pinkwashing* israelense a um sistema global mais amplo de redes de energia, estou destacando a miríade de atores que convergem para gerar tal prática. O *pinkwashing* funciona porque a história e as relações internacionais globais são importantes. Historicamente falando, o colonialismo de ocupação tem uma longa história de articular sua violência por meio da proteção de figuras úteis, como mulheres e crianças, e agora o homossexual. *Pinkwashing* é apenas mais uma justificativa para a violência imperial/racial/nacional dentro dessa longa tradição de retórica íntima em torno das populações "vítimas". O *pinkwashing* funciona em parte explorando os circuitos discursivos e estruturais produzidos pelas cruzadas dos EUA e da Europa contra a ameaça espectral do "islã radical" ou "islamofascismo". Além disso, a estrutura econômica acomodacionista neoliberal engendra um *marketing* de nicho de vários grupos étnicos e minoritários, normalizando a produção de, por exemplo, uma indústria de turismo gay e lésbica construída sobre a distinção discursiva entre destinos amigáveis aos gays e não amigáveis aos gays. A indústria de direitos humanos gay e lésbica continua a proliferar construções euro-estadunidenses de identidade (para não mencionar a noção de uma identidade sexual em si mesma) que privilegiam a política de identidade, a "saída do armário", a visibilidade pública e as medidas legislativas como os termômetros dominantes do progresso social.

Sexual como branco e o Outro Racial como hétero. Certamente o 11 de Setembro revelou e trouxe para a superfície as formas da islamofobia que, como Edward Said havia argumentado, já eram tremores na "era da descolonização".[8] No caso dos Estados Unidos, podemos apontar para o trabalho de Nayan Shah, Eithne Luibhéid e Siobhan Somerville, os quais elaboram sobre essa produção binária de períodos anteriores, destacando as formas de desagregação racial em ação na legislação de imigração, na criminalização da atividade sexual e no patrulhamento de fronteiras.

Esse estudo histórico levanta a questão: o que era o homonacionalismo antes de começarmos a chamá-lo de homonacionalismo? Como historicizar o homonacionalismo como um agenciamento que antecede em muito o advento do termo e sua emergência após o 11 de Setembro? Quais são as convergências históricas necessárias para que o homonacionalismo se estabeleça e que tipos de linhas de fuga podem se desviar desse estabelecimento? Se alguma coisa é nomeada dentro dos termos do homonacionalismo, ela também está atrelada aos limites dos Estados Unidos, da islamofobia, da periodização da "guerra ao terror" – de um tempo durante o qual, como observa Joseph Massad, o islã é o Outro e o islã é usado para Outrificar?[9] Quais histórias anteriores – e quais suposições sobre sexualidade, sobre nação, sobre modernidade – essa periodização poderia ofuscar?[10] E como essas denominações se

---

[8] Said, 1981.

[9] Massad, 2009.

[10] Se, no período pós-11 de Setembro, a "securitização" se torna um discurso primordial por meio do qual os corpos desviantes são controlados preventivamente, manifestando a figura do "terrorista muçulmano", quais corpos precários são suscetíveis a essa dinâmica antes do 11 de Setembro? Poderíamos abordar um discurso mais antigo de securitização, o que Denise Ferreira da Silva chama de "a virada da segurança", encorajado por meio do pânico moral em torno da raça e do crime na década de 1960, que tornou ainda mais vigoroso o complexo industrial-prisional e levou às nossas taxas atuais de hiperencarceramento de afroestadunidenses e latinos? E, no período pós-pós-11 de Setembro, como situar a gentrificação (gay) como o benefício homonacionalista literal das vítimas do golpe da hipoteca de alto risco, ou seja, como diretamente ligada à privação de direitos dos negros e latinos?

voltam para produzir sedimentação discursiva das próprias forças de poder que estamos tentando desafiar?[11]

Se uma duração mais longa do homonacionalismo elucida os processos do nacionalismo tanto quanto das identidades homossexuais que o nacionalismo assume, então uma das voltas mais poderosas que o estudo do homonacionalismo tomou é a de abordar as violências *estruturantes* do Estado-nação dos EUA. O especialista em estudos de ocupação colonial Scott Morgensen observa que o homonacionalismo produz

---

[11] Existe algo excepcional sobre como os Estados-nação passaram a entender a homossexualidade como uma rubrica através da qual o controle biopolítico pode ser alavancado? Existe algo excepcional sobre a homossexualidade que produz essa alavancagem? A resposta, penso eu, da vantagem histórica do colonialismo, é não. Como argumentei em outro lugar, "A Questão Homossexual" vem para suplementar "A Questão da Mulher" da "era do movimento de descolonialização" (essa era obviamente não aconteceu em termos de muitos regimes de colonialismo de ocupação) para modular a arbitragem entre modernidade e tradição. Conforme elaborado por Partha Chatterjee, essa questão surgiu com alguma força nos movimentos de descolonização no sul da Ásia e em outros lugares, pelo qual a capacidade de um governo pós-colonial emergente para proteger as mulheres nativas de práticas culturais patriarcais opressivas, marcadas como tradição, tornou-se a medida pela qual o domínio colonial arbitrou concessões políticas feitas aos colonizados. Em outras palavras, ensaiamos aqui o famoso ditado de Gayatri Spivak: "Homens brancos salvando mulheres marrons de homens marrons". Também podemos dizer que, embora a questão da mulher não tenha desaparecido, a questão homossexual produz a fantasia de que o *status* desigual das mulheres foi resolvido (e essa é a infeliz consequência dos feminismos liberais e também, infelizmente, da institucionalização dos estudos das mulheres nos Estados Unidos e na Europa). Os termos da questão das mulheres foram reeditados, pois as estudiosas feministas tornaram-se agora (e têm sido) o árbitro da modernidade de outras mulheres, ou a modernidade da Outra Mulher – para reinvocar Spivak para o século XXI: mulheres brancas salvando mulheres marrons de homens marrons. Ou, em termos da questão homossexual, queers brancos (homens?) salvando homossexuais marrons de heterossexuais marrons. Assim, em seu nível mais básico, o homonacionalismo é uma analítica para apreender a emergência histórica da relevância da questão: quão bem você trata seus homossexuais? Essa questão de medida civilizacional continua a se transformar, continua produzindo e incitando novas questões, e novas figuras que são atraídas para funcionar como os álibis da transgressão liberal da democracia. Mas é notável quais figuras *não* são adequadas para essa função álibi. Também é notável que há apenas 30 anos, o quão bem você trata seus homossexuais não teria sido nem remotamente uma questão que estrutura as relações ideológicas entre as nações, sem mencionar tornar-se a razão para reter recursos financeiros e assim por diante.

não apenas o "homo" em uma certa relação com os Estados-nação, mas também reifica uma versão do nacionalismo e da nação que naturaliza a nação como uma nação colonial de ocupação e normaliza seus sujeitos como ocupantes conservadores. A ocupação condiciona a formação de sujeitos queer modernos. Os sujeitos queer modernos são, em grande parte, colonialistas, não incidentalmente ou por acidente, mas como uma faceta estruturante do colonialismo de ocupação. O homonacionalismo é, portanto, também um processo de naturalização do colonialismo de ocupação e, como uma heurística, pode trabalhar para reorganizar sua própria força crítica, associando-se com os estudos de ocupação colonial. O trabalho de Morgensen também articula os problemas com a invocação de uma aliança com ativistas que desafiam o colonialismo de ocupação como uma práxis citacional de reconhecimento.[12] Nishant Upadhyay e Michael Connors Jackman elaboram, no contexto canadense, uma faceta básica dessa práxis citacional: as organizações anti*pinkwashing* localizadas na América do Norte em solidariedade com a Palestina podem involuntariamente "lavar" o Norte global naturalizando o *status* amigável aos gays e o colonialismo de ocupação dos Estados Unidos e do Canadá.[13] O homonacionalismo precisa abordar as narrativas fundacionais da construção da nação, a fim de não apenas situar a escravidão negra e o colonialismo de ocupação como formas de poder biopolítico nos Estados Unidos, mas também situar o colonialismo de ocupação como uma condição *atual* e desafiar a amnésia colonialista que reorganiza continuamente o colonialismo de ocupação como parte de um passado irreversível. Se, como o trabalho de Morgensen sugere, o sujeito da ocupação colonial é um sujeito homonacionalista, então "nós" somos "todos" cúmplices do homonacionalismo. Seguindo o trabalho de Mark Rifkin, se a ocupação condiciona noções de nação, as críticas queer à nação e ao Estado reinvestem na naturalização de categorias como

---

[12] Morgensen, 2013.

[13] Jackman & Upadhyay, 2012.

cidadania e nação. Assim, a teoria queer precisa ser responsável por sua subjetividade colonialista não marcada.[14] E, voltando às questões sobre a teoria queer como estudos estadunidenses não marcados, a teoria queer deve lidar com suas próprias tendências colonialistas.

---

[14] Discussões recentes em debates sobre igualdade matrimonial nos Estados Unidos me lembraram que, em 1993, o Havaí estava prestes a se tornar o primeiro estado a legalizar o casamento gay. O caso *Baeher v. Lewin* foi o primeiro desafio bem-sucedido à negação do casamento entre pessoas do mesmo sexo em qualquer suprema corte estadual nos Estados Unidos e também foi único porque o caso foi feito com base na proteção igual perante à lei, independentemente do sexo, em vez da orientação sexual, atendendo à proibição de discriminação sexual na Constituição do Havaí, que na época continha estipulações mais elaboradas e específicas do que a Constituição Federal. Outras interpretações progressistas do casamento entre pessoas do mesmo sexo incluíram seu distanciamento da homossexualidade. Como um juiz escreveu, casamentos homossexuais e do mesmo sexo não são sinônimos, um casamento heterossexual do mesmo sexo não é, em teoria, paradoxal. "Partes de uma união entre um homem e uma mulher podem ou não ser homossexuais. As partes para uma união do mesmo sexo podiam teoricamente ser tanto homossexuais quanto heterossexuais". Outros fatores fazem do Havaí um caso único: uma tradição de liberalismo devedor da complexa heterogeneidade de populações e discursos de tolerância; recurso à "cultura da pré-descoberta" e histórias coloniais do Havaí em que as relações homossexuais têm um álibi cultural; ratificação estadual muito recente, em 1959; movimentos ativistas que reclamam da ocupação ilegal dos EUA e agitam por direitos de soberania. Também foram significativas as formas de organização contrárias ao casamento entre pessoas do mesmo sexo que tomaram forma em resposta à sua potencial legalização. A seção LGBTQI do American Friends Service Committee se solidarizou com ativistas dos direitos da soberania para argumentar que a legalização do casamento entre pessoas do mesmo sexo entrincheiraria ainda mais uma indústria turística que tem sido vista como cada vez mais antagônica às reivindicações de soberania. A passagem do Defense of Marriage Act (Doma) em 1996 foi em parte uma resposta ao caso do casamento no Havaí. Essas primeiras críticas às campanhas matrimoniais entre pessoas do mesmo sexo foram perdidas, e me parece que se essa história inicial do casamento entre pessoas do mesmo sexo tivesse animado os debates recentes sobre igualdade matrimonial, poderíamos estar pensando em noções diferentes de igualdade, soberania, homonacionalismo e direitos sexuais. Por que o caso do Havaí continua se perdendo na história da agenda do casamento gay nos Estados Unidos? É o foco implacável na história continental e uma história que precisa evitar a cumplicidade com o colonialismo de ocupação, impossível dado o que o Havaí representa? Estas parecem ser questões especialmente importantes, dado que a história continental da igualdade do casamento gay começa com alguns dos estados mais brancos do país, por exemplo, Vermont. Além disso, todas essas descontinuidades do continente dos Estados Unidos estão materialmente representadas na localização do Havaí no meio do oceano Pacífico.

Ligado ao projeto da ocupação colonial está o estabelecimento da cristandade como parte da subjetividade colonialista. Especialistas em estudos religiosos como Brock Perry, Maia Koistros, Melissa Wilcox e Joseph Marshall ajudaram a profundar a teorização do secularismo queer em *Agenciamentos terroristas*.[15] O secularismo na cultura dos EUA é uma fantasia. É um "secularismo cristão", o que significa que não há uma posição secular epistemologicamente pura. Na política (neo)liberal, a imaginada separação entre "Igreja e Estado" é frequentemente usada para comparar a cultura e as formas de Estado ocidentais como inerentemente superiores a alguns países muçulmanos e árabes, rotulando esses países e governos como "teocráticos" e opostos à modernidade do Ocidente. Para pensar ativamente no secularismo e no secular como inerentemente religiosos, ou como formados (histórica ou imaginativamente) a partir do pensamento e da história religiosos, os estudos religiosos começam a "religiolizar" o secularismo.

Narrativas salvadoras e impulsos missionários são conceitos teológicos-imperiais cristãos que alimentam formas de excepcionalismo. O funcionamento da exceção na guerra ao terror em relação às sexualidades muçulmanas já de forma oblíqua compreendia os discursos subterrâneos do secularismo cristão animando teorias de exceção. Os atributos cristãos dos discursos de estado de exceção, em que o milagre transmuta para a exceção, e dos discursos seculares queer, pelos quais uma interpretação cristã do secularismo informa a arrogância antirreligiosa, particularmente em relação aos queers muçulmanos, anima o secularismo cristão que sustenta o homonacionalismo. A religiosidade é então totalmente exibida e habitada pelo Outro racial, que é impulsionado pelo fundamentalismo irracional e por uma sexualidade reprimida.

Um quadro normativo de "religião *versus* sexualidade" começa a ser quebrado aqui, um quadro que dominou uma certa vertente da teoria queer sobre religião. Grande parte do trabalho incisivo questionando essa

---

[15] Para uma coleção de reformulações incisivas do homonacionalismo nesses autores, ver Perry, Koistros, Wilcox & Marshall, 2014.

oposição binária – de que religião se opõe *a priori* à homossexualidade, bane-a e atua como uma instituição reguladora que sanciona a sexualidade reprodutiva em nome da patologização de todas as outras sexualidades como pecado – vem do trabalho fundamental de Janet Jakobsen e Ann Pellegrini, especialmente no maravilhoso livro *Love the Sin: Sexual Regulation and the Limits of Religious Tolerance* (*Ame o pecado: regulação sexual e os limites da tolerância religiosa*). Lembro-me de seu fraseamento conciso sobre a tensão: "Óbvio que 'eles' [aqueles que são religiosos] odeiam 'nós', 'nós' somos queer". A articulação da luta como tal é, de fato, geralmente um reflexo de discursos teológicos através de inúmeras tradições religiosas, resistência estatal aos direitos sexuais que é codificada como secular, mas como sabemos, é implicitamente sustentada (e muitas vezes explicitamente sobreposta) com visões de mundo cristãs e movimentos extremistas religiosos de direita. A provocação tensa de Jakobsen e Pellegrini é experimentada com mais força no contexto de audiências (majoritariamente seculares?) da teoria queer que têm pouco ou menos envolvimento com comunidades religiosas e podem acenar com a cabeça em vigoroso acordo com a proposição de que a religião está inerentemente e intrinsecamente na vanguarda de uma criação de mundo antiqueer.

Do ponto de vista de pensar sobre a interação histórica da religião e da raça, esse binarismo se torna um pouco mais complexo; algumas tradições religiosas foram ou são patologizadas como queer. A desconstrução do binarismo entre a religião e a (homo) sexualidade emerge perigosamente perto de formas de excepcionalismo cristão que sustentam, se não impulsionam, tendências homonacionalistas para a consolidação de narrativas de excepcionalismo racial e civilizacional. Como tal, muitas vezes penso que o inverso da formulação de Jakobsen e Pellegrini também é relevante: é claro que "eles" (aqueles que são queer) odeiam "nós"; "nós" somos religiosos. Aqui, quero apenas observar as implicações de esse binarismo não apenas ser invertido, mas também desconstruído, pois queers religiosos, ou aqueles que são queermente religiosos, são obrigados pela luta interseccional a aspirar a formas de excepcionalismo, de excepcionalismo homonacionalista.

Em resumo: o excepcionalismo sexual que alimenta o homonacionalismo está profundamente ligado a formas de excepcionalismo cristão. E, portanto, não posso imaginar um diagnóstico mais preciso do motivo pelo qual pode ser o caso de que queers muçulmanos são mais chamados a qualificar sua religiosidade – e sua relação com o que é entendido como a oposição intratável entre religião e homossexualidade – do que os queers judeus ou cristãos. Não é apenas que as formas de excepcionalismo queer que algumas comunidades religiosas progressistas podem agora exibir, como as Igrejas da Comunidade Metropolitana, talvez rearticulem uma versão de superioridade racial ou civilizacional. Perry sugere que é menos o caso de os muçulmanos serem menos receptivos à homossexualidade – isto é, mais homofóbicos – como geralmente seria presumido dentro do âmbito da lógica homonacionalista. Em vez disso, ele aponta, esse discurso binário é feroz para queers muçulmanos em parte porque os preceitos cristãos já informam os termos de exceção, permitindo assim que o homonacionalismo e suas formações identitárias concomitantes tenham um convívio mas fácil dentro das tradições cristãs.[16] De fato, no volume 1 da *História da sexualidade*, Foucault observa que a crença na repressão (do sexo) é o mecanismo organizador do confessional, para um "futuro melhor e mais brilhante", uma pregação, que leva à salvação.[17] Rey Chow escreve que a hipótese repressiva equivale a uma espécie de

---

[16] Esse convívio resultou, como observa Maia Kotrosits, na tendência dentro da virada queer nos Estudos do Cristianismo Primitivo para uma "qualidade distintamente transgressora da literatura, dos sujeitos ou das formações sociais cristãs primitivas". Aproximando-se da relação entre o teológico e o excepcional desse outro ponto de vista, o ponto de vista do estudo da Bíblia, não é apenas que formas emergentes de queeridades não seculares estão enraizadas em dívidas não reconhecidas com preceitos cristãos, mas que as queeridades que já se manifestavam dentro da dobra do cristianismo primitivo estão imbuídas de tendências excepcionalistas tanto em suas enunciações históricas contextuais quanto na mobilização dessas enunciações dentro do campo contemporâneo de Estudos do Cristianismo Primitivo.

[17] Ver a discussão de Foucault sobre a hipótese repressiva em Foucault, 2005.

teologia da liberação.[18] Assumir-se como uma prática normativa queer (secular) é, portanto, roteirizado como confissão religiosa, que acumula a força do que Foucault chama de "benefício do interlocutor" – aqueles que podem falar sobre sexo são, portanto, vistos como livres, tendo transgredido seu confinamento (religioso). Três coisas são dignas de nota: um, atributos cristãos alimentam os discursos do estado de exceção, em que o milagre transmuta para a exceção; dois, os discursos seculares queer que se baseiam em uma versão camuflada, e especificamente cristã, do secularismo subtendem uma arrogância antirreligiosa, particularmente em relação aos queers muçulmanos; três, o secularismo cristão sustenta não apenas o homonacionalismo, mas a própria queeridade.

O secularismo queer, então, não apenas habita um espaço de recusa em relação à religiosidade e às oportunidades que as afiliações e apegos religiosos podem permitir; ele também camufla sua própria relação com a base cristã sobre a qual tal posição secular queer se baseia e a qual ela fomenta. Dentro do campo do homonacionalismo, a racialização e a sexualização sustentadas contra religiões antagônicas são, portanto, um elemento-chave da política de secularidade queer. Embora isso revele a natureza seletiva de um discurso ostensivamente secularista, também mostra como esse discurso gesticula em direção ao secularismo normativo. Assim, a secularidade queer ainda se envolve em conflitos secularistas clássicos, policiando a religião que não se privatiza e se afasta da política e da esfera pública. Posições queer que recusam o binarismo da religião como uma oposição à sexualidade desafiam o secular como o único espaço de criação de mundo queer. No entanto, o que é necessário é questionar os fundamentos e preceitos religiosos não apenas do secular, mas também da própria queeridade. Sem essa dupla abordagem, a queeridade secular pode reafirmar os discursos de superioridade raciais e civilizacionais que ela pretende corrigir em sua crítica ao secular.

---

[18] Chow, 2002.

POSFÁCIO

O estilo do homonacionalismo da era Trump é magistralmente elástico, sustentando a produção de temidos outros raciais e religiosos em nome de, mas nunca beneficiando diretamente, queers (cristãos seculares). Tendo visto, em março de 2017, uma foto da apresentadora de *talk-show* e identificada como lésbica Ellen DeGeneres abraçando o ex-presidente e criminoso de guerra George W. Bush no *The Ellen Show*, vejo que o homonacionalismo não funciona apenas para justificar uma proibição religiosa muçulmana em termos seculares (queer), mas também para pôr em prática uma normalização afetiva do 11 de Setembro e seus arquitetos – o belicismo de Bush e a civilidade neoliberal higienizada de Obama. Essa normalização do nosso estado de exceção anterior continua imprudentemente em uma era Trump de sadismo desenfreado. Ultimamente, tenho ouvido que *Agenciamentos terroristas* é "ainda mais relevante agora do que nunca". Por mais triste que seja essa declaração sobre nossa situação política atual, isso me dá esperança de que *Agenciamentos terroristas* será útil no combate à amnésia sobre o 11 de Setembro que permeia o discurso de pânico, reorganizando, mais uma vez, nossa relação com o excepcionalismo dos EUA. E é, de fato, esse próprio excepcionalismo dos EUA que continua não apenas a provincializar a teoria queer como estudos estadunidenses, mas, o que é mais problemático, a costurar a teoria queer com a reprodução dos circuitos de alcance imperial dos EUA.

AGRADECIMENTOS

O trabalho deste livro é, para pedir emprestado de Jacques Derrida (que pediu emprestado de Freud), um trabalho de luto.

Meu irmão mais novo, Sandeep, morreu repentinamente em 20 de fevereiro de 2003, enquanto estava na Índia com seu parceiro e seu filho, que acabara de celebrar seu primeiro aniversário. Três semanas depois, exatamente, os Estados Unidos invadiram o Iraque. Fui trabalhar naquela manhã e descobri que tinha esquecido completamente a guerra iminente. Fiquei chocada ao perceber que, debatendo-me em meu próprio choque, é possível se desintegrar em um lugar tão pequeno que se pode esquecer essas coisas. Relato essas circunstâncias porque acredito que é importante entender de onde vem um livro e por que ele surge de determinada maneira. Na maioria das vezes, esse compromisso pode ser cumprido sem tal detalhe explícito, insinuado dentro dos interstícios do que se diz e do que é sentido, do que é escrito para navegar pelo que deve permanecer não dito. Em *The Work of Mourning* [*O trabalho do luto*], Derrida aponta que é uma obscenidade falar dos mortos de maneira instrumental, seja ela de qualquer tipo. No entanto, ele também observa, é uma traição não falar deles, uma farsa não compartilhar a própria tristeza.

É entre essas duas cenas de morte que este livro se origina. Simultaneamente confrontada com a devastação de uma morte pessoal tão próxima e íntima e as mortes políticas daqueles à distância, comecei a escrever. Da vantagem de uma "textualidade de um evento" spivakiana, essas duas cenas de morte, aparentemente disjuntivas, revelaram-se delicadamente entrelaçadas. Enfatizo *delicadamente* porque suas diferenças óbvias de escala, magnitude e importância as deixam incomparáveis – elas nunca devem ficar lado a lado: a morte de um jovem físico sikh privilegiado cujo funeral foi assistido por 400 pessoas, e as milhares de mortes sem rosto e sem nome colocadas sob o termo "dano colateral" cujos corpos, se tiveram sorte, foram cremados em massa. A singularidade de cada morte desafia a ordenação por escala. Uma morte pode revirar completamente a paisagem daqueles que ficaram para trás, enquanto a morte sem sentido de milhares pode permanecer a mais não espetacular e normalizada das ocorrências, racionalizada para garantir apenas uma vida. Muitas vezes, os números não importam, ou importam somente no contexto dos índices, de modo que a valoração da vida, ou da morte, é desigual e incalculável.

A escala não reflete a ordenação normativa, mas é, na verdade, uma modalidade que produz ordenação normativa, uma grade de vetores de poder ascendentes e descendentes, atribuições de prioridade, impacto e força. Por causa disso, a tarefa de agradecer é precária, na melhor das hipóteses. Às vezes, um simples olhar de um estudante, uma palavra em uma nota de condolência de um conhecido, um toque imprevisto de um estranho, sustentava-me por incalculáveis dias ou semanas. A escala progressiva, então, do "gênero do agradecimento" tenta administrar uma experiência muito mais aleatória de conectividades liminares, mas intensas. É também o caso de que esses agradecimentos particulares se estendem além das dívidas intelectuais e pessoais habituais para incluir aqueles que se comprometeram, de formas grandes e pequenas, a viajar comigo por meio do trabalho do luto.

Agradeço aos meus maravilhosos colegas da Universidade Rutgers no Departamento de Estudos de Mulheres e de Gênero, bem como ao Departamento de Geografia, em particular Nancy Hewitt, Louisa Schein, Ed Cohen e Judith Gerson. Eu não poderia ter pedido uma chefe de departamento mais maravilhosa do que Joanna Regulska. Trabalhar ao lado de Carlos Decena e Ethel Brooks enriqueceu minha vida intelectual e pessoal tremendamente. Vários seminários de pós-graduação em

Rutgers moldaram o teor deste projeto, e agradeço aos alunos que tão generosamente se entregaram às minhas preocupações. Duas bolsas no Instituto de Pesquisa sobre Mulheres me deram tempo de escrever e o retorno necessário sobre o trabalho em seu início e, em particular, permitiram-me interagir com colegas incríveis da Rutgers que compõem um maravilhoso quadro de companheiros intelectuais e políticos: Edlie Wong, Sonali Perera, Nicole Fleetwood e Julie Livingston. E para nossa maravilhosa equipe administrativa, Joanne Givand e Margaret Pado – o trabalho delas em nosso departamento é verdadeiramente indispensável.

Sou profundamente grata àqueles que ofereceram assistência, deram retorno e realizaram uma crítica incisiva em várias partes deste livro ou partes deste trabalho publicadas anteriormente na forma de artigo: Inderpal Grewal, Gillian Harkins, Erica Rand, Eithne Luibhéid, Sharad Chari, Amit Rai, Katherine Sugg, Dereka Rushbrook, Patricia Clough, Jennifer Terry, Jackie Orr, Laurie Prendergast, Barbara Balliet, Lisa Duggan, Anna Marie Smith, David Eng, Virinder Kalra, Louisa Schein, Negar Mottahedeh, David Serlin, Ara Wilson e Nayan Shah. Carlos Decena também foi generoso o suficiente para ler o rascunho final na íntegra em cima da hora. Agradeço também às audiências incrivelmente rigorosas e engajadas da Universidade de Cornell, da Universidade de Nova York, do Cuny Graduate Center, Universidade de Syracuse, Universidade de Old Dominion, da Universidade de Washington, Universidade de Lancaster (especialmente Anne Marie Fortier e Adi Kuntsman), Universidade de Manchester (Nicole Vitellone, Lisa Adkins, Virinder Kalra e Rajinder Dudrah foram anfitriões fantásticos), Universidade de Utrecht, Universidade da Pensilvânia, Universidade da Califórnia, Berkeley, Universidade Wesleyan, Mt. Holyoke College e a Universidade da Califórnia, Irvine, por me convidarem a apresentar versões mais longas de capítulos e artigos. Também agradeço ao coletivo *Social Text* pelo apoio, incentivo e comunidade intelectual nos últimos três anos. A firmeza de Ken Wissoker neste projeto foi indispensável. Também estou profundamente grata a dois revisores anônimos que ficaram muito entusiasmados com o projeto. Também quero agradecer a Eric

Zinner, José Esteban Muñoz e Ann Pellegrini da New York University Press pelo interesse no manuscrito; espero que tenha uma oportunidade de trabalhar com eles no futuro. Sou também profundamente grata aos artistas que deram a permissão para reproduzir seu trabalho, incluindo Poulomi Desai, Karthik Pandian, Naeem Mohaiemen e o Coletivo Visível, Vishavjit Singh e Richard Serra.

Para aqueles que não estavam necessariamente envolvidos neste projeto, mas foram mentores durante meus anos de pós-graduação na UC Berkeley e na pesquisa e redação da minha dissertação, agradeço a Patricia Penn Hilden, Trinh Minh-ha, Michael Omi, Aiwha Ong, Laura Perez, Sau-Ling Wong, Minoo Moallem, Geeta Patel, Kath Weston, Angela Davis e Kris Peterson. Inderpal Grewal foi uma mentora e uma amiga especial, compartilhando comigo de um interesse nas políticas de identidade e da comunidade sikh, como elas acontecem na academia e nos locais de organização. A companhia de Marisa Belausteguigoitia na pós-graduação foi indispensável e sua casa na Cidade do México é um refúgio de consolo. Caren Kaplan sintetiza a mentora feminista ideal e me tratou como uma colega desde o momento em que cheguei. Norma Alarcón, minha brilhante e apaixonada orientadora de dissertação, foi a que mais me ensinou sobre os riscos políticos de romper com as formações de conhecimento hegemônicas. Aos meus amigos na área da Baía, alguns dos quais já não estão lá, agradeço-os pelos prazeres da vida comunitária: Priya Jagganathan, Anand Pandian, Mona Shah, Musa Ahmed, Neeru Paharia, Everlyn Hunter, Surveen Singh, Madhury Anji, Harleen Kahlon, Sangeeta Chowdhry, Stephen Julien e Tania Hammidi; todas as pessoas em Trikone, especialmente Dipti Ghosh; e todos em Narika que desafiaram todas as minhas inclinações teóricas com a pragmática do alcance comunitário e da organização sem fins lucrativos, especialmente Chic Dabby, Amisha Patel e Naheed Sheikh.

Tive a sorte incrível de passar dois verões trabalhando intensamente com minha assistente de pesquisa, Ariella Rotramel. Junto com seu olho político afiado agradeço enormemente por ela cuidar de mim de todas as maneiras possíveis e por cuidar tão bem do meu cão, Mozilla.

Também devo a Julie Rajan por vários anos de assistência constante à pesquisa, bem como Kelly Coogan, Una Chung e Soniya Munshi por intervir em movimentos cruciais. A bibliografia, o índice, bem como a seleção e aquisição de muitos dos recursos visuais, devo ao cuidado e ao brilho meticulosos de Andrew Mazzaschi; sou grata por sua diligência e vontade de sofrer, com bom humor, minha última rodada de prazos. Soniya Munshi e Janhavi Pakrashi continuam a trabalhar comigo em um projeto de vídeo que interage com este livro. Suas visões políticas, estéticas e comunitárias me inspiraram infinitamente. Na cidade de Nova York, no início do milênio desfrutei dos benefícios da Associação de Lésbicas e Gays Sul-Asiáticos com Atif Toor, Aamir Khandawala, Ashu Rai, Javid Syed, Vidur Kapur, Trishala Deb, Svati Shah, Priyabishnu Ghosh, Sangeeta Sibal, Rohini Suri e Ishu Bhutani. Outros companheiros locais que gostaria de agradecer incluem Catherine Zimmer, David Kazanjian, David Breeden, Carol Joyce, Sally Rappeport e Ron Lavine. Prithika Balakrishnan traz a todos os dias a necessária leveza.

Patricia Clough tornou-se uma amada mentora, colega e, o mais importante, amiga. Sua amplitude intelectual enche estas páginas. Amit Rai escreveu comigo sem hesitação quando eu não conseguia fazer isso sozinha; sua escuridão é sua recusa feroz em fingir, e admiro profundamente isso nele. Katherine Sugg deu suporte repetidamente para a minha dor com o cuidado e a atenção que só os amigos devotados podem pôr em prática. E para Rebecca Coleman, que tomou o meu luto como seu próprio luto e amou a minha família como sua própria família, que testemunhou cada minuto e cuidou de mim de todas as maneiras imagináveis, estou humildemente e eternamente em dívida.

Minha mãe, Surinder K. Puar, e meu pai, Mohindar S. Puar, continuam a me surpreender diariamente com seus compromissos éticos com a comunidade, a família, a educação, a jardinagem prolífica e a integridade com que carregam suas feridas. Apesar das complexidades que a minha vida e o meu trabalho apresentam para eles, o apoio deles a mim parece apenas crescer e aprofundar-se. Minha irmã, Kimpreet, atravessou a transição de irmãos de três para dois com tanta honestidade e veracidade; sempre admirarei a liberdade que ela tem para se deixar ir até lá, juntamente com sua inteligência rápida e seu intelecto afiado. Também envio amor a Kirpal Singh, filho do meu irmão, cuja infalível energia infantil nos sustentou durante muitos meses difíceis.

Meu maior desafio nos últimos três anos e meio foi aceitar os dons espirituais agridoces que a morte de Sandeep me concederam. Este livro, juntamente com a grande maçã que ele conjurou uma manhã, é um desses presentes. Escrito através de profunda reverência à magia, ao misticismo. Consciente das suas assombrações, do seu riso, das vezes em que a sua devoção efêmera surgia quando eu lutava em frente ao meu computador. Aberturas para conversas sustentadas de modo etéreo, através de temporalidades e presenças só experimentadas por meio da entrega do coração ao coração partido. Já que não tivemos escolha a não ser dizer adeus a você, Sandeep, eu não perderia esse passeio por nada no mundo.

Setembro de 2006

REFERÊNCIAS BIBLIOGRÁFICAS

ABU-LUGHOD, Lila. "Do Muslim Women Really Need Saving? Anthropological Reflections on Cultural Relativism and its Others." *American Anthropologist* 104, n. 3, September, 2002, pp. 783-790.

ADAM, Barry D. "The Defense of Marriage Act and American Exceptionalism: The 'Gay Marriage' Panic in the United States." *Journal of the History of Sexuality* 12, n. 2, April, 2003, pp. 259-276.

AFARY, Janet, & ANDERSON, Kevin B. *Foucault and the Iranian Revolution: Gender and the Seductions of Islamism*. Chicago, University of Chicago Press, 2005.

AGAMBEN, Giorgio. *Estado de exceção*. Trad. Iraci D. Poleti. São Paulo, Boitempo, 2004a.

____. *Homo Sacer: O poder soberano e a vida nua I*. Trad. Henrique Burigo. Belo Horizonte, UFMG/ Humanitas, 2004b.

AHMAD, Muneer. "Homeland Insecurity: Racial Violence the Day after September 11." *Social Text* 20, n. 3, 72, Fall, 2002, pp. 101-115.

AHMED, Sara. "Affective Economies." *Social Text* 22, n. 2 79, Summer, 2004, pp. 117-139.

____. *The Cultural Politics of Emotion*. London, Routledge, 2005.

AHMED, Rashmee Z. "Sikh Forced to Take Off Turban." *Times of India*, January 22, 2004. http://timesofindia.indiatimes.com (accessed June 21, 2006).

ALAM, Faisal. "Remembering September 11th as a Queer Muslim." *The Gully*, September 11, 2002. http://www.thegully.com (accessed June 11, 2006).

____. "Gay Media's Failure to Accurately Report Stories Adds to Growing Islamophobia and Hatred towards Islamic World." August 1, 2005. http://www.ukgaynews.org.uk (accessed September 9, 2006).

ALARCÓN, Norma. "The Theoretical Subject(s) of *This Bridge Called My Back* and Anglo-American Feminism." *In*: ANZALDÚA, Gloria (Ed.). *Making*

Face, Making Soul/Haciendo Caras: Creative and Critical Perspectives by Feminists of Color. San Francisco, Aunt Lute Foundation Books, 1990, pp. 356-369.

ALEXANDER, M. Jacqui. "Not Just (Any)Body Can Be a Citizen: The Politics of Law, Sexuality and Postcoloniality in Trinidad and Tobago and the Bahamas." *Feminist Review*, 48, Autumn, 1994, pp. 5-23.

____. "Erotic Autonomy as a Politics of Decolonization: An Anatomy of Feminist and State Practice." *In*: ALEXANDER, M. Jacqui & MOHANTY, Chandra T. (Eds.) *Feminist Genealogies, Colonial Legacies, Democratic Futures*. New York, Routledge, 1997, pp. 63-100.

____. *Pedagogies of Crossing: Meditations on Feminism, Sexual Politics, Memory, and the Sacred*. Durham, Duke University Press, 2005.

AL-FATIHA. "LGBTQ Muslims Condemn Terrorist Attack: Warn of Repercussions against Arabs and Muslims." September 12, 2001a. Reprinted in *PFLAG-Cleveland Newsletter*, November 2001c. http://www.pflagcleveland.org (accessed June 13, 2006).

____. "LGBTQ Muslims Express Concerns about Infringements on Civil Liberties." Press release. October 27, 2001b. http://www.peaceresponse.org (accessed February 19, 2003; no longer available).

____. "Al-Fatiha Calls for a Second Day of Action against Egypt." Press release. November 3, 2001c. Republished at Sodomy Laws, World Laws, Egypt, www.sodomylaws.org (accessed June 13, 2006).

____. "Queer Rights Leaders to Address War against Iraq." Press release. November 6, 2002. http://www.q.co.za (accessed June 13, 2006).

____. "Al-Fatiha." Updated June 2006. www.al-fatiha.org (accessed June 10, 2006).

AL-FATIHA Foundation. "Al-Fatiha Condemns Sexual Humiliation of Iraqi Detainees." Press release. May 10, 2004. ttp://ukgaynews.org.uk (accessed June 19, 2006).

ALI, Kecia. "Special Focus: Islam: Same-Sex Sexual Activity and Lesbian and Bisexual Women." *The Feminist Sexual Ethics Project*, Brandeis University. December 10, 2002. http://www.brandeis.edu (accessed June 11, 2006).

AL Jazeera. "Israeli Interrogator Was at Abu Ghraib." July 3, 2004a. http://english.aljazeera.net (accessed June 19, 2006).

____. "Hersh: U.S. GIs Sodomised Iraqi Boys." July 19, 2004b. http://english.aljazeera net (accessed June 19, 2006).

ALLEN, Charlotte. "Return of the Guy." *Women's Quarterly* 12, n. 3, January, 2002.

ALLEN, Dan. "Falwell from Grace." *The Advocate*, October 23, 2001, p. 15.

ALLIANCE of South Asians Taking Action. "Press Release: asata Condemns World Trade Center Attacks and Anti-Arab Sentiments." September 12, 2001. http://www.asata.org (accessed June 21, 2006).

AMERICAN Civil Liberties Union. "Surveillance." April 29, 2004a. http://www.aclu.org (accessed June 26, 2006).

____. *Worlds Apart: How Deporting Immigrants after 9/11 Tore Families Apart and Shattered Communities*. December 2004b. http://www.aclu.org (accessed June 26, 2006).

AMERICAN Immigration Law Foundation. "Targets of Suspicion: The Impact of Post-9/11 Policies on Muslims, Arabs and South Asians in the United States." *Immigration Policy in Focus* 3. 2, May, 2004. http://www.ailf.org (accessed June 26, 2006).

AMERICAN Immigration Lawyers Association. "The 107th Congress: A Legislative and Regulatory Overview." AILA Issue Papers. 2002. http://www.aila.org (accessed June 27, 2005).

AMNESTY International usa *et al*. "Statement of Principles." November 1, 2001. http://www.crlp.org (accessed June 10, 2006).

ANDERSON, Jon Lee. "Letter from Afghanistan: After the Revolution." *New Yorker*, January 28, 2002, pp. 62-69.

ANDREAS, Peter. "Redrawing the Line: Borders and Security in the 21st Century." *International Security* 28, n. 2, Fall, 2003, pp. 78-111.

ANISTIA Internacional. "United States of America: Amnesty International's Concerns Regarding Post September 11 Detentions in the usa." May 14, 2002. http://web.amne sty.org (accessed June 27, 2005).

____. "USA Amnesty International's Supplementary Briefing to the UN Committee against Torture." May 3, 2006a. http://web.amnesty.org (accessed June 20, 2006).

____. "USA: Pattern of Brutality and Cruelty—War Crimes at Abu Ghraib." Press release. May 7, 2006b. http://www.amnestyusa.org (accessed June 19, 2006).

ANONYMOUS. "Renting Wombs." *Antipode: A Radical Journal of Geography* 34, n. 5, November, 2002, pp. 864-873.

ANTI-DEFAMATION League. "ADL Offers Reward in Attack on Sikh." May 23, 2003. http:// www.adl.org (accessed June 21, 2006).

ARAVOSIS, John. "9/11 Fund to Discriminate against Gays." *Lesbian News* 7, n. 9, April, 2002, pp. 23-24.

ARENSEN, Karen W. "The Supreme Court: Affirmative Action; Impact on Universities Will Range from None to a Lot." *New York Times*, June 25, 2003, A22.

ARMITAGE, John. "Militarized Bodies: An Introduction." *Body and Society* 9, n. 4, December, 2003, pp. 1-12.

ARONDEKAR, Anjali. "Border/Line Sex: Queer Postcolonialities and How Race Matters outside the United States." *Interventions: International Journal of Postcolonial Studies* 7, n. 2, 2005a, pp. 236-250.

____. "Without a Trace: Sexuality and the Colonial Archive." *Journal of the History of Homosexuality* 14, n. 1-2, 2005b, pp. 10-18.

ASHER, Jon ben. "War Concerns May Impact 'Cairo-52' Trial." *PlanetOut News*, September 24, 2001. http://www.planetout.com (accessed June 13, 2006).

ASIANS in Media. "Award Winning Documentary on Sikh Hate-Crime Comes to London." *Asians in Media Magazine*, March 29, 2004. http://www.asiansinmedia.org (ac- cessed June 23, 2006).

ASSOCIATED Press. "FBI to Investigate Killing of Egyptian Grocery Store Owner as Hate Crime." September 17, 2001a. LexisNexis (accessed June 21, 2006).

____. "Gay Partners of Sept. 11 Victims May Face Tangles over Benefits." December 4, 2001b. http://multimedia.belointeractive.com (accessed June 12, 2006).

____. "Anti-Arab Incidents Hike Number of Hate Crimes in Mass." September 25, 2002. LexisNexis (accessed June 21, 2006).

____. "Sikh Shot At in Hate Crime Case." *The Tribune* (India), May 21, 2003a. http:// www.tribuneindia.com (accessed June 22, 2006).

____. "Sikhs Coping with Apparent Hate Crime." *Casa Grande Valley Newspapers*, Inc. May 22, 2003b. http://www.zwire.com (accessed June 21, 2006).

____. "Man Sentenced to Death Receives 36 Years in Prison." October 15, 2003c. LexisNexis (accessed June 22, 2006).

____. "A Look at Convictions in Abu Ghraib Cases." September 26, 2005. LexisNexis (accessed June 21, 2006).

ASWAT—Palestinian Gay Women. "Parade to the Wall: World Pride under Occupation." *ColorLife!*, Summer, 2005, pp. 1, 4.

AUDRE Lorde Project. "About the Project." n.d. http://alp.org (accessed June 26, 2006).

____. *Communities at a Crossroads: U.S. Right Wing Policies and Lesbian, Gay, Bisexual, Two Spirit and Transgender Immigrants of Color in New York City*. New York, Audre Lorde Project, 2004.

AUDRE Lorde Project & AMERICAN Friends Service Committee. "Community Groups Rally against War." *Gay City News*, February 21-27, 2003. http://www.gaycitynews.com (accessed June 13, 2006).

AUDRE Lorde Project & THE LGBT Unit of the American Friends Service Committee. "An Open Letter to Lesbian Gay BISEXUAL Two-Spirit and Transgender People of Color Communities Opposing War." January 27, 2003. http://www.alp.org (accessed June 13, 2006).

AXEL, Brian Keith. *The Nation's Tortured Body:Violence, Representation, and the Formation of a Sikh "Diaspora."* Durham: Duke University Press, 2001.

____."The Diasporic Imaginary." *Public Culture* 14, n. 2, May, 2002, pp. 411-428.

BACCHETTA, Paola. "Rescaling Transnational 'Queerdom': Lesbian and 'Lesbian' Identitary-Positionalities in Delhi in the 1980s." *Antipode: A Radical Journal of Geography* 34, n. 5, November, 2002, pp. 947-973.

BADGETT, M. V. Lee. "Beyond Biased Samples: Challenging the Myths on the Economic Status of Lesbians and Gay Men." GLUCKMAN, Amy & REED, Betsy (Eds.). *Homo Economics: Capitalism, Community, and Lesbian and Gay Life*. New York: Routledge, 1997, pp. 65-72.

BARNARD, Ian. *Queer Race: Cultural Interventions in the Racial Politics of Queer Theory*. New York, Peter Lang, 2004.

BARRETT, Jon. "This Is Mark Bingham." *The Advocate*, January 22, 2002, pp. 41-46.

BASU, Amrita *et al*. "Creating an Archive: September 11: A Feminist Archive." *Meridians* 2, n. 2, Spring, 2002, pp. 250-315.

BAUDRILLARD, Jean. "The Mind of Terrorism." Paper presented at the European Graduate School, July 11, 2005. http://www.egs.edu (accessed June 12, 2006).

BAUMAN, Zygmunt. *Wasted Lives: Modernity and its Outcasts*. Cambridge, Mass., Polity Press, 2004.

BBC News. "Obituary: Pim Fortuyn." May 6, 2002. http://news.bbc.co.uk (accessed June 25, 2005).

BELKIN, Aaron & EMBSER-HERBERT, Melissa S. "A Modest Proposal: Privacy as a Flawed Rationale for the Exclusion of Gays and Lesbians in the U.S. Military." *International Security* 27, n. 2, Fall, 2002, pp. 178-197.

BENDERSKY, Ari. "'Cairo 52' Trial Ends: Controversies Go On." *PlanetOut News and Politics*, October 17, 2001. http://www.planetout.com (accessed June 13, 2006).

____. "San Francisco Honors Mark Bingham." *PlanetOut News*, September 6, 2002. http://www.planetout.com (accessed June 13, 2006).

BENJAMIN, Walter. *Reflections*. Ed. Peter Demetz. Trad. Edmund Jephcott. New York, Schoken Books, 1986.

____. "Teses Sobre o Conceito da História". LÖWY, Michael. *Alarme de Incêndio: Uma Leitura das Teses Sobre o Conceito de História*. São Paulo, Boitempo Editorial, 2005.

BERGER, Anne-Emmanuelle. "The Newly Veiled Woman: Irigaray, Specularity, and the Islamic Veil." *Diacritics* 28, n. 1, Spring, 1998, pp. 93-119.

BERLANT, Lauren. *The Queen of America Goes to Washington City: Essays on Sex and Citizenship*. Durham: Duke University Press, 1997.

____. "Intimacy." *Critical Inquiry* 24. 2, Winter, 1998, pp. 281-288.

BERLANT, Lauren, & WARNER, Michael. "Sex in Public." *Critical Inquiry* 24, n. 2, Winter, 1998, pp. 547-566.

BERNSTEIN, Nina. "2 Men Charge Abuse in Arrests after 9/11 Terror Attack." *New York Times*, May 3, 2004, B1.

BERSANI, Leo. "Is the Rectum a Grave?" *October* 43, Winter, 1987, pp. 197-222.

BESEN, Wayne. "A True American Hero." September 19, 2005. http://www.waynebesen.com (accessed June 12, 2006).

BHATTACHARJEE, Ananya. "The Public/Private Mirage: Mapping Homes and Undomesticating Violence Work in the South Asian Immigrant Community." *In*: ALEXANDER, M. Jacqui & MOHANTY, Chandra T. (Eds.). *Feminist Genealogies, Colonial Legacies, Democratic Futures*, New York, Routledge, 1997, pp. 308-329.

BINNIE, Jon. "Trading Places: Consumption, Sexuality, and the Production of Queer Space." *In*: BELL, David & VALENTINE, Gill (Eds.) *Mapping Desires: Geographies of Sexualities*. New York, Routledge, 1995, pp. 182-199.

BISHNOI, Rati. "Hate Crimes Rise from Ashes of September 11 Attacks." *National NOW Times* (spring 2002). http://www.now.org (accessed June 21, 2006).

BLACK Is... Black Ain't: A Personal Journey through Black Identity. Produzido e dirigido por Marlon Riggs. 88 min. California Newsreel, San Francisco, 1995.

BLACK Radical Congress. "Terror Attacks of September 11, 2001." September 13, 2001. http://www.monthlyreview.org (accessed June 10, 2006).

BLACKWELL, Maylei & NABER, Nadine. "Intersectionality in an Era of Globalization: The Implications of the UN World Conference against Racism for Transnational Feminist Practices." *Meridians: Feminism, Race, Transnationalism* 2, n. 2, 2002, pp. 237-248.

BLOOM, Steve, et al. "An Open Letter to Activists Concerning Racism in the Anti-War Movement." Colorado Campaign for Middle East Peace. February 13, 2003. http:// www.ccmep.org (accessed June 28, 2005).

BOONE, Joseph A. "Vacation Cruises, or, The Homoerotics of Orientalism." *PMLA* 110, n. 1, January, 1995, pp. 89-107.

BORNEMAN, John. "Genital Anxiety." *Anthropological Quarterly* 75, n. 1, Winter, 2002, pp. 129-137.

BOSTON Globe. "Spotlight Investigation: Abuse in the Catholic Church." *Boston Globe* online. Atualizado April 30, 2006. http://www.boston.com (accessed June 25, 2006).

BOURKE, Joanna. "Torture as Pornography." *Guardian* (London), May 7, 2004, 6.

BOYKIN, Keith. "Life after Lawrence-Garner." August 11, 2003. http://www.keithboykin.com (accessed June 25, 2006). Originally published as "Lawrence and lgbt African Americans," *Gay City News*, August 8-14, 2003. http://www.gaycitynews.com (accessed June 25, 2006).

BRADFORD, Tom. "Re: Hate Crimes against Sikh Community." Posting. September 14, 2001. http://lists.xml.org (accessed June 21, 2006).

BRADLEY, John R. "Saudi Gays Flaunt New Freedoms: 'Straights Can't Kiss in Public or Hold Hands Like Us'". *The Independent*, February 20, 2004, 34.

BRADY, Mary Pat. *Extinct Lands, Temporal Geographies: Chicana Literature and the Urgency of Space*. Durham, Duke University Press, 2002.

BRANDEIS University. International Students and Scholars Office. "National Security Entry-Exit Registration System (nseers)." Updated January 2004. http://www.brandeis.edu (accessed June 26, 2006).

BRODY, Reed. "What about the Other Secret U.S. Prisons?" Opinion. *International Herald Tribune*, May 3, 2004, p. 8.

BRONSKI, Michael. "Gay Goes Mainstream." *Boston Phoenix*, January 16-23, 2003. http:// www.bostonphoenix.com (accessed 13 May 2006).

BROOKE, Aslan. "Clear Violation." Originally in *Frontiers Newsmagazine*. Reposted October 26, 2001. http://www.sldn.org (accessed June 13, 2006).

BROTHERS and Others. Produced by Baraka Productions, Nicolas Rossier, and Trilby MacDonald. Directed by Nicolas Rossier. 54 min. Arab Film Distribution, Seattle, 2002.

BROWN, Bill. "The Dark Wood of Postmodernity (Space, Faith, Allegory)." *PMLA* 120, n. 3, May 2005, pp. 734-750.

BROWN, Janelle. "A Coalition of Hope." *Ms.*, Spring, 2002, pp. 65-76.

BUCHANAN, Wyatt. "Broad Opposition to World Pride in Jerusalem." *San Francisco Chronicle*, July 26, 2006, A2.

BULL, Chris. "Gay, Muslim, and Scared." *The Advocate*, October 23, 2001a, p. 54.

____. "'Don't Ask, Don't Tell' Goes to War." *The Advocate*, December 4, 2001b, pp. 45, 46, 48.

BUMILLER, Elizabeth. "First Lady to Speak about Afghan Women." *New York Times*, November 16, 2001, B2.

BUNTING, Madeleine. "Women and War: While the Media's Response to the Destruction in America Has Been Deafening, the Voices of Women Have Grown Strangely Quiet." *Guardian* (London), September 20, 2001, p. 19.

BUSBACH, Tom. "Military Readies to Suspend Gay Discharges." *PlanetOut News*, September 19, 2001. http://www.planetout.com (accessed June 12, 2006).

BUTLER, Judith. "Contingent Foundations: Feminism and the Question of 'Postmodernism.'" *In*: BUTLER, Judith & SCOTT, Joan (Eds.) *Feminists Theorize the Political*. New York: Routledge, 1992, pp. 3-21.

____. "Endangered/Endangering: Schematic Racism and White Paranoia." *In*: GOODING-WILLIAMS, Robert (Ed.). *Reading Rodney King, Reading Urban Uprising*. New York: Routledge, 1993a, pp. 15-22.

____. "Sexual Inversions." *In*: CAPUTO, John D. & YOUNT, Mark (Eds.) *Foucault and the Critique of Institution*. University Park, Pennsylvania State University Press, 1993b, pp. 81-98.

____. "Explanation and Exoneration, or What We Can Hear." *Social Text* 20, n. 3 72, Fall, 2002a, pp. 177-188.

____. "Is Kinship Always Already Heterosexual?" *differences: A Journal of Feminist Cultural Studies* 13, n. 1, Spring, 2002b, pp. 14-44.

____. *Problemas de Gênero. Feminismo e subversão da Identidade*. Trad. Renato Aguiar. 22. ed. Rio de Janeiro, Civilização Brasileira, 2003a.

____. "Global Violence, Sexual Politics." *In*: CLAGS (Ed.) *Queer Ideas: The David R. Kessler Lectures in Lesbian and Gay Studies*. New York: Feminist Press of the City University of New York, 2003b, pp. 199-214.

BUTLER, Judith. *Vida Precária*: os poderes do luto e da violência. Trad. Andreas Lieber. Belo Horizonte, Autêntica Editora, 2019,

CALIFIA, Pat. *Public Sex: The Culture of Radical Sex*. San Francisco: Cleis Press, 2000.

CAMPBELL, Horace. "Beyond Militarism and Terrorism in the Biotech Century: Toward a Culture of Peace and Transformation beyond Militarism." *Radical History Review* 2003, n. 85, Winter 2003, pp. 24-36.

CAMPBELL, Nancy D. "Technologies of Suspicion: Coercion and Compassion in Post-disciplinary Surveillance Regimes." *Surveillance and Society* 2, n. 1, March, 2004, pp. 78-92. http://www.surveillance-and-society.org (accessed June 26, 2006).

CANTÚ, Lionel & LUIBHÉID, Eithne (Eds.). *Queer Migrations: Sexuality, U.S. Citizenship, and Border Crossings*. Minneapolis, University of Minnesota Press, 2005.

CARBY, Hazel. "A Strange and Bitter Crop: The Spectacle of Torture." November 10, 2004. http://www.opendemocracy.net (accessed June 14, 2006).

CARNES, Tony. "Wooing the Faithful." September 28, 2004. http://www.christianity to-day.com (accessed June 15, 2005).

Center for Constitutional Rights. "CCR Files Lawsuit against Private Contractors for Torture Conspiracy." June 9, 2004. http://www.ccr-ny.org (accessed June 19, 2006).

CHARI, Sharad. "F 9/11, a View from South Africa." *Environment and Planning D: Society and Space* 22, n. 6, 2004, pp. 907-910.

CHASIN, Alexandra. *Selling Out: The Lesbian and Gay Movement Goes to Market*. New York, Palgrave Macmillan, 2000.

CHATTERJEE, Partha. "The Nationalist Resolution of the Women's Question." *In*: SANGARI, Kumkum & VAID, Sudesh (Eds.) *Recasting Women: Essays in Indian Colonial History*. New Brunswick, N.J., Rutgers University Press, 1990, pp. 233-253.

CHAUNCEY, George. "'What Gay Studies Taught the Court': The Historians' Amicus Brief in *Lawrence v. Texas*." *GLQ: A Journal of Gay and Lesbian Studies* 10, n. 3, August, 2004, pp. 509-538.

CHHIBBER, Kavita. "Sikh Lives: The Sikh American Experience As Told by Those Who Lived It." n.d. http://www.kavitachhibber.com (accessed June 23, 2006).

CHIBBARO, Lou, Jr. "New Afghan Rulers Better for Gays?" *Washington Blade*, December 21, 2001. Republished n.d. http://www.sodomylaws.org (accessed June 13, 2006).

CHINN, Sarah E. "Feeling Her Way: Audre Lorde and the Power of Touch." *GLQ: A Journal of Lesbian and Gay Studies* 9, n. 1-2, 2003, pp. 181-204.

CHOW, Rey. "Writing in the Realm of the Senses: Introduction." *differences: A Journal of Feminist Cultural Studies* 11, n. 2, 1999, pp. i-ii.

____. The Protestant Ethnic and the Spirit of Capitalism. New York: Columbia University Press, 2002.

____.The Age of the World Target: Self-Referentiality in War, Theory, and Comparative Work. Durham: Duke University Press, 2006.

CLARE, Eli. "Stolen Bodies, Reclaimed Bodies: Disability and Queerness." *Public Culture* 13, n. 3, Fall, 2001, pp. 359-365.

CLINTON, Kate. "'In Memoriam': Excerpts of Remarks by Kate Clinton." October 1, 2001. http://www.glaad.org (accessed June 13, 2006).

CLOUGH, Patricia Ticineto. *Autoaffection: Unconscious Thought in the Age of Teletechnology*. Minneapolis, University of Minnesota Press, 2000.

____. "Future Matters: Technoscience, Global Politics, and Cultural Criticism." *Social Text* 22, no. 3 80, Fall, 2004, pp. 1-23.

____. (Org.). "Beyond Biopolitics: State Racism and the Politics of Life and Death." Conference at the CUNY Graduate Center, New York, March 17-18, 2006.

____. "The Affective Turn." *Theory, Culture, and Society*, 2007.

CLOUGH, Patricia Ticineto & HALLEY, Jean (Eds.). *The Affective Turn: Toward Theorizing the Social*. Durham, Duke University Press, 2007.

CNN. "Bauer Compares Vermont Gay Rights Decision to Terrorism." December 27, 1999. http://archives.cnn.com (accessed June 10, 2006).

____. September 17, 2001. http:// archives.cnn.com (accessed June 21, 2006).

____. "New Jersey Governor Quits, Comes Out as Gay." August 12, 2004a. http://www .militaryarticles.com (accessed August 24, 2005; no longer available, printout on file with author).

COGSWELL, Kelly. "Torture and America: So This Is Us." *The Gully*, May 13, 2004b. http:// www.thegully.com (accessed June 19, 2006).

COHEN, Cathy J. "Punks, Bulldaggers, and Welfare Queens: The Radical Potential of Queer Politics?" *GLQ: A Journal of Lesbian and Gay Studies* 3, n. 4, 1997, pp. 437-465.

COHEN, Cathy J. *The Boundaries of Blackness: aids and the Breakdown of Black Politics*. Chicago, University of Chicago Press, 1999.
COHEN, Richard. "The Mary Cheney Flap: A Gaffe vs. Ignorance." Editorial. *Washington Post*, October 19, 2004, A23.
COLLAR, Julia. "Responding to Sexual Stereotypes of Fundamentalist and Charismatic Leaders in Religious Studies." November 1, 2005. http://prs.heacademy.ac.uk (accessed June 12, 2006).
COMBAHEE River Collective. "A Black Feminist Statement." *In*: JAMES, Joy & SHARPLEY-WHITING, Tracy Denean (Eds.). *The Black Feminist Reader*. Malden, Mass.: Blackwell, 2000, pp. 261-270.
COMMUNITY Marketing, Inc. "'A Place for Us,' 2001: Tourism Industry Opportunities in the Gay and Lesbian Market." *Sixth Annual Gay and Lesbian Travel Survey*. http:// www.communitymarketinginc.com (accessed June 13, 2006).
CORCORAN, Patrick. "Ego Tourism: 'Homebody/Kabul' Explores Life in Afghanistan, but Western Interests Still Prevail." Review of Homebody/Kabul, de Tony Kushner. Mark Taper Forum, Los Angeles. *Los Angeles City Beat*, October 9, 2003. http://www.lacitybeat.com (accessed June 12, 2006).
CORNELL, Drucilla. "Ethical Feminism and the Call of the Other (Woman): An Interview with Drucilla Cornell." DAYAN, Hilla (Ed.). *to kill, to die: female contestations on gender and political violence*. Special publication for Women's International Day. New York: New School University, March 2004a, pp. 14-15.
____. "The New Political Infamy and the Sacrilege of Feminism." *Metaphilosophy* 35, n. 3, April, 2004b, pp. 313-329.
COUNCIL on American-Islam Relations. "Muslims Meet with FBI on Radiation Monitoring." January 11, 2006. http://www.cairchicago.org (accessed May 21, 2006).
COYLE, Hugh. "Terrorism Nothing New to Us." *Out in the Mountains* 6, n. 3, April, 1991. www.mountainpridemedia.org (accessed June 13, 2006).
CREA, Joe. "Gay Sex Used to Humiliate Iraqis." *Washington Blade Online*, May 7, 2004. http://www.washblade.com (accessed June 14, 2006).
CRENSHAW, Kimberlé Williams. "Mapping the Margins: Intersectionality, Identity Politics, and Violence against Women of Color." *Stanford Law Review* 43, n. 6, June 1991, pp. 1.241-1.299.
CRENSHAW, Martha. "The Causes of Terrorism." *Comparative Politics* 13, n. 4, July 1981, pp. 379-399.

CRUZ-MALAVE, Arnoldo & MANALANSAN IV, Martin F. (Eds.). *Queer Globalizations: Citizenship and the Afterlife of Colonialism*. New York, New York University Press, 2002.

CURRY, Michael R. "The Profiler's Question and the Treacherous Traveler: Narratives of Belonging in Commercial Aviation." *Surveillance and Society* 1, n. 4, December 2003, pp. 475-499. http://www.surveillance-and-society.org (accessed June 30, 2006).

CURTIS, Christopher. "Gay Bar Bomber Eric Rudolph Sentenced to Life." July 18, 2005. http://www.gay.com (accessed June 12, 2006).

CUSHMAN, Thomas. "A Conversation with Veena Das on Religion and Violence, Suffering and Language." *Hedgehog Review* 6, n. 1, Spring 2004, http://www.virginia.edu/iasc/ hedgehog.html (accessed April 28, 2006).

CVETKOVICH, Ann. "Queer Feelings." *Center for Lesbian and Gay Studies* (CLAGS) Newsletter 11, n. 3, Fall 2001, pp. 1, 4.

____. *An Archive of Feelings: Trauma, Sexuality, and Lesbian Public Cultures*. Durham, Duke University Press, 2003.

CYPHERS, Amber L. "Discharged Gay Linguist Speaks at Annual sldn Event." Service-members Legal Defense Network. May 15, 2003. http://www.sldn.org (accessed June 13, 2006).

DAHIR, Mubarak. "Our Heroes." *The Advocate*, October 9, 2001a. http://advocate.com (accessed June 12, 2006).

____. "Our Heroes." *The Advocate*, October 23, 2001b. http://advocate.com (accessed June 12, 2006).

____. "Queer and Muslim." *San Francisco Pride Offcial Magazine*, 2002, pp. 91-93.

____. "Stop Using Gay 'Liberation' as a War Guise." *Windy City Times*, April 23, 2003a. http://www.windycitymediagroup.com (accessed June 13, 2006).

____. "Proud of 'Intolerance.'" *Windy City Times*, September 30, 2003b. http://www.windy citytimes.com (accessed June 11, 2006).

____. "Gay Sex and Prison Torture in Iraq War." Opinion. *New York Blade*, May 14, 2004a. http://newyorkblade.com (accessed June 19, 2006).

____. "Gay Imam Will Reach Out to Gay and Lesbian Muslims." *Temenos*, September 6, 2004b. http://www.temenos.net (accessed June 11, 2006).

DANNER, Mark. *Torture and Truth: America, Abu Ghraib, and the War on Terror*. New York, New York Review Books, 2004.

DAO, James; VON ZIELBAUER, Paul, & BUTTERFIELD, Fox. "Abuse Charges Bring Anguish in Unit's Home." *New York Times*, May 6, 2004, A1.

DAWN. "35pc of Deported from U.S. Are Pakistanis." July 28, 2003. http://www.dawn.com (accessed June 26, 2006).

DAYAN, Hilla. "Poisoned Cats and Angels of Death: Israeli and Palestinian Female Suicide Bombers." *In*: *to kill, to die: female contestations on gender and political violence*. Special publication for Women's International Day. New York, New School University, March 2004, pp. 9-12.

DEB, Trishala & MUTIS, Rafael. "Smoke and Mirrors: Abu Ghraib and the Myth of Liberation" *ColorLife!*, Summer, 2004, pp. 1, 4-7. http://www.alp.org (accessed June 14, 2006).

DEER, Patrick (Mod.). "Iraq and Postcoloniality." Roundtable held at the 2005 Left Forum, CUNY Graduate Center, New York City, April 15-17, 2005.

DEFERT, Daniel. "'Popular Life' and Insurance Technology." *In*: BURCHELL, Graham; GORDON, Colin & MILLER, Peter (Eds.). *The Foucault Effect: Studies in Governmentality*. Chicago, University of Chicago Press, 1991, pp. 211-234

DE LANDA, Manuel. *War in the Age of Intelligent Machines*. New York: Zone Books, 1991.

____. *Intensive Science and Virtual Philosophy*. London, Continuum, 2002.

DELEUZE, Gilles. *Conversações (1972-1990)*. Trad. Peter Pál Pelbart. São Paulo: Editora 34, 1992.

DELEUZE, Gilles & GUATTARI, Félix. *Mil Platôs. Capitalismo e Esquizofrenia*. Trad. Peter Pál Pelbart e Janice Caiafa. São Paulo: Editora 34, 2011

DEMAUSE, Lloyd. "The Childhood Origins of Terrorism." *In*: *The Emotional Life of Nations*. New York, Other Press, 2002, pp. 39-48.

D'EMILIO, John. "Capitalism and Gay Identity." *In*: SNITOW, Ann; STANSELL, Christine & THOMPSON, Sharon (Eds.). *Powers of Desire: The Politics of Sexuality*. New York, Monthly Review Press, 1983, pp. 100-113.

DER DERIAN, James. *Virtuous War: Mapping the Military-Industrial-Media--Entertainment Network*. Boulder, Colo., Westview Press, 2001.

DE ROSA, Mary. "Privacy in an Age of Terror." *Washington Quarterly* 26, n. 3, Summer 2003, pp. 27-41.

DERRIDA, Jacques. *Espectros de Marx*. Trad. Anamaria Skinner. Rio de Janeiro, Relume Dumará, 1994.

DESAI, Poulomi & SEKHON, Parminder. *Red Threads: The South Asian Queer Connection in Photographs*. London, Diva Books, 2003.

DESIS Rising Up and Moving. "About drum." n.d. http://www.drumnation.org (accessed June 26, 2006).

DIGIACOMO, Robin. "Hate Leaflets Don't Sway WorldPride Resolve." July 11, 2006. http: //www.gay.com (accessed September 5, 2006).

"DO the Handicapped Go to Hell?" South Park. Written and directed by Trey Parker. Comedy Central. July 19, 2000, episode 410.

DONOHUE, Pete. "TA Edict Spurs Turban Tussle." *New York Daily News*, June 24, 2004, 39. DontAmend.com and The Equality Campaign, Inc. 2004. http://www.dearmary.com (accessed June 26, 2006).

DOTINGA, Randy. "Despite Emergency, Gays Can't Give Blood." *PlanetOut News*, September 13, 2001a. http://www.planetout.com (accessed June 12, 2006).

____. "Navy Photo Shows Antigay Slur on Bomb." *PlanetOut News and Politics*, October 12, 2001b. http://www.planetout.com (accessed June 13, 2006).

DOUGLAS, Carol Anne. "NWSA Looks at September 11 and the War on Terrorism." *Off Our Backs* 32, n. 9-10, September, 2002, pp. 10-15, 45-48.

DOW, Mark. "The New Secret War against Immigrants." Editorial. *Gotham Gazette*, January 30, 2002. http://www.gothamgazette.com (accessed September 6, 2006).

DRINKWATER, Gregg. "Bi-national Couples Face More Restrictions." *PlanetOut News*, October 1, 2001. http://www.planetout.com (accessed June 12, 2006).

DRISCOLL, Mark. "Reverse Postcoloniality." *Social Text* 22, n. 1 78, Spring, 2004, pp. 59-84.

DUGGAN, Lisa. "Beyond Blood." *Center for Lesbian and Gay Studies (CLAGS) Newsletter* 11, n. 3, Fall, 2001, pp. 1-2.

____. "The New Homonormativity: The Sexual Politics of Neoliberalism." *In*: CASTRONOVO, Russ & NELSON, Dana (Eds.) *Materializing Democracy: Toward a Revitalized Cultural Politics*. Durham, Duke University Press, 2002, pp. 175-194.

____. "Holy Matrimony!" *The Nation*, March 15, 2004, pp. 14-19.

____.*The End of Marriage: The War over the Future of State Sponsored Love*. Berkeley: University of California Press, forthcoming.

EAKIN, Emily. "Ideas and Trends: All Roads Lead to D.C." *New York Times*, March 31, 2002, sec. 4, p. 4.

EARLS, Meg. "Stressors in the Lives of GLBTQ Youth." *TRANSITIONS* 14, n. 2, June, 2002, pp. 3-4, 19. http://www.advocatesforyouth.org (accessed June 25, 2006).

EASTERBROOK, Gregg. "Whatever It Takes." *New Republic* online. May 17, 2006. http:// www.tnr.com (accessed June 19, 2006).

ECONOMIST. "A Business in Search of Customers." September 29, 2001, pp. 61-62.

EDELMAN, Lee. *No Future: Queer Theory and the Death Drive*. Durham, Duke University Press, 2004.

EHRENREICH, Barbara. "A Mystery of Misogyny." *The Progressive* 65, n. 12, December 2001, pp. 12-13.

____. "Prison Abuse: Feminism's Assumptions Upended." Opinion. *Los Angeles Times*, May 16, 2004, M1.

EISENSTEIN, Zillah. "Feminisms in the Aftermath of September 11." *Social Text* 20, n. 3 72, Fall, 2002, pp. 79-99.

____. "Sexual Humiliation, Gender Confusion and the Horrors at Abu Ghraib." Posting. June 21, 2004. http://lists.portside.org (accessed June 13, 2006).

EMPIRE State Pride Agenda. "NY State Crime Victims Board Extends Equal Benefits to Surviving Domestic Partners of Homicide Victims." Press release. October 17, 2002. http://www.prideagenda.org (accessed June 12, 2006).

ENG, David L. "The Value of Silence." *Center for Lesbian and Gay Studies (CLAGS) Newsletter* 11, n. 3, Fall, 2001, pp. 7, 9.

____. "Transnational Adoption and Queer Diasporas." *Social Text* 21, n. 3 76, Fall, 2003, pp. 1-37.

ENG, David L., HALBERSTAM, Jack & MUÑOZ, José Esteban (Eds.) "What's Queer about Queer Studies Now?" Special issue of *Social Text* 23, n. 3-4, 84-85, Winter, 2005.

ENG, David L. & HAN, Shinhee. "A Dialogue on Racial Melancholia." In: ENG, David L. & KAZANJIAN, David (Eds.) *Loss: The Politics of Mourning*, Berkeley: University of California Press, 2003, pp. 343-371.

ENG, David L. & HOM, Alice Y. "Q and A: Notes on a Queer Asian America." In: ENG, David L. & HOM, Alice Y. (Eds.) *Q and A: Queer in Asian America*. Philadelphia: Temple University Press, 1998, pp. 1-21.

ETTELBRICK, Paula. Open letter. July 29, 2005. http://pageoneq.com (accessed September 9, 2006).

EUROPEAN Court of Human Rights. Dudgeon v. The United Kingdom, Series A, no. 45 (1981). Publications of the European Court of Human Rights, Series A, v. 45. Strasbourg, Greffe de la Cour, Conseil de l'Europe, 1982.

FANON, Frantz. *A Dying Colonialism*. Trad. Haakon Chevalier. New York: Grove Press, 1965.
____. *Black Skins, White Masks*. Trad. Contance Farrington. New York, Grove Press Books, 1967.
____. *Pele negra, máscaras brancas*. Trad. Renato da Silveira. Salvador, EDUFBA, 2008.
FEARS, Daryl. "Draft Bill Stirs Debate over the Military, Race and Equity." *Washington Post*, February 4, 2003, A3.
FEINGOLD, Russ. "Statement on the Discharge of Gay Linguists from the Military." *GLBT Information Center*. February 27, 2003. http://www.thinkingink.com (accessed June 13, 2006).
FEJES, Fred & LENNON, Ron. "Defining the Lesbian/Gay Community? Market Research and the Lesbian/Gay Press." *Journal of Homosexuality* 39, n. 1, 2000, pp. 25-42.
FELLNER, Jamie. "Prisoner Abuse: How Different Are U.S. Prisons?" Commentary. Human Rights Watch. May 14, 2004. http://hrw.org (accessed June 20, 2006).
FEMINIST Majority Foundation. "Eve Ensler's Tribute to Afghan Women Is a Sold Out Success at Madison Square Garden." February 12, 2001. http://feminist.org (accessed June 11, 2006).
FERGUSON, Roderick. *Aberrations in Black: Towards a Queer of Color Critique*. Minneapolis, University of Minnesota Press, 2003.
FIOL-MATTA, Licia. *A Queer Mother for the Nation: The State and Gabriela Mistral*. Minneapolis: University of Minnesota Press, 2002.
FORTIER, Anne-Marie. "Making Home: Queer Migrations and Motions of Attachment." *In*: AHMED, Sarah; CASTANEDA, Claudia & FORTIER, Anne-Marie Fortier (Eds.) *Uprootings/Regroundings: Questions of Home and Migration*, New York: Berg, 2003, pp. 115-136.
FOUCAULT, Michel. *A história da sexualidade, Vol. 1: a vontade de saber*. Trad. Maria Tereza Costa Albuquerque; J. A. Guilhon Albuquerque. Rio de Janeiro, Graal, 1998.
____. *As palavras e as coisas. Uma arqueologia das ciências humanas*. Trad. Salma Tannus Muchail. 8a ed. São Paulo, Martins Fontes, 2002.
____. *Em Defesa da Sociedade*. Trad. Maria Ermantina Galvão. São Paulo, Martins Fontes, 2005.

FRAMELINE. "I Exist: Voices from the Lesbian and Gay Middle Eastern Community." 26th San Francisco International Gay and Lesbian Film Festival. 2002. http://www.frameline.org (accessed June 11, 2006).
FRANKE, Katherine M. "Putting Sex to Work." *Denver University Law Review* 75, n. 4, 1998, pp. 1.138-1.180.
____. "The Domesticated Liberty of *Lawrence v. Texas*." *Columbia Law Review* 104, n. 5, June, 2004, pp. 1.399-1.426.
FRASCA, Gonzalo. *September 12th: A Toy World*. Videogame. www.newsgaming.com (accessed June 23, 2006).
FRASER, Mariam. "What Is the Matter of Feminist Criticism?" *Economy and Society* 31, n. 4, November, 2002, pp. 606-625.
FREEMAN, Elizabeth. "Time Binds, or, Erotohistoriography." *Social Text* 23, n. 3-4, 84-85, Fall-Winter, 2005, pp. 57-68.
FREEDMAN, Ina. "'Jerusalem Will Be No More Holy If Gays Are Distanced from It.'" *Jerusalem Report*, August 7, 2006, p. 64.
FRIEDEN, Terry. "Ashcroft Meets with Muslim, Arab Leaders." October 16, 2001. http:// archives.cnn.com (accessed June 22, 2006).
FRIEDMAN, Thomas L. "Restoring Our Honor." Editorial. *New York Times*, May 6, 2004, A35.
FRIST, Bill. "Safe at Home: A Family Survival Guide." In: *When Every Moment Counts: What You Need to Know about Bioterrorism from the Senate's Only Doctor*. New York: Rowman and Littlefield, 2002, pp. 21-48.
FUOCO, Michael A. & LASH, Cindi. "A Long Way from Obscurity." *Pittsburgh Post-Gazette*, May 14, 2004, A1.
FURUHASHI, Yoshie. "Orientalist Torture." Critical Montages. Posted June 6, 2004a. http://montages .blogspot.com (accessed June 19, 2006).
____. "A 'Clash of Civilizations,' Sending Pink Sparks Flying?" *Critical Montages*. Posted June 8, 2004b. http://montages.blogspot.com (accessed June 17, 2005).
GARDEN State Sikh Association. "Flier: Sikhs Are Not Muslims." n.d.a, arquivo da autora.
____. "Post–September 11th Flier." n.d.b, arquivo da autora.
____. "Our Fellow Americans and President Bush Need Our Support to Win the War against Terrorism." September 2001a, arquivo da autora.
____."PressRelease." September 14, 2001b, arquivo da autora.
GARDINER, Sean. "Sikh Wants End to Turban Ban." March 11, 2002. http://www.sikhcoalition.org (accessed June 21, 2006). Originally published as *Newsday*, March 11, 2002.

GARRY, Joan M. "glaad Statement Regarding Oct. 11 Associated Press Photo." October 12, 2001. http://www.glaad.org (accessed May 13, 2006).

GAY and Lesbian Alliance against Defamation. "Heroes and Victims of 9-11-01." n.d. http://www.glaad.org (accessed June 12, 2006).

GAY City News. "An Emerging Debate about War." February 21-27, 2003. http://www.gaycitynews.com (accessed June 13, 2006).

GAY.com UK. "Gay Muslims Condemn U.S. Attacks." *PlanetOut News*, September 12, 2001. http://www.planetout.com (accessed June 14, 2005).

____. "U.K. Faith Leaders Unite, Urge Tolerance." *PlanetOut News and Politics*, September 26, 2004. http://www.planetout.com (accessed June 14, 2005).

GAY Today and Lambda Legal Defense Fund. "Government Keeps Door Open for Survivors of 9/11 Victims." December 27, 2001. http://gaytoday.badpuppy.com (accessed June 12, 2006).

GEPHARDT, Richard A. "Gephardt Statement on the Day of National Prayer and Remembrance and on the Need for Tolerance." *News from the House Democratic Leader*, September 14, 2001. Posted September 14, 2001. http://www.sikh-atlanta.org (accessed June 21, 2006).

GERBER, Judy. "Activists Mobilize against War, Racism." *PlanetOut News and Politics*, September 27, 2001. http://www.planetout.com (accessed June 13, 2006).

GHANI, Mariam, & GANESH, Chitra. *How Do You See the Disappeared? A Warm Database*. May 2004. http://turbulence.org (accessed June 27, 2005).

GHENT, Bill. "Tragedy Changed Gay Climate." *National Journal*, January 12, 2002, p. 104.

GHOUSSOUB, Mai. "Abu Ghraib: I Do Not Know Where to Look for Hope." May 10, 2004. http://www.opendemocracy.net (accessed June 19, 2006).

GIBSON-GRAHAM, J. K. *The End of Capitalism (As We Knew It): A Feminist Critique of Political Economy*. London, Blackwell, 1996.

GILLIOM, John. "Resisting Surveillance." *Social Text* 23, n. 2 83, Summer, 2005, pp. 71-83.

GILSON, Dave. "America's Laziest Fascist." *Salon.com*, May 20, 2004. http://dir.salon.com (accessed June 26, 2006).

GLADWELL, Malcolm. "Troublemakers: What Pit Bulls Can Teach Us about Profiling." *New Yorker*, January 1, 2006. http://www.newyorker.com (accessed March 5, 2007).

GOLDBERG, Michelle. "Is This Play Illegal?" crítica de *"I'm Gonna Kill the President"* : *A Federal Offense*, escrito e dirigido por Hieronymus Bang.

Brooklyn, New York. Salon.com, October 29, 2003. http://dir.salon.com (accessed June 14, 2006).

GOLDMAN, David. "Gay Muslims," *Southern Voice*, August 19, 1999. Republished n.d. http: //www.flameout.org (accessed June 11, 2006).

GOLDSTEIN, Joshua. "John Wayne and GI Jane," *Christian Science Monitor*, January 10, 2002, p. 11.

GOLDSTEIN, Richard. "Butching Up for Victory." *The Nation*, January 26, 2004a, pp. 11-14.

____. "Stuff Happens! Don't Call It Torture. It's Just a Broomstick up the Butt." *Village Voice* online, May 5, 2004b. http://www.villagevoice.com (accessed June 19, 2006).

GÖLE, Nilüfer. "Close Encounters: Islam, Modernity and Violence." *interdisciplines*, January 1, 2004. http://www.interdisciplines.com (accessed January 8, 2004). Previously published in *Understanding September 11*, CALHOUN, Craig; PRICE, Paul & TIMMER, Ashley (Eds.). New York, Norton, 2002, pp. 332, 344.

GOODSTEIN, Laurie & LEWEIN, Tamar. "Victims of Mistaken Identity, Sikhs Pay a Price for Turbans." *New York Times*, September 19, 2001, A1.

GOPINATH, Gayatri. "Bollywood Spectacles: Queer Diasporic Critique in the Aftermath of 9/11." *Social Text* 23, n. 3-4, 84-85, Fall-Winter, 2005a, pp. 157-169.

____. *Impossible Desires: Queer Diasporas and South Asian Public Cultures*. Durham, Duke University Press, 2005b.

GORDON, Avery. *Ghostly Matters: Haunting and the Sociological Imagination*. Minneapolis, University of Minnesota Press, 2008.

GORDON, Daniel. "Moralism, the Fear of Social Chaos: The Dissent in Lawrence and the Antidotes of Vermon and Brown." *Texas Journal on Civil Liberties and Civil Rights* 9, n. 1, Winter, 2003, pp. 1-21.

GORTON, Don. "Gay Rights in the Clash of Civilizations." *Gay and Lesbian Review* 8, n. 6, January/February, 2002, pp. 16-17.

GRAHAM, Stephen. "Postmortem City: Towards an Urban Geopolitics." *City* 8, n. 2, July, 2004, pp. 165-96.

GREENBERG, Karen J., & DRATEL, Joshua L. (Eds.). *The Torture Papers: The Road to Abu Ghraib*. New York: Cambridge University Press, 2005.

GREGORY, Derek. *The Colonial Present: Afghanistan, Palestine*, Iraq. Oxford: Blackwell, 2004.

GREWAL, Inderpal. *Transnational America: Feminisms, Diasporas, Neoliberalisms*. Durham, Duke University Press, 2005.

GRIER, Miles Parks. "Having Their Cake . . . and Outlawing It, Too: How the War on Terror Expands Racial Profiling by Pretending to Erase It." *Politics and Culture*, 2006. http://aspen.conncoll.edu (accessed September 6, 2006).

GRIFFIN, Michael. "The Taleban: Repressed Homosexuality?" *Times* (London), October 5, 2001. http://www.freerepublic.com (accessed June 29, 2006).

GROSZ, Elizabeth. *Volatile Bodies: Toward a Corporeal Feminism*. Bloomington: Indiana University Press, 1994.

____. *Space, Time, and Perversion: Essays on the Politics of Bodies*. New York: Routledge, 1995.

GUARDIAN. "'I Made the Ring from a Bullet and the Pin of a Hand Grenade.' "January 26, 2001. http://www.guardian.co.uk (accessed June 27, 2006).

HAGE, Ghassan. " 'Comes a Time We Are All Enthusiasm': Understanding Palestinian Suicide Bombers in Times of Exighophobia." *Public Culture* 15, n. 1, Winter, 2003, pp. 65-89.

HALBERSTAM, Jack . *In a Queer Time and Place: Transgender Bodies, Subcultural Lives*. New York: New York University Press, 2005.

HALBFINGER, David M. "Veteran Battles Charge He's Soft on Defense." *New York Times*, October 28, 2002, A22.

HALLEY, Janet. "Reasoning about Sodomy: Act and Identity in and after Bowers v. Hardwick." *Virginia Law Review* 79. October, 1993, pp. 1.721-1.780.

HAMAD, Claudette Shwiry, (Ed.). "Appendix: Hate-Based Incidents September 11–October 10, 2001." Arab American Institute Foundation Report, prepared for the United States Commission on Civil Rights. October 11, 2001. http://www.thememoryhole.org (accessed June 1, 2006).

HANASHIRO, Robert. "Hate Crimes Born Out of Tragedy Create Victims." *usaToday.com*, September 11, 2002. www.usatoday.com (accessed June 22, 2006).

HANSEN, Mark. "Digitizing the Racialized Body, or The Politics of Universal Address." *SubStance: A Review of Theory and Literary Criticism* 33, n. 2, 2004, pp. 107-133.

HARASYM, Sarah. Practical politics of the open end. An Interview with Gayatari Chakravorty Spivak. *Canadian Journal of Political and Social Theory/Revue canadienne de tbeorie politique et sociale*, vol. X11, n. 1-2, 1988, pp. 51-69.

HARAWAY, Donna. *The Companion Species Manifesto: Dogs, People, and Significant Otherness*. Chicago, Prickly Paradigm Press, 2003.
HARDING, Luke. "The Other Prisoners." *Guardian* (London), May 20, 2004, p. 10.
HARDISTY, Jean & GLUCKMAN, Amy. "The Hoax of 'Special Rights': The Right Wing's Attack on Gay Men and Lesbians." In: GLUCKMAN, Amy; REED, Betsy (Eds.). *Homo Economics: Capitalism, Community, and Lesbian and Gay Life*. New York, Routledge, 1997, pp. 209-222.
HARDT, Michael. "The Withering of Civil Society." In: KAUFMAN, Eleanor & HELLER, Kevin Jon. *Deleuze and Guattari: New Mappings in Politics, Philosophy and Culture*. Minneapolis: University of Minnesota Press, 1998, pp. 23-39.
____. "Affective Labor." *boundary 2* 26, n. 2, Summer, 1999, pp. 89-100.
HARDT, Michael & NEGRI, Antonio. *Império*. Rio de Janeiro, Record, 2001.
HART, Lynda. *Fatal Women: Lesbian Sexuality and the Mark of Aggression*. Princeton, Princeton University Press, 1994.
HARTLEY Film Foundation. "In the Name of Allah." Updated February 28, 2006. http://www.hartleyfoundation.org (accessed June 12, 2006).
HASSNER, Pierre. "The United States: The Empire of Force or the Force of Empire." *Chaillot Papers*, n. 54. Paris: Institute for Security Studies, European Union, 2002: 46. http://www.iss-eu.org (accessed June 11, 2006).
HAWLEY, John C., ed. *Postcolonial and Queer Theories: Intersections and Essays*. Westport, Conn., Greenwood Press, 2001a.
____. (Ed). *Postcolonial, Queer: Theoretical Intersections*. Albany: State University of New York Press, 2001b.
HAYES, Jarrod. *Queer Nations: Marginal Sexualities in the Maghreb*. Chicago: University of Chicago Press, 2000.
HAYKEL, Bernard. "Implications of Photographs Inside Prison in Iraq," *The Charlie Rose Show*. Public Broadcasting System, May 3, 2004.
HAYS, Matthew. "Act of Faith: A Film on Gays and Islam." *New York Times*, November 2, 2004, late ed., E3.
HEALY, Patrick. "3 Indians Attacked on Street and the Police Call It Bias." *New York Times*, August 5, 2003, B3.
HENRY, Alice. "Trouble and Strife: Feminist Perspectives after September 11." *Off Our Backs* 32, n. 11–12, November, 2002, pp. 50-53.
HERBERT, Bob. "America's Abu Ghraibs." *New York Times*, May 31, 2004, A17.

HERSH, Seymour M. "Torture at Abu Ghraib." n.d.a. http://www.globalpolicy. org (accessed June 25, 2006).

____. "Torture at Abu Ghraib." n.d.b. http://www.notinourname.net (accessed June 25, 2006).

____. "Torture at Abu Ghraib." n.d.c. http://www.november.org (accessed June 25, 2006).

____. "Torture at Abu Ghraib." *New Yorker*, April 30, 2004a. http://www. newyorker.com (accessed June 25, 2006).

____. "The U.S.A.'s Abu Ghraib Torture Scandal." May 1, 2004b. http://www. uslabor againstwar.org (accessed June 25, 2006).

____. "Implications of Photographs inside Prison in Iraq." *The Charlie Rose Show*. Public Broadcasting System, May 3, 2004c.

____. "Torture at Abu Ghraib." *New Yorker*, May 10, 2004d, pp. 42-47.

____. "Chain of Command." *New Yorker*, May 17, 2004e, pp. 38-43.

____. "The Gray Zone." *New Yorker*, May 24, 2004f, pp. 38-44.

HESS, Gary R. "The Forgotten Asian Americans: The East Indian Community in the United States." *In*: NG, Franklin. *The History and Immigration of Asian Americans*. New York: Garland, 1998, pp. 106-126.

HIER, Sean P. "Probing the Surveillant Assemblage: On the Dialectics of Surveillance Practices as Processes of Social Control." *Surveillance and Society* 1, n. 3, June, 2003, pp. 399-411. http://www.surveillance-and-society. org (accessed June 30, 2006).

HILTON, Isabel. "Torture: Who Gives the Orders?" May 13, 2004. http://www. opendemo cracy.net (accessed June 19, 2006).

HIRSHKIND, Charles & MAHMOOD, Saba. "Feminism, the Taliban, and Politics of Counter-Insurgency." *Anthropological Quarterly* 75, n. 2, Spring, 2002, pp. 339-354. HORNE, Alistair. *A Savage War of Peace*. London, Pan Books, 2002.

HOWARD, John. *Men Like That: A Southern Queer History*. Chicago, University of Chicago Press, 2001.

____. "The Talk of the Country: Revisiting Accusation, Murder, and Mississippi, 1895." *In*: CORBER, Robert J. & VALOCCHI, Steven (Eds.) *Queer Studies: An Interdisciplinary Reader*. Malden, Mass., Blackwell, 2003, pp. 142-158.

HOWE, Marvine. "Sikh Leaders in U.S. Voicing Fear of Becoming Scapegoats." *New York Times*, June 29, 1985, sec. 1, p. 3.

HOWELL, Sally & SHRYOCK, Andrew. "Cracking Down on Diaspora: Arab Detroit and America's 'War on Terror.' *Anthropological Quarterly* 76, n. 3, Summer, 2003, pp. 443-262.

HUDSON, Rex A. *The Sociology and Psychology of Terrorism: Who Becomes a Terrorist and Why?* Federation of American Scientists. Report prepared at request of Federal Research Division of the Library of Congress, September 1999. www.fas.org (accessed June 13, 2006).

HUMAN Rights Campaign Foundation. "Florida's Gay Adoption Ban." n.d. http://www .hrc.org (accessed June 25, 2006)

____. "Secretary Rice Urged to Condemn Execution of Gay Iranian Teens." Press release. July 22, 2005. http://www.hrc.org (accessed September 9, 2006).

____. "Second-Parent/Stepparent Adoption Laws in the U.S." Fact sheet. 2006. www.hrc.org (accessed June 25, 2006).

HUMAN Rights First. "End Torture Now." Updated May 19, 2006. http://www. human rightsfirst.org (accessed June 20, 2006).

HUMAN Rights Watch. "United States: Locked Away: Immigration Detainees in Jails in the United States." September 1998. http://www.hrw.org (accessed June 27 2005).

____. "Stop Hate Crimes Now." September 21, 2001. http://www.hrw.org (accessed June 21, 2006).

____.Guantanamo: Detainee Accounts. October 26, 2004a. http://hrw.org (accessed June26, 2006). _____. '

____. "The United States' 'Disappeared': The cia's Long-Term 'Ghost Detainees.'" Briefing paper. October 2004b. http://www.hrw.org (accessed June 27, 2005).

____. "Dutch Officials Should Not Force Choice between Silence and Death." March 8, 2006. http://hrw.org (accessed September 9, 2006).

HUMM, Andy. "The Rights of Same-Sex Partners." *Gotham Gazette*, June 24, 2002. http:// www.gothamgazette.com (accessed June 13, 2006).

HUNTER, Nan. "Sexual Orientation and the Paradox of Heightened Scrutiny." *Michigan Law Review* 102, n. 7, June, 2004, pp. 1.528-1.554.

HYNDMAN, Jennifer. "Beyond Either/Or: A Feminist Analysis of September 11th." *ACME: An International E-Journal for Critical Geographies* 2, n. 1, 2003, pp. 1-13. http://www.acm e-journal.org (accessed June 11, 2006).

IDE, Reed. Editorial. *Passport Magazine*, October 2001, p. 3.

INDEPENDENT Centre for Strategic Studies and Analysis. "About Us." 2003. http://icssa.org (accessed June 25, 2006).

INDIAEXPRESS Bureau. "U.S. Sikhs' Initiative to End Hate-Crime." August 9, 2002a. http://www.indiaexpress.com (accessed March 18, 2004; no longer available). Republished August 10, 2002a. http://www.religionnewsblog.com (accessed June 21, 2006).

___. "U.S. Sikhs." August 10, 2002b. www.religionnewsblog.com (accessed June 22, 2006).

INDO-ASIAN News Service. "White Hate Groups Target U.S. Sikhs." Times of India online, December 12, 2003. http://timesofindia.indiatimes.com (accessed March 21, 2004; no longer available).

INFORMATION Technology, War and Peace Project. InfoTechWarPeace. Watson Institute for International Studies, Brown University. www.infopeace.org (accessed June 23, 2006).

INTERNATIONAL Initiative for Justice. Threatened Existence: A Feminist Analysis of the Genocide in Gujarat. December 2003. http://www.onlinevolunteers.org (accessed June 19, 2006).

IN THE NAME of Allah. "In the Name of Allah." n.d. http://www.inthenameofallah.net (accessed July 5, 2005).

IRELAND, Doug. "Global Protests July 19 to Commemorate Hanging of 2 Iranian Teens." June 28, 2006. http://direland.typepad.com (accessed September 9, 2006).

ISHERWOOD, Charles. "Shades of Abu Ghraib, and of Fleet Street, Too." Review of *Guardians*, Peter Morris. Culture Project, New York. New York Times, April 13, 2006, sec. 2A, p. 5.

Islamonline and News Agencies. "Pakistani Grocer Shot Dead in Texas." *IslamOnline.net*, September 16, 2001. http://www.islam-online.net (accessed June 21, 2006).

IYER, Deepa. "A Community on the Front Lines: Pushing Back the Rising Tide of Anti-Immigrant Policy Since September 11th." Subcontinental 3, n. 1 (autumn 2003): 35-53. http://www.thesubcontinental.org (accessed June 26, 2006).

JACHIMOWICZ, Maia; MCKAY, Ramah. "'Special Registration' Program." *Migration Information Source*, April 1, 2003. http://www.migrationinformation.org (accessed June 26, 2006).

JACINTO, Leela. "Muslim Blacklisting? American Muslims Accuse Banks and Other Financial Institutions of Discrimination." June 11, 2003. http://abcnews.go.com (originally accessed July 8, 2003; no longer available, printout on file with author).

JACQUES, Cheryl; OSBURN, C. Dixon & ROGUE, A. J. "Fighting for Freedom." Human Rights Campaign. Press release. May 28, 2004. http://www.hrc.org (accessed June 19, 2006).

JAGOSE, Annamarie. *Queer Theory: An Introduction.* New York: NewYork, UniversityPress, 1997.

____. *Inconsequence: Lesbian Representation and the Logic of Sexual Sequence.* Ithaca, N.Y.: Cornell University Press, 2002.

JAKOBSEN, Janet. "Can Homosexuals End Western Civilization As We Know It? Family Values in a Global Economy." CRUZ-MALAVE, Arnoldo; MANALANSAN IV, Martin (Eds.) *Queer Globalizations: Citizenship and the Afterlife of Colonialism.* New York: New York University Press, 2002, pp. 49-70.

JANNAH.ORG. "Muslim Victims of Terrorist Attacks and Continuing Hate Crimes." September 22, 2001. http://www.jannah.org (accessed June 22, 2006).

JAY, Gregory. "White Out: Race and Nationalism in American Studies." *American Quarterly* 55, n. 4, December, 2003, pp. 781-795.

JEHL, Douglas; SCHMITT, Eric. "The Military: In Abuse, a Portrayal of Ill-Prepared, Overwhelmed G.I.'s." *New York Times*, May 9, 2004, sec. 1, p. 1.

JEWETT, Christina. "Army Rules Deter Sikhs from Joining." *Sacramento Bee*, February 27, 2004, A1.

JOHNSON, Paul. "Group: Egypt Using War to Hide Abuses." *PlanetOut News and Politics*, October 12, 2001a. http://www.planetout.com (accessed June 13, 2006).

____. "Frank Attacks Bush's Silence on Egypt Trial." *PlanetOut News and Politics*, December 24, 2001b. http://www.planetout.com (accessed June 13, 2006).

____. "Military Gay Linguist Firings Escalate." April 16, 2003. http://365gay.com (accessed May 12, 2006; no longer available).

JOSEPH, May. "Old Routes, Mnemonic Traces." *UTS Review* 6, n. 2, November, 2000, pp. 44-56.

JOSEPH, Miranda. *Against the Romance of Community.* Minneapolis, University of Minnesota Press, 2002.

JOSEPH, Nicola. "9-11, from a Different Perspective: Interview with Nawal El Sadaawi and Sherif Hetata." *Women in Action*, n. 1, 2002. http://www.isiswomen.org (accessed June 11, 2006).

JOURNAL Star. "The Aftermath of the Abu Ghraib Abuse." Editorial. September 28, 2005. http://pjstar.com (accessed March 4, 2006).

KALRA, Virinder S. "Locating the Sikh Pagh." *Sikh Formations: Religion, Culture, Theory* 1, n. 1, June, 2005, pp. 75-92.

KALRA, Virinder S., KAUR, Raminder & HUTNYK, John. *Diaspora and Hybridity*. London, Sage, 2005.

KAMMEN, Michael. "The Problem of American Exceptionalism: A Reconsideration." *American Quarterly* 45, n. 1, March, 1993, pp. 1-43.

KAPLAN, Amy. "Violent Belongings and the Question of Empire Today: Presidential Address to the American Studies Association, October 17, 2003." *American Quarterly* 56, n. 1, March, 2004, pp. 1-18.

KAPLAN, Danny. *Brothers and Others in Arms: The Making of Love and War in Israeli Combat Units*. New York, Harrington Park Press, 2002.

KAPLAN, David E. "Exclusive: Nuclear Monitoring of Muslims Done without Search Warrants." *U.S. News and World Report* online, December 22, 2005. http://www.usnews .com (accessed May 21, 2006).

KATYAL, Sonia. "Exporting Identity." *Yale Journal of Law and Feminism* 14, n. 1, Spring 2002, pp. 97–157.

____. "Sexuality and Sovereignty: The Global Limits and Possibilities of Lawrence." *William and Mary Bill of Rights Law Journal* 14, 2006, pp. 1.429-1.487

KAUR, Jasbir & The Sikh Sentinel. "State Department Tells School Children Sikhs Are Terrorists." *Sikh Sentinel*, July 23, 2003. http://www.sikhsentinel.com (accessed June 21, 2006).

KAZANJIAN, David. *The Colonizing Trick: National Culture and Imperial Citizenship in Early America*. Minneapolis, University of Minnesota Press, 2003.

KAZMI, Laila. "Shame." May 13, 2004. http://www.opendemocracy.net (accessed June 19, 2006).

KENNEDY, Dan. "Media Log." *Boston Pheonix* online, May 3, 2004. http://www.bostonpho enix.com (accessed June 26, 2006).

KERMAN, Dan. "Military Gay Discharges Spiked in 2001." *PlanetOut News and Politics*, March 14, 2002. http://www.planetout.com (accessed June 13, 2006).

KHALSA, Ek Ong Kaar Kaur. "Re: State Department Tells School Children, Sikhs Are Terrorists." Posting. September 4, 2003. http://www.sikhnet.com (accessed June 21, 2006).

KHALSA, Gurumustuk Singh. "President and Congress Sign into Law Support for Sikh Americans." Posting. October 31, 2001. http://www.sikhnet.com (accessed June 21, 2006).

KHAN, Surina. "Surina Khan, a Pakistani Advocate for Gay and Lesbian Human Rights Shares Her Thoughts about America's War on Terror." Interview by Michael Bronski. *Boston Phoenix*, October 18-25, 2001a. http://www.bostonphoenix.com (accessed June 13, 2006).

____. "Bombing Afghanistan: Breeding More Terror?" Interview by Tim Kingston. *San Francisco Frontiers*, November 15, 2001b. Republished n.d. http://www.global gayz.com (accessed June 13, 2006).

____. "Who Pays the Price of War?" *Gay and Lesbian Review* 8, n. 6, January/February, 2002, pp. 14-16.

KHOURI, Rami. "Abu Ghraib in the Arab Mirror." October 19, 2004. http://www.opende mocracy.net (accessed June 19, 2006).

KIM, Richard. "Sodomy for Some." *The Nation*, May 19, 2003, p. 6.

____. "Witness to an Execution." *The Nation*, August 7, 2005. http://www.thenation.com (accessed September 9, 2006).

KIM, Ryan. "Attacked for Art, S.F. Gallery to Close: Backers Rally after Violent Responses to Painting of Tortured Iraqis." *San Francisco Chronicle*, May 30, 2004, B2.

KIMMEL, Michael. "Gender, Class, and Terrorism." *Chronicle of Higher Education*, February 8, 2002, B11-B12.

KIRKLAND, Michael. "Analysis: The Changing Face of Terror." *Washington Times* online, August 3, 2004. http://www.washtimes.com (accessed August 24, 2004; no longer available).

KNICKMEYER, Ellen. "Vice Creeps Back to Kandahar." *Guardian Unlimited*, February 22, 2002. http://www.guardian.co.uk (accessed June 11, 2006).

KNIPPENBERG, Joseph M. "The Long and Winding Road: George W. Bush and the African-American Churches." Editorial. Ashbrook Center for Public Affairs at Ashland University, October 2004. http://www.ashbrook.org (accessed August 23, 2005).

KNOPP, Larry. "Sexuality and Urban Space: A Framework for Analysis." In: BELL, David & VALENTINE, Gill (Eds.) *Mapping Desires: Geographies of Sexualities*. New York: Routledge, 1995, pp. 149-163.

KOBAYASHI, Audrey & RAY, Brian. "Placing American Emigration to Canada in Context." *Migration Information Source*. Migration Policy Institute. January 1, 2005. http://www .migrationinformation.org (accessed June 26, 2006).

KOSHY, Susan. "Morphing Race into Ethnicity: Asian Americans and Critical Transformations of Whiteness." *boundary* 2 28, n. 1, February, 2001, pp. 153-194.

KONG, Deborah. "Arabs, Muslims, and Sikhs Report Sporadic Hate Crimes as War Continues." March 28, 2003. *LexisNexis* (accessed June 21, 2006).

KRAC.COM. "Man Accused of Sikh Hate Crime Apologizes: Accused Says It Was an Act of 'Senseless Patriotism.'" September 18, 2001. http://www.krac.com (accessed June 21, 2006).

LABARBERA, Peter. "Columnist: Traitor's Dad Was Homosexual Adulterer." Concerned Women for America. January 10, 2002. http://www.cultureandfamily.org (accessed June 13, 2006).

"A LADDER to Heaven." South Park. Written and directed by Trey Parker. Comedy Central. November 6, 2002, episode 612.

Lawrence v. Texas 2003 U.S. LEXIS 5013 (2003).

LE CARRÉ, John. "A War We Cannot Win." *The Nation,* November 19, 2001, pp. 15-17.

LEE, Becky. "The Wars We Are Still Fighting." *ColorLife,*! Spring, 2004, 1, pp. 4-7. http:// www.alp.org (accessed June 13, 2006).

LEE, JeeYeun. "Toward a Queer Korean American Diasporic History." *In*: ENG, David L. & HOM, Alice Y. (Eds.) *Q and A: Queer in Asian America*. Philadelphia: Temple University Press, 1998, pp. 185-209.

LEONARD, Autumn, AGUILAR, Tomás, PROKOSCH, Mike & SILVERMAN, Dara. "Organizing after September 11." *Dollars and Sense: The Magazine of Economic Justice*, n. 240, March-April, 2002. http://www.dollarsandsense.org (accessed June 13, 2006).

LEONARD, Christina; WALSH, Jim; KELLY, Charles & COLLOM, Lindsey. "Sikhs Voice Outrage over Mesa Hate Killing." *Arizona Republic* online, September 18, 2001. http://www.azcentral.com (accessed June 22, 2006).

LERNER, Sharon. "What Women Want: Feminists Agonize over War in Afghanistan." *Village Voice*, November 6, 2001, pp. 53-55.

LEST We Forget. Produced by Jason DaSilva and Roopa De Choudhury. Dirigido por Jason DaSilva. 57 min. Third World Newsreel, New York, N.Y. 2003.

LETELLIER, Parick. "Poll: Overwhelming Support for Gays in the Military." *PlanetOut News*, December 30, 2003. http://www.planetout.com (accessed June 13, 2006).

LETELLIER, Parick. "Egyptians Decry 'Gay' Abuse in Iraq: lgbt Groups Hit Out at 'Torture' Confusion." *PlanetOut News and Politics*, May 17, 2004. http://icq.planetout.com (accessed June 19, 2006).

LIANOS, Michalis. "Social Control after Foucault." Trad. David Wood and Michalis Lianos. *Surveillance and Society* 1, n. 3, June, 2003, pp. 412-430. http://www.surve illance-and-society.org (accessed June 30, 2006).

LIBRARY, University of California, Berkeley. *Echoes of Freedom: South Asian Pioneers in California, 1899-1965.* Online exhibition. Curated by Suzanne McMahon. Updated October 3, 2001. http://www.lib.berkeley.edu (accessed June 23, 2006).

LIMBAUGH, Rush. Posting. May 4, 2004. www.rushlimbaugh.com (accessed May 20, 2004; no longer available).

LISOTTA, Christopher. "Los Angeles Reports Rise in Hate Crimes." *PlanetOut News and Politics*, September 10, 2002. http://www.planetout.com (accessed June 13, 2006).

LIVINGSTONE, Ken, et al. "The Fight against Oppression and Islamophobia." Letter. *Guardian* (London), September 30, 2004, p. 27.

LONG, Scott. "Debating Iran." *Gay City News*, July 27-August 2, 2006a. http://www.gay citynews.com (accessed September 9, 2006).

____. "HRW Letter to Minister Verdonk." March 8, 2006b. http://hrw.org (accessed Sep- tember 9, 2006).

LORDE, Audre. *Sister Outsider: Essays and Speeches.* Trumansburg, N.Y.: Crossing Press, 1984.

LOSURDO, Domenico. "Preemptive War, Americanism, and Anti--Americanism." *Metaphilosophy* 35, n. 3, April, 2004, pp. 365-385.

LUIBHÉID, Eithne. *Entry Denied: Controlling Sexuality at the Border.* Minneapolis, University of Minnesota Press, 2002.

LUNSING, Wim. "Islam Versus Homosexuality? Some Reflections on the Assassination of Pim Fortuyn." *Anthropology Today* 19, n. 2, April 2003, pp. 19-21.

LUONGO, Michael T. "Links to Some of My Work." n.d. http://www.michaelluongo.com (accessed June 11, 2006).

____. "Eroticism among Kabul's Warriors." *Gay City News*, April 29-May 5, 2004a. http://www.gaycitynews.com (accessed June 13, 2006).

____. "Follow-up Interview with Michael Luongo on His Return from 'Gay Afghanistan': On Afghani Male Intimacy and Sex." Interview by Globalgayz.com. July 2004b. http:// www.globalgayz.com (accessed June 11, 2006).

LUONGO, Michael T. "WorldPride: Notes from Jerusalem." August 12, 2006. http://www.gay.com (ac- cessed September 6, 2006).

LYON, David. "Editorial. Surveillance Studies: Understanding Visibility, Mobility and the Phenetic Fix." *Surveillance and Society* 1, n. 1, 2002, pp. 1-7. http://www.surveillance- and-society.org (accessed June 25, 2006).

MACDONALD, Heather. "What We Don't Know Can Hurt Us." *City Journal* 14, n. 2, Spring 2004, pp. 14-31.

MACKINNON, Catherine A. "State of Emergency." *Women's Review of Books* 19, n. 6, March, 2002, pp. 7-8.

Maha. "A Message from Iran." *Gay City News*, August 10-16, 2006. http://www.gaycitynews.com (accessed September 9, 2006).

MAHABIR, Karen & VADAREVU, Raghuram. "A Cultural Torment: False Report Under- scores Pressures on Young Sikhs." March 14, 2004. http://www.sikhcoalition.org (accessed August 28, 2006). Originally published in The Record, March 14, 2004.

MAHMOOD, Cynthia Keppley. *Fighting for Faith and Nation: Dialogues with Sikh Militants*. Philadephia, University of Pennsylvania Press, 1996.

MAHMOOD, Saba. *Politics of Piety: The Islamic Revival and the Feminist Subject*. Princeton, Princeton University Press, 2004.

MAIRA, Sunaina. "Youth Culture, Citizenship, and Globalization: South Asian Muslim Youth in the United States after September 11th." *Comparative Studies of South Asia, Africa, and the Middle East* 24, n. 1, 2004, pp. 219-231.

MAMDANI, Mahmood. *Good Muslim, Bad Muslim: America, the Cold War, and the Roots of Terror*. New York, Three Leaves Press, 2005.

MANALANSAN, Martin F., IV. *Global Divas: Filipino Gay Men in the Diaspora*. Durham, Duke University Press, 2003.

____. "Race, Violence, and Neoliberal Spatial Politics." *Social Text* 23, n. 3-4, 84-85, Fall-Winter, 2005, pp. 141-155.

MANGAT, Satwinder. "Hate Crimes against Sikh Community." Posting. September 14, 2001. http://lists.xml.org (accessed June 21, 2006).

MANJI, Irshad. "America's Wild West." Op-Ed. *Los Angeles Times*, May 1, 2005. http:// www.latimes.com (accessed June 11, 2006).

MARAN, Rita. *Torture: The Role of Ideology in the French-Algerian War*. New York, Praeger, 1989.

MARGASAK, Larry. "FBI Monitors Radiation Levels at Muslim Sites without Warrants." December 23, 2005. LexisNexis (accessed May 21, 2006).

MARINER, David. "NLGTF Not a Win without War Coalition Member." January 30, 2003. http://www.gaylinkcontent.com (accessed June 13, 2006). Originally published in Temenos: The Progressive Lesbian, Gay, Bisexual, Trans, Intersex (Lgbti) Community Online, January 30, 2003a, www.temenos.net.

____. "NLGTF Response to Temenos Article." Queers for Peace and Justice discussion group e-mail, October 1, 2003b. http://groups.yahoo.com (accessed June 13, 2006).

MARKS, Alexandra. "In This War, American Women Shed Role as 'Doves.'" *Christian Science Monitor*, November 6, 2001, p. 1.

MARTIN, Douglas. "As Indian's Ranks in Canada Grow, Old Conflicts Are Also Transplanted." *New York Times*, June 26, 1985, A11.

MASCARO, Lisa & MUSKAL, Michael. "Senate Moves to End 'Don't Ask, Don't Tell'". *Los Angeles Times*, December, 18, 2010.

MASSAD, Joseph. "Re-Orienting Desire: The Gay International and the Arab World." *Public Culture* 14. 2, May, 2002, pp. 361-385.

____. Lecture, Conference on Asian Sexualities, Oberlin College, October 2009.

____. The Empire of Sexuality: And Interview with Joseph Massad, March 5, 2013. https://www.jadaliyya.com/Details/28167 (accessed in November 20, 2023).

MASSUMI, Brian. *Parables for the Virtual: Movement, Affect, Sensation*. Durham, Duke University Press, 2002.

____. Untitled paper presented at "Beyond Biopolitics: State Racism and the Politics of Life and Death" conference, The Graduate Center, City University of New York, March 17, 2006.

MAXWELL, Richard. "Surveillance: Work, Myth, and Policy." *Social Text* 23, n. 2 83, Summer, 2005, pp. 1-19.

MAYER, Jane. "Q&A: Torture by Proxy." Interview by Amy Davidson. *New Yorker*, February 8, 2005. http://www.newyorker.com (accessed June 19, 2006).

MBEMBE, Achille. *On the Postcolony*. Trad A. M. Berrett, Janet Roitman, Murray Last, and Steven Rendall. Berkeley, University of California Press, 2001.

____. *Necropolítica. Biopoder, soberania, estado de exceção, política da morte*. Trad. Renata Santini. São Paulo, n-1 edições, 2018.

MCCALL, Leslie. "The Complexity of Intersectionality." *Signs: Journal of Women, Culture, and Society* 30, n. 3, 2005, pp. 1.771-1.800.

McCAULEY, C. R. & SEGAL, M. E. . "Social Psychology of Terrorist Groups." *In*: HENDRICK, C. (Ed.) *Group Processes and Intergroup Relations, Annual Review of Social and Personality Psychology* Vol 9. Beverly Hills, Calif.: Sage, 1987. pp. 231-256.

McCLINTOCK, Anne. *Imperial Leather: Race, Gender, and Sexuality*. New York, Routledge, 1995.

McKINNEY, Joan. "Cooksey: Expect Racial Profiling." *The Advocate* (Baton Rouge), September 19, 2001, B-1, B-2.

McRUER, Robert. "Compulsory Able-Bodiedness and Queer/Disabled Existence." *In*: SNYDER, Sharon L., BRUEGGEMANN, Brenda Jo, & GARLAND-THOMSON, Rosemarie (Eds.) *Disability Studies: Enabling the Humanities*. New York: Modern Language Association of America, 2002, pp. 88-99.

____. "Composing Bodies; or, De-Composition: Queer Theory, Disability Studies, and Alternative Corporealities." *Journal of Advanced Composition* 24, 2004, pp. 47-78.

McWHORTER, Ladelle. "Sex, Race, and Biopower: A Foucauldian Genealogy." *Hypatia: A Journal of Feminist Philosophy* 19, n. 3, Summer 2003, pp. 38-62.

MEDIA Matters for America. "Limbaugh on Torture of Iraqis: U.S. Guards Were 'Having a Good Time,' Blow[ing] off Some Steam.'" May 5, 2006. http://mediamatters.org (accessed June 14, 2006).

MENCHACA, Paul. "Sikh Community Outraged in Wake of Woodside Hate Crime." *Queens Chronicle* online, August 7, 2003. http://www.zwire.com (accessed June 21, 2006).

MEROM, Gil. "Israel's National Security and the Myth of Exceptionalism." *Political Science Quarterly* 114, n. 3, Autumn, 1999, pp. 409-434.

METROPOLITAN Community Churches. "A Call for Peaceful Resolution to Conflict with Iraq." News release. September 30, 2002. http://www.mccchurch.org (accessed June 13, 2006).

MIKDASHI, Maya. "Gay Rights as Human Rights: Pinkwashing homonationalism", 2011. https://www.jadaliyya.com/Details/24855 (accessed in November 20, 2023).

MIKDASHI, Maya & PUAR, Jasbir. "Queer Theory and Permanent War". *Lesbian and Gay Studies*, vol. 22, 2, April, 2016.

MILBANK, Dana & WAX, Emily. "Bush Visits Mosque to Forestall Hate Crimes." *Washington Post*, September 18, 2001, A1.

MILITARYARTICLES.COM. "Abu Ghraib: The Root of the Problem." Posting by Ace Fumigators. May 11, 2004. http://www.militaryarticles.com (accessed August 24, 2005; no longer available, printout on file with author).

MILLER, Elizabeth. "An Open Letter to the Editors of Ms. Magazine." *Middle Eastern Affairs Conference*, Pittsburg State University International Studies Program. April 20, 2002. http://www.pittstate.edu (accessed June 11, 2006).

MILLER, Judith. "Hunting bin Laden: Interview." *Frontline*. Public Broadcasting System, September 12, 2001. www.pbs.org (accessed June 13, 2006).

MINWALLA, Framji. "Tony Kushner's Homebody/Kabul: Staging History in a Post-colonial World." *Theater* 33, n. 1, Winter 2003, pp. 29-43.

MITCHELL, W. J. T. "The War of Images." *University of Chicago Magazine* 94. 2 (December 2001). http://magazine.uchicago.edu (accessed June 23, 2006).

MOHANTY, Chandra Talpade. "Under Western Eyes: Feminist Scholarship and Colonial Discourse." *Feminist Review*, n. 30, Autumn 1988): 61-88.

MONROE, Irene. "Justice Begins in the Bedroom." *The Witness*, July 21, 2003. http://thewi tness.org (accessed June 25, 2006).

MOORE, Patrick. "Gay Sexuality Shouldn't Become a Torture Device." *Newsday*, May 7, 2004, A51.

MORCOS, Rauda. "Queering Palestinian Solidarity Activism." Posted June 6, 2004. http:// montages.blogspot.com (accessed June 12, 2006).

MORGAN, Robin. *The Demon Lover: The Roots of Terrorism*. New York, Washington Square Press, 1989.

MORGENSEN, Scott. "Settler Colonialism and Alliance: Comparative Challenges to Pinkwashing and Homonationalism", http://www.jadaliyya.com/pages/index/11016/settler-colonialism-and-alliance_comparative-chall (accessed at March 30, 2013).

MOSCO, Vincent. *The Digital Sublime: Myth, Power, and Cyberspace*. Cambridge, Mass., MIT Press, 2004.

MUKHERJEE, Bharati. *Wife*. New York: Fawcett Crest, 1975.

____. *Jasmine*. New York: Grove Press, 1989.

____. *NOW with Bill Moyers*. Public Broadcasting System. May 2, 2003. Transcript available at http://www.pbs.org (accessed June 23, 2006).

MUÑOZ, José Esteban. *Disidentifications: Queers of Color and the Performance of Politics*. Minneapolis: University of Minnesota Press, 1999.

____. "Feeling Brown: Ethnicity and Affect in Ricardo Bracho's *The Sweetest Hangover (and Other STDs)*," *Theater Journal* 52, n. 1, March, 2000, pp. 67-79.

MUÑOZ, José Esteban. "A Forum on Theatre and Tragedy In the Wake of September 11, 2001." *Theatre Journal* 54. 1, March, 2002, pp. 122-123.

MUSBACH, Tom. "Sen. Mc Cain Pays Tributeto Mark Bingham." *PlanetOut News and Politics*, September 24, 2001a. http://www.planetout.com (accessed June 13, 2006).

____. "Gay Politicos Unite over Survivor Benefits." *PlanetOut News*, November 26, 2001b. http://www.planetout.com (accessed June 12, 2006).

____. "Group Warns Bush: aids Is Security Issue." March 13, 2002a. http://www.gay.com (accessed June 13, 2006).

____."Navy Refuses to Discharge Gay Member." September 24, 2002b. http://www.gay.com (accessed June 13, 2006).

MUSTIKHAN, Ahmar. "Group Fights for Palestinian Gays' Safety." *PlanetOut News and Politics*, April 4, 2003. http://www.planetout.com (accessed June 15, 2005).

MUSTO, Michael. "Alien vs. Predator: What the McGreevey Mess Means for Closets, Corruption, and Casting Couches." Village Voice, August, 24, 2004, 1, 28.

MYSLIK, W. "Renegotiating the Social/Sexual Identities of Places: Gay Communities as Safe Havens or Sites of Resistance?" DUNCAN, Nancy (Ed.). *BodySpace: Destabilizing Geographies of Gender and Sexuality*, pp. 156-169. New York: Routledge, 1996.

NAIM, Tahir. "SABA: South Asians Being Targeted in Wake of Attack." E-mail forwarded to author. Received September 13, 2001.

NAJMABADI, Afsaneh. *Women with Mustaches and Men without Beards: Gender and Sexual Anxieties of Iranian Modernity*. Berkeley, University of California Press, 2005.

NANDA, Tanmaya Kumar. "Sikhs Become Targets of Ire in New York." rediff.com, U.S. ed., September 12, 2001. http://www.rediff.com (accessed June 21, 2006).

NAST, Heidi J. "Prologue: Crosscurrents." *In*: "Queer Patriarchies, Queer Racisms, International." Special issue of *Antipode* 34, n. 5, November, 2002a, pp. 835-844.

____. "Queer Patriarchies, Queer Racisms, International." Special issue of *Antipode: A Radical Journal of Geography* 34, n. 5, November, 2002b, pp. 874-909.

____. (Ed.). "Queer Patriarchies,Queer Racisms, International." Special issue of *Antipode* 34, n. 5, November, 2002c.

NATIONAL Center for Lesbian Rights. "National Center for Lesbian Rights Hails Supreme Court Decision Striking Texas Sodomy Statute: Background Information: How Sod- omy Laws Have Been Used As a Weapon of Discrimination against Lesbians." Press release. June 2003. http://www.nclrights.org (accessed June 25, 2006).

NATIONAL Coalition of Anti-Violence Programs. *Anti-Lesbian, Gay, Bisexual and Transgender Violence in 2002: A Report of the National Coalition of Anti--Violence Programs.* Preliminary ed., 2003. http://www.avp.org (accessed June 13, 2006).

NATIONAL Gay and Lesbian Task Force. "Response to Recent False Allegations Regarding ngltf's Positionagainst the War." Press release. January 30, 2003. http://www.thetaskforce.org (accessed June 13, 2006).

———. "'Anti-Gay Groups Active in Massachusetts: A Closer Look' Exposes Broad Reactionary Agenda of Anti-Gay Groups Working against Marriage Equality." March 11, 2004. http://www.thetaskforce.org (accessed June 10, 2006).

NBC News. "U.S. Army Report on Iraqi Prisoner Abuse." *Nightly News with Brian Williams.* May 4, 2004. http://www.msnbc.msn.com (accessed June 19, 2006).

NEUMAYR, George. "The Abu Ghraib Collection." *American Spectator* online, May 12, 2004. http://www.spectator.org (accessed June 19, 2006).

NEWINDPRESS. "Sher-e-Punjab Sponsors 92-Year-Old Sikh for NY Marathon." September 26, 2003. http://www.saldef.org (accessed June 22, 2006).

NEW YORK Advisory Committee. "Panel Summaries." *Civil Rights Implications of Post-September 11 Law Enforcement Practices in New York. A report prepared for the U.S. Commission on Civil Rights.* March 2004. http://www.usccr.gov (accessed June 26, 2006).

NEW YORK City Association of Homeless and Street-Involved Youth Organizations. "State of the City's Homeless Youth Report 2003." Empire State Coalition of Youth and Family Services. 2003. http://www.empirestatecoalition.org (accessed June 25, 2006).

NEW YORK Times. "A Million Votes for Dead Man." May 22, 2002, A14.

NEWSPLANET Staff. "Breaking News: London Bombing!" *PlanetOut News and Politics*, April 29, 1999a. http://www.planetout.com (accessed June 12, 2006).

———. "London Gay Bar Bombed." *PlanetOut News*, April 30, 1999b. http://www.planetout.com (accessed June 12, 2006).

NIEVES, Evelyn & TYSON, Ann Scott. "Fewer Gays Being Discharged Since 9/11: 'Don't Ask' Ousters at Lowest Level Yet." *Washington Post*, February 12, 2005, A1.

NIRANJANA, Tejaswini. *Mobilizing India: Women, Music and Migration between India and Trinidad*. Durham, Duke University Press, 2006.

NOLAN, Clancy. "Patriotic Pride." *Independent Weekly*, September 26, 2001. http://www.indyweek.com (accessed June 13, 2006).

NO Pride in Occupation. "No Pride in Occupation." n.d. www.nopridewithoutpalestinians.org (accessed June 12, 2006).

OMB Watch. "Anti-Terrorism Bill Could Impact Nonprofits." November 14, 2001. http:// www.ombwatch.org (accessed June 21, 2006).

"OSAMA bin Laden Has Farty Pants." South Park. Written and directed by Trey Parker. Comedy Central. November 7, 2001, episode 509.

OSBORNE, Duncan. "Pentagon Uses Gay Sex as Tool of Humiliation." *Gay City News*, May 13-17, 2004. http://www.gaycitynews.com (accessed June 19, 2006).

____. "Mashad Hangings Anniversary Marked in Midtown Vigil." *Gay City News*, July 20-26, 2006. http://www.gaycitynews.com (accessed September 9, 2006).

OUTRAGE! "Muslim Cleric Says: Death to Gays and Jews." Press release. July 9, 2004. www.outrage.nabumedia.com (accessed June 15, 2005; no longer available). Republished July 9, 2004. http://www.indymedia.org.uk (accessed June 12, 2006).

____. "Press Photos." http://outrage.nabumedia.com (accessed July 14, 2005; no longer available). Republished http://www.petertatchel.net (accessed June 12, 2006).

____. Press release. http://outrage.nabumedia.com (accessed July 14, 2005; no longer available, printout on file with author).

____. "Terrorist Danger to Gay Venues; 'Increase Security,' Urges OutRage!" Press release. July 18, 2005. http://outrage.nabumedia.com (accessed 30 August 2005; no longer available). Republished July 26, 2005. http://haganah.org.il (accessed June 12, 2006).

OXFORD English Dictionary, s.v. "sodomy." http://dictionary.oed.com (accessed June 25, 2006).

PAINTER, George. "The Sensibilities of Our Forefathers: The History of Sodomy Laws in the United States: Introduction." n.d. http://www.sodomylaws.org (accessed June 25, 2006).

PALUMBO-LUI, David. "Multiculturalism Now: Civilization, National Identity, and Difference before and after September 11th." *boundary 2* 29, n. 2, June, 2002, pp. 109-127.

PARASURAM, T. V. "Indian Embassy Condemns Attacks on Sikhs." *rediff.com*, U.S. ed., September 14, 2001. http://www.rediv.com (accessed June 22, 2006).

PARENTI, Christian. *The Soft Cage: Surveillance in America*. New York: Basic Books, 2003.

PARENTI, Michael. *Make-Believe Media: The Politics of Entertainment*. New York: St. Martin's Press, 1992.

PARISI, Luciana. *Abstract Sex: Philosophy, Biotechnology and the Mutations of Desire*. New York: Continuum, 2004.

PATEL, Geeta. "Homely Housewives Run Amok: Lesbians in Marital Fixes." *Public Culture* 16, n. 1, Winter, 2004, pp. 131-157.

PATTON, Cindy & SANCHEZ-EPPLER, Benigno (Eds.). *Queer Diasporas*. Durham, Duke University Press, 2000.

PEASE, Donald. "The Global Homeland State: Bush's Biopolitical Settlement." *boundary 2* 30, n. 3, Fall 2003, pp. 1-18.

PELLEGRINI, Ann. "Commodity Capitalism and Transformations in Gay Identity." *Queer Globalizations: Citizenship and the Afterlife of Colonialism*, CRUZ-MALAVE, Arnaldo & MANALANSAN IV, Martin,. New York: New York University Press, 2002, pp. 134-145.

PEOPLE'S Law Dictionary, s.v. "sodomy." http://dictionary.law.com (accessed June 25, 2006).

PEREZ, Hiram. "You Can Have My Brown Body and Eat It, Too!" *Social Text* 23, n. 3-4, 84-85, Fall-Winter, 2005, pp. 171-191.

PERRY, Troy D. "A Pastoral Statement from Metropolitan Community Churches." Toronto Metropolitan Community Churches, Office of the MCC Moderator. May 2004. http:// www.mcctoronto.com (accessed June 19, 2006).

PERRY, Brooks; KOTROSITS, Maia, WILCOX, Melissa & MARCHALL, Joseph. "Terrorist Assemblages Meets the Study of Religion". *Culture and Religion* 15, n. 2, 2014.

PETCHESKY, Rosalind. "Phantom Towers." Paper presented at CUNY Hunter College, New York, October 2001.

PETERSON, V. Spike. "Sexing Political Identities: Nationalism as Heterosexism." *International Feminist Journal of Politics* 1, n. 1, June 1999, pp. 34-65.

PHELAN, Shane. *Sexual Strangers: Gays, Lesbians, and Dilemmas of Citizenship*. Philadelphia, Temple University Press, 2001.

PHILLIPS, Richard. "Writing Travel and Mapping Sexuality: Richard Burton's Sotadic Zone." *In*: *Writes of Passage: Reading Travel Writing*, DUNCAN, James S. & GREGORY, Derek. New York: Routledge, 1999, pp. 70-91.

Planetout Network. "Amsterdam Police Vow to Combat Hate Crimes." *PlanetOut News and Politics*, June 10, 2005. http://www.planetout.com (accessed June 12, 2006).

POST, Jerrold. "Rewarding Fire with Fire? Effects of Retaliation on Terrorist Group Dynamics." *In*: KURZ Anat (Ed.). *Contemporary Trends in World Terrorism*. New York: Praeger, 1987, pp. 103-115.

____. "Terrorist Psychologic: Terrorist Behavior as a Product of Psychological Forces." *In*: REICH, Walter (Ed.)*Origins of Terrorism: Psychologies, Ideologies, Theologies, States of Mind*. Cambridge, England: Cambridge University Press, 1990, pp. 25-42.

POVINELLI, Elizabeth A. "Notes on Gridlock: Genealogy, Intimacy, Sexuality." *Public Culture* 14, n. 1, Winter, 2002, pp. 215-238.

POWELL, Michael. "An Exodus Grows in Brooklyn: 9/11 Still Rippling through Pakistani Neighborhood." *Washington Post*, May 29, 2003, A1.

PRADHAN, Avanti A. "The Mourning After: Sikh Americans' Cultural Awareness Campaign Following 9/11." *SAGAR: A South Asian Graduate Research Journal* 9, Fall, 2002, pp. 79-94.

PRICE, Deb. "Black Supporters of Gays Ignored." *Detroit News*, January 12, 2004. Reposted at http://www.hrc.org (accessed June 25, 2006).

PRIEST, Dana & STEPHENS, Joe. "Secret World of U.S. Interrogation: Long History of Tactics in Overseas Prisons Is Coming to Light." *Washington Post*, May 11, 2004, A1.

"PRIMARY Sources: The Torture Debate." *New Yorker*, February 8, 2005. http://www.new yorker.com (accessed July 13, 2005).

"PROBABLY." South Park. Written and directed by Trey Parker. Comedy Central. July 26, 2000, episode 411.

PUAR, Jasbir Kaur (Ed.) . "Transnational Configurations of Desire: The Nation and Its White Closets." *In*: RASMUSSEN, Birgit Brander; NEXICA, Irene J.; KLINENBERG, Eric & WRAY, Matt (Eds.). *The Making and Unmaking of Whiteness*. Durham: Duke University Press, 2001, pp. 167-183.

____. "Queer Tourism: Geographies of Globalization." Special issue of *GLQ: A Journal of Lesbian and Gay Studies* 8, n. 1-2, 2002.

PUAR, Jasbir K. & RAI, Amit S. "Monster, Terrorist, Fag: The War on Terrorism and the Production of Docile Patriots." *Social Text* 20, n. 3 72, Fall, 2002, pp. 117-148

____. "The Remaking of a Model Minority: Perverse Projectiles under the Specter of (Counter)Terrorism.'" *Social Text* 22, n. 3 80, Fall, 2004, pp. 75–104.

PUAR, Jasbir Kaur; RUSHBROOK, Dereka & SCHEIN, Louisa (Eds.). "Sexuality and Space: Queering Geographies of Globalization." Special edition of *Environment and Planning D: Society and Space* 21, n. 4, August, 2003.

PUREWAL, Sukhjit. "Threats, Snide Remarks Worsen the Pain of Bay Area Muslims." *rediff.com*, U.S. ed., September 12, 2001. http://www.rediff.com (accessed June 21, 2006).

PURNICK, Joyce. "Transit Rules? Scratch Head, Covered or Not." *New York Times*, June 10, 2004, B1.

QIDWAI, Minhaj. "Abu-Ghrayb: Reminder of Inept Ummah." Independent Centre for Strategic Studies and Analysis. May 29, 2004. http://icssa.org (accessed June 25, 2006).

QUEER Jihad. "About Queer Jihad." Updated January 10, 2003. http://www.well.com (accessed June 11, 2006).

____. "Queer Jihad." Updated August 7, 2005. http://www.well.com (accessed June 11, 2006).

QUEERS for Peace and Justice. "Lgbt Call to Action for an Anti War Pride— please endorse, please forward." e-mail, recidoeb pela autora, June 13, 2003. Arquivo da autora.

QUINN, Andrew. "Gay Muslims Come Out in S.F. Pride Parade," *PlanetOut News and Politics*, June 25, 2001. http://www.planetout.com (accessed June 11, 2006).

QUITTNER, Jeremy. "New Hurdles for Survivors." The Advocate, February 5, 2002, 13. Qureshi, Emram. "Misreading The Arab Mind." Boston Globe, May 30, 2004, D1.

RADICAL Women and Freedom Socialist Party, "We're Here, We're Queer, We're Gonna Stop the War Machine!" Flyer, Fall 2001, arquivo da autora.

RAI, Amit. "Patriotism and the Muslim Citizen in Hindi Films." *Harvard Asia Quarterly* 7, n. 3, Summer 2003. http://www.asiaquarterly.com (accessed June 21, 2006).

____. *Paper Sem título* apresentado na conferecência "Beyond Biopolitics: State Racism and the Politics of Life and Death", The Graduate Center, City University of New York, March 17, 2006.

RAJAN, Julie V. G. "Subversive Visibility and Political Agency: The Case of the Palestinian Female Suicide Bombers." *In*: DAYAN, Hilla (Ed.) *to kill, to die: female contestations on gender and political violence,*. Special publication for Women's International Day. New York: New School University, March 2004, pp. 12-13.

RAMACHANDRAN, Sudha. "Women Suicide Bombers Defy Israel." *Asia Times Online*, October 25, 2003. http://www.atimes.com (accessed June 27, 2006).

RAUCHWAY, Eric. "More Means Diverent: Quantifying American Exceptionalism." *Reviews in American History* 30, n. 3, September 2002, pp. 504-516.

RAWLS, Philip. "Riley Administration Changes Rules on Head Scarves." February 20, 2004. LexisNexis (accessed June 22, 2006).

REDDY, Chandan. "Asian Diasporas, Neoliberalism, and Family: Reviewing the Case for Homosexual Asylum in the Context of Family Rights." *Social Text* 23, n. 3-4, 84-85, Fall-Winter, 2005, pp. 101-119.

____. *Freedom with Violence*: Race, Sexuality and US State. Durham, Duke University Press, 2011.

REILLY, Kristie. "Warning! You Are Being Watched: Reading This Magazine in Public May Result in Questioning by the FBI." *These Times*, September 19, 2003. http://www.in thesetimes.com (accessed June 26, 2006).

REJALI, Darius. *Torture and Modernity: Self, Society and State in Modern Iran*. Boulder, Colo.: Westview Press, 1994.

____. "A Long-Standing Trick of the Torturer's Art." Opinion. *Seattle Times*, May 14, 2004. http://seattletimes.nwsource.com (accessed June 19, 2006).

REUTERS. "Nigerian Man Sentenced to Stoning for Gay Sex." July 9, 2005. http://www.abc.net.au (accessed September 9, 2006).

REYNOLDS, Maura. "Kandahar's Lightly Veiled Homosexual Habits." *Los Angeles Times*, April 3, 2002. http://www.latimes.com (accessed June 11, 2006).

RICH, Frank. "The War's Lost Weekend." *New York Times*, May 9, 2004, sec. 2, p. 1.

RICHARD, Diane. "War and Sex." *Contemporary Sexuality* 36, n. 1, January, 2002, pp. 1, 4-6.

RILEY, John. "How War Imperils the Fight against aids." *Gay City News*, February, 2003, pp. 21-27. http://www.gaycitynews.com (accessed June 13, 2006).

RIMER, Sara. "Pakistanis Unperturbed by U.S. Raid on Residence." New York Times, November 17, 2001, B8.

RIMER, Sara & ARENSEN, Karen W. "Top Colleges Take More Blacks, but Which Ones?" *New York Times*, June 24, 2004, A1.

RISING Up: The Alams. Produzdo e dirigido por Konrad Aderer. 11 min. Third World Newsreel, New York, N.Y. 2005.

ROBSON, Ruthann. "The Missing Word in Lawrence v. Texas." *Cardozo Women's Law Journal* 10, n. 2, Winter, 2004, pp. 397-410.

ROCHE, Timothy; BENNET, Brian; BERRYMAN, Anne; HYLTON, Hilary; MORRISSEY, Siobhan & RADWAN, Amany. "The Making of John Walker Lindh." *Time*, October 7, 2002, pp. 44-54.

RODRIGUEZ, Juana María. *Queer Latinidad: Identity Practices, Discursive Spaces*. New York, New York University Press, 2003.

ROOT, Nathan. "Accenture Faces Daunting Task with US-VISIT Contract." June 9, 2004. http://www.insideid.com (accessed September 6, 2006).

ROOTS in the Sand. Produzdo e dirigido por Jayasri Mujamdar Hart. 57 min. National Asian American Telecommunications Association (atual Center for Asian American Media), San Francisco, 1998.

ROSENDALL, Richard J. "No Excuses for Iran." *Independent Gay Forum: Forging a Gay Mainstream*. July 27, 2006. http://www.indegayforum.org (accessed September 9, 2006).

ROTH, Thomas. "Welcoming Remarks." Apresentado em International Gay and Lesbian Tourism Association Annual Conference, Los Angeles, March, 4, 2002.

ROTHENBERG, Tamar. "'And She Told Two Friends': Lesbians Creating Urban Social Space." *In*: BELL, David & VALENTINE, Gill (Eds.) *Mapping Desires: Geographies of Sexualities*. New York: Routledge, 1995, pp. 165-181.

ROWE, John Carlos. "Edward Said and American Studies." *American Quarterly* 56, n. 1, March, 2004, pp. 33-47.

ROY, Arundhati. "The Algebra of Infinite Justice: As the U.S. Prepares to Wage a New Kind of War, Arundhati Roy Challenges the Instinct for Vengeance." *Guardian* (London), September 29, 2001, p. 1.

ROY, Sandip. "Banks Allegedly Blacklisting Muslims: Civil Liberties Digest." July 2, 2003. http://news.pacificnews.org (accessed July 15, 2005).

____. "Can Gay Marriage Protect Europe from Subway Bombers?" July 13, 2005. http://news.pacificnews.org (accessed July 14, 2005).

RUBENSTEIN, Diane. "Did You Pack Your Bags Yourself? Governmentality after 9/11." *CR: The New Centennial Review* 3, n. 2, Summer, 2003, pp. 303-331.

RUBIN, Gayle. "Thinking Sex: Notes for a Radical Theory of the Politics of Sexuality." ABELOVE, Henry; BARALE, Michele Aina & HALPERIN, David M. (Eds.) *The Lesbian and Gay Studies Reader*. New York: Routledge, 1993, pp. 3-44.

RUSKOLA, Teemu. "Gay Rights vs. Queer Theory: What Is Left of Sodomy after *Lawrence v. Texas*." *Social Text* 23, n. 3-4, 84-85, Fall-Winter, 2005, pp. 235-249.

RUSS, Hilary. "Leave Home without It." *City Limits Monthly*, May 2003. http://www.city limits.org (accessed July 15, 2005).

RYAN, Caitlin & FUTTERMAN, Donna. *Lesbian and Gay Youth: Care and Counseling*. New York, Columbia University Press, 1998.

SACKS, Oliver. "Speed: Aberrations of Time and Movement." *New Yorker*, August 23, 2004, pp. 60-69.

SADOWNICK, Douglas; KILBOURNE, Chris & JONES, Wendell. "War Fever and Gay Resistance." *Gay and Lesbian Review* 8, n. 6, January/February, 2002, pp. 26-27.

SAID, Edward. *Covering Islam*. New York, Vintage Books, 1981.

____. "The Essential Terrorist." *In*: SAID, Edward & HITCHENS, Christopher (Eds.) *Blaming the Victims: Spurious Scholarship and the Palestine Question*, New York: Verso, 1988, pp. 149-158.

____. *Orientalismo. O Oriente como invenção do Ocidente*. Trad. Tomás Rosa Bueno. São Paulo: Companhia das Letras, 1990.

____. "Islam and the West Are Inadequate Banners." Comment. *Observer*, September 16, 2001. http://observer.guardian.co.uk (accessed June 10, 2006).

SAKHUJA, Vijay. "Terrorism and Tourism." Institute of Peace and Conflict Studies, n. 699. February 17, 2002. http://www.ipcs.org (accessed June 13, 2006).

SALDANHA, Arun. "Reontologising Race: The Machinic Geography of Phenotype."*Environment and Planning D: Society and Space* 24, n. 1, 2006, pp. 9-24.

SALTER, Sunny. Review of "I'm Gonna Kill the President": A Federal Offense. Escrito e dirigido por Hieronymus Bang, Brooklyn, New York, Theater Journal 56, no. 3 (October 2004): pp. 513-514.

SÁNCHEZ-EPPLER, Benigno & PATTON, Cindy. "Introduction: With a Passport out of Eden." *In*: SÁNCHEZ-EPPLER, Benigno & PATTON, Cindy (Eds.) *Queer Diasporas*. Durham: Duke University Press, 2000, pp. 1-14.

SANDERS, Eli. "Understanding Turbans." Ilustrado por Paul Schmid. *Seattle Times*, September 27, 2001, E1.

SCHAFFER, Kay, & SMITH, Sidonie (Eds.). "Personal Effects." Special issue of *Biography: An Interdisciplinary Quarterly* 27, n. 1, Winter, 2004.

SCHEER, Robert. "Homophobia and Apple Pie." *Los Angeles Times*, July 20, 2004. www.latimes.com (accessed June 15, 2005).

SCHINDLER, Paul. "Gay Linguist Discharges Continue." *Gay City News*, April 18-24, 2003. http://www.gaycitynews.com (accessed June 13, 2006).

SCHMITT, Eric & ZERNIKE, Kate. "Iraq Abuse Trial Is Again Limited to Lower Ranks." *New York Times*, March 23, 2006, A1.

SCHNEIDER, William. Reporting for *Insight, CNN*. May 5, 2004. http://transcripts.cnn.com (accessed June 19, 2006).

SCIOLINO, Elaine. "Next Target in the French Headgear Debate: The Bandana." *New York Times*, January 20, 2004. http://www.nytimes.com (accessed June 21, 2006).

SCOTT, Joan Wallach. *Gender and the Politics of History*. Rev. ed. New York, Columbia University Press, 1999.

SCROGGINS, Deborah. "The Dutch-Muslim Culture War." *Nation*, June 27, 2005, pp. 21-25.

SECTION for the Study of Islam. "Statement from the Steering Committee and Members, Section for the Study of Islam: Statement from Scholars of the Islamic Religion." September 17, 2001. http://groups.colgate.edu (accessed June 10, 2006).

SEDGWICK, Eve Kosofsky. *Touching Feeling: Affect, Pedagogy, Performativity*. Durham, Duke University Press, 2003.

SEIDMAN, Steven. "Identity and Politics in a 'Postmodern' Gay Culture: Some Historical and Conceptual Notes." *In*: WARNER, Michael (Ed.) *Fear of a Queer Planet: Queer Politics and Social Theory*. Minneapolis, University of Minnesota Press, 1993, pp. 105-142.

Service members Legal Defense Network. "Conduct Unbecoming: The 8th Annual Report on 'Don't Ask, Don't Tell.'" March 14, 2002. http://www.sldn.org (accessed June 13, 2006).

SHAH, Nayan. "Perversity, Contamination and the Dangers of Queer Domesticity." *In*: CORBER, Robert J. & VALOCCHI, Stephen (Eds.) *Queer Studies: An Interdisciplinary Reader*. Oxford: Blackwell, 2003, pp. 121-141.

____. "Between 'Oriental Depravity' and 'Natural Degenerates': Spatial Borderlands and the Making of Ordinary Americans." *American Quarterly* 57, n. 3, September, 2005a, pp. 703-725.

____. "Policing Privacy, Migrants, and the Limits of Freedom." *Social Text* 23, n. 3-4, 84-85, Fall-Winter, 2005b, pp. 275-284.

SHAH, Svati P., & YOUNG, Rebecca. "A 'Morning After Prescription': Remembering Abu Ghraib." *SAMAR Magazine Online* 18, Fall, 2004. http://www.samarmagazine.org (accessed June 19, 2006).

SHANKER, Thom & STEINBERG, Jacques. "Bush Voices 'Disgust' at Abuse of Iraqi Prisoners." *New York Times*, May 1, 2004, A1.

SHARMA, Parvez. "Manufacturing Dissent." *Center for Lesbian and Gay Studies (CLAGS) Newsletter*, Fall, 2004, p. 5.

SHEFFER, Doron & WEISS, Efrat. "Violence Erupts at Gay Pride Parade." June 30, 2005. http://www.ynetnews.com (accessed June 12, 2006).

SHENON, Philip & TONER, Robin. "Immigrant Arrests, 75 in Custody Following Terror Attack Can Be Held Indefinitely." *New York Times*, September 19, 2001, A1, B7.

SHILDRICK, Margrit. "Queering Performativity: Disability after Deleuze." *Scan: Journal of Media Arts Culture* 1, n. 3, November, 2004. http://scan.net.au (accessed August 31, 2006).

SHRADER, Esther & SHOGREN, Elizabeth. "Officials Clash on Roles at Prison." *Los Angeles Times*, May 12, 2004, A1.

SHUKLA, Sandhya. *India Abroad: Diasporic Cultures of Postwar America and England*. Princeton: Princeton University Press, 2003.

SIKH.ORG. http://www.sikh.org (accessed January 18, 2001; no longer available).

SIKH American Legal Defense and Education Fund. "Alabama Discriminatory Driver's License Policy Overturned." February 20, 2002. http://www.saldef.org (accessed June 21, 2006).

SIKH Coalition. "Allow Turbaned Sikhs to Serve as Officers in the NYPD." Online petition to Mayor Michael R. Bloomberg and the NYPD. n.d.a. http://www.petitiononline.com (accessed June 21, 2006).

____. "Coalition Continues to Defend Sikh's Rights to Practice Their Faith: Case Profile: Harvinder Kaur, Overland Park, KS." n.d.b. http://www.sikhcoalition.org (accessed June 22, 2006).

SIKH Coalition. "Measure Supporting Sikh Americans Becomes Law: Law States: 'The Civil Rights and Civil Liberties of All Americans, Including Sikh Americans, Should Be Protected.'" Press release. n.d.c. http://www.sikhcoalition.org (accessed June 21, 2006).

____. Sikhs. Microsoft PowerPoint presentation. n.d.d. http://www.sikhcoalition.org (accessed June 23, 2006).

____. "Video Game by Eidos Interactive Depicts Racist Violence." n.d.e. http://www.sikh coalition.org (accessed June 23, 2006).

____. "Your Rights and Avenues of Action As a Victim of Airport Profiling." Fact sheet. n.d.f. http://www.sikhcoalition.org (accessed June 23, 2006).

____. "Resolution on Hate Crimes against Sikh-Americans: Congressional Briefing Package." September 28, 2001a. http://www.sikhcoalition.org (accessed June 22, 2006).

____. "Please Participate in Candle Night Vigil." Posting to Sikhupdate Yahoo group, December 7, 2001b. http://groups.yahoo.com (accessed June 22, 2006).

____. "Press Packet: New Jersey Sikh Civil Rights and Civic Engagement Initiative." December 9, 2003. www.sikhcoalition.org (accessed June 21, 2006).

SIKH Council on Religion and Education. "About Us." n.d. http://www.sikhcouncilusa.org (accessed June 22, 2006).

SIKH Mediawatch and Resource Task Force. "Sikh Americans Denounce the Terrorist Attack, Ask Americans to Unite." Press release. September 12, 2001a. http://www.saldef.org (accessed June 22, 2006).

____. "smart Calls for Action against Cooksey." Press release. September 20, 2001b. http://www.saldef.org (accessed June 23, 2006).

____. "Airport Security and Your Rights As an Airline Passenger." October 3, 2001c. http://www.saldef.org (accessed June 23, 2006).

____. "smart Encourages Community Members to Educate Local Airport Security Personnel about Sikhs." November 16, 2001d. http://sikhnet.com (accessed November 17, 2001).

____. "Interview with Bharati Mukherjee Aired on May 2, 2003." May 20, 2003a. http:// www.saldef.org (accessed June 23, 2006).

____. "Multi-Jurisdiction Meeting Held to Address California Sikh Cab Driver Shootings." Press release. July 24, 2003b. http://www.saldef.org (accessed June 22, 2006).

SIKH Mediawatch and Resource Task Force. "PBS Producer Recognizes Error in Bharati Mukherjee's Comments." Press release. August 11, 2003c. http://www.saldef.org (accessed June 23, 2006).

SIKH Mediawatch and Resource Task Force, Sikh-Sewa (N.Y.), Sikh Youth Federation of North America, United Sikhs in Service of America, Sikh Heresy Regulation Board, Sikh Network, Sikh Sisterhood, and Columbia University Sikhs. "Americans of Sikhs [sic] Extraction Caution Indian Prime Minister." Posting to Sikhupdates Yahoo group, September 19, 2001. http://groups.yahoo.com (accessed June 22, 2006).

SIKHNET. "Attack on America." November 16, 2001a. http://www.Sikhnet.com (accessed June 23, 2006).

____. "Federal Aviation Administration to Ensure New Security Procedures That Preserve and Respect the Civil Rights of All Americans." November 19, 2001b. http://www.Sikhnet.com (accessed June 22, 2006).

____. "Sikh Representatives Meet U.S. Congressional Leaders." 2001c. http://www.sikh net.com (accessed June 22, 2006).

____. "Please Sign Hitman 2 Video Petition: Sikh Organizations Unite against Racism: International Outcry against Video Game Linking Sikhs and Dalits to Terror." October 16, 2002. http://www.sikhnet.com (accessed June 23, 2006).

SIKHNET, Sikh American Association, Sikh Coalition, Sikh Council on Religion and Education, Sikh Mediawatch and Resource Taskforce, and The Sikh Communications Council. "Sikhs Respond to Representative Saxby Chambliss Bigoted Comments." Press release. December 22, 2001. http://www.sikhnet.com (accessed June 22, 2006).

SIKHWOMEN.COM. "U.S. Department of Transporation (DOT) Turban Policy." Fact sheet and memorandum. May 2, 2002. http://www.sikhwomen.com (accessed June 23, 2006).

SIMO, Ana. "Civic Life and Death in the Gay Apple." *The Gully*, October 31, 2001. http:// www.thegully.com (accessed June 13, 2006).

SIMON, Bart. "The Return of Panopticism: Supervision, Subjection and the New Surveillance." *Surveillance and Society* 3, n.. 1, 2005, pp. 1-20. http://www.surveillance-and- society.org (accessed June 25, 2006).

SINGH, Amarajit. "35 Sikhs Murdered on March 20, 2000 in Indian Occupied Kashmir: Fingerprints of Indian Intelligence Agencies All Over the Gruesome Massacre of Sikh Innocents." March 22, 2000. http://www.khalistan-avairs.org (accessed June 22, 2006).

SINGH, Amarajit. "Are Kashmiri Sikhs Next on India's Hit List—Again?" *Khalistan Calling* newsletter, August 7, 2001. http://www.khalistan-affairs.org (accessed June 22, 2001).

SIU, Jack. "Sept. 11 Aftermath Hurts aids Funding." *PlanetOut News*, November 21, 2001. http://www.planetout.com (accessed June 13, 2006).

SKIER, Stephanie. "Western Lenses on Male Same-Sex Relationality in Pashtun Afghanistan." *queer*, Spring, 2004, pp. 11–22. http://www.queer-journal.com (accessed June 11, 2006).

SMEAL, Eleanor. "Special Message from the Feminist Majority on the Taliban, Osama bin Laden, and Afghan Women." September 18, 2001. http://feminist.org (accessed June 11, 2006).

SMITH, Chris S. "Kandahar Journal. Shh, It's an Open Secret: Warlords and Pedophilia." *New York Times*, February 21, 2002, A4.

SMITH, Rhonda. "More Acceptance for Gay Muslims Since 9/11." *Washington Blade*, April 5, 2002. Republished http://www.globalgayz.com (accessed June 11, 2006).

SODOMYLAWS.ORG. "*Lawrence & Garner v. State of Texas*." Updated April 13, 2006. http:// www.sodomylaws.org (accessed June 25, 2006).

SOLOMON, Alisa. "Insisting on Inquiry." *Center for Lesbian and Gay Studies (CLAGS) Newsletter* 11, n. 3, Fall, 2001, p. 1.

SOMERVILLE, Siobhan B. *Queering the Color Line: Race and the Invention of Homosexuality in American Culture*. Durham: Duke University Press, 2000.

____. "Queer Loving." *GLQ: A Journal of Lesbian and Gay Studies* 11, n. 3, June, 2005a, pp. 335-370.

____. "Sexual Aliens and the Racialized State: A Queer Reading of the 1952 U.S. Immigration and Nationality Act." *In*: LUIBHÉID, Eithne & CANTÚ JR., Lionel (Eds.) *Queer Migrations: Sexuality, U.S. Citizenship, and Border Crossings*. Minneapolis, University of Minnesota Press, 2005b, pp. 75-91.

SONTAG, Susan. "Talk of the Town." *New Yorker*, September 24, 2001, p. 32.

____. *Regarding the Pain of Others*. New York, Farrar, Straus and Giroux, 2002.

____. "Regarding the Torture of Others." *New York Times Magazine*, May 23, 2004, pp. 24-27.

SOUTH Asians against Police Brutality and Racism. "Not in Our Name: An Anti-Detention Testimonial." *SAMAR: South Asian Magazine for Action and Reflection* n. 15, Summer/fall, 2002. http://www.samarmagazine.org (accessed June 27, 2005).

"SOUTH Park Is Gay!" South Park. Escrito e dirigido por Trey Parker. Comedy Central. October 22, 2003, episode 708.

SPIEGEL, Peter. "No Contractors Facing Abu Ghraib Abuse Charges." *Financial Times* (London), August 9, 2005, p. 6.

SPIVAK, Gayatri Chakravorty. "Scattered Speculations on the Question of Value." In: *Other Worlds: Essays in Cultural Politics*. New York, Routledge, 1988, pp. 154-175.

____. *The Postcolonial Critic: Interviews, Strategies, Dialogues*. HARASYM, Sara (Ed.). New York, Routledge, 1990.

____. "Class and Culture in Diaspora." Keynote address at "Translating Class, Altering Hospitality" conference, Leeds University, England, June 22, 2002.

____. "Globalicities: Terror and Its Consequences," *CR: The New Centennial Review* 4, n. 1, Spring, 2004a, pp. 73-94.

____. "Terror: A Speech after 9-11." *boundary* 2 31, n. 2,. Summer, 2004b, pp. 81-111.

____. *Pode o subalterno falar?* Belo Horizonte, Ed. da UFMG, 2018.

STALDER, Felix. "Opinion: Privacy Is Not the Antidote to Surveillance." *Surveillance and Society* 1, n. 1, September 2002, pp. 120-124. http://www.surveillance-and-society.org (accessed June 26, 2006).

STASIULIS, Daiva. "Intersectional Feminist Theorizing." *In*: LI, Peter S. (Ed.) *Race and Ethnic Relations in Canada*. Oxford, Oxford University Press, 1999, pp. 347-397.

STEPHEN, Chris. "Startled Marines Find Afghan Men All Made Up to See Them." *Scotsman*, May 24, 2002, p. 15.

STERN, Jessica. "Dreaded Risks and the Control of Biological Weapons." *International Security* 27, n. 3, Winter 2002-2003, pp. 89-123.

____. "Holy Avengers." *Financial Times* (London), June 12, 2004, p. 14.

STOLBA, Christine. "Feminists Go to War." *Women's Quarterly*, January 1, 2002, n.p.

STOLER, Ann Laura. *Race and the Education of Desire: Foucault's History of Sexuality and the Colonial Order of Things*. Durham, Duke University Press, 1995.

STOUT, David. "Rumsfeld Offers Apology for Abuse of Iraqi Prisoners." *New York Times*, May 7, 2004. http://www.nytimes.com (accessed June 30, 2006).

STREET, Richard Steven. *Beasts of the Field: A Narrative History of California Farmworkers 1.769-1.913*. Stanford, Stanford University Press, 2004.

SUAN, Tara. "Suspension for Ceremonial Knives Slices Religious Rights." *Daily Californian*, September 2, 1994, pp. 1, 7.

SUBURBAN Emergency Management Project. "SEMP Biot #128: What Is 'Prison Islam'?" October 27, 2004. http://www.semp.us (accessed June 26, 2006).

SULLIVAN, Andrew. "Decent Exposure." Review of *The Trouble with Islam*, by Irshad Manji. *New York Times*, January 25, 2004, sec. 7, p. 10.

____. "Islamists versus Gays." Republished at Watch: Covering the War on Terror. July 20, 2005. http://watch.windsofchange.net (accessed September 9, 2006). Originally published July 20, 2005, at AndrewSullivan.com.

____. "Daily Dish." May 4, 2006. http://www.andrewsullivan.com (accessed June 19, 2006).

SWAPAN, Ashfaque. "South Asian Reporters Help Present Community's Stories." India-West, October 4, 2001. Republished October 4, 2001. http://www.sree.net (accessed June 22, 2006).

TAKAKI, Ronald. *Strangers from a Different Shore: A History of Asian Americans*. New York, Back Bay Books, 1989.

TALVI, Silja J. A. "Round Up: ins 'Special Registration' Ends in Mass Arrests." *These Times*, January 17, 2003. http://www.inthesetimes.com (accessed March 4, 2007).

TARGETING *the Turban: Sikh Americans after September 11*. Dirigido por Valerie Kaur Brar. Stanford University, 2005.

TATCHELL, Peter. "Peter Tatchell: Gay and Human Rights Campaigns." n.d.a. http://www.petertatchell.net (accessed June 1, 2006).

____. "Peter Tatchell Human Rights Fund." n.d.b. http://www.tatchellrightsfund.org (accessed June 1, 2006).

____. "Islamic Fundamentalism in Britain: Peter Tatchell Warns That Muslim Fundamen- talists Are a Growing Threat to Gay Human Rights in Britain." 1995a. http://www.peter tatchell.net (accessed June 12, 2006). Publicado originalmente em *Gay Times*, October, 1995.

____. "The New Dark Ages: Peter Tatchell Documents the Global Threat of Islamic Fundamentalism," 1995b. http://www.petertatchell.net (accessed June 12, 2006).

____. "The Rise of Islamic Fundamentalism in Britain." Press release. April 10, 1998. http://outrage.nabumedia.com (accessed June 15, 2005; now unavailable).

TATCHELL, Peter. "Iran—10 Arabs Face Execution: Tehran Is a Racist State, as well as a Homophobic One." Tatchell Rights Fund, August 3, 2006. http://www.petertatchell.net (accessed September 9, 2006).

TAUSSIG, Michael. *Mimesis and Alterity: A Particular History of the Senses.* New York, Routledge, 1993.

THACKER, Eugene. *The Global Genome: Biotechnology, Politics, and Culture.* Cambridge, Mass., MIT Press, 2005.

THEGULLY.COM. "Why Queers Were Silent." The Gully, October 31, 2001. http://www.the gully.com (accessed June 13, 2006).

THIRD World Gay Revolution (New York City). "What We Want, What We Believe." *In*: JAY, Karla & YOUNG, Allan (Eds.) *Out of the Closets: Voices of Gay Liberation.* New York, New York University Press, 1992, pp. 363-367.

THOMPSON, Celso A. "Message from the IGLTA President." *IGLTA Today* newsletter, November 2001. http://iglta.org (accessed December 15, 2001; no longer available).

THOMSEN, Scott. "Arizona Man Accused of Killing Sikh: 'I'm an American!'" September 28, 2001. LexisNexis (accessed June 1, 2006).

THREESOURCES.COM. "From Iraq." Posting by jk. March 22, 2005. http://www.threesources.com (accessed June 25, 2006).

TIGER, Lionel. "Rogue Males." Guardian (London) October 2, 2001, 8. Times of India. "Sporadic Violence against Ethnic Minorities." September 14, 2001. http://timesofindia.indiatimes.com (accessed June 22, 2006).

___. "Is Manliness Really Back in Favor?" Interview with Charlotte Hayes. *Women's Quarterly* 12, n. 3, January, 2002, [unpaged].

TOENSING, Chris (Ed.). "Sexuality, Suppression and the State." Special edition of *Middle East Report* 230, Spring, 2004.

TOOLIS, Kevin. "Rise of the Terrorist Professors." *New Statesman*, June 14, 2004, 26-27.

TRINQUIER, Roger. *Modern Warfare.* New York, Praeger, 1964.

UNDER Attack: Arab, Muslim and South Asian Communities Since September *11th.* Documentary audio CD. Produced by Sarah Olson. 30 min. Not in Our Name, Oakland, Calif. 2004. United News of India. "U.S. Senator Kerry Apologizes to Sikhs." Free Republic, February 10, 2004. http://209.157.64.201 (accessed June 21, 2006).

UNITED Press International. "U.S. Muslims Protest FBI Radiation Scans." December 29, 2005. LexisNexis (accessed May 21, 2006).

UNITED *States v. Bhagat Singh Thind,* 1923 U.S. LEXIS 2544 (1923).

U.S. Department of Homeland Security. U.S. Immigration and Customs Enforcement. "Changes to National Security Entry/Exit Registration System (nseers)." Fact sheet. December 1, 2003. http://www.ice.gov (accessed June 26, 2006).

U.S. Department of State. Bureau of International Information Programs. USINFO. "National Security Entry-Exit Registration System." June 5, 2002. http://usinfo.state.gov (accessed June 26, 2006).

___. Bureau of International Information Programs. USINFO. "Response to Terrorism— U.S. Department of State." Updated June 2006. http://usinfo.state.gov (accessed June 10, 2006).

___. Bureau of Public Affairs. Curriculum Materials: Terrorism: A War without Borders. September 2002. http://future.state.gov (accessed June 21, 2006).

U.S. Department of Transportation. Federal Aviation Administration. "Guidance for Screeners and Other Security Personnel." n.d. http://www.sikhcoalition.org (accessed June 23, 2006).

VALENTINE, Gill. "(Re)Negotiating the 'Heterosexual Street.'" *In*: DUNCA, Nancy (Ed.). *BodySpace: Destabilizing Geographies of Gender and Sexuality*, pp. 146-155. New York, Routledge, 1996.

VANITA, Ruth (Ed.). *Queering India: Same-Sex Love and Eroticism in Indian Culture and Society*. New York, Routledge, 2002.

VARNELL, Paul. "Why Gays Should Support the Iraq War." *Gay City News*, February 21-27, 2003. http://www.gaycitynews.com (accessed June 13, 2006).

VIMALASSERY, Manu. "Passports and Pink Slips: Immigration and Labor after 9/11." *SAMAR: South Asian Magazine for Action and Reflection* n. 15 (summer/fall 2002). http://www.samarmagazine.org (accessed June 27, 2005).

VISIBLE Collective. *Disappeared in America*. www.disappearedinamerica.org (accessed June 26, 2006).

VOGLER, Candance. "Sex and Talk." *Critical Inquiry* 24, no. 2, Winter, 1998, pp. 328-365.

VOLPP, Leti. "The Citizen and the Terrorist." *UCLA Law Review* 49, n. 5, June, 2002, pp. 1.575-1.600.

WALD, Matthew L. "Widespread Radioactivity Monitoring Is Confirmed." *New York Times*, December 24, 2005, A1.

WARNER, Michael. *The Trouble with Normal: Sex, Politics, and the Ethics of Queer Life*. Cambridge, Mass.: Harvard University Press, 2000.

WARNER, Michael. "Publics and Counter Publics." *Public Culture* 14, n. 1, Winter, 2002, pp. 49-90.

WASHINGTON Post. "Sworn Statements by Abu Ghraib Detainees." January 16-21, 2004. http://www.washingtonpost.com (accessed June 20, 2006).

WEINRAUB, Bernie. "Subdued Patriotism Replaces Glitter as Television Finally Presents Its Emmys." *New York Times*, November 5, 2001, A9.

WEINSTEIN, MaxZine. "Gay Press Says: 'God Bless GLBT America.'" *RFD*, n. 108, Winter, 2001/2002, p. 15.

WEIZMAN, Eyal. "The Politics of Verticality." April 24-May 2, 2002. http://www.open democracy.net (accessed June 26, 2006).

____. "Walking through Walls: Soldiers As Architects in the Israeli-Palestinian Conflict." *Radical Philosophy*, n. 136, 2006, pp. 8-22.

WHITE House. *National Strategy for Combating Terrorism*. 2003. http://www.whitehouse.gov (accessed June 13, 2006).

WILCHINS, Riki. "Airport Insecurity." *The Advocate*, June 25, 2003, 136. Reprinted at Gender Public Advocacy Coalition. http://www.gpac.org (accessed June 13, 2006).

WILCOX, Barbara. "WorldPride Denied Parade Permit." July 21, 2006. http://www.gay.com (accessed September 6, 2006).

WILSON, Elizabeth A. *Neural Geographies: Feminism and the Microstructure of Cognition*. New York, Routledge, 1998.

WILSON, Robert. Executive Director's Report. October 1, 2001. http://iglta.com (accessed December 15, 2001).

WOCKNER, Rex. "The Wockner Wire." Opinion. *PlanetOut News and Politics*, August 30, 2002. http://www.planetout.com (accessed June 12, 2006).

WOOD, David. "Editorial: Foucault and Panopticism Revisited." *Surveillance and Society* 1, n. 3, 2003, pp. 234-239. http://www.surveillan"ce-and-society.org (accessed June 25, 2006).

WYMAN, Hastings. "Capital Letters: Highlighting the Q in Iraq." *Letters from Camp Rehoboth*, October 18, 2002. http://www.camprehoboth.com (accessed June 13, 2006).

YOUNG, Iris Marion. "Feminist Reactions to the Contemporary Security Regime." *Hypatia: A Journal of Feminist Philosophy* 18, n. 1, Winter, 2003, pp. 223-231.

YUSKAEV, Timur & WEINER, Matt. "Secular and Religious Rights: Ban the Croissant!" Opinion. *International Herald Tribune*, December 19, 2003, p. 8.

ZEESIL, Leah. "Jerusalem WorldPride Smaller Than Expected." *Windy City Times*, August 16, 2006. http://www.windycitytimes.com (accessed September 6, 2006).

ZERNIKE, Kate; MOSS, Michael & RISEN, James. "Accused Soldier Paints Scene of Eager Mayhem at Iraqi Prison." *New York Times*, May 14, 2006, A1.

ZINN, Howard. "The Power and the Glory: Myths of American Exceptionalism." *Boston Review: A Political and Literary Forum* 30, n. 3-4, Summer, 2005. http://bostonre view.net (accessed June 11, 2006).

ŽIŽEK, Slavoj. Welcome to the Desert of the Real: Five Essays on September 11 and Related Dates. New York, Verso, 2002.

____. "Between Two Deaths: The Culture of Torture." *London Review of Books*, June 3, 2004a. http://www.lrb.co.uk (accessed March 5, 2007).

____. "What Rumsfeld Doesn't Know That He Knows about Abu Ghraib." *These Times*, May 21, 2004b, 32.

ZUPAN, Cheryl, & PETERS, Kelly. "Anti-War Protest in Ann Arbor: Lgbts Highly Vocal at Event." *Between the Lines News*, March 27, 2003. http://www.pridesources.com (accessed June 13, 2006).

Título	Agenciamentos terroristas: homonacionalismo em tempos queer
Autora	Jasbir K. Puar
Tradução	Priscila Piazentini Vieira Luiz Filipe da Silva Correia
Revisão da tradução	Yuri Bataglia Espósito
Coordenação Editorial	Ricardo Lima (Editora da Unicamp) Marina B Laurentiis (crocodilo edições) Lou Barzaghi (crocodilo edições)
Assistente editorial	Yuri Bataglia Espósito (crocodilo edições)
Secretário gráfico	Ednilson Tristão
Preparação dos originais	Hilário Mariano dos Santos Zeferino Daniel Rodrigues Aurélio
Revisão	Ana Paula Candelária Bernardes
Editoração eletrônica	Ednilson Tristão
Design de capa	Leandro Lopes
Formato	16 x 23 cm
Papel	Avena 80 g/m^2 – miolo
Cartão supremo	250 g/m^2 – capa
Tipologia	Minion Pro
Número de páginas	488

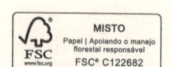

ESTA OBRA FOI IMPRESSA NA GRÁFICA AS
PARA A EDITORA DA UNICAMP EM DEZEMBRO DE 2024.